KB233824

주의 영광 이곳에

주의 영광 이곳에

초판 1쇄 찍은 날 · 2007년 10월 5일 | 초판 1쇄 펴낸 날 · 2007년 10월 10일

엮은이 · KBS 기독신우회 | **펴낸이** · 김승태

아트디렉터 · 김영미(KBS 기독신우회)
편집 · 이덕희, 방현주 | **디자인** · 이훈혜, 이은희, 정혜정
영업 · 변미영, 장완철 | **물류** · 조용환, 엄인휘

등록번호 · 제2-1349호(1992. 3. 31.) | **펴낸 곳** · 예영커뮤니케이션
주소 · (110-616) 서울 광화문우체국 사서함 1661호 | **홈페이지** www.jeyoung.com
출판사업부 · T. (02)766-8931 F. (02)766-8934 e-mail: jeyoungedit@chol.com
출판유통사업부 · T. (02)766-7912 F. (02)766-8934 e-mail: jeyoung@chol.com

ISBN 978-89-8350-451-7 (03230)

값 13,000원

KBS 기독신우회에 30년간 부어주신 은혜 넘치는 말씀과 간증들

주의 영광 이곳에

KBS 기독신우회 엮음

예영커뮤니케이션

차례

제3장 주의 말씀이 어찌 그리 단지요 말씀

제4장 하나도 남음이 없이 다 응답하였더라 간증

제5장 내가 너를 지명하여 불렀나니 말씀

제6장 주의 영광 이곳에 간증

추천사 1 신한 청지기의 모습으로

달력은 라틴어로 금전출납부를 의미하기도 합니다. 날짜와 요일을 표시해 주는 달력은 해마다 그림이 그려지지 않은 백지처럼 자기만의 소중한 계획표가 됩니다. 이런 기능의 달력에 금전출납부라는 의미가 포함되어 있다는 것은 하루를 꼼꼼히 사용해야 한다는 교훈을 전해 주고 있습니다. 하나님께서는 매년 365번의 아침과 점심, 저녁을 주십니다. 1년 8,760시간을 청지기로서 우선순위를 정해 잘 관리하되 매일 그 출납부를 점검하며 다음 날의 계획을 잘 세워야 합니다.

올해로 창립 30주년을 맞는 KBS 기독신우회는 지난 30년간 매일 이런 자세로 사우들의 복음화와 하나님의 지상 명령인 선교를 위해 헌신해 왔다고 믿습니다. 국내 언론사마다 신우회가 있지만 전국 지역 방송망마다 주의 제자들이 모임을 갖는 곳은 KBS 기독신우회밖에 없는 것으로 압니다. 언론은 어떤 정치 세력이나 경제인의 영향력 못지않게 우리 사회에 가치관과 문화면에서 그 힘을 발휘해 왔습니다.

언론인들이 빠지기 쉬운 특권 의식과 이기주의의 한계를 극복하고 자신의 시간과 물질을 드려 선교사를 파송하고 지원하는 KBS 기독신우회는 모든 직장 신우회의 귀감이 되고 있습니다. 2007년 한국 교계 키워드는 '부흥' 입니다. 100년 전 평양 대부흥 운동이 목회자와 평신도의 회개를 바탕으로 시작되었듯이 나를 부인하고 주께 온전히 드리는 헌신이 부흥의 불씨가 되어 한국 전역으로, 세계로 퍼져 나갈 것이라 믿습니다.

그동안 KBS 기독신우회 정기모임에서 주옥같은 말씀을 전해 주신 목회자와 평신도들의 메시지를 엮은 귀한 책『주의 영광 이곳에』를 발간하게 됨을 축하드리며 우리 국민들의 눈과 귀가 되어 주는 공영방송의 신우회답게 앞으로의 30년도 하나님께서 주시는 영권으로 기독교 세계관이 매체에 반영되고 언론인의 복음화에 밀알이 되어 주길 주님의 이름으로 부탁드립니다.

극동방송 사장 김장환

추천사 2 세상을 향해 반드시 전해야 할 사실들

KBS 기독신우회의 간증과 설교를 엮은 기념 도서 『주의 영광 이곳에』의 발간을 축하드립니다. 무엇보다 감사한 것은 지금 이 순간 이 책 한 권에 담겨진 사람의 마음을 움직이는 살아 있는 말씀과 KBS 기독신우회 회원들의 신실한 믿음과 사랑이 느껴진다는 사실입니다. 오랜 시간 믿음을 지키며 세상을 향해 꼭 해야 할 이야기, 반드시 전해야 할 사실들을 하나님을 중심에 두고 그 역할에 충실하고자 한 그 마음이 뜨겁게 와 닿습니다.

훌륭한 간증집이나 화려한 설교집은 서점에 가면 얼마든지 있습니다. 그러나 오늘의 이 기념집이 의미가 있는 것은 바로 언론인 스스로 자신을 일으켜 바로 세우고 건강한 사회를 만들고자 담금질하기 위해 시작된 첫 열매라는 데 있습니다. 그리고 그 순수한 의지의 열매를 언론인을 바라보는 많은 사람들과 공유하고 또 그로 인해 혹시 찾아올지도 모르는 나태함을 견제하고자 하는 솔직한 고백이라는 데 있습니다.

과학 기술이 획기적 발전을 거듭하고 세상과 마주하는 사람들의 인식이 과거와는 확연히 다르게 변화하고 있는 이 시점, 언론도 특히 방송도 건강한 변신을 과감히 시도해야 합니다. 시청률에 급급해 대중의 정돈되지 못한 요구에 끌려가서도 안 될 것입니다. 그렇다고 독선적 시각으로 하나의 주장만을 거듭해서도 안 될 것입니다. 사회의 변화와 시대의 조류를 정확히 분석하고 이에 걸맞은 아이템을 선정하고 또 우리가 나아가야 할 길을 한 발 앞서 제시할 수 있는 혜안이 필요합니다. 미처 국가의 손이 가지 못하는 사회 구석구석을 밝혀 그곳의 아픔과 기쁨을 함께 나눌 수 있는 장을 마련해야 할 것입니다.

이번 기념 도서 발간이 앞으로 KBS 기독신우회가 핵심이 되어 우리의 방송을 더더욱 방송답게 이끌어 나아갈 수 있는 작은 계기가 되었으면 좋겠습니다. KBS 기독신우회만이 낼 수 있는 목소리가 될 수 있었으면 좋겠습니다. 세상을 향해 크게 드러내지 않으면서도 하나님을 전파하고 하나님의 은혜를 체험할 수 있는 기회를 열어줄 수 있는 KBS 기독신우회의 역할을 기대합니다.

이 책이 언론인은 물론 언론을 바라보는 사람들 모두에게 스스로를 돌아보고 새롭게 추스르는 은혜의 파도가 될 줄 믿습니다. 다시 한 번 책의 발간을 축하합니다.

2007. 9. 명지대학교 총장 정근모

서문

KBS 기독신우회는 1977년 3월 2일 성서연구회로 첫 모임을 가진 이래 30년간 드려온 금요 예배를 공휴일 외에는 한 번도 거른 적이 없이 계속되고 있습니다. 1979년 긴급 조치 때 회사 내 집회가 금지되자 예배 장소를 극동방송국으로 옮겨 예배를 드릴 정도로 열정적이었습니다.

그동안 수많은 방송인들이 이 모임을 통해 자신의 신앙을 추스르고 새 힘을 공급받아 다시 사명감을 회복했습니다. "방송을 통해 하나님의 사랑과 정의가 전파"되는 것이 KBS 기독신우회의 소망입니다.

KBS 기독신우회는 자체적으로 해외 장기 선교사를 파송하고 있습니다. 현재 네 명의 선교사(중국/이요나, 아프리카/조남설, 터어키/길ㅇㅇ, 머시쉽/권현순)와 두 곳의 국내 선교기관(AD농어촌 방송선교회, 그나라 공동체)을 지속적으로 후원하고 기도하는 일에 힘쓰고 있습니다. 네 명의 해외 선교사는 모두 신우회 출신 KBS 직원으로 평신도 선교사입니다.

또한 지난 6월 8일 네 명의 신우회 출신 KBS 특파원을 단기 선교사(3년)로 임명 파송 예배를 드렸습니다.

KBS 기독신우회는 지역 KBS 방송국 기도회와 연합하여 매년 합동 수련회를 개최하고 있으며, 홈페이지(http://holykbs.com)를 통해 소식을 교환하고 결속을 다지고 있습니다.

미국 새들백교회의 릭 워렌 목사가 내한했을 때 콘퍼런스준비위원회(위원장 오정현 목사)의 요청으로 KBS-1TV "생방송 세상의 중심"에 출연을 성사시켰습니다. 당시 공영방송에서 특정 종교 지도자의 시사 프로그램 출연은 부적절하다는 반대가 있었음에도 불구하고 "릭 워렌 목사가 세계적인 베스트셀러 『목적이 이끄는 삶』의 저자이며, 세계 기독계의 리더로 주목 받고 있다는 사실"을 프로그램 담당자들에게 이해시켰으며, 방송 출연 전에 신우회 회원들과의 간담회를 통해 말씀을 듣는 시간을 가지기도 했습니다.

여의도 순복음 교회에서 개최된 목적이 이끄는 삶의 목회자 세미나와 장기 기증 서약식, 릭 워렌 목사의 인터뷰 내용 등 기획 리포트를 믿음의 형제인 나신하 기자의 노력으로 KBS 9시 뉴스에 보도하기도 했습니다.

작년 10월 31일 사랑의 교회 교육관에서 실시한 KBS 기독신우회 주최 목회자를 위한 "KBS 방송인들과 함께하는 스피치 세미나"에서는 250여 목회자가 참석하는 성과를 거두기도 했습니다.

KBS 기독신우회는 창립 30주년을 맞아 그동안 KBS 신우회 금요 예배에 전해 주신 말씀과 간증을 정리하여 기념 책자를 발간하기로 했습니다. 신우회 회원들만이 듣기에는 너무나 귀중하고 은혜로운 말씀이기에 이 책을 통하여 언론에 종사하는 믿음의 형제자매들과 특히 연약한 언론사 신우회에 사명감 회복과 부흥의 밑거름이 되었으면 하는 것이 이 책을 세상에 내놓는 이유입니다.

이 지면을 통하여 그 동안 금요 예배에 기꺼이 말씀을 선포해 주시고 KBS 기독신우회를 위해 기도해 주신 많은 주의 종들과 신우회를 거쳐 간 선배 동역자들께도 말로 할 수 없는 감사를 드립니다.

이 책을 위하여 서슴없이 추천의 글을 써 주시며 격려해 주신 극동방송의 김장환 목사님, 명지대 총장이신 정근모 장로님, 책자 발간을 위하여 힘써 주신 예영커뮤니케이션 김승태 장로님께 깊은 고마움을 표합니다.

끝으로 이 책은 직장을 포기하면서 주님의 지상 명령인 선교의 사명을 감당하기 위해 과감히 선교사의 길로 서원하신 KBS 파송 선교사님들께 헌정

합니다.

2007년 10월 여의도에서

KBS 기독신우회 회장 박갑진

제1장 은혜 위에 은혜가 넘치나이다

우리가 다 그의 충만한 데서 받으니 은혜 위에 은혜러라(요 1:16)

십자가를 바라보라 요 3:14-16

조용기 목사(여의도순복음교회 담임목사)

출애굽한 이스라엘 백성들이 모세를 따라서 험한 광야를 지나가고 있었습니다. 물은 없고 태양은 내려 비추고 땅은 화로같이 활활 달아올랐습니다. 너무나 고통스럽고 괴로웠기 때문에 그들은 시험에 빠졌습니다. 모세와 하나님을 원망하기 시작하였습니다.

'왜 편안한 애굽에서 우리를 이끌어 내어 광야에서 이 무지무지한 고생과 고통을 당하면서 죽게 만드는가?'

그들의 마음속에 하나님의 선하심과 인자하심에 대한 계획은 다 잊어버리고 원망과 불평과 탄식으로 가득 찼습니다. 그러자 광야에 서식하는 상상할 수 없을 정도로 수많은 불뱀떼들이 비호같이 몰려와 그들을 물기 시작했고 그들은 뱀의 독이 퍼져 퉁퉁 부어서 죽어 가고 있었습니다.

사람들은 편안할 땐 변명을 많이 하지만 고통을 당하면 살아야 하기 때문에 회개를 합니다. 이스라엘 백성들은 다시 모세에게 몰려와서 살려달라고 했습니다.

"우리가 여호와와 당신을 향하여 원망함으로 범죄하였사오니 여호와께 기도하여 이 뱀들을 우리에게서 떠나게 하소서."(민 21:7)

모세가 백성을 위하여 하나님께 기도하였더니 하나님께서 모세에게 말씀하셨습니다.

"불뱀을 만들어 장대 위에 매달아라. 물린 자마다 그것을 보면 살리라." (민 21:8)

모세는 신속히 놋뱀을 만들어서 그 머리를 장대 위에 높이 박아서 뱀에 물린 사람마다 그 놋뱀을 쳐다보게 했습니다. 쳐다보는 사람마다 생각이 달라졌습니다.

'아! 우리를 물어서 죽이는 그 불뱀이 하나님의 심판을 받아 장대에 저렇게 높이 매달렸구나! 불뱀은 이제는 패배했구나! 그 독은 아무 효과가 없구나!'

이스라엘 백성은 생각이 달라졌습니다. 죽어가고 있다고 생각하던 자신들이 살아났다는 상상을 갖게 되자 믿음이 생겨났습니다. 우리는 살아났다고 외쳤습니다. 그러자 하나님의 놀라운 능력이 놋뱀을 쳐다보는 사람마다 임하여서 독에서 해방을 얻고 건강을 회복하게 되었습니다.

바로 예수님께서 이 이야기를 니고데모에게 말씀하셨습니다.

"모세가 광야에서 뱀을 든 것 같이 인자도 들려야 하리니 이는 그를 믿는 자마다 영생을 얻게 하려 하심이니라."(요 3:14-15)

놀라운 비유로 말씀하신 것입니다. 주님은 이 세상살이를 이스라엘 백성이 지나온 광야에 비유하셨고, 이 세상 사람들이 모두 다 뱀에 물렸다고 하셨습니다. 다시 말하면, 아담과 하와를 꾄 마귀는 뱀으로 상징된 것입니다. 아담과 하와의 후손은 모두 뱀의 독이 올랐다는 것입니다. 마귀의 독이 올라서 죄짓고, 불의하고, 추악하고, 병들고, 저주와 절망에 허덕이고 궁극적으로 육체의 죽음, 영혼의 죽음을 가져오게 된다는 것입니다.

문제는 마귀가 사람들에게 가져온 이 독을 해소하지 않고는 해결이 안 된다는 것입니다. 정치, 경제, 교육, 문화, 산업, 군사 등 어떤 것을 동원해도 마귀의 독이 오른 사람들을 그 독에서 해방시킬 힘이 없다는 것입니다.

이스라엘 백성들이 광야에서 불뱀에 물려 독이 올랐는데 그들이 무엇으로 그 독에서 해방될 수 있겠습니까? 놋뱀을 쳐다보는 도리밖에 없었습니다.

오늘날 이 세상에 마귀의 독이 올라서 죄짓고, 불의하고, 추악하고, 저주받고, 슬퍼하고, 고통당하고, 괴로워하는 사람들이 해결될 수가 없습니다. 수양과 도덕과 노력과 교육으로 해결될 수 있다면, 이 세상은 벌써 수십 번 개혁이 되었을 것입니다. 교육도 해결하지 못하고, 정치 제도와 체제도, 과거의 발전도, 생활의 환경 변화도 인간의 근본적인 절망 문제를 해결하지 못합니다.

그래서 예수님께서 말씀하신 것입니다.

"나도 십자가에 못 박혀 뱀처럼 마귀를 끌어안고 너희들에게 있는 마귀의 독을 다 해독하겠다."

예수님께서는 마귀가 가져온 그 독을 전부 다 끌어안고 십자가에 매달리신 것입니다. 예수님께서 십자가에서 몸이 찢기고 피 흘림으로써 우리 일생의 죄를 청산하고 멸하여 주셨습니다. 예수님께서 십자가에 못 박혀서 이 세상의 모든 세속과 추함을 전부 다 청결하게 만드셨습니다. 예수님께서 십자가에 못 박힐 때 우리 연약함을 친히 담당하시고, 병을 짊어지셨습니다. 예수님께서 십자가에 못 박힐 때 이 세상의 사람이 이마에 땀을 흘리며 먹고 살고 고통을 당하고 괴로움을 당하는 저주를 십자가에서 청산하셨습니다.

"그리스도께서 우리를 위하여 저주를 받은 바 되사 율법의 저주에서 우리를 속량하셨으니 기록된 바 나무에 달린 자마다 저주 아래에 있는 자라 하였음이라. 이는 그리스도 예수 안에서 아브라함의 복이 이방인에게 미치게 하고 또 우리로 하여금 믿음으로 말미암아 성령의 약속을 받게 하려 함이라."(갈 3:13-14)

십자가에 못 박혀 죽음으로써 우리의 죽음을 죽이시고 사흘 만에 부활하심으로써 영원한 생명으로 극복하신 것입니다. 예수 그리스도께서 십자가 아래서 마귀가 가져온 모든 인류에게 물어서 전달된 독을 그 몸으로 해소했다는 것입니다.

"그를 믿는 자마다 멸망하지 않고 영생을 얻게 하려 하심이라."(요 3:16)

"너희가 윤리와 도덕적 행위를 함으로 구원을 받을 것이다. 혹은 고행을 함으로 구원을 받을 것이다. 혹은 선행을 함으로 구원을 받을 것이다."

예수님께서는 그렇게 말씀하시지 않았습니다.

우리는 독의 문제, 즉 근원적인 문제를 해결해야 합니다. 인간은 모두 다 마귀에게 물려서 마귀의 독이 들려 있습니다. 이 독을 해결하기 위해서 내가 십자가 위에서 몸을 찢고 피 흘려 청산해야 합니다. 주님은 2000년 전에 이미 십자가 위에서 우리를 위해서 다 이루셨습니다. 플러스, 마이너스 할 것 없이 전부 완전한 구원을 이루셨습니다.

이제는 이 광야를 지나는 우리들이 마귀의 독에서 해방 받기 위해서 십자가를 바라보는 길 밖에는 다른 도리가 없습니다. 왜 십자가를 바라보라고 합니까? 우리가 십자가를 바라봄으로 우리의 인생에 크나큰 변화가 다가옵니다.

첫째, 우리의 생각이 달라집니다.

십자가를 바라보기 전에는, '나는 죄인입니다', '나는 세속적이고 더러운 사람입니다', '나는 병들고 연약합니다', '나는 가난하고 헐벗고 굶주린 패배자입니다', '나는 결국 죽어서는 영원한 멸망을 면할 수 없겠습니다'와 같은 부정적인 생각이 꼬리에 꼬리를 물고 있습니다. 사람들의 마음속에 있는 가장 무서운 마귀의 독성이 '부정적인 생각'입니다. '나는 못한다', '안 된다', '할 수 없다'는 부정적인 생각입니다. 우리가 부정적인 생각을 하는 동안은 절대로 '긍정적인 일'은 일어나지 않습니다.

우리의 생각이 바뀌어져야 합니다. 우리가 생각을 바꾸고자 할 때, 바꿀 수 있는 확실한 이유와 근거가 있어야 됩니다. 기독교는 예수님께서 십자가에 매달려 몸이 찢기고 피를 흘려서 나를 대속해 주심으로써 그리스도를 통하여 우리의 생각이 달라질 수 있습니다. 우리는 그리스도의 보혈을 통해 용서받은 의인이 되었다고 생각할 수 있습니다. 이제는 우리의 수고로 말미암지 않고 은혜의 선물로 용서받은 의인이 되었다고 생각을 바꿀 수 있습니다. 우리는 그리스도로 말미암아 세속과 마귀에서 해방되고 거룩하고 성령을 모시는 사람이 되었다고, 예수님의 보혈을 통해서 생각을 바꿀 수 있습니다. 예수님이 채찍에 맞음으로 나음을 입었다고 생각을 바꿀 수 있습니다.

내가 병들어서 고통당하는데 마음의 병, 육신의 병이 나았다고 믿을 이유가 어디에 있습니까? 그러나 예수님, 즉 "그가 채찍을 맞음으로 너희는 나음을 얻었나니"(벧전 2:23)라고 성경은 말하고 있기 때문에 우리가 믿을 이유가 있습니다. 생각을 바꿀 이유가 있습니다. 환경은 아직 안 바뀌었어도 생각은 바꿀 수 있습니다.

그리고 우리는 생활의 저주와 고통 가운데 방황할 때가 많지 않습니까? 우리 마음에 '나는 할 수 있다', '하면 된다', '해보자', '살 수 있다', '나도 성공할 수 있다', '승리할 수 있다'는 생각으로 바꿀 수 있는 이유가 있어야 합니다. 그 이유가 바로 예수님의 십자가입니다. 그리스도가 십자가에서 아담이 가져온 모든 저주를 한 몸에 걸머지고 청산해 버려서 다 이루어졌다고 했으므로, 예수 그리스도를 통하여 우리는 아브라함의 복을 받는 형통한 사람이 되었다고 생각을 바꿀 수 있습니다.

그리고 죽음도 그렇습니다. 사람이 가장 두려워하는 것이 죽음이고, 죽음이 우리에게 좌절과 절망을 가져오는데, 예수님께서는 죽었다가 사흘 만에 부활하셨으므로 그리스도를 통해서 우리가 부활한 것입니다. 예수님은 우리와 같이 되기 위해서 사람이 되어 오셨고, 우리를 그리스도와 같이 만들기 위해서 부활하신 것입니다.

"예수 죽음, 내 죽음",

"예수 무덤, 내 무덤",

"예수 부활, 내 부활",

"예수 승천, 내 승천"

우리가 그리스도와 하나가 된 것입니다.

그러므로 그리스도를 통해 볼 때는 우리는 벌써 죽었다가 부활한 사람입니다. 우리는 지금 아직 안 죽었지만 그리스도를 통해서 이미 죽었고, 우리는 부활하지 않았지만 그리스도를 통하여 이미 부활한 우리 자신을 바라보고 있습니다. 그래서 사도 바울은 외쳤습니다.

"사망아, 너의 승리가 어디 있느냐 사망아, 네가 쏘는 것이 어디 있느냐?" (고전 15:55)

이제 사망에 대해서 가슴을 내밀고 담대하게 제안할 수 있게 된 것입니다. 우리는 죽어도 안 죽고, 죽어도 사는 사람들이 되고 말았습니다. 완전히 긍정적인 생각을 하게 된 것입니다. 그리스도를 통해서 우리는 영혼이 잘됨같이 범사에 잘되고 강건하며, 생명을 얻되 넘치게 얻는 사고의 변화를 가져옵니다.

"모든 지킬 만한 것 중에 더욱 네 마음을 지키라. 생명의 근원이 이에서 남이니라."(잠 4:23)

마음의 생각이 달라져야 운명이 달라집니다. 가만히 앉아 있으면 운명이 달라지지 않습니다. '공산주의 사상', '자본주의 사상', '독재주의 사상', '사회주의 사상' 등 역사의 흐름을 몇 번이나 바꾼 모든 일들은 사상으로 말미암은 것입니다. 생각이 운명과 환경을 변화시켜 온 것입니다,

예수 그리스도의 십자가를 통해 우리가 긍정적이고, 적극적이고, 창조적이고, 생산적인 생각을 마음속에 받아들이게 되면, 우리의 생각이 바뀌고 운명이 바뀌기 시작합니다.

둘째, 우리 인간은 좋든 안 좋든 자화상을 바라보고 삽니다.

여러분은 오늘도 여러 번 거울을 들여다보셨을 것입니다. 사람들이 거울을 들여다보며 항상 자기의 모습을 보는 것 같이 의식적이든, 무의식적이든 자기의 내면적인 자화상(self image)을 들여다보고 있습니다. 안타깝게도 대다수의 사람들이 부정적인 자화상을 가지고 있습니다. '나는 못났다'고 생각합니다. 요즘 여성들의 60%가 자신이 '못났다'는 자화상을 가지고 있

다고 합니다. 많은 사람들이, '나는 능력이 없다', '나는 실패할 것이다', '나는 가난하다', '나는 사랑받지 못한다'는 자화상을 가지고 있습니다. 많은 사람들이 잘못된 자화상을 바라보고 있으므로 부정적이 되고 음울하고 침울해져 가고 있습니다.

왜 아름다운 탤런트가 자살을 합니까? 그들은 외모로 볼 때 아름답습니다. 보통 사람들이 보면 모두 스타들의 삶을 동경하고, 수많은 젊은이들이 그를 따라가고 싶어합니다. 그러나 스타들이 스스로 자신을 자세히 바라본 자화상은 그렇지 않았습니다. 음울하고, 패배적이고, 좌절하고, 절망하고, 살아갈 희망이 없는 자기의 모습을 바라본 것입니다.

사람은 자기의 자화상이 자기의 운명을 좌우합니다. 자기가 '못났다', '할 수 없다', '무능하다', '패배자다', '사랑받지 못한다'는 자화상을 가진 사람은 누구를 불문하고 부정적이 되고 우울증에 빠지게 됩니다.

그렇다면 자화상을 바꿔야 하는데, 이 자화상을 어떻게 바꿀 수 있습니까? 우리의 자화상은 십자가를 바라볼 때 바뀌집니다.

"누구든지 그리스도 안에 있으면 새로운 피조물이라. 이전 것은 지나갔으니 보라 새 것이 되었도다."(고후 5:17)

예수님께서 우리의 옛사람을 십자가에 못 박아 청산하고 성령으로 말미암아 우리를 새롭게 만드셨습니다. 그렇다면 어떤 새로운 사람을 만들었습니까? 의로운 사람으로 만들고, 거룩한 사람으로 만들고, 치료받은 사람으로 만들고, 아브라함의 복을 받은 사람으로 만들고, 부활?영생?복락을 얻은 사람으로 만드셨습니다.

예수님께서는 우리의 새로운 신분을 십자가를 통해 주셨습니다. 이제 옛 신분이 아닙니다. 그리스도를 통해서 우리는 새로운 자화상을 가지게 되었습니다. 우리의 모습을 볼 때, '나는 할 수 있다', '하면 된다', '해보자'는 새로운 자화상이 생긴 것입니다. 그리스도가 우리와 같이 계심으로 우리는 새로운 사람으로 새로운 꿈을 꿀 수 있습니다.

마음의 꿈을 꾼다는 것은 굉장히 중요합니다. 아브라함은 나이 85세가 되어서도 자식이 없었습니다. 그런데 하나님께서 아브라함을 밤중에 부르셔서 하늘의 별들을 헤아리게 하셨습니다. 아브라함이 별들을 헤아리고 나니까 하나님께서 말씀하셨습니다.

'아브라함아, 네 아내가 75세이고, 너는 85세이고 인간적으로는 자식을 가질 수 없지만 너의 후손이 저 하늘의 별들처럼 많을 것이다. 네 생각을 바꾸고 자화상을 바꾸라.'

하나님의 약속의 말씀을 통해 그는 하늘의 별들을 바라볼 때마다 스스로 새겼습니다.

'야! 나의 후손이 저렇게 많을 것이다.'

그 당시, 아브라함의 눈에는 아무 증거도 보이지 않았고, 귀에는 아무 소리가 들리지 않았고, 손에는 잡히는 것 없었고, 그의 앞길은 칠흑같이 어둡게만 보였을 것입니다. 그러나 아브라함은 마음속으로 '나는 늙었고, 패배했고, 아빠가 될 수 없는 끝장난 사람이다' 라고 보지 않고 자기 자신은 많은 민족의 조상이 될 것이라는 자화상을 가지고 있었습니다. 그 자화상을 가지고 있었기 때문에, 하나님의 성령이 그에게 임하셨습니다.

'네 믿음대로 될지어다.'

그 자화상대로 변화되어 100세에 아들 '이삭' 을 얻게 되었습니다.

자화상은 굉장히 중요합니다. 이지러진 자화상을 가지고는 절대로 이 세상에서 성공할 수 없습니다. 우리 스스로가 자신을 바라볼 때 변화된 자기의 모습을 바라보고, 스스로에 감탄하고, 감격하고, 감사할 수 있어야 합니다. 그것이 바로 하나님이 우리를 새로운 피조물로 만든 것입니다. 아담과 하와를 처음에는 흙으로 빚었으나, 예수님께서는 성령으로 우리를 빚으셨습니다. 그래서 우리는 십자가를 통하여 새로운 자화상을 가질 수 있습니다. 그것은 용서받은 의인의 이미지를 가지고 있습니다. 세속에서 건져냄을 받아 거룩하고 성령충만한 자화상, 치료받고 건강한 자화상, 아브라함의 복을 받고 형통하고 축복을 받아 어디가든 나는 성공한다는 자화상, 그 다음에 영생, 복락, 천국을 얻은 자화상을 가지고 살 수 있는 것입니다. 자화상이 달라져야 운명이 달라집니다. 십자가를 바라보면 저주받은 자화상에서 축복받은 자화상으로 변화될 것입니다.

셋째, 십자가를 바라보고 믿음을 얻을 수 있습니다.

우리가 믿는다는 것은 무슨 의지할 곳이 있어야 믿을 수 있습니다. 아무 의지할 곳이 없으면 믿지 않습니다. 저는 항상 기독교의 믿음을 번지 점프에 비유합니다. 번지 점프하는 것을 보십시오. 그 높은 곳에서 뛰어내릴 때, 무엇을 믿고 뛰어내립니까? 줄 한 가닥을 믿고 뛰어내리는 것입니다. 자기 허리에 묶여 있는 줄 한 가닥을 믿고 번지 점프를 하는 것입니다. 아득한 공중에서 뛰어내릴 때, 만일 그 줄이 묶여져 있지 않았다면 땅에 떨어져 박살이 날 것입니다. 그럼에도 불구하고 모험적으로 뛸 수 있는 것은 믿는 데가 있기 때문입니다. 그 줄이 하나 있는 것입니다.

우리가 믿는다는 것은 하나님의 언약을 믿고 우리가 모험을 할 수 있기 때문입니다. 인생은 결국 모험을 하고 사는 것입니다. 할 수 없는 것을 할 수 있다고 믿고 나아가는 것입니다. 그러기 위해서는 믿는 것이 있어야 합니다. 그 믿는 것이 무엇입니까? 그 믿는 것이 바로 '하나님의 은혜의 말씀'입니다.

우리는 죄를 많이 지어서 도저히 천국에 갈 수 없습니다. 우리의 행위로나, 의로운 행동으로나, 도덕적인 행동으로나, 고행으로나, 선행으로나 의롭게 될 수 없습니다. 그래도 우리는 하늘나라에 간다고 믿습니다. 왜냐하면 예수 그리스도의 십자가 보혈을 의지할 수 있기 때문입니다. 그 보혈로 인하여 우리가 용서와 의로움을 얻을 수 있다고 성경에 약속했기 때문에 그를 통하여 믿을 수 있습니다.

또한 우리는 하나님의 성령이 우리와 같이 와 계신다는 것을 믿어야 합니다. 그리스도께서 우리를 위하여 모든 세속과 마귀를 멸하시고 성령을 주신다는 약속이 있기 때문입니다. 그리스도로 말미암아 죄와 사망의 법에서 우리를 해방시키고 성령을 주셨기 때문입니다.

제가 잘 아는 친구 한 사람이 콩고에 선교사로 가서 열심히 사역을 하다가 40대 중반에 간암에 걸려 미국으로 돌아왔습니다. 미국의 병원에서 치료를 하다하다 안 되어서 이제 죽을 준비를 하라고 해서 퇴원을 하였습니다. 어느 봄날 선교사는 부인에게 집의 뜰로 의자를 갖다 달라고 청해서 의자에 앉아 성경책을 읽었습니다. 부인은 곁에서 빨래를 널고 있었습니다.

선교사는 베드로전서 2장 24절을 읽고 있었습니다.

"친히 나무에 달려 그 몸으로 우리 죄를 담당하셨으니 이는 우리로 죄에 대하여 죽고 의에 대하여 살게 하려 하심이라. 그가 채찍에 맞음으로 너희가 나음을 얻었나니"

선교사는 그 말씀을 읽고 깜짝 놀랐습니다. 그가 한평생 그 말씀을 수없이 읽었어도 감동이 없었는데, 그날따라 그 말씀을 읽고 큰 깨달음을 얻었습니다.

"아! 이것 봐라, '저가 채찍에 맞음으로 너희가 나음을 얻었다니', 그러면 예수님이 2000년 전에 채찍에 맞음으로 나의 병을 짊어지고 가셨으면 법적으로 나는 2000년 전부터 나음을 입고 온 것이 아닌가? 나는 내가 안 믿었기 때문에 고침을 못 받았지, 실상 법적으로는 2000년부터 이미 나는 고침을 받은 사람이 아닌가. 아! 이 병은 불법 주차다. 불법으로 내 몸에 와 있다. 이 암은 내게 불법 주차다. 나는 암에 묶일 필요가 없다."

선교사의 마음에 믿음이 생겼습니다. 왜 그럴까요? 말씀이 있었기 때문입니다. 그래서 곁에 있던 부인을 불러서 말했습니다.

"여보, 나의 옷을 가져오세요."

"아니, 여보 옷을 지금 어떻게 하려고요?"

"더 이상 나는 환자 아니오."

"당신 돌았어요? 무슨 그런 소리를 해요? 당신은 지금 간암으로 죽어가고 있는데…."

"이 성경 말씀을 좀 봐요, 간암으로 죽어간다는 말은 의사의 말이고, 나의 느낌이고, 당신의 느낌이지만 제 아무리 무너지고 이 땅이 꺼져도 일점일획도 변함없는 하나님 말씀이 뭐라 합니까? 예수님이 채찍에 맞을 때 내가 이미 나음을 입었다고 말씀하시네요. 예수님께서 2000년 전에 빌라도의 뜰에서 채찍에 맞았을 때 이미 내 병을 짊어지고 가셨으므로 나는 그때로부터 이미 합법적으로 고침을 받은 사람입니다. 그 사실을 내가 믿지 않았기 때문에 그런 것 아니오? 나는 오늘부터 나았소. 나는 이제 병자가 아니오."

선교사는 옷을 내어달라고 하여 환자복을 벗어버리고, 체조를 하고 일어나서 그 길로 나가 노방 전도를 하고, 교회에 나가서 설교도 하고 심방도 하였습니다. 그러다 보니 비틀비틀 하던 사람이 하루가 다르게 나아서 결국 완전히 간암에서 해방되었다는 간증을 제가 읽었습니다.

믿을 수 있다는 것은 좋은 것입니다. 그런데 우리 예수 믿는 사람들에게 가장 큰 보화는 믿을 수 있는 말씀을 주셨다는 것입니다. 하늘이 무너지고 땅이 꺼져도 일점일획도 변함이 없는 약속의 말씀을 주셨습니다. 이 말씀을 우리가 믿으면 불가능에 대해 도전을 할 수 있습니다. 어느 정도입니까?

"누구든지 이 산더러 들리어 저 바다에 던져지라 하며 그 말하는 것이 이루어질 줄 믿고 마음에 의심하지 아니하면 그대로 되리라."(막 11:23)

이것은 완전히 기적을 말하는 것입니다. 불가능을 말하는 것입니다. 기독교 신앙은 불가능에 대한 도전입니다. 인간의 이성과 경험으로는 할 수 없는 것을 할 수 있다고 믿는 것입니다.

나사로가 무덤에 들어가 죽은 지 나흘이나 되어 썩은 냄새가 나는데도 주님께서 마르다에게 말씀하셨습니다.

"마르다야, 네가 믿으면 하나님의 영광을 보리라 하지 아니하였느냐?"(요 11:40)

우리가 왜 믿을 수 있습니까? 십자가를 바라볼 때 믿을 수 있습니다. 하나님께서 예수 그리스도를 통해서 십자가의 그 큰 희생을 지불하고 우리에게 은혜의 선물로 주신 것을 못 믿을 이유가 없습니다. 예수님께서 몸이 찢기

시고 피를 흘려서 우리에게 약속해 주신 것을 믿을 수 있습니다. 우리는 용서받고 의인이 된 것을 믿을 수 있고, 성령으로 충만하고 거룩한 것을 믿을 수가 있고, 치료받은 것을 믿을 수 있고, 아브라함의 복을 받은 것을 믿을 수 있고, 죽어도 부활하고 천국에 가서 영생을 얻게 되는 것을 믿을 수 있습니다. 이것은 하나님께서 십자가를 통해 주신 약속이기 때문에 그 약속을 믿을 수 있습니다. 약속을 믿는 사회가 건전한 사회가 되는 것처럼 우리의 신앙도 약속을 믿고 실천할 수 있어야 건전한 신앙생활이 될 수 있습니다.

넷째, 우리의 언어가 바뀌어져야 합니다.

우리의 말이 예수 그리스도를 통해 바뀌어져야 하는데, 그리스도를 바라보지 않고는 바뀌어질 수 없습니다.

아담과 하와는 완전한 언어를 사용했습니다. 아담과 하와가 살던 시대에는 동물의 숫자가 70만 종류가 있었다고 과학자들이 추정합니다. 이 동물들에 대해 하나님이 아담에게 이름을 지어 주라고 하니까 그 자리에서 이름을 다 불러 주었습니다.

"너는 호랑이다. 너는 여우다. 너는 사자다. 너는 도깨비다.……."

전부 이름을 다 지어주었습니다. 얼마나 머리가 좋고 '어휘'(vocabulary)가 풍부했는지 모릅니다. 인간이 언어가 풍부하면 자기 자신을 올바로 표현할 수 있으므로 대화를 잘할 수 있습니다. 하나님과 대화할 수 있을 정도로 아담과 하와는 언어가 풍부했습니다. 미개 민족일 수록 언어가 단순합니다. 언어가 풍부하고 어휘가 많은 민족일수록 문명한 민족입니다.

그런데 인간이 하나님을 대적해서 바벨탑을 쌓다가 저주를 받아서 아담이 받은 인류의 언어가 박살이 났습니다. 언어가 전부 쪼개어졌습니다. 그래서 조금마한 함축성 있는(pregnant) 언어를 가지고 민족들이 다 헤어져서 천하로 흩어졌습니다. 그러므로 우리 한국말도 바벨탑에서 받은 언어 중에 하나인 것입니다.

어느 외국 사람이 저에게 말해요.

"한국말을 배우기가 너무나 힘이 듭니다. 왜 한국말이 이렇게 어렵습니까?"

그래서 농담으로 말했습니다.

"한국 사람은 열심이 많고 부지런해서 바벨탑을 지을 때도 제일 꼭대기에 올라가서 일하다가 하나님이 내리 때릴 때 직격타를 맞아서 한국 언어가 그렇게 어렵게 됐습니다."

바벨탑 이후로 사람들은 언어의 풍부한 어휘를 잃어버리고 말았습니다.

왜 전쟁이 이렇게 많고, 싸움이 이렇게 많고, 고통이 많습니까? 대화가 안 되기 때문에 그렇습니다. 서로 대화가 안 되고 있습니다. 우리가 북한하고 이야기해도 북한말 따로 있고 우리말 따로 있고 대화가 안 됩니다. 부부간에도 왜 싸웁니까? 서로 이해가 되면 되는데 대화가 안 되기 때문입니다. 더구나 여성들은 말을 잘하고 남자들은 말을 잘 못하기 때문에 대화가 안 되고 결국에는 분이 터지고 맙니다.

말이나 대화를 잘할 수 있으려면 그만한 언어 능력이 있어야 됩니다. 이 언어 능력을 바로 바벨탑에서 상실한 것입니다. 그런데 이 언어 능력을 하나님께서 언제 우리에게 자유로 복구해 주셔서 주님과 같이 풍부한 대화로 이야기할 수 있습니까? 오순절에 성령이 임하였을 때, 성령께서 다른 방언을 주셨을 때 어느 부분의 언어를 회복시켜 주신 것입니다. 우리가 방언으로 기도하면 하나님과 성스러운 대화(pulpit conversation)가 되는 것입니다.

우리가 성령을 받으면 말을 잘하게 됩니다. 예를 들으면 예수쟁이가 말을 잘한다고 하지 않습니까? 예수님을 믿으면 어디에 가든지 말을 잘합니다. 왜냐하면 언어가 풍부하게 되기 때문입니다.

그런데 우리가 긍정적이고, 적극적이고, 창조적이고, 생산적인 말을 해야 되는 것은 말이 우리 운명을 좌우하기 때문입니다.

"죽고 사는 것이 혀의 힘에 달렸나니 혀를 쓰기 좋아하는 자는 혀의 열매를 먹으리라."(잠 18:21)

“내가 천국 열쇠를 네게 주리니 네가 땅에서 무엇이든지 매면 하늘에서도 매일 것이요, 네가 땅에서 무엇이든지 풀면 하늘에서도 풀리리라.”(마 16:19)

이 말씀은 말로써 매고 푸는 것을 말하는 것이고, 우리의 입에서 나오는 말로 우리가 묶이고, 우리의 입의 말로 우리가 사로잡히는 것입니다.

“사람이 마음으로 믿어 의에 이르고 입으로 시인하여 구원에 이르느니라.”(롬 10:10)

말에는 굉장한 능력이 있습니다. 말로써 오늘날 세계를 흔들고 있지 않습니까? 아돌프 히틀러가 온 독일을 술에 취한 듯이 악마로서 붙든 것은 그의 웅변 때문이었습니다.

말이 얼마나 힘이 있습니까? 미국이 30년대 경제 대공황에 빠졌을 때 32대 대통령 프랭클린 루즈벨트는 ‘노변정담(爐邊情談)’이라는 라디오 방송을 매일같이 했습니다. 루즈벨트는 그 연설을 통해서 대공황에 빠진 미국을 구출했다고 합니다.

말의 위력은 대단합니다. 저도 설교를 통해 여의도순복음교회의 75만 명의 성도를 섬기고 있지 않습니까?

그런데 ‘나는 못한다’, ‘안 된다.’, ‘할 수 없다’는 패배적인 말을 하기 시작하면 그 사람은 자기 주위를 전부 안 되는 것으로 꽉 채우게 됩니다. 말은 자기 동료를 불러옵니다. ‘못한다’고 하면, “야, 야, 못한단다. 못하는 동무들하고 놀아라.”, ‘죽는다’고 하면, “죽는단다, 죽음아 오너라.”, ‘실패한다’고 하면, “패배자여 오너라”, ‘가난하다’고 하면, “가난아, 거지 떨거지야, 다 모여라.” 말이 자기 친구를 불러 옵니다. 유유상종입니다. 참새는 참새끼리, 비둘기는 비둘기끼리, 까마귀는 까마귀끼리, 까치는 까치끼리 모이는 것처럼 말하는 대로 그러한 것들이 우리의 환경으로 몰려오게 됩니다.

성공하는 사람은 ‘못한다’, ‘안 된다’, ‘할 수 없다’는 말을 하지 않습니다. ‘할 수 있다’, ‘하면 된다’, ‘해 보자’는 긍정적이고 적극적인 말을 합니다.

그런데 우리가 어떻게 긍정적이고 적극적인 말을 할 수 있습니까? 우리가 하루 종일 사용하는 말을 생각해 보십시오. 놀랍게도 부정적인 말을 많이 합니다. 하루 종일 많은 일에 부정적으로 생각하고 부정적인 말을 하고 있습니다.

그런데 십자가를 바라보아야 부정적인 생각과 말을 바꿀 수 있습니다.

십자가를 바라보면, "아, 나는 용서받은 의인이 되었다"고 말할 수 있습니다.

십자가를 바라보면, "아, 나는 거룩하게 되고 성령님이 같이 계신다"고 말할 수 있습니다.

십자가를 바라보면, "아, 나는 마음도 고침 받고, 육체도 고침 받은 건강한 사람이다. 치료받은 사람이다"라고 말할 수 있습니다.

십자가를 바라보면, "나는 저주에서 해방되어 직장에서 성공하고, 가정에서도 성공하고, 축복도 받고 사업도 성공한다."고 말할 수 있습니다.

십자가를 바라보면, "나는 죽어도 살고, 살아서는 영원히 산다, 나는 생명을 가지고 있는 사람이다."고 말할 수 있습니다.

십자가를 바라보면, "나는 영혼이 잘되고 범사에 잘되며 강건하고 생명을 얻되 풍성히 얻을 수 있다"라고 말할 수 있습니다.

긍정적이고, 적극적이고, 창조적으로 말할 수 있다면 우리의 운명은 엄청나게 달라질 것입니다.

그러므로 십자가를 바라보면 우리의 인생이 달라질 수 있기 때문에 예수님께서 "모세가 광야에서 뱀을 든 것 같이 인자도 들려야 하리라"고 말씀하신 것입니다. 모세가 광야에서 뱀을 들지 않았으면 뱀에 물려서 모두 다 죽었을 텐데, 뱀을 높이 들어 뱀이 심판받았다는 것을 보여 줌으로써 그를 바라보는 사람마다 모두 뱀의 독에서 고침을 받았습니다.

예수님께서는 아담과 하와가 마귀라는 뱀에게 물려서 절대 절망의 독에 오른 이 인류들을 구원하기 위해서 광야의 뱀처럼 십자가에 높이 매달려 올라가셨습니다. 예수님의 십자가를 쳐다보고 생각이 달라지고, 자화상이 달라지고, 믿음이 달라지고, 말이 달라진 사람마다 해독이 되고, 영혼이 잘되고, 범사에 잘되며, 강건하게 됩니다. 그런 사람마다 생명을 얻되 넘치게 얻게 하고, 구원을 얻게 만들어 주겠다는 말입니다.

'그를 바라보는 사람마다 구원을 받는다.'

구원이라는 말은 헬라어로는 '소저' 라고 합니다. '소저' 라는 단어는 영혼 구원만을 말하는 것이 아닙니다. '죄에서 구원받는다.', '죽음에서 천국으로 간다.', '병이 낫는다', '저주에서 해방된다', '고통에서 자유를 얻는다' 는 뜻을 담고 있습니다. 모든 인생의 좌절과 절망에서 건져짐을 말합니다. 해방을 주고 건져 주는 것을 '구원' 이라고 말합니다.

"하나님이 세상을 이처럼 사랑하사 독생자를 주셨으니 이는 그를 믿는 자마다 멸망하지 않고 영생을 얻게 하려 하심이라"(요 3:16)고 말씀하신 것처럼, 그리스도를 바라보는 사람마다 구원을 얻을 수 있습니다. 죄에서 구원을 얻을 수 있습니다. 저주에서 구원을 얻을 수 있습니다, 질병에서 구원을 얻을 수 있습니다. 패배에서 구원을 얻을 수 있습니다. 그러기 때문에 십자가에 못 박힌 예수 그리스도를 바라보고 우리의 생각이 달라지고, 우리의 꿈이 달라지고, 믿음이 달라지고, 언어가 달라져야 합니다. 그렇게 달라진 생각과 꿈과 믿음과 언어를 사용한다는 것은 우리의 일생에 거대한 축복의 문을 여는 것입니다.

"하나님의 말씀을 청종하면 이 모든 복이 네게 임하며 네게 이르리니 성읍에서도 복을 받고 들에서도 복을 받을 것이며, 네 몸의 자녀와 네 토지의 소산과 네 짐승의 새끼와 소와 양의 새끼가 복을 받을 것이며, 네 광주리와 떡 반죽 그릇이 복을 받을 것이며, 네가 들어와도 복을 받고 나가도 복을 받을 것이니라."(신 28:2-6)

하나님의 말씀에 순종하면 그와 같은 능력이 우리의 삶 속에서 넘쳐날 것입니다. 우리의 마음에서 일어나는 변화가 우리 자신의 운명을 변화시킨다는 것을 알아야 됩니다.

"왜 내게 이런 운명이 다가오는가?"

"왜 내게 이런 환경이 다가오는가?"

이렇게 말하는 사람들이 있습니다. '왜?' 가 아닙니다. 마음에 가득한 것이 밖으로 나오는 것입니다. 마음에 있는 청사진이 그대로 밖으로 이루어지는 것입니다. 그러기 때문에 사람들의 마음이 달라져야 가정도, 사회도, 국가도, 운명도 달라집니다. 우리의 생각이 달라지기 전에는 절대로 우연히 내 인생이 달라지고, 가정이 달라지고, 사회와 생활이 달라질 것으로 기대하는 것은 잘못된 것입니다.

그리스도의 복음을 들은 사람들마다 마음이 달라집니다. 성경 말씀에 "회개하라, 천국이 가까이 왔다."라고 하지 않습니까? 회개하라는 말은 무엇입니까? '마음을 바꾸라' 는 것이 '회개' 입니다. 회개라는 말의 원어의 뜻은 '통회하고 자복하는 것' 뿐만 아니라, '생각과 마음을 바꾸라' 는 것입니다. 마음을 바꾸면 천국이 바로 우리 곁에 와 있다는 것을 말합니다. 천국이 가까이 왔어도 마음을 바꾸지 않으면 천국이 나의 생활 속에 들어오지 않는다는 것을 말합니다.

지금 이 시간, 예수 그리스도의 십자가를 바라보고 생각을 바꾸십시오. 자화상을 바꾸십시오. 십자가를 통해 주시는 은혜를 무조건 믿으십시오. 그리고 입술로 고백하십시오. 십자가의 은혜대로 고백을 하십시오. 그러면 정말 놀라운 운명과 환경이 우리의 주위에 다가올 것입니다.

시베리아에서 찬바람이 불어오면 우리 한국 전체 기온이 영하로 떨어져서 얼음이 얼지 않습니까? 찬바람이 시베리아의 하늘에서 불어와야 되는 것입니다. 그러나 남쪽에서 따뜻한 바람이 불어오면 모든 추위는 사라지고 얼음은 녹고 봄이 다가오고 생기가 다가옵니다. 어떻게 그렇게 됩니까? 주변 환경이 달라지기 때문입니다. 땅이 달라진 것이 아닙니다. 똑같이 우리가 사는 대한민국 땅이지만, 찬 공기가 불어오면 겨울이 다가오고, 모든 식물은 동면하고 죽고 맙니다. 그러나 따뜻한 바람이 불어오면 똑같은 땅에 생기가 넘쳐납니다.

우리의 운명에 세상의 죄악과 세속과 질병과 저주와 죽음이 휘몰아 오면 그 가운데서 발버둥을 치면서 아무리 살아보려도 해도 소용이 없습니다. 겨울에 나가서 밭을 갈고 씨를 뿌려봤자 무슨 소용이 있습니까? 겨울에 얼음이 꽁꽁 얼었는데 양어장에서 물고기를 키우려고 해도 다 얼어 죽지 않습니까? 그러나 봄바람이 불고 화창한 봄이 오면 정원에 아무렇게나 꽃씨를 던져 놓아도 꽃이 피어납니다.

하나님의 복을 받으면 이래도 복이 오고, 저래도 복이 옵니다. 앉아도 복이 오고, 서도 복이 오고, 가도 복이 오고, 들어와도 복이 오고, 나가도 복을 받습니다. 그리스도의 십자가를 바라보면, 우리의 생각이 달라지고, 자화상이 달라지고, 믿음이 달라지고, 언어가 달라집니다. 우리의 모든 분위기가 하나님의 축복의 분위기로 둘러싸이게 됩니다. 그러므로 모든 일이 합력하여 유익이 되고 성공적인 인생을 살 수 있습니다.

많은 사람들이 그리스도의 축복을 받지 못하고, 밖에서 고생을 수없이 하며 괴로움에 빠져 있습니다. 북한을 보십시오. 고생을 많이 하지만, 세계에서 가장 가난한 나라가 되었습니다. 복을 받을 분위기가 되어 있지 않기 때문에 노력을 해도 성과가 나지 않습니다. 그러나 대한민국은 자유민주주의 국가로서 1,200만 성도가 있고, 5만 교회와 10만 명의 주의 종들이 있어 하나님의 축복의 분위기가 이곳에 있기 때문에 우리가 무엇을 해도 잘되는 것입니다. 우리 대한민국같이 반이 잘린 나라로서, 1988년에 올림픽도 치렀고, 2002년 월드컵 대회도 치렀습니다. 분위기가 그렇게 이끌어 가고 있습니다. 한국이 하면 무엇이든지 됩니다. 하나님의 축복이 우리와 함께하시기 때문입니다.

어떤 사람이 저에게 말했습니다.

"한국에 비행기를 타고 들어오는데 큰 공동묘지 같았습니다. 저녁에 비행기에서 밑을 내려다보았더니 곳곳에 붉은 십자가가 보였습니다."

저는 이렇게 대답했습니다.

"당신네에게는 공동묘지로 보이지만, 우리에게는 축복의 상징으로 보입니다. 그리스도의 십자가를 통해서 하나님의 넘치는 축복이 우리 서울을 점령하고 있고, 한국을 점령하고 있다는 표상이 됩니다."

우리나라는 복 받은 나라입니다. 한국이 중국과 일본 사이에 끼어 있으나 그들을 능가할 수 있는 나라가 될 수 있는 것은 우리 속에 십자가가 있고 우리가 십자가를 바라보기 때문입니다. 눈을 들어 십자가를 바라보는 그 백성에게 광야가 치료의 동산이 되고, 축복의 동산이 되고, 화평의 동산이 될 것입니다.

저는 KBS에서 기독신우회가 30년이 되었다는 말을 듣고 깜짝 놀랐습니다.

'어떻게 해서 KBS에서 신우회가 30년 동안 면면히 계속될 수 있었는가? 여기에 축복받은 주의 백성들이 많이 모여 있구나!'

여기에 신우회가 있어서 기도하는 동안 KBS는 축복을 받고 하나님의 은총이 여기 있는 모든 사원들에게 임하게 되었을 것입니다. 안 믿는 사람은 인정을 안 하겠지만, 인정하든 안 하든 그런 분위기가 만들어지면 그런 분위기 속에서 같이 복을 받게 되는 것입니다. 아버지가 복을 받으면, 엄마와 아들딸들은 자연적으로 따라서 복을 받는 것입니다. 한두 사람이 축복을 받으면 모든 사람이 그 복에 참예할 수 있습니다. 우리 한국에 1200만 성도가 있다는 것 자체가 하나님께서 이 나라에 축복의 분위기를 만들어 주시고, 이를 통해서 모든 사람이 축복을 함께 나누고 있는 것입니다.

오늘부터 십자가를 꼭 바라보십시오. 마음으로 바라보고 자신의 생각을 바꾸어 보십시오. 자화상을 바꾸어 보십시오. 당신은 그리스도 안에서 굉장히 잘난 사람입니다.

그리고 믿음을 가지십시오. 그리고 독백을 바꾸십시오. 사람은 꼭 이웃에게만 대화하는 것이 아닙니다. 끊임없이 독백을 하며 삽니다. 매일 자기 자신에게 말합시다.

'아침에 빨리 일어나야지.'

'물 한 잔 마셔야지.'

'밥을 조금만 먹어야지.'

'빨리 출근해야지.'

이런 독백이 십자가를 통해서 긍정적인 독백으로 변하면 기적이 일어나기 시작합니다.

'나는 할 수 있다.'

'나는 하면 된다.'

'나는 해 보자.'

'나는 산다.'

'나는 복 받는다.'

'나는 승리한다.'

'나는 이웃에게 늘 나누어 주면서 산다.'

이런 독백을 하십시오. 그 독백이 당신의 삶에 거대한 창조의 능력을 발휘하게 될 것입니다.

(2007. 2. 22. 창립 30주년 기념 예배)

하는 즐거움 보는 즐거움 롬 8:11-16

장경동 목사(대전중문교회 담임목사)

제가 최근에 이스라엘 성지를 다녀왔습니다. 10년 전쯤에 처음 성지 순례를 갔었는데 이집트를 가서 보고 놀랐습니다, 3500년 전 모세 때, 이집트는 세계 최강이었습니다. 그런데 지금의 이집트는 정말 못삽니다. 그것을 보고 '역사가 이렇게 퇴보할 수도 있구나!' 하며 속으로 생각했습니다. 그 때 만들어 놓은 피라미드를 지금도 기술이 없어서 수리를 못하고 있습니다.

그 때 그곳에서 '포니' 를 보니 눈물이 났습니다. 그리고 이번에 다시 가보니까 1500cc 이하의 소형차 70%가 한국산 차였습니다. '현대', '기아', '대우' 의 브랜드를 단 차가 이집트를 쫙 깔아버렸습니다. 그런데 더 놀란 것은 지금도 포니가 돌아다니는 것입니다. 30년도 더 넘었다고 합니다.

"어떻게 저 차가 …, 한국에서도 안 나니는데 …."

제가 감탄을 했더니 첫째, 포니는 고장 날 것이 없다고 합니다. 특별한 장치가 없고 엔진하고 바퀴하고만 있고, 차가 간단해서 고장 날 것이 없고, 부속은 주물럭주물럭 만들어서 넣으면 된다는 것입니다. 포니가 지금도 굴러다니는 것에 놀랐고, 한국차가 많이 깔린 것에 놀랐습니다. 마음속으로 생각했습니다.

'참 우리나라 사람들이 외국에서 열심히 애를 쓰고 사는구나!'

이집트로 넘어가면 참 신기한 것이 있습니다. 제 느낌이 그런지는 몰라도 참새도 이집트 참새는 바짝 말랐고, 이스라엘 참새는 통통한 것처럼 보였습니다. 나라가 못사니까 새도 불행합니다.

이스라엘은 잘 사는데, 다른 중동 아랍 국가들은 그렇지 못한 것 같습니다. 이집트 사람들이나 요르단 사람들이나 아랍 국가의 주민들은 사는 모습이 비슷합니다.

그런데 이스라엘 사람은 좀 다릅니다. 같은 중동 사람들인데 왜 다른가 하고 살펴봤더니, 이스라엘 백성은 오랫동안 전 세계에 흩어져서 살다가 돌아왔습니다. 그러니까 때깔이 틀립니다. 잘살고 못 살고만의 문제가 아니라 사람 자체가 틀려져 버렸습니다.

'아하! 흩어져 사는 불행은 있었지만, 그러면서 이 사람들이 우수민족이 됐구나!'

남한에 사는 사람들은 남한에 그냥 살아왔습니다. 그러나 이북에서 피난을 온 사람들은 상당히 어려운 시절을 겪었습니다. 정주영 씨가 남한으로 내려올 때 소 한 마리의 값을 가지고 왔습니다, 그 때 남한에는 부자가 참 많았습니다. 소 한 마리가 뭡니까? 남한의 부자들은 집도 있고 논도 있고 밭도 있었습니다. 그런데 소 한 마리의 값을 가지고 온 정주영 씨가 큰 부자가 되는 동안 남한의 부자들은 무엇을 했나 모르겠습니다. 그러니까 '가짐의 문제' 가 아니고 '살아가는 자세' 의 문제입니다.

피난민들은 비교적 잘 삽니다. 왜냐하면 정신력이 좋기 때문입니다. 피난민도 잘 살지만 더 잘사는 사람들이 '화교' 입니다. 화교가 못사는 것을 본 적이 있으신가요? 남의 나라에서 내 돈이 없으면 죽는다는 그 정신이 그들을 잘 살게 만들었습니다.

그와 마찬가지로 이스라엘 사람도 세계에 흩어져서 그 정신으로 다 잘 살게 된 것입니다. 그렇게 세계에 흩어져서 잘사는 사람들이 본국으로 돌아가니까 같은 아랍권인데도 수준이 너무 다릅니다. 때깔도 다르고, 경제력도 다릅니다. 이집트 사람들은 게임도 안 됩니다.

군대도 이스라엘이 훨씬 우세합니다. 이스라엘이 핵을 가지고 있으니 전쟁에서 아랍 국가들이 이길 수가 없습니다. 그래서 아랍 국가들이 흩어져 가는 단점 속에 이스라엘은 강대국이 되었습니다.

그런데 예수님이 태어나 자라신 나사렛, 베들레헴, 요단강, 광야를 보면 굉장히 초라합니다. 어떻게 보면 주님은 의도적으로 초라한 데를 골라 다녔던 것처럼 사셨습니다. 그런데 그것을 보고 저는 '주님께서 현상 중심의 삶이 아니라 본질 중심의 삶을 사셨구나.' 하는 것을 현격하게 느꼈습니다.

지금은 이스라엘에 '눈물방울 교회'를 비롯하여 성전이 얼마나 많은지 모릅니다. 성경에서 기념되는 곳마다 다 교회를 너무너무 잘 지어 놓았습니다. 세계적인 설계사가, 세계적인 건축사가 참여하여 세계적인 건축물로 잘 지었습니다.

하나만 예를 들어보겠습니다. 우리 국회의사당 위에 돔이 있지 않습니까? 건축 양식에 돔이 많은데 그것을 모두 화려하게 금으로 칠해 버렸습니다. 그런데 안에서 예배드리는 사람은 거의 없습니다. 현상은 무지무지 좋아졌는데 본질이 없습니다. '본질을 중심으로 사시고 역사하셨던 주님의 시작이 결국 현상으로 끝나는' 것입니다.

"너희가 이같이 어리석으냐, 성령으로 시작하였다가 이제는 육체로 마치겠느냐?"(갈 3:3)

한국 교회가 본질 중심의 삶에서 현상 중심의 삶으로 점점 탈바꿈해 가고 있지 않습니까? 제가 부정적인 소리를 하는 것이 아니고 바른 소리로 들으면 좋겠습니다.

천막을 쳐서 개척하여 부흥되는 교회는 좋은 교회입니다. 왜냐하면 천막이 있는데 부흥이 되는 것은 현상을 보고 오는 것이 아니고 뭔가 그 속에 은혜가 있고 사랑이 있기 때문입니다.

그런데 건물을 잘 지어서 부흥이 되는 교회는 그럴 수도 있지만, 그렇지 않을 수도 있습니다. 교회가 좋아서 부흥되는 것은 현상의 부흥일 경우가 많다는 것입니다. 교회가 좋아서 부흥이 되는데, 그 속에 은혜가 없어져 가고, 변화가 없어져 갑니다. 그런데 우리는 그것을 자꾸 착각합니다. 붓는 것과 살찌는 것은 좀 다릅니다. 우리가 자꾸 부어가고 있는데 자꾸 살쪄 가고 있는 것으로 착각을 합니다. 지금 한국 교회는 부어가고 있습니다. 살쪄 가고 있는 것이 아닙니다.

우리가 하나님께 감사의 예물을 드릴 때, 헌금을 얼마나 하는 지는 현상입니다. 예물을 담는 마음은 본질입니다. 저는 그 현상을 이야기하는 것이 아닙니다. 적어도 우리의 마음속에 하나님께서 우리를 지켜 주심에 대한 감사함이 있어야 됩니다. 감사한 마음이 본질이고 감사 예물은 현상인데, 예물의 현상이 부담으로 와 닿는다는 것은 예물의 현상의 부담이 문제가 아니고 감사하는 마음의 본질이 없어졌다는 것입니다.

우리의 기도도 잘 분석을 해 보면, 본질 기도는 없고 현상 기도만 있는 경우가 많습니다. 기도 자체가 거기서부터 잘못되어 가고 있습니다.

"주님, 감사하는 마음을 제게 주옵소서. 기쁨을 제게 주옵소서. 사랑하는 마음을 제게 주옵소서."

이런 기도는 거의 없고 현상 기도에만 매달립니다.

"그 건물을 꼭 팔아 주시옵소서. 831 부동산 정책이 국회에서 가결되기 전에 아파트 한 채를 정리해 주옵소서."

"이번에 꼭 저희 아이를 합격시켜 주시고, 우리 남편 진급을 좁은 문이지만 관철시켜 주옵소서."

이런 기도가 나쁘다는 것이 아닙니다. 교회를 잘 짓는 것이 나쁘다는 것이 아닙니다. 헌금을 많이 하는 것이 나쁘다는 것이 아닙니다. 다 좋은데 중요한 것은 그 속에 본질이 있냐는 것입니다. 그 속에 예수님이 계셔야 합니다. 금덩이로 두른 교회에 예수님이 계셔야 되는데 예수님은 안 계시고, 입장료로 유지하는 이스라엘 교회에 주님이 계시냐는 것입니다. 과연 한국 교회가 나중에 교회 관람료로 유지하면 되겠습니까? 한국의 절은 다 썩었습니다. 절은 시주로 유지되어야 하는데 많은 절이 입장료로 유지합니다. 불교나 기독교나 현상을 추구하는 종교는 다 썩어져 갑니다. 왜냐하면 현상으로부터 본질이 빠져 버리면 현상만 남아 버리기 때문입니다.

부부 관계도 마찬가지입니다. 아름다움을 추구하기 위해 결혼하는 것은 현상입니다. 그 사람을 사랑하기 때문에 결혼을 해야 합니다.

"야, 잘 봐라, 그 남자가 앞을 못 보는 것 같더라."

"괜찮아, 내가 그의 두 눈이 되어 주겠어."

"야, 너 잘 봐 그 남자의 손이 없는 것 같아."

"괜찮아, 내가 그의 손이 되어 주겠어."

이런 사람들에게 아무 문제가 없는 것은 '사랑의 본질'이 있기 때문입니다. 그런데 문제는 이러한 본질이 빠지니까, 이제는 앞이 안 보이는 것입니다.어떤 조건이 문제가 아니라, 사랑의 본질이 빠져 버렸기 때문입니다.

언론인인 여러분 중에 한 사람의 사상이 바뀌면 파급되는 효과가 클 것입니다. 라디오를 하든, 텔레비전을 하든, 피디를 하든, 작가를 하든 그 속에 멘트를 한 마디씩 넣을 때, 적어도 KBS에서는 본질 멘트가 나가야 됩니다. 쓸데없는 현상 소리만 하지 말고, 본질 소리를 해야 합니다, 현상도 꼭 나쁜 것은 아닙니다, 그렇지만 본질이 있는 현상이 나와야 합니다. 본질도 없는 것은 의미가 없습니다.

남편이 반지를 사다 주니까 아내는 좋아합니다. 하지만 중요한 것은 사랑해서 사 주는 반지가 좋지, 바람을 피워서 미안해서 사다 주는 반지가 과연 좋겠는가 하는 것입니다. 그러므로 현상만 기뻐할 것이 아니라 그 현상에 본질이 있냐 하는 것이 중요합니다.

요르단에 있는 느보산에서 보면 바로 앞에 요단강이 보이고, 좌측으로 사해가 보이고, 바로 가나안땅이 보입니다. 모세가 여호수아에게 200만 이스라엘 백성을 맡기고 본인은 느보산에 남아 죽었습니다. 모세는 굉장히 기뻐했습니다. 모세는 후계자를 잘 세웠습니다. 그것은 굉장히 성숙한 것입니다.

우리는 후계자의 꼴을 잘 못 봅니다. 그러니까 후계자를 잘 안 세웁니다. 우리 민족의 특성입니다. 왜냐하면 그 놈이 치받고 올라오니까, 직장에서도 절대 후배를 잘 안 키웁니다. 왜냐하면 후배가 원수이고, 후배가 적이고, 경쟁자라고 생각합니다. 후배를 키운다는 것은 성숙하지 않으면 어렵습니다. 그러니까 모세가 성숙한 것입니다.

모세는 적어도 '하는 기쁨' 과 '보는 기쁨' 을 아는 사람이었습니다. 우리는 '하는 기쁨' 만 알지 '보는 기쁨' 을 잘 모릅니다. '하는 기쁨' 은 '내가 하는 것' 은 좋아하는 것이고, '보는 기쁨' 은 다른 사람이 하는 것을 기쁘게 보는 것입니다. 우리는 자기가 참여하는 기쁨만 알고, 다른 사람이 하는 것을 관람하는 기쁨을 모릅니다. 우리가 성숙해지려면 하는 기쁨도 중요하지만, 보는 기쁨도 알아야 합니다. 모세는 자신이 가서 쳐부수는 것도 중요하지만. 여호수아가 가서 쳐부수는 것을 기쁘게 볼 줄 아는 눈이 있었습니다. 그것이 바로 후계자 양성입니다,

사울 왕이 처음에는 잘 나가다가 하나님 말씀에 불순종하여 힘이 점점 빠져가니까 골리앗의 힘이 커졌습니다. 꼭 명심하십시오. 골리앗이 커진 것이 아니고 내가 약해진 것입니다.

"목사님, 요즘 마누라를 못 이깁니다. 엄청 세졌습니다."

똑바로 아십시오. 마누라가 세진 것이 아니라 당신이 약해진 것입니다. 집에 들어올 때 초반에는 집에 들어와서 "여보, 이봐, 네 엄마 어디 갔냐?" 라며 당당하게 말했습니다. 벌써 이기게 생겼습니다. 그런데 40년이 훌떡 넘어가면 소리가 틀려집니다.

"엄마 있냐?"

아내가 세진 것이 아니라 내가 약해진 것입니다. 병이 센 것이 아니라 저항력이 떨어진 것입니다, 블레셋이 강한 것이 아니라 사울이 왕의 힘이 떨어진 것입니다.

그 때 다윗이 나가서 골리앗을 쳐부수었습니다. 골리앗은 키가 2미터 90센티나 되는 거구였습니다. 사울은 골리앗을 보고 기가 팍 죽어서 못 이긴다고 생각했습니다. 그런데 다윗은 전쟁터에 나가면서 말했습니다.

"적을 이길 수 있습니다. 적이 크니까요. 아무렇게나 던져도 맞아요."

그것이 바로 대기업의 약점입니다. 대기업이 다 이길 것 같아도 오히려 야무진 소기업이 대기업을 이기는 경우도 많습니다. 군사력이나, 경제력도 마찬가지입니다. 옛날에는 큰 나라가 좋았는데 지금은 우리나라와 같이 작고 야무진 나라가 좋습니다,

지금과 같은 부동산 정책 아래에서는 논 백 필을 사 놓는 것보다 명동 요지에 땅을 사서 건물의 세를 받는 것이 낫습니다. 옛날에는 큰 것을 좋아했는데, 요즘은 작고 짭짤한 것을 좋아합니다. 우리나라 국토 전체를 팔면 호주 다섯 개 또는 미국의 절반을 살 수 있습니다. 우리는 상업 용지이고, 그곳은 전답이기 때문입니다.

우리나라는 휴대폰이 안 터지는 데가 없습니다. 지리산 노고단에서도 "여보세요?", 독도에서도 "자장면 시키신 분!" 하고 외칩니다. 그러나 미국은 그렇지 않습니다. 미국은 엄청나게 넓어서 이동통신 시스템이 우리나라만큼 좋지 않습니나. 큰 것이 꼭 좋은 것이 아니라, 적더라도 비싼 상업 용지가 많아야 합니다.

다윗이 골리앗을 죽이자 영웅이 되었습니다. 다윗에게 많은 여자들이 접근해 왔습니다.

"사울은 천천이요, 다윗은 만만이로다."

그것 때문에 평생 동안 사울은 다윗을 잡아 죽이려고 쫓아 다니다가 인생이 끝났습니다.

사울에게 있어서 결정적인 약점이 무엇입니까? 다윗이 하는 역할을 보면

서 즐길 줄 아는 마음이 없었다는 것입니다. 다윗이 전쟁에서 이기고 온 것을 함께 즐긴 줄만 알았다면, 사울의 인생은 아주 편하고 좋았습니다. 그런데 하는 기쁨만 알았지, 보는 기쁨이 없었습니다.

이 민족에게 있어서, 교회 안이나 정치나 보는 기쁨이 없습니다. 후배가 나가서 커 가면 그것을 기쁘게 보아야 합니다. 어차피 한 세대는 가고 다음 세대가 오기 때문입니다.

"저 사람이 내 밑에 신입 사원으로 들어와서 내가 키워 놨더니 잘해, 잘해."

그러면 본인도 신나고 우리도 좋을 것입니다.

"저 녀석 그 일을 시켜놨더니 꼴불견이네."

그렇게 되면 나도 불행하지만, 큰 그 사람도 얼마나 불행하겠습니까! 그런데 우리 민족 전체가 그렇습니다. 보는 즐거움도 즐거움이고, 하는 즐거움도 즐거움인데, 보는 즐거움을 우리는 좀 더 가져야 합니다.

다윗은 전쟁에서 한 번도 진 적이 없었습니다.

"어, 이 녀석이 또 이겼네. 사위잖아, 사위."

사울이 그랬으면 그 부가 다 상납되었을 텐데, 시기 때문에 사위를 적으로 만들었습니다.

그런 모습은 목사의 세계에서도 찾아볼 수 있습니다. 교회의 담임 목사의 자리를 아버지가 아들한테 물려준 사람도 있고, 아버지가 남한테 물려 준 사람도 있고, 아버지와 아들이 함께 쫓겨난 사람도 있고, 안 물려주고 계속 가는 사람도 있습니다.

그런데 아버지가 아들에게 물려준 사람의 이야기를 들었습니다.

"'목사님!' '목사님!' 소리를 듣다가 담임 목사가 아들로 바뀌니까, 교인들이 아들에게 '목사님!', '목사님!' 하는데 눈알이 확 뒤집어지더군요."

자신의 자리를 아들한테 물려주었는데도 그렇습니다. 부자지간에도 용납하기가 어려운데 남에게 주어 놓고 그것이 쉽게 용납이 되겠습니까? 그만큼 우리 마음이 보는 즐거움을 모르고 하는 즐거움만 안다는 것입니다.

그런데 이것이 좋은 결과를 가져오면 괜찮은데, 너무 좋지 않은 결과를 가져왔을 때 어떻게 되겠습니까? 대표적인 예가 바로 사울 왕입니다.

그러나 모세는 여호수아가 지도력을 갖게 되었을 때 그것을 즐겼습니다. 모세가 직접 가면 계속 전쟁을 해야 하는데 그 때 모세의 나이가 120살이었습니다. 여리고성을 매일 한 바퀴씩 마지막 일곱 바퀴를 돌 때, 120살 먹은 할아버지가 계속 돈다고 생각해 보십시오. 과욕이고, 고역입니다, 모세의 성숙함은 하는 즐거움, 보는 즐거움을 겸비한 사람이고, 사울왕의 실패는 하는 즐거움만 알았지, 보는 즐거움을 몰랐다는 것입니다. 우리는 '보는 즐거움' 을 누려야 합니다.

여러분 마음속에 정말 주님을 향한 감사가 있기를 바랍니다. 그것이 본질입니다. 그 본질 속에 적어도 감사하는 마음이 즐겁기를 바랍니다. 감사를 드리는 것이 부담된다는 이야기는 믿음이 변질된 것입니다.

'주님, 정말 감사해요. 지난 한 해 동안 이 어려움 속에서도 지켜 주시니 참 감사해요.'

그리고 그 마음속에서 많든 적든 감사의 예물이 드려질 때 완벽한 것입니다. 그런데 체면 때문에 한다든지, 형식적으로 감사하는 사람들은 아주 고약한 성도입니다. 본질을 잃어버리면 안 됩니다.

또 하나, 꼭 해 주고 싶은 이야기는 하는 즐거움만 누리지 말고 언젠가는 우리도 놓아야 할 때, 보아야 할 때 보는 즐거움을 누리리는 것입니다. 우리가 보는 즐거움을 공통적으로 누리는 것이 딱 한 가지 있습니다. 그것은 손자를 예뻐하는 것입니다.

할아버지, 아들, 손자 3대가 등장하는 코미디 프로그램이 있었습니다. 어느 날 손자가 울고 있었습니다. 아빠가 아들에게 우는 이유를 물었습니다.

"할아버지가 때렸어."

아들이 아버지에게 가더니 자기 아버지 앞에서 자기를 막 때렸습니다. 할 아버지가 당황해서 아들에게 물었습니다.

"너 왜 그래?"

"아버지가 내 새끼를 패는데, 내가 아버지 새끼를 가만히 놔둘 것 같아요?"

어느 목사님에게 들은 이야기입니다. 자기는 자기 마음속에 사랑이 없는 줄 알았다고 합니다. 아내나, 자식이나, 교인이나, 사실은 그냥 의무로 했지, 애절한 사랑이 없었답니다. 그런데 자기가 깜짝 놀란 것은 자신의 마음속에 이런 사랑이 있다는 것을 발견시켜 준 것이 손자였다는 것입니다. 그 목사님은 손자가 예뻐서 어쩔 줄 모르겠다고 했습니다. 그런데 거의 대부분이 그렇습니다. 손자가 예쁜 것이 아니라 할아버지가 손자를 향한 뜨거운 사랑을 갖고 있는 것입니다.

모세는 여호수아를 진심으로 사랑했습니다. 그러니까 여호수아가 하는 일을 기뻐한 것입니다. 그러나 사울은 다윗을 사랑하지 않았습니다. 보는 즐거움은 사랑에서 나옵니다. 우리 마음속에는 사랑이 없습니다. 있다면 자기만 사랑하는 사랑이 있습니다. 이기적인 사랑입니다. 우리에게는 남을 사랑하는 마음이 없습니다. 꼭 남을 한 사람만 사랑해야 한다면 마누라는 사랑 하지 않고 손주만 사랑합니다. 꼭 한 사람만 사랑해야 한다면 신랑도 사랑 하지 않고 자식만 사랑합니다. 우리의 사랑은 제 자리를 찾아야 합니다. 그래서 사랑의 본질인 그 사랑으로 주님을 사랑하고, 그 사랑으로 내 이웃을 내 몸같이 사랑한다면, 그것이야말로 가장 아름다운 감사가 되지 않겠습니까?

(2005. 11. 18 KBS 기독신우회 부흥사경회)

영혼의 진동 눅 8:43-48

이강진 목사(이대 목동병원 원목, 양의문교회 담임 역임)

인생은 만남에서 시작된다고 어느 독일의 작가가 이야기한 적이 있습니다. 그만큼 인생에서 만남을 뺀다면 아마 남는 것이 거의 없을 정도로 만남이라는 것이 중요한 것 같습니다. 요즘 TV를 보면 만남을 주제로 한 프로그램이 많은 것 같습니다. KBS에도 갈등이나 오해를 풀어 주고 화해시켜 주는 프로가 있는 것 같습니다. 그만큼 우리가 만남이라는 것이 얼마나 간절하고 소중한 것인가를 잘 말해 줍니다.

본문 말씀을 보면 참 위대하도 아름답고도 귀한 만남의 역사가 이루어지는 장면을 볼 수 있습니다. 이 말씀은 4복음서 중 마가복음, 누가복음, 마태복음에 나와 있습니다. 내용이 좀 다르기는 하지만, 특히 마가복음에는 가장 긴 말씀으로 나와 있습니다.

열두 해 동안 혈루증에 걸린 여인이 예수 그리스도를 만나 치유함을 받는 놀라운 역사를 경험하였습니다. 혈루증은 전문 용어로 말하면 '만성자궁출혈' 이고, 악성이라고 하면 '자궁암' 에 해당되는 그 당시로서는 굉장히 보편적이면서도 가장 치료하기 어려운 질병이었습니다.

"많은 의사에게 많은 괴로움을 받았고 가진 것도 다 허비하였으되 아무 효험이 없고 도리어 더 중하여졌던 차에"(막 5:26)

온갖 의원을 찾아가 다 치료해 보고, 또 개인적으로 해 볼 수 있는 것은 다 해 보았습니다.

제가 병원에 있으면서 보면 상당히 치유하기 어렵다는 '암'에 걸린 분들이 지리산 같은 곳에 가서 직접 약초를 캐서 드시기도 하고, 가지고 있는 재산과 모든 것들을 다 바쳐서 수십 년 동안 치료받기 위해 굉장히 고생하는 것을 많이 봅니다. 아마 본인 아니고서는 이런 고통을 이해하기가 쉽지 않을 것입니다.

이 여인도 자신의 삶의 거의 모든 부분을 바쳐서 자신의 질병을 치료하기 위해서 애썼던 것으로 보입니다. 그러던 어느 날 이 여인은 우연히 예수 그리스도께서 문둥병을 고치시고, 앉은뱅이를 일으키시고, 귀머거리를 듣게 하시는 놀라운 역사를 소문을 통해서 듣게 되었던 것 같습니다. 이 여인은 자신의 지금까지의 모든 절망과 아픔을 단번에 바꾸어 버릴 수 있는 귀한 복음을 듣게 되었던 것입니다. 그런데 이 여인은 '부정하다'는 혈루증에 걸렸기 때문에 불행히도 예수 그리스도 앞에 나아갈 수가 없는 여인이었습니다. 그리스도 앞에 나아갈 수 없었을 뿐 아니라 공개적인 장소나 사람이 모이는 곳에는 절대로 나아갈 수 없는 여인이었습니다. 만나서 사정을 하고 애원을 해도 모자라는 판에 만나지도 못하고 멀리서라도 지켜 보지도 못하는 상황이 이 여인의 상황이었습니다.

레위기 '정결법'에 보면 '부정한 자나 부정한 물건을 만진 사람은 부정한 사람이 된다'는 법이 있습니다. 아무리 정결한 사람도 부정한 것에 닿기만 하면 부정하게 되고, 그 사람이 만졌던 모든 것은 다 부정하게 된다는 법이 있습니다.

"이스라엘 자손에게 말하여 이르라. 누구든지 그의 몸에 유출병이 있으면 그 유출병으로 말미암아 부정한 자라. 그의 유출병으로 말미암아 부정함이 이러하니 곧 그의 몸에서 흘러 나오든지 그의 몸에서 흘러나오는 것이 막혔든지 부정한즉 유출병 있는 자가 눕는 침상은 다 부정하고 그가 앉았던 자리도 다 부정하니 그의 침상에 접촉하는 자는 그의 옷을 빨고 물로 몸을 씻

을 것이며 저녁까지 부정하리라."(레 15:2-5)

'유출병'은 이 혈루증 같은 것을 말합니다. 레위기 15장에 보면 굉장히 많은 부분을 유출병, 즉 혈루증에 대해서 말하고 있습니다.

본문 말씀의 유출병에 걸린 이 여인도 그가 닿는 모든 것은 다 부정해지므로 함부로 무엇인가를 만질 수도 없고 누군가를 만나서도 안 되는 사람이었습니다.

"너희는 이와 같이 이스라엘 자손이 그들의 부정에서 떠나게 하여 그들 가운데에 있는 내 성막을 그들이 더럽히고 그들이 부정한 중에서 죽지 않도록 할지니라."(레 15:31)

모든 장애물과 장벽들과 절대로 다른 사람을 만나서도 안 되고 만날 수도 없는 여인이었지만 이 여인은 그 모든 것들을 넘어서서라도 꼭 예수 그리스도를 만나야만 했습니다. 그는 예수 그리스도를 만나서 어떻게든 고침을 받겠다는 강한 욕심과 강한 열망보다는 어떻게 단 한 번만이라도 예수 그리스도를 보고 그 옷자락이라도 한 번 스치기만 했으면 좋겠다는 생각을 가졌던 것입니다. 이 부정한 여인은 아마 그러한 일이 발견되기만 해도 아마 몰매를 맞거나 영원히 추방될 지도 모르는 위험한 상황이었습니다. 그러나 이 여인은 주위 사람들 몰래 예수 그리스도에게 다가가서 예수 그리스도의 옷자락을 만지는 일을 하게 됩니다.

"내게 손을 댄 자가 누구냐?"(눅 8:45)

정말로 이 여인은 아무도 모르게 예수 그리스도의 옷자락에 손을 대었는데 예수님께서는 누군가 손을 대었다는 사실을 아셨습니다. 이 본문을 원어 성경, 희랍어 성경으로 보면 그가 만진 옷이 '히마티온'이라고 해서 '겉옷'이라고는 뜻을 가지고 있습니다.

마태복음 9장에 보면 열두 해 동안 혈루증을 앓는 여인이 예수의 뒤로 와서 겉옷 단을 만졌다고 했습니다. 겉옷을 만진 것도 아니고 그 당시 옷을 보면 장식이나 수술을 달았던 것이 있습니다. 영화에서 보면 그 당시 입었던 옷은 굉장히 헐렁한 치마와 같은 옷이었습니다. 겉옷에 모양을 내기 위해서

단을 붙였는데 그 장식을 의미하는 것입니다. 그러니까 그것을 세게 잡아당기거나 세게 붙잡으면 모를까 살짝 스친 것인데 보통 사람 같으면 느끼지 못할 작은 미동과도 같은 것이었습니다. 그런데 예수님께서는 그것을 정확히 느끼셨고 아셨습니다.

반면에 베드로는 그것을 전혀 몰랐습니다.

"베드로가 이르되 주여 무리가 밀려들어 미나이다."(눅 8:45)

베드로는 예수 그리스도를 둘러싼 군중들이 예수님을 만나기 위하여 밀려들 때 그중에 어떤 사람이 미는 것으로 알았습니다. 모든 많은 사람들이 다 주님을 에워싸고 밀어대는데 도대체 누가 주님의 옷을 만지고 주님에게 손을 대었는지 베드로는 도무지 알 수 없다는 고백을 했습니다.

그러나 예수님의 말은 전혀 달랐습니다. 예수님은 분명히 한 여인의 손길을 느꼈고, 그 손길을 깨닫고 뒤를 돌아보시고 그녀를 찾으셨습니다. 예수님은 단순히 한 여인이 예수님의 옷을 만진 것이 아니라 예수님 자신을 건드린 것이고 예수님의 마음과 예수님의 심경을 건드린 것을 아셨습니다. 그녀의 아픔과 좌절과 절망을 온몸으로 느끼셨습니다.

"굳은살이 배긴다."는 표현을 쓸 때가 있습니다. 어떤 감각기관이 똑같이 자극을 받게 되면 그 기능이 둔화되어서 웬만한 자극에는 쉽게 반응하지 못할 때가 있습니다. 우리가 가정에서 남편과 아내로서도 수십 년을 살다 보면 웬만한 사소한 일에는 굉장히 둔감해질 때가 많이 있습니다. 그리고 웬만한 일에는 절대 놀라지도 않고 감동하지도 않는 세상에 살고 있습니다.

"뾰족한 연필이 날카로운 선을 긋는다."는 말이 있습니다. 연필을 깎아서 쓰다 보면 처음에 연필을 날카롭게 깎아서 공책이 찢어지지 않을까 굉장히 조심스러운 마음으로 글씨를 쓰게 됩니다. 그런데 막상 연필심이 무뎌지면 무심결에 쉽고 편안하게 글씨를 쓰게 될 때가 많이 있습니다.

우리의 마음도 똑같지 않나 생각됩니다. 처음에 직장에 입사해서는 굉장한 긴장감과 조심스러운 마음으로 일을 합니다. 그런데 시간이 지나고 일에 익숙해지다 보면 긴장도 좀 풀리고 여유도 있어지면서 웬만한 일에는 조심스러움과 긴장감을 가질 수 없을 때가 많이 있습니다.

저는 병원에서 사역하는 '원목' 입니다. 주로 하는 일은 환자들을 만나고 심방하고 돌보는 일입니다. 요즘에는 병원에서 윤리적인 문제들이 많이 발생합니다. 새로운 약을 개발하게 되면 그것을 임상실험할 때 환자들에게 윤리적으로 합당하게 실험될 수 있는지를 판단하는 회의도 있고, 유전자 검사나 모든 검사를 할 때 환자들의 권익을 보호하기 위하여 같이 참여해서 회의를 할 때가 많습니다.

환자들을 만나면 처음에는 환자들의 고통과 아픔을 같이 공감하고 아파하면서 하루 속히 쾌유했으면 좋겠다는 마음으로 기도도 해 드립니다. 똑같은 환자들을 여러 번 만나다 보면 저 자신도 모르게 굉장히 마음이 무뎌질 때가 있습니다. 예전에 가졌던 그런 안타까움들이 조금씩 무뎌지는 경험을 하곤 합니다. 그때마다 저 자신도 오늘 말씀에 나와 있는 것처럼 예수님의 마음을 가져야 되는데 하는 그런 자책을 할 때가 많이 있습니다.

죽는 날까지 하늘을 우러러
한 점 부끄럼이 없기를
잎새에 이는 바람에도
나는 괴로워했다

윤동주의 '서시'(序詩) 중에서

잎새에 떠는 바람도 아니고 잎새를 휘청거리게 하는 바람도 아니고 정말로 사소하고도 잔잔하게 이는 바람에도 괴로워했다는 심정을 갖게 세심함이 마음을 감동시킵니다. 예수 그리스도께서 느끼셨던 사소한 작은 스침에도 반응하고 그 아픔을 같이 공감할 수 있는 것도 그와 같은 것입니다.

본문 말씀에서 나오는 것처럼 세상에서 버려지고, 세상에서 누구도 거들떠보지도 않고, 관심조차 없는 이 여인을 예수님께서는 온 마음과 온 영혼으로 받아들이셨습니다. 예수님의 입장에서 보았을 때는 부정한 여인이 예수님을 만졌기 때문에 예수님이 부정해질 수 있습니다. 그리고 같이 이야기를 나누거나 이 여인과 접촉을 하게 되면 예수님 또한 부정한 사람으로 취급받을 수밖에 없습니다. 그러나 예수님께서는 이 모든 걱정과 오해들을 다 떨쳐 버리시고, 이 여인에게 한마디를 하십니다.

"딸아, 네 믿음이 너를 구원하였으니 평안히 가라."(눅 8:48)

모든 사람이 부정하다고 멸시하는 이 여인에게 '딸'이라고 부르셨습니다. 불안에 떨고 두려움에 떨며 예수님을 만지기는 했지만 자신이 한 일이 너무나도 엄청난 일이어서 불안해하고 두려워하는 여인에게 예수님께서는 딸이라는 호칭을 통해서 그를 위로하고 그에게 한 걸음 더 다가섬을 볼 수 있습니다.

유명한 대문호 레오 톨스토이가 길을 걷다가 마침 거지를 만났습니다. 적선하기 위해 주머니를 뒤져서 조그만 것이라도 주려 했는데 마침 줄 수 있는 동전이 한 닢도 없었습니다. 그 때 톨스토이가 거지에게 다가가서 이렇게 이야기합니다.

"형제여, 미안하지만 정말로 내가 가지고 있는 것이 아무것도 없으니 줄 수가 없습니다. 정말로 미안합니다."

그러자 거지가 이렇게 이야기합니다.

"당신은 내게 돈보다 더 좋은 것을 주었습니다. 바로 나를 형제라고 불렀습니다."

우리가 세상을 살아가다 보면 만나지도 않고 보지도 않았지만 어떤 편견과 선입관에 사로잡힐 때가 있습니다.

'저 사람은 분명 이럴 것이다. 저 사람은 이렇게 생각하고 이런 마음을 갖고 있을 것이다.'라고 미리 판단할 때가 참 많이 있습니다. 저도 환자들과 사람들을 만날 때마다 첫인상에 의해서 좌우될 때가 많이 있습니다. 병상에 갔을 때 크리스천인 경우에는 저를 굉장히 반가워하고 기도해 달라고 부탁하지만 그렇지 않은 분들은 적대시할 때도 있고 무시할 때도 있습니다. 제가 근무하는 곳은 원목실인데 교회에 나가시는 분들은 다 알지만 그렇지 않은 사람은 원무과와 혼돈하는 사람들이 많이 있습니다.

"제가 원목실에서 온 목사입니다."

이렇게 인사를 하면 환자가 편안히 누워 있다가도 벌떡 일어날 때가 가끔 있습니다. 형편이나 여유가 있어서 치료비 걱정을 안 하시는 분들은 좀 괜찮으시겠지만, 형편이 어려워서 치료비 등에 예민하신 분들은 '원무과'에서 왔다고 하면 굉장히 긴장을 하게 됩니다. 몸을 벌떡 일으키고 다소곳해집니다. 그러다가 목사라고 이야기하면 또 바로 드러눕거나 무시하는 경우도 있습니다.

그 때마다 '밖으로 드러난 것으로 사람을 판단하면 안 되겠다' 고 생각할 때가 많이 있습니다. 지하 세계에서 활동하며 문신 같은 것을 새기고 오는 사람들도 있고, 굉장히 험한 인상을 주는 분들도 있습니다. 또 굉장히 유하고 부드러운 인상을 가지고 있는 분들도 있습니다. 그런데 험하고 불친절하다고 생각되는 인상을 가진 분들도 막상 이야기를 나누어 보면 굉장히 연약하고 다정다감하게 대할 때가 많이 있습니다. 그래서 우리가 직접 만나서 느끼고 경험하고 대화를 나누지 않고는 '그 사람은 어떻다' 라고 판단하는 것은 굉장히 위험한 일이라고 생각합니다.

마찬가지로 이 여인도 많은 사람들이 부정하고 추하다는 사람이었지만, 예수님께서는 그녀의 작은 만짐과 움직임을 느끼시고 그녀를 부정하다는 모든 사람들의 편견과 선입관을 넘어서서 그녀를 온전히 받아들이셨습니다. 그것으로 이 여인이 모든 치유함을 받고 12년의 모든 절망에서 벗어날 수 있었습니다.

어느 철학자가 이야기한 대로 우리 인생에는 두 가지 만남이 있습니다. 피상적인 얕은 만남이 있고, 굉장히 실존적인 깊은 만남이 있습니다. 지금 우리가 사는 시대는 얕은 만남이 많은 시대입니다. 머무름의 시대가 아니라 스쳐 지나가는 시대라고 할 수 있습니다. 직접 만나거나 직접 부딪치거나 직접 이야기를 하지 않아도 간접적으로 모든 것을 해결할 수 있는 시대가 되었습니다. 인터넷을 통해서 직접 만나지 않고도 대화를 할 수 있고, 직접 시장에 가지 않아도 간접적으로 물건을 구입할 수도 있습니다.

우리 예수님께서는 본문 말씀을 통해서 우리가 갖는 만남이 진실되고 깊은 만남이 되기를 원하십니다.

"우리가 너희를 향하여 피리를 불어도 너희가 춤추지 않고 우리가 곡하여도 너희가 울지 아니하였다 함과 같도다."(눅 7:32)

정말 나하고 직접적인 상관이 없는 일에는 무관심하고 외면할 때가 많이 있습니다. 우리가 만남을 갖는 것이 기쁘고 즐겁고 감사한 일이지만, 또 반대로 괴롭고 힘들고 고통스러울 때도 많이 있습니다. 그래서 우리의 모든 관계를 마치 '고슴도치와 같다' 고 이야기를 많이 합니다. '가까이 하면 할수록' 상처를 받고 아파할 때가 많이 있기 때문입니다. 모든 만남과 관계 속에 내 자신의 이익과 욕심을 채우려 할 때가 많이 있습니다.

반대로 예수님은 우리의 갈급함과 우리의 바람과 소망을 채우십니다. 그리고 예수님께서는 어떠한 순간과 어떠한 사람과 어떠한 대상에라도 잠시 스쳐가는 그러한 분이 아니십니다. 우리와 깊은 관계를 맺고, 우리의 삶 가운데 늘 함께 하시고 머무시기를 원하십니다. 우리의 아픔과 슬픔과 실망과 절망조차도 함께 나누시고 그 안에 머무시기를 원하십니다.

"모든 존재를 너 자신으로 여겨라"라는 말이 있습니다. 우리가 상대방을 상대방으로 느낀다면 거기서 더 이상 한 걸음도 나아갈 수가 없습니다. 오히려 그를 내 자신으로 여기고 내 자신으로 받아들일 때, 우리는 예수님과 같은 마음을 갖게 되고 예수님과 같이 조그만 일에도 관심을 갖고 애정으로 바라볼 수가 있습니다.

"열국의 우상은 은금이요 사람의 손으로 만든 것이라. 입이 있어도 말하지 못하며 눈이 있어도 보지 못하며 귀가 있어도 듣지 못하며 그들의 입에는 아무 호흡도 없나니 그것을 만든 자와 그것을 의지하는 자가 다 그것과 같으리로다."(시 135:15-18)

이와 같이 느끼지도 못하고 함께 나누지도 못하고 함께 공감하지도 못하는 것을 우상이라고 합니다. 사도행전을 보면 '뭇사람의 마음을 아시는 주여' 라고 말합니다. 이와 같이 우리가 보이지는 않지만, 때로는 우리가 제대로 느끼지는 못하지만, 그것을 깊이 깨닫고 함께 공감하는 것이 바로 예수 그리스도의 삶을 따라가는 것입니다.

예수님께서는 잠깐 스쳐 지나가는 만남을 원하지 않으셨습니다. 누가복음 19장에 보면 예수님과 삭개오가 만나는 장면이 있습니다. 삭개오가 뽕나무 위에 올라가서 예수님께서 지나가시는 모습을 보고 뽕나무에서 내려와서 감격적으로 예수님과 만납니다. 그때 예수님께서 하신 말씀이 있습니다.

"삭개오야 속히 내려오라, 내가 오늘 네 집에 유하여야 하겠다 하시니 급히 내려와 즐거워하며 영접하거늘 뭇 사람이 보고 수군거려 이르되 저가 죄인의 집에 유하러 들어갔도다."(눅 19:5-7)

예수님께서는 삭개오를 만나시고 그 집에 유하셨습니다. 그의 삶에 유하시고 그의 가정에 유하시고 그의 마음속에 유하시고 그의 집에 함께 유하셨습니다.

수가성의 우물가에서 만난 그 여인을 통해서도 많은 사람들이 예수 그리스도를 믿고 영접하게 되었습니다. 그 때 사마리아인들이 예수님께 자기들과 함께 계시기를 청하였는데 거기서 예수님께서 이틀을 유하셨습니다. 예수님께서는 늘 머무시기를 원하십니다. 단순히 스쳐 지나가거나 잠깐의 만남으로 끝나기를 원하지 않으십니다.

'영혼의 진동이 없으면 그건 만남이 아니라 한 때의 마주침' 이라는 어느 시인의 시가 있습니다. 우리의 삶을 곰곰이 돌이켜 보면 만남이 아니라 마주침으로 끝나는 것이 얼마나 많습니까?

여러분들의 한 사람 한 사람과의 만남이 '영혼의 진동' 이 일어나는 진동이 되기를 원합니다. 여러분들의 신앙이, 예수님과의 만남이 영혼의 진동이 되어서 한 순간의 스침이 아니라 영원히 하나님과 교제하고 나누고 하나님과의 사랑을 실천하는 귀한 만남이 되시기를 바랍니다. 여러분이 삶의 현장에서 하는 모든 일들이 직장과 사회를 진동시키고 믿음과 신앙으로 모든 것들을 바꾸어 나가는 놀라운 진동이 일어나기를 축원합니다.

(2006. 10. 27)

내 안에 당신이 있습니다 행 2:1~13

안영혁 목사(예본교회 담임목사, 『작은 교회가 더 교회답다』저자)

'성령 받는 일'에 대해서 말씀드리려고 합니다. 성령을 받는다기보다는 '성령이 누구신지?' 하는 아주 기초적인 이야기와 성령에 대해서 꼭 말씀드리고 싶은 것이 있습니다.

최근 어느 날 전화통화를 하다가 마음이 무너지는 일이 한 번 있었습니다. 인터넷이 안 되어 제가 한국통신에 전화를 했는데 상담원이 저를 '고객님'이라고 부르면 될 텐데 '아버님'이라고 불러서 어떻게나 속이 상하는지, 제가 그 상담원의 아버지의 목소리로 들리지는 않을 것 같은데 "아버님, 아버님"해서 가슴이 아프고 상처를 크게 받았습니다. 그럴 때 우리가 쓰는 말이 '꼭지가 돈다.'고 말합니다. 성령 체험은 이와 비슷할지 모릅니다. 그런데 우리는 나쁜 일로는 꼭지가 도는 일이 많이 있어도, 좋은 일로는 꼭지가 도는 일이 별로 없어서 성령 체험과 관련해서 무엇인가 체험을 하고 싶은 마음이 있습니다. 성령 체험은 좋을 뿐만 아니라 거룩함으로 꼭지가 도는 것입니다.

제가 KBS 9시 뉴스에 나온 적이 있습니다. 아직도 그 순간을 잊을 수 없습니다. 당시 저는 관악, 동작 지역의 '학교운영위원협의회 대표'를 맡고 있었는데, '학교 발전 기금 폐지 주장'을 뉴스에 담아 준다고 해서 많은 생각을 하고 많은 말을 준비했는데, 기자분이 도착해서 아주 충격적인 말을 했습니다.

"10초 드리겠습니다."

10분을 이야기해도 다 못할 것 같은데, 10초를 준다고 해서 한 마디만 말했습니다.

"빈부 격차를 재확인하는 학교 발전 기금은 없어져야 됩니다."

KBS의 '10초 현상' 은 제가 살면서 잊혀지지 않는 사건 중에 하나입니다. KBS는 그야말로 '현상의 나라' 라고 생각합니다. 정현종 시인이 어느 시 중에 '심장은 없고 바람만 남았다' 라고 표현한 것이 기억납니다. 방송은 아주 현상적입니다. 수많은 식물들을 움직여서 뭔가 하지만 정작 결과물은 전파와 바람이 아니겠습니까? 대충 말해서 철학에서 이런 것들을 두고 '현상' 이라는 이름을 붙여서 불러왔습니다.

현대의 중요한 문제의식은 현상이 본질 그 자체일지도 모른다는 것입니다. 교회야말로 본질을 중시하는 만큼 현상보다는 실체를 중시하는 것이 신학의 일반적인 경향인데, 저는 성령에 대해 말씀드리면서 조금 다른 방향으로 가 보려고 합니다. 실체적이기보다는 현상적으로 말씀드리려고 합니다. 그래도 성경은 크게 벗어나지 않을 것입니다. 왜냐하면 예수님 자신이 굉장히 현상학자 같은 모습을 많이 보였기 때문입니다.

우리의 영은 어떨까? 마음의 현상일까? 아니면 마음의 현상을 일으키는 발견되지 않은 실체일까? 이것에 대해 과학적으로는 아무도 말하지 못하는 것 같습니다. 그냥 사람들은 옛날부터 '영이 있다' 고 믿어 왔습니다. 그리고 그것이 사람의 본질이라고 믿어 왔습니다.

철학 이야기를 잠깐 하겠습니다. 철학자 임마누엘 칸트도 영혼의 존재에 대하여 대단히 많이 고민했습니다. 그 결론은 '영혼이 있다' 는 것이었습니다. 그러나 그의 이야기는 '내가 보았다' 는 것이 아니라, 인간 현상으로 미루어 짐작할 때 영혼이 있는 것 같다는 것이었습니다. 그런데 말이 짐작이지 확신에 가까웠습니다. 칸트의 논지는 이렇습니다.

"사람은 살다가 죽습니다. 그런데 세상에는 온갖 잡놈들이 많지만 사람은 끝없이 도덕적으로 되려고 하는 근본성이 있다."

칸트는 자기가 아는 숭고한 것이 두 가지가 있는데, 하나는 내 머리 위에 총총히 빛나는 '별빛' 이요. 또 하나는 내 마음 속에 있는 '도덕성' 이라고 했습니다. 숭고하다는 것은 말하자면 신적인 빛이 서려 있다는 것입니다. 그런데 이성을 가졌을 뿐 아니라 그 이성으로 끝없는 숭고한 도덕성을 추구하는 인간이 어느 날 이 땅에서 죽고 나면 그것뿐이라는 것을 칸트도 도무지 수용할 수 없다고 했습니다.

그래서 "사람이 죽고 난 이후에도 어떻게든 그 존재가 이어질 것이라는 것을 나는 반대할 이유가 없다."라고 그의 유명한 책 『순수 이성 비판』에서 이야기했습니다. 이것이 칸트의 입장입니다.

"죽음 이후에 이어질 그 생명은 '영혼의 생명' 일 것이고, 그 영혼은 불멸할 것이다."

인간 영혼에 대한 아주 합리적인 설명입니다. 칸트는 영혼과 함께 영혼의 불멸성을 믿었던 것으로 보입니다. 그래서 웬만한 시원찮은 기독교인보다 훨씬 기독교인다웠던 사람이 칸트입니다. 그는 영을 본 것이 아니라 인간 현상을 보면 인간의 영을 부인할 수 없습니다.

사람에게 영이 있다는 것을 성경에서는 물론 무수히 말씀하고 있지만, 성경밖에서도 사람의 영을 이야기하고 있다는 것을 칸트의 이야기에서 잠깐 언급해 보았습니다. 결국 사람이 영적이라는 것은 인간이 자신의 영으로서 아는 것입니다.

그런 사람의 영을 기억하면서 하나님의 영의 이야기로 옮겨가려고 합니다. 고린도전서는 그와 같이 사람에게 영이 있다면 하나님에게도 영이 있고 그 영이 바로 '성령' 이라고 말씀을 하고 있습니다.

"사람의 일을 사람의 속에 있는 영 외에 누가 알리요. 이와 같이 하나님의 일도 하나님의 영 외에는 아무도 알지 못하느니라."(고전 2:11)

사람의 속사정이 단지 이 땅에서 사는 데만 있는 것이 아니라는 것을 신학자가 아닌 칸트도 대단히 중요하게 생각했습니다. 죽고 난 이후에 사람의 삶은 어떻게 되는 것인가? 이 땅 이외에서의 사람의 삶을 중요하게 생각했습니다.

사람은 그렇게 죽음 이후를 생각하는 영적인 존재입니다. 그러나 칸트는 철학자로서 영혼의 최소한을 말했을 뿐입니다. 성경은 수많은 사람들이 영적으로 살았던 것을 보여줍니다. 베드로는 예수님을 만나서 자신의 영혼이 요동치는 것을 느꼈습니다. 그러던 차에 예수께서 물었습니다.

"너희는 나를 누구라 하느냐?"(마 16:15)

그러자 베드로는 자신의 모든 영적 감동을 실어서 대답했습니다.

"주는 그리스도시요 살아 계신 하나님의 아들이시니이다."(마 16:16)

그때에 예수께서 말씀하셨습니다.

"바요나 시몬아 네가 복이 있도다. 이를 네게 알게 한 이는 혈육이 아니요 하늘에 계신 내 아버지시니라."(마 16:17)

혈육이 아니라는 것은 바로 영이라는 것입니다. 베드로는 예수님을 향하여 당신은 그리스도이시고 나를 구원해야 할 자라는 영적인 속사정을 이야기했습니다. 사람이 그렇게 영적이라면 하나님은 얼마나 더 영적이시겠습니까?

"하나님은 영이시니 예배하는 자가 영과 진리로 예배할지니라."(요 4:24)

이 말씀은 하나님은 영이시라고 밝히고 있습니다. 하나님이 원래 영이신데도 하나님의 속사정을 아는 영이 있다고 말하고 있습니다. 그 영이 바로 성령이십니다. 간단히 말해서 하나님이 어떤 존재의 원천이라면 성령은 우리에게서 영적인 것의 원천입니다. 하나님의 속사정을 아는 분이 성령이라면 대체 그 하나님의 속사정은 무엇입니까? 사람의 속사정은 '영혼' 이나 '구원' 과 같은 문제들인데, 하나님의 속사정은 무엇입니까? 그것은 아마도 사람과 비교할 수 없는 하나님의 거룩함에 있습니다.

그런데 하나님의 속사정 가운데 사람과 연관된 부분이 있습니다. 하나님은 사람에게 나아와서 사람을 구원으로 이끌려고 하십니다. 성령은 하나님의 속사정을 알기 때문에 사람에게 와서 역사하십니다. 우리는 여기서 성령의 큰 특성을 알 수 있습니다. 성령이 인간을 만나실 때에 하나님의 모습을 갖고 있습니다. 하나님께서 사람을 꼭 만나시려 하실 때는 성령으로 만나신다는 것입니다.

요엘서는 마지막 날에 남녀노소 불문하고 하나님의 영이 들어올 것이라고 했습니다.

"그 후에 내가 내 영을 만민에게 부어 주리니 너희 자녀들이 장래 일을 말할 것이며 너희 늙은이는 꿈을 꾸며 너희 젊은이는 이상을 볼 것이며 그 때에 내가 또 내 영을 남종과 여종에게 부어 줄 것이며"(욜 2:28-29)

성령에 대한 요엘의 예언이 있었는데, 오순절에 초대 교회에 정말 그 성령이 임하셨습니다.

하나님은 오늘도 하나님의 나라 전체를 통치하시지만, 유독 사람과 만나실 때는 성령으로 나아오십니다. 그래서 우리가 믿음을 가지고 있는데, 성령에 대해서 나의 입장이 정리가 안 되면 그 믿음이 항상 흔들리게 됩니다. 하나님과 사람은 너무나 다른 존재여서 성령은 인간의 영과 만날 수 있는 뭔가 사람과 닮은 모습으로 우리에게 나아오십니다. 성령은 하나님의 속사정을 아는 하나님의 영이시자 사람에게 와서 사람을 만나는 하나님의 모습입니다. 성령은 하나님과 인간 사이의 소통의 영이십니다.

중학교 2~3학년 시기가 되면서 던져지는 인생에서 가장 의미 있는 질문이 있습니다. 15~16세 때는 '인간은 누구인가?' 라는 질문입니다. 저도 중학교 2~3학년 때 '인간이란 무엇인가?' 라는 문제에 대해 얼마나 고민을 했는지 모릅니다. 그래서 교회에 다니기 시작했습니다. 아무도 저를 전도한 사람이 없었는데 제가 스스로 다니기 시작했습니다. 그런 질문이 제 마음속에서 솟아 올라올 때 우리는 단지 육체만 가진 존재가 아니라 그 어디에 있는

지도 모를 어떤 영적인 힘이 끄는 것을 느끼게 됩니다. 그리고 그 영은 본성적으로 하나님의 영을 바라보게 되고 하나님의 영을 만나기를 원합니다. 우리는 하나님의 영을 통하여 우리의 영혼을 이해하고 반대로 우리의 영을 통하여 하나님의 영인 성령을 이해할 수 있습니다. 성령은 우리 영에 힘을 주시고 우리의 영적 체험은 성령을 깨닫게 합니다. 중학교 2~3학년 된 자녀의 부모들은 아이들을 성령께서 어떻게 인도하시는지에 대해서 깊이 관심을 가지고 성령과 아이가 어떻게 만날 것인지를 위해 항상 기도해야 합니다. 그래야 아이가 '나는 누구인가?', '인간은 누구인가?' 하는 물음에 대해 건전한 대답을 하게 됩니다.

오순절은 성령님께서 사람에게 결정적으로 나아오신 날입니다. 성령님이 역사 가운데 오신 것입니다. 예수께서 역사 가운데 나타나셔서 사역하시고 구원을 베푸신 것처럼 성령님은 성령님의 역사를 가졌습니다. 오늘날 세계는 성령님의 역사 가운데 있습니다. 오늘도 성령님이 이 땅 가운데에 임하여 계십니다. 오순절 이전에도 성령님은 하나님의 위격으로 계셨지만 오순절 강림절처럼 사람에게 역사하지는 않았습니다. 그러나 그리스도의 부활, 승천 이후에 사람을 지키시는 영으로 오셔서 오늘도 이 땅 위에 머무르고 계십니다. 항상 우리 곁에 성령님이 함께 하십니다.

이 땅에 성령이 머무르고 계신 것을 어떻게 설명할 수 있을까요? 아주 자연적으로 이야기를 해 보면, 저는 여러 차례 자연을 바라보면서 – 저의 집, 제가 있는 방안의 창문이 아주 큰데, 그 창문으로 큰 숲이 보입니다. – 자연은 왜 저렇게 아름다울까 감탄하곤 합니다. 우리가 인위적으로 아름답게 꾸미려고 노력을 많이 해도 아름답게 꾸며지지 않는데, 자연 속의 숲은 그냥 놓아두어도 아름답게 여겨질 때가 있습니다. 저는 그것이 성령의 작용이라고 생각합니다. 성령은 우리의 눈과 귀와 코로 하여금 세계를 친밀하게 느끼게 합니다. 한 마디로 설명할 수 없는 깊은 아름다움을 우리로 하여금 느끼게 합니다.

또 오늘날 수많은 사람들이 끝없이 바른 사람으로 살려고 노력하는 것도 성령님이 이 땅 가운데 함께 하시기 때문입니다. 우리가 여러 가지 방해 요소에도 불구하고 자신을 넘어서려고 노력할 때, 그리고 특히 우리에게 자꾸 일어나는 악을 극복하려고 노력하고 있을 때, 우리가 이 세상은 절대 충분하지 못하다는 것을 절실하게 느낄 때, 언뜻 우리가 거룩한 존재라는 것을 인상 깊게 느낄 때, 우리 가운데 성령님이 역동하고 계시다는 것을 알아야 합니다. 잘 살아 봤자 남 좋은 일이나 시킬 텐데 그래도 잘살고 싶은 마음이 불같이 일어나는 것은 우리 속에 공의한 의가 일어나는 것이 아니라 성령님이 역사하시는 것입니다. 인간 역사에 있어서 성령의 역사는 항상 같이 따랐습니다.

성령님은 오순절 이후에 보다 강력하게 역사하십니다. 우리는 강력하게 영향력을 행사하시는 성령님과 동행하고 있는 것입니다. 우리는 우리의 시대를 성령님의 역사로 만들어 가야 하는 책임을 갖고 있습니다.

실제로 기독교인은 성령님의 동행이 무엇인지 궁금해 하곤 합니다. 요엘의 예언은 그런 면에서 성령님의 동행이 무엇인지 잘 설명하고 있습니다.

"그 후에 내가 내 영을 만민에게 부어 주리니 너희 자녀들이 장래 일을 말할 것이며 너희 늙은이는 꿈을 꾸며 너희 젊은이는 이상을 볼 것이며"(욜 2:28)

성령은 바로 세계로 오시는 것이 아니라 만민에게로 먼저 오십니다. 늙은이나 젊은이나 할 것 없이 남녀노소 누구에게나 와서 이전에 없던 깨달음을 보여 주십니다. 그러면 사람이 사람의 영으로만 세상을 보다가 하나님의 영을 가지고 세상을 보게 됩니다. '성령을 받은 사람은 세계에 대한 하나님의 지혜를 새삼스럽게 얻게 된다.' 는 것이 기독교 교육학자들의 많은 주장입니다. 성령을 받은 사람은 이제 나만의 좁은 견해가 아니라 하나님의 시야로 세계를 이해하게 됩니다.

그렇다면 세계를 하나님의 시야로 보게 된 사람은 대체 무엇이 달라진다는 것입니까? 그 면에서 요엘은 아마도 언어의 빈곤을 느낀 것 같습니다. 그래서 겨우 표현한 것이 장래 일을 말하는 것, 꿈을 꾸는 것, 이상을 보는 것, 그 말도 아름답습니다만, 그것만 가지고는 너무나 부족합니다. 그런데 우리에게 장래 일은 무엇이며, 꿈을 꾸는 것은 또 무엇입니까? 이 과제가 우리에게 남겨진 과제입니다. 성령의 역사를 드러내는 일에 기독교인은 내내 골몰해 왔지만, 기독교 역사 1500년은 놀랍게도 점차 예수를 잊어버리는 역사이기도 했습니다. 여기에 마르틴 루터가 종교 개혁을 일으키고 기독교인들이 나아갈 길을 보여 주었습니다. 종교 개혁은 성령님을 새로 발견하는 아주 중요한 의미가 있습니다. 루터가 발견한 핵심은 '하나님의 은혜'와 '믿음'이었습니다. 성령이 우리에게 보여 주시는 놀라운 이상과 꿈은 '하나님의 은혜'였습니다. 그런데 루터가 나오고 또 500년의 세월이 지났습니다. 우리는 예수님에서 출발해서 루터를 거쳐서 칼 마르크스, 칼 바르트, 임마누엘 칸트를 거쳐서 오늘날은 포스트모더니즘 안에 있습니다.

그렇다면 오늘 우리가 사는 세계를 관통하는 지혜는 무엇입니까? 성령이 우리에게 주셔서 세상을 다시 보게 하는 지혜는 무엇입니까? 아직 우리에게 그런 과제가 남아 있습니다. 그것은 여전히 하나님의 언어와 믿음에 걸려 있는 문제이면서도 그 모양이 과거와 똑같지는 않을 것입니다. 그래서 현대 역사를 보면 대대적인 선교와 사회적인 영향력을 미치는 교회 사역, 가난한 자와 함께 사는 진보 운동, 시대의 대중과 함께 하는 문화 운동 같은 것들이 존재합니다. 그리고 그리스도인은 각자의 영역에서 존 칼빈의 말대로 직업에 충실하고 있습니다. 최근에는 많은 신학자들이 가정과 교제 같은 개인적인 만남에 대해서 대단히 주목하고 있습니다. 이 모든 일들이 성령 안에서 일어나야 합니다.

그렇다면 현대 교회가 성령님의 인도를 받아서 새로 진척시켜야 할 일은 무엇이겠습니까? 그리고 우리는 여기에 대해서 누구에게로부터 조언을 얻을 수 있습니까? 새로 진척시켜야 할 것은 여러분들이 더 잘 아실 것 같고, 조언을 얻어야 하는 부분에 대해서는 제가 더 잘 말할 수 있을 것 같습니다.

우리가 성령의 역사를 더 잘 진척시키기 위해서 조언을 받아야 할 분은 바로 '성령님' 입니다. 그래서 우리가 마지막 방법으로 할 수 있는 것은 기도가 남아 있습니다.

"그 말을 받은 사람들은 세례를 받으매 이 날에 신도의 수가 삼천이나 더하더라. 그들이 사도의 가르침을 받아 서로 교제하고 떡을 떼며 오로지 기도하기를 힘쓰니라."(행 2:41-42)

'기도에 전혀 힘쓰니라' 고 성경은 말씀하고 있습니다. 우리에게 마지막 남은 방법으로 기도가 있습니다. 기도는 새 시대의 성령의 역사에 대해서 성령님께 직접 묻는 것입니다. 바로 이 일을 위해서 우리는 시대에 대해서 깨어 있어야 하고, 성령님께서 우리에게 하시는 말씀에 대해서 깨어 있어야 합니다.

이런 일들을 생각하면서 우리는 성령님의 또 한 가지 명백한 특성을 돌아보게 합니다. 성령은 교회와 그리스도인들을 역동하게 하십니다. 요엘에게 말씀한 내용을 알고서 우리는 역동하게 됩니다. 성령님께서 들어오셔서 역동하게 하십니다. 기도함으로써 성령님을 만나서 우리는 역동하게 됩니다. 오순절에 임하신 성령님도 교회를 힘차게 운동하게 했습니다. 언제라도 성령님은 교회로 하여금 힘차게 운동하게 합니다. 우리는 모두 성령님의 역동하게 하시는 은혜를 받아서 우리 자신을 변모시켜 가야 합니다.

하나님께서 나에게 또 다시 주신 새로운 지혜는 무엇입니까? 은혜는 그리스도에게서 왔지만 세계로 뻗어가는 역동성은 성령님에게서 옵니다. 많은 말보다도 중요한 한 가지의 말을 하고 싶습니다. 여러분도 성령의 역동성으로 살아가시기를 바랍니다. 무슨 일을 하든지 성령의 역동성으로 일하시기 바랍니다.

제가 이 설교를 하기 위해서 묵상을 하다가 도달한 생각이 하나 있습니다. 제가 좋은 사람이 되기 위해서 노력하기보다는 진정한 의미에서 '하나님의 사람', '성령의 사람' 이 되어야 하겠다는 것입니다. 우리 교회가 신림동에서 멋있는 교회, 관악구에서 제일가는 교회가 되기보다는 '성령님의 교회' 가 되어야 하겠다는 것입니다. 우리가 최고의 직장을 다니고 있다고 하더라도 그런 것에 미혹되지 말고 우리의 마음속에 성령님의 자리를 내놓도록 노력해야 합니다.

그럴 때 우리가 이렇게 말할 수 있습니다.

"내 안에 당신이 있습니다."

KBS라는 아주 세속화된 현상 안에서 성령의 역사도 함께 일어나도록 애써야 하는 것이 여러분의 몫입니다. 현상의 중심 아닙니까? 그런데 치우친 고집이 아니라 사물의 현상들을 모두 이해함으로써만 할 수 있는 어려운 일입니다. 그리고 그런 일의 핵심에는 항상 구원의 은혜를 주시는 삼위일체의 하나님을 향한 믿음이 있어야 됩니다. 한국 사회 현상의 한 가운데에서 성령의 인도를 드러내시는 일에 기뻐하면서 매진해야 합니다.

(2006. 6. 16)

부족함의 은혜 요 2:1~11

박준규 목사(온누리교회 부목사)

우리 시중에서 파는 음료수 중에 '2%' 라는 음료수가 있습니다. '2%' 는 광고할 때 '2%가 부족할 때' 라는 말을 광고 카피로 씁니다. 이 말은 무엇을 뜻하는 말일까요? 저 나름대로 생각을 하면서 그 광고의 의미를 생각한 것은 우리가 목마르거나 갈증이 날 때 물을 많이 마십니다. 물을 많이 마시지만, 물로서는 해소될 수 없는 2%가 있다. 그런 이야기인 것 같습니다. 그래서 물로서 해결될 수 없는 그 '부족함', 그 2%를 이 음료수가 채워 준다는 이야기인 것 같습니다.

"2%가 부족할 때는 찾으십시오, 2%의 부족을 느낄 때 이 음료수를 드시면 여러분의 갈증이 100%로 완전히 해소될 수가 있습니다."

아주 기가 막힌 발상이고 또 그것을 통해서 아마 음료수가 많이 팔렸을 것 같습니다. 2%의 그 맛과 실제 효능과는 별 상관없이 카피가 좋습니다. 물만 먹고서는 뭔가 채워지지 않는 부족함이 있다는 것입니다.

제가 미국에 있을 때 그보다 좀 더 결정적인 부족함을 TV 광고를 통해서 본 적이 있습니다. 마음속으로 항상 '저 광고는 정말 기가 막히다' 는 생각을 하면서 보았었는데, 바로 우유 광고였습니다.

어떤 사람이 쿠키를 두고 자기 아내와 싸우듯이 서로 먼저 많이 먹으려고 합니다. 남자가 입 안에 쿠키를 가득 넣고 아주 여유 있는 모습으로 냉장고의 문을 열고 우유를 마시려고 찾는데 우유가 없는 것입니다. 그래서 이 사람이 목마름을 해소하지 못하고 우유를 찾아서 헤매면서 돌아다니는 장면이 나오고 그 장면이 끝나면서 "got milk?"란 단어가 나옵니다.

"당신은 우유를 갖고 있습니까?"

이런 광고인데, 결정적인 부족함을 나타냅니다. 입 안에 쿠키가 가득하여 목마르고 우유가 결정적으로 필요한데 없다는 것입니다. 그래서 "우유를 갖고 있습니까?" 이런 질문으로 그런 광고를 하는 것을 늘 재미있게 보았습니다.

우리 인생도 마찬가지인 것 같습니다. 우리 인생도 언제나 부족함이 느껴집니다. 이쪽 부분이 채워졌는가 싶으면 또 다른 쪽 부분에서 부족함을 느낍니다. 뭔가 이 정도면 됐고, 이만하면 이제는 어느 정도 궤도에 올랐고 안정됐다 싶으면 또 다른 부족한 일들이 생각납니다. 그것이 우리 인생이 아닌가 합니다.

오늘 본문을 보니까 혼인잔치에서 갑자기 포도주가 떨어졌습니다. 사람들이 많이 오기도 했을 것이고, 많이 먹었는지, 아니면 주인이 계산을 잘못하고 조금 준비했는지 모르지만 어쨌든 결과적으로 포도주가 떨어졌습니다. 혼인잔치, 특히 잔치라는 의미에서 볼 때 이스라엘을 배경으로 본다면 포도주가 없는 것은 아주 결정적인 결핍입니다. 포도주는 모든 사람들이 그 당시에 갈증을 해소하는 가장 선호하는 음료수였기 때문에 아주 갈증이 일상화되어 있는 산악 지역에서 포도주가 떨어졌다면 그것은 결정적인 부족함이었습니다.

우리가 여러 가지 부족함들이 있지만, 어떨 때는 '결정적인 부족함' 들이 있습니다. 다른 부족함들은 괜찮습니다. 그런데 꼭 있어야 되는 것이 없을 때가 있습니다. 그 때 정말 아주 다른 여타의 부족함과는 질적으로 다른 심한 결핍감과 부족감을 느끼게 됩니다. 그것이 우리 삶인 것 같습니다.

직장이 좀 안정됐는가 하면 자식이 문제를 일으키거나 가슴을 아프게 하기도 하고, 어떤 분들은 결정적으로 실직을 하기도 합니다. 교회에서 목회를 하다 보면 그런 종류의 부족함에 직면해서 아주 힘겨워하시는 분들을 많이 보게 됩니다.

'모자람의 현실'

그것은 우리 모든 인생들에게 주어진 숙명 같은 현실이 아닌가 합니다. 그렇다면 모자람, 부족함, 떨어짐, 그 속에 어떻게 긍정적이고 밝은 차원에서의 의미를 찾아볼 수 있을까요? 그것을 다른 말로 좀 표현해 본다면 혹시 '모자람의 역설' 이 있을까요? 모자람이 우리에게 유익이 되는 경우가 있습니다.

"사람마다 먼저 좋은 포도주를 내고 취한 후에 낮은 것을 내거늘 그대는 지금까지 좋은 포도주를 두었도다."(요 2:10)

포도주가 모자랐던 환경을 통해서 오히려 더 좋은 포도주가 생기고, 그 일로 말미암아 사람들이 주인을 연회장으로 불러서 '사람마다 좋은 포도주를 먼저 내는데 당신은 어떻게 이처럼 좋은 포도주를 남겨 두었느냐?' 며 칭찬을 아끼지 않았습니다.

모자람이 있을 때 '하늘의 포도주' 를 체험할 수 있습니다. 우리의 육신의 모자람, 세상의 모자람, 세상의 부족함이 있을 때, 하늘의 포도주, 하늘의 맛, 하늘의 개입하심, 하늘의 가득한 것, 하늘로부터 내려오는 것들을 체험할 수 있습니다.

모자람과 기적은 언제나 같이 갑니다. 기적이 일어나는 곳에는 항상 모자람이 전제되어 있습니다. 모자람이 있기 때문에 기적이 일어나는 것입니다. 뭔가 한계가 있기 때문에, 부족함이 있기 때문에, 결핍이 있기 때문에 기적이 일어납니다.

우리에게 부족한 것들에 대해 모두 기적이 일어난다는 무분별한 망상을 가져서는 안 됩니다. 하나님이 우리의 삶에 주신 여러 가지 부족함들은 어쩌면 부족함의 현실을 통하여 하나님이 하늘의 것이나 기적을 우리들에게 주시기 위하여 그것을 허락해 주셨다고 생각할 수 있습니다. 그 근거를 본문 말씀이 제공해 주는 것입니다.

기적이 일어났습니다. 물이 포도주로 변했습니다. 사람들은 물이 포도주로 변한 사건을 '더 좋은 것' 이라고 말했습니다. 기적은 '더 좋은 것' 을 말합니다. 그냥 모자라지 않았으면 그대로 평범한 것으로, 혹은 그냥 좋은 것으로 있었을 텐데, 기적이 일어나면 더 좋은 것이 온다는 것입니다. 기적이 일어나면 평이함을 넘어서 특별하고 아주 값지고 소중한 것, 이 세상에서는 경험할 수 없는 하늘의 엄청난 것들을 체험하게 됩니다. 모자람을 바라볼 때, 그것 때문에 원망하고 불평하고 한탄하고 좌절하지 않고, 정말 더 좋은 것이나 기적을 기대하는 마음을 가져야 합니다.

모자람, 그것은 하나님의 공간(space)입니다. 부족함과 모자람은 우리의 잦은 실수로 생겨나는 자연스러운 것이라기보다 우리의 죄로 말미암아 생기는 하나님의 심판의 결과나, 아니면 하나님께서 의도적으로 주신 부족함들입니다. 우리가 열심히 살고, 정직하게 살고, 신앙생활에 최선을 다했는데도 오는 부족함이나 모자람들은 특별히 더더욱 큰 '하나님의 공간' 입니다. 하나님께서 그 공간에 당신이 들어가서 당신의 것으로 채우고 싶으셔서 우리들에게 그런 부족함을 허락해 주신다는 것입니다.

"내 육체에 가시 곧 사탄의 사자를 주셨으니 이는 나를 쳐서 너무 자만하지 않게 하려 하심이라."(고후 12:7)

사도 바울이 말한 '육체의 가시' 에 대해 성경학자들은 그 가시가 '간질병이다', '안질이다', '말라리아다' 라고 하며 여러 가지 의견들을 제시했습니다. 그것이 어떤 것이었든 간에 그 육체의 가시는 정말로 바울에게 어렵고 힘든 것이었습니다. 바울이 표현하기를 '그것이 나를 쳐서 자만하지 않게 한다' 고 했습니다. '나를 친다' 는 말의 헬라어 어원을 보면, '정면에서 주먹으로 얼굴을 때리다' 라는 뜻입니다. 정면에서 누군가 주먹으로 내 얼굴을 세게 때리는 것 같이, 그렇게 심하고 결정적인 상처가 자기에게 있다는 것입니다.

'육체의 가시'

그것이 간질이라면 발작이 되어서 거품을 물고 뒹굴 때마다 그에게 너무나도 큰 아픔이 찾아왔을 것입니다. 그것이 떠나가기를 주님 앞에 나와서 세 번이나 기도하며 간구했습니다. 왜냐하면 이것은 하나님의 일에 있어서도 비효과적이고 비능률적인 것이기 때문이었습니다.

"주님, 당신을 섬기는 제가 이렇게 부족함이 있어서 되겠습니까?"

바울은 충분한 정당성을 가지고 하나님 앞에 나아갔습니다. 그러나 주님의 대답은 달랐습니다. 그 말씀이 우리에게 깊은 감동이 됩니다.

"나에게 이르시기를 내 은혜가 네게 족하도다. 이는 내 능력이 약한 데서 온전하여짐이라."(고후 12:9)

우리에게 뭔가 부족할 때, 뭔가 모자랄 때, 우리의 삶에 뭔가 떨어졌을 때, 하나님의 능력이 필요할 때입니다. 그러나 우리의 삶이 하나님께서 비집고 들어올 틈이 전혀 없을 정도로 탄탄하고 견고하고 모든 것이 충만할 때는 하나님이 우리 안에서 온전해질 수 없다는 것입니다. 하나님이 우리 안에서 참다운 하나님 됨을 발휘하고, 그것으로 영향력을 미치며, 그것으로 우리의 존재를 사로잡을 수 있는 것은 바로 모자람과 부족함입니다. 그것이 때로는 질병이나 가난으로, 때로는 실직으로, 때로는 자식의 상처와 같이 여러 가지 형태로 나타납니다. 그러한 어려움들이 결국 하나님께서 우리 안에 머물 수 있고 온전해질 수 있는 공간입니다.

혼인 잔치에서의 '부족함'은 비로소 그들과 그 자리에 함께 하신 예수님이 온전해질 수 있는 기회(chance)였습니다. 그들이 비록 예수님과 함께 교제를 나누고 음식을 나누었지만, 실제적인 의미에서는 예수님이 그들 안에서 온전해지지 못했습니다. 예수님은 여러 손님들 중에 하나였고, 그 실체가 제대로 드러나지 않는 상황이었습니다. 그냥 한쪽 구석에서 조용히 음식을 드실 뿐이었습니다.

그런데 그곳에 포도주가 떨어지면서 비로소 예수님이 그 잔치에서 중요한 위치를 차지하며 온전해질 수 있는 틈이 생겨난 것입니다. 예수님이 그 안에, 그 부족한 현실에 들어가서 비로소 당신의 능력으로 그 현장을 참다운 의미에서 온전히 하신 것입니다. 그런 관점에서 보면 우리에게 있는 부족함이 역설적으로 너무나 큰 축복이 될 수 있는 것입니다.

제가 섬기고 있는 온누리교회의 담임 목사인 '하용조 목사님' 이 그런 분들 중에 한 분이라고 생각합니다. 오해 없이, 편견 없이 들어 주시길 바랍니다. 제가 섬기고 있는 목사님이라 그동안 자제해 왔었는데 이제 꼭 말씀드리고 싶습니다. 그분이 간암 수술을 여섯 번 받으셨습니다.

'정말 건강하고 편안한 상태로 계속 사역하셨더라면 그분의 말씀이 저렇게까지 내 안에서 사무칠 수 있을까?'

그런 생각이 들었습니다. 한번은 지도자들이 모인 자리에서 그분이 이런 말씀을 하셨습니다.

"여러분, 정말 최선을 다해서 열심히 사십시오. 저는 언제 죽을지 모릅니다. 의사들로부터 '목사님, 그렇게 하면 정말 안 되고 지금은 쉬어야 합니다. 그렇게 돌아다니시면 큰 일납니다.' 라는 경고를 수없이 들으면서도 정말 오늘이, 내일이 마지막이라는 생각으로 열심히 삽니다. 여러분도 열심히 사십시오."

평범한 말입니다. '열심히 사십시오.', '최선을 다하십시오.' 라는 말은 수없이 들었던 상투적인 말입니다. 그런데 그 말씀이 가슴에 와서 꽉 박히는 것입니다. 그렇게 가슴을 뒤흔들 수가 없습니다.

저희 온누리교회는, 비밀을 하나 알려 드리면 다른 분들이 말할 때 '온난리 교회' 라고 합니다. 정말 바쁩니다. 일도 많고, 교회가 정신이 없습니다. 사역이 워낙 많으니까 목사님들도, 장로님들도, 사역자들도 전부 바쁩니다. 그런데 그렇게 하면서도, 때로는 좀 쉬고 싶다 하는 마음이 들다가도 하 목사님을 뵈면 그 분의 말씀을 생각납니다.

"당신 암 걸렸어요?"

이 한마디 하시면 아무도 이야기할 수 없습니다.

'왜 하나님께서 그분을 전에는 폐병에 걸리게 하셨다가 지금은 또 암으로, 당뇨를 앓게 하실까? 나이가 그렇게 많지도 않으신데 그렇게 힘들게 사역을 하게 하시는 것일까?'

그런 생각을 종종 해 봅니다. 그런데 그것이 바로 은혜인 것 같습니다. 바울에게 주신 "내 은혜가 네게 족하다"라는 것과 같이 족한 은혜인 것 같습니다. 그 부족함 때문에 하나님이 그분을 더 붙들고 계십니다. 그 부족함 때문에 하나님이 그 속에서 더 역사할 수밖에 없습니다. 모든 것이 갖추어지고 넉넉한 사람 같으면 하나님이 비집고 들어갈 틈이 없는데 그 분한테는 틈이 너무 많습니다. 하나님이 그냥 별 생각 없이도 언제나 들어갔다 나오실 수 있을 정도로 그 안이 너무 열려 있습니다. 그의 부족함과 약함과 모자람들이 하나님의 공간을 만들고 있습니다. 그래서 우리 인간의 생각과 능력으로는 할 수 없는, 이 세상의 의학으로는 규정할 수 없는 하늘의 능력으로 사역을 하는 것입니다.

혼인잔치의 손님들이 마셨던 포도주의 맛은 세상에서 포도를 숙성시키고 익히고 발효시켜서 만든 술이 아니라 하늘에서 떨어진 술입니다. 그것이 어쩌면 하나님께서 우리들에게 부족함이라는 현실을 허락하시고 우리들을 이끌어 가기를 원하시는 삶의 방향이 아닐까요?

'모자람의 역설'

모자랄 때는 꼭 해야 될 일이 있습니다. 이러한 역설적인 축복을 받기 위해서 본문에 보면 두 가지 형태로 나옵니다.

첫 째로, 모자랄 때는 '순종'을 해야 합니다.

그 어머니가 하인들에게 말했습니다.

"너희에게 무슨 말씀을 하시든지 그대로 하라."(요 2:5)

그대로 순종하고, 실천하는 것이 한계에서 무한으로, 세상에서 하늘로, 부족함에서 채워짐으로, 더 나아가, 채워지다 못해 넘쳐남으로 갈 수 있는 통로라는 것입니다. '순종' 그것이 기적을 가져옵니다. 기적이 이루어지는 통로가 바로 '순종' 입니다. 하나님께서 이 세상에 당신의 뜻을 펼치시고 당신의 능력을 흘려보내시는 파이프와 같은 것이 순종입니다. 우리가 순종하게 되면 우리의 현실을 하나님 앞에 연결시키는 채널을 놓는 것입니다. 그래서 하늘의 것이 막 흘러내려오는 것입니다. 마치 저수지의 물이 우리 가정으로 들어올 때 파이프가 필요한 것처럼 '순종' 은 파이프와 같은 것입니다. 무슨 말을 하든지, 어떤 내용이든지 그대로 하는 것, 그대로 따르는 것, 그대로 순종하는 것이 중요합니다.

베드로가 밤새 고기를 잡다가 한 마리도 잡지 못하였을 때, 주님께서 '깊은 곳에 가서 그물을 내리라' 고 말씀하셨습니다. 그 때 베드로가 말했습니다.

"선생님! 우리들이 밤이 새도록 수고하였으되 잡은 것이 없지마는 말씀에 의지하여 내가 그물을 내리리이다."(눅 5:5)

예수님의 말씀은 베드로의 상식으로는 도저히 이해할 수 없고, 어부로서의 전문적인 지식으로도 도저히 용납할 수 없는 말이고, 또 이제까지 밤새워 철야하면서 고기를 낚았던 경험상으로도 수용하기 어려운 말입니다.

그런데 베드로가 자신의 생각과 지식과 경험에 의지하지 않고 '말씀에 의지하여' 그물을 내리겠다고 할 때 기적이 일어났습니다. 그가 밤새 낚았다면 그저 그물 하나 정도나 낚았을 까 말까 했었을 텐데, 그물들이 찢어지고 주변에 있는 어부들을 불러다가 그 고기들을 옮겨 실어야 하는 '더 좋은 일' 이 일어났습니다. 기적이 일어났습니다.

우리가 믿는다는 것은 사실 단순한 것입니다. 나로 하여금 모든 영역과 내 존재와 삶을 뛰어 넘어서 하나님의 세계에 뛰어들고, 도전하고, 그분의 것을 붙잡으려고 하는 시도들입니다. 그런 시도들이 우리 삶에 점점 많아지고 점점 더 익숙해지고, 더욱 많이 현실화 될 때 성령이 임하는 능력 있는 그리스도인이 됩니다. 그런 면에서 '부족함' 은 그것을 시작하고 순종하게 만드는 첫 번째 통로가 되기 때문에 참 중요합니다. '부족함' 은 긍정적으로 바라볼 필요가 있습니다. 인간은 부족해야 순종합니다. 부족하지 않으면 우리는 절대 순종하지 않습니다. 부족하고 뭔가 결핍을 느껴야 '아! 그래, 해봐야지' 하는 생각이 드는 것입니다. 이 부족함이 아주 긴박하고 절대적이고 더 성격이 강할수록 순종이 더 강해지고, 더 즉각적이며, 더 빨라집니다. 그래서 하나님께서 우리에게 긴박한 부족함을 주실 때가 있습니다.

혼인잔치 집의 주인도 아주 긴박하게 되었습니다. 지금 잔치판인데 어디에 가서 포도주를 사올 수도 없고 만들 수도 없었습니다. 그렇기 때문에 예수님께서 무슨 말씀을 하시든지 그것을 받아들일 수밖에 없었던 것입니다. 우리가 부족할 때는 순종해야 할 때입니다.

또 한 가지는 '봉사' 입니다.

"예수께서 그들에게 이르시되 항아리에 물을 채우라 하신즉 아귀까지 채우니 이제는 떠서 연회장에게 갖다 주라 하시매 갖다 주었더니"(요 2:7-8)

예수님의 말씀이 떨어지자 빈 항아리에 물을 채워지고, 새로 만들어진 포도주를 잔치에 온 사람들에게 나누어 주는 일을 했습니다. 하나님의 기적과 하나님의 놀라운 것들이 이루어지는 과정(process) 중에는 반드시 사람들의 봉사가 필요합니다. 낮아짐이나 겸손 없이는 할 수 없는 봉사입니다. 우리의 겸손은 결국 부족함을 통해 얻게 되고, 우리의 낮아짐을 통해 하나님께서 뜻을 이루십니다.

하나님의 것이 이 땅에 내려오기 위해서는 반드시 순종이라는 파이프가 하향적이어야 합니다. 밑으로 내려가야 합니다. 하나님의 것은 위에서부터 내려오는 것이기 때문에 그것을 받는 사람들은 언제나 낮은 자세여야 됩니다. 언제나 겸손한 자세여야 되고, 또 그것을 전달하는 사람들 역시 봉사하는 마음, 겸손한 마음이 있을 때 그 기적이 흘러갈 수 있고, 그 기적을 통해 모두가 유익을 얻게 된다는 것입니다. 그러면 그 모자라는 현실 가운데서 하는 '순종' 과 '봉사' 를 통해서 모자람이 주는 열매들을 체험하게 됩니다. 그 열매들 몇 가지가 있는데, 그중에 가장 직접적인 열매는 '부족함' 이라는 현실을 통해서 그곳에 있는 사람들이 풍요함을 함께 공유했다는 것입니다. 포도주가 단지 마리아나, 혹은 예수님 주변에 있는 사람들이나, 물 붓고 나르며 순종했던 하인들에게만 공급된 것이 아닙니다. 그 기적의 수혜자들도 그곳을 함께 했던 것 같이 모든 사람들이 함께 그 맛을 경험하게 되었던 것입니다.

부족함은 놀라운 생산력을 발휘합니다. 그것이 예수 그리스도의 손길에 의해서 만져졌을 때, 하나님이 우리에게 주시는 부족함은 많은 경우에 나 혼자만의 필요를 채우는 정도로 끝나지 않습니다. 많은 경우에 어떤 한 사람에게 하나님께서 그 사람의 삶을 넉넉하게 하고 재물을 넉넉하게 하고, 건강을 주시는 것으로 부족함을 채우는 은혜를 그치지 않으십니다.하나님께서는 항상 그것을 흘러가게 하십니다.

하나님이 처음에 아브라함을 부르셔서 그에게 소명을 주셨을 때에도 아브라함을 통해서 그 복이 흘러가기를 원하셨습니다. 하나님이 우리들의 부족함 가운데 무엇인가를 채워 주신다면 '아! 할렐루야, 나에게 주시는 것이구나. 감사합니다.' 하고 나를 통해 다른 사람들에게도 흘러가게 해야 합니다. 그 부족함이 진정으로 살리는 부족함, 생산 있는 부족함, 많은 사람들을 옳은 길로 인도하는 부족함이 되게 해야 합니다.

"예수께서 이 첫 표적을 갈릴리 가나에서 행하여 그의 영광을 나타내시매 제자들이 그를 믿으니라."(요 2:11)

그 부족함을 통해서 예수 그리스도께서 영광을 받으십니다. 만약에 그 자리에서 포도주가 모자라는 사건이 없었다면 예수님께서 영광 받는 일은 없었을 것입니다. 부족했기 때문에 예수님이 드러나게 되고, 예수님이 드러나면서 사람들이 그에게 영광을 돌렸습니다.

더 축복스러운 사실은 그 첫 번째 기적을 통해 제자들이 예수님을 믿게 되었다는 것입니다.

포도주가 떨어진 것이 모든 열매와 축복과 역설들의 첫 번째 원인을 제공한 사건입니다. 그 뒤로는 마술하는 사람들이 모자나 작은 주머니에서 여러 가지 물건을 계속 끄집어내듯이 축복이 계속 나오는 것입니다. 그렇다면 축복이 나오는 최초의 구멍이나 입구를 우리가 어떻게 바라보아야 하겠습니까?

누구나 현실 속에서 여러 형태의 '부족함'이 있을 것입니다. 그 부족함을 가나의 혼인잔치에서 포도주가 떨어진 사건과 접목해서 생각해 보십시오. 그 속에 하나님이 들어오시도록, 그 속에 하나님이 머무시도록, 그곳에서 하나님이 온전해지시도록, 그곳에서 하나님이 날개를 펴고 활동하시도록 하나님께 그 자리를 드리십시오.

그러면 하나님께서 그곳에서 당신의 뜻과 능력을 맘껏 발휘하시고, 우리가 하늘의 더 좋은 것을 체험함은 물론이거니와 우리를 통해서 우리 주변에 있는 사람들까지 그 아름답고 좋은 하늘의 것이 흘러가게 될 것입니다. 하나님께서 우리에게 '부족함'을 주신 목적이 바로 그것입니다. 이 말씀이 여러분의 삶에 현실로, 사실로, 또 증거로, 그래서 간증으로 임하기를 축원합니다.

(2005. 11. 4)

간증

제2장 크고 은밀한 일을 네게 보이리라

너는 내게 부르짖으라. 내가 네게 응답하겠고
네가 알지 못하는 크고 은밀한 일을 네게 보이리라(렘 33:3)

나의 사랑 아프리카 아프리카 선교 보고 시 39:4~7

조남설 선교사(KBS 총무국 근무, KBS 신우회 파송선교사)

최근에 강원도를 시작으로 중부를 거쳐 남부로 해서 제주도까지 장마가 휩쓸었습니다. TV에서 수해를 입은 사람들이 인터뷰 하는 것을 보았습니다. 기자가 "가장 어려운 것이 무엇입니까?" 하고 물었더니, "마실 물과 밥 지을 물이 꼭 필요합니다. 물 좀 주세요."라고 말하는 것이었습니다. 동서남북에 온통 물이 천지인데, 정작 마실 물이 없어서 헬리콥터로 생수를 공급하는 장면을 보면서 영적으로 깨우친 것이 있었습니다.

기독교 텔레비전(CTS-TV), 기독교 방송국(CBS)이 있고, 온누리교회에서 운영하는 CGN -TV가 있고, 인터넷 천국이라서 인터넷으로 각 교회 홈페이시에 들어가면 실교, 세미나 등 징말 프로그램이 홍수를 이루고 있는데 왠지 모르게 영혼은 늘 갈급하고 답답하고 내면 깊숙이 적셔 줄 말씀에 갈급함을 느낄 때가 있습니다.

'이 문제는 누가 대신해 줄 수도 없고, 우리 각자가 주님과의 인격적인 만남 속에서 내면의 세계의 영혼을 적실 수 있겠구나!'

저는 이번 장마를 통해 참 좋은 것을 깨달았습니다.

1979년 10월 26일은 박정희 대통령이 서거한 날인데 그때 저는 군대에서 복무하고 있었습니다. 그리고 그 다음해 1980년에 5월 18일 광주민주화운동이 일어났을 때는 군대에서 전역을 12일 남기고 있었습니다. 5월 30일에 전역을 해서 사회초년생으로 나왔는데, 조국의 현실은 정말 암담하고 침울해서 제 자신이 광야에 버려진 듯한 느낌이 들었습니다.

저의 머리털까지도 다 세시는 주님께서 저를 그 당시에 중앙일보, 동양방송으로 몰고 가시더니 거기에 입사를 하게 되었습니다. 지금의 KBS 별관, 그 당시는 동양방송(TBC) 여의도 스튜디오로 발령을 받아서 근무를 하다가 수습딱지도 못 떼었는데, 그해 1980년 12월 1일에 국보위에 의해서 언론사 통폐합 작업이 벌어지면서 자의 반, 타의 반으로 'KBS 인' 이 되어서 KBS에서 밥을 먹고 있었습니다.

일 년, 이 년이 지나가면서 호봉이 올라가고 월급도 올라가고 또 퇴직금도 올라갔습니다.

"주님, 여기가 좋사오니 정년퇴직 때까지 둥지를 틀겠나이다."

그렇게 10년을 지내다 보니, 내면에서 마음의 갈등과 번민이 점점 자라났습니다.

'정말 한번뿐인 인생인데, 정말 잘 살아보겠노라고 했었는데, 뒤돌아보면 어느 가수의 노래 가사처럼 바보처럼 살았다. 바보처럼 산 인생, 하나님께서 기회를 주시면 인생의 획기적인 획을 그어보자.'

드디어 1996년 8월 10일에 용감하게 사직서를 제출하고, 19일에 '에티오피아 에어라인' 에 몸을 실었습니다. 에티오피아 땅을 디디며 선교지의 생활을 시작한 것이 이제 만 10년이 됐습니다. 만 10년을 지내놓고 지난 삶을 회고하고, '앞으로 남은 삶을 어떻게 전개해 볼까?' 라고 생각해 보았습니다. 10년을 지내고 보니까, 사실 물질적으로는 아주 궁핍해졌습니다.

퇴직금 가져다가 다 쓰고, 아파트 전세금도 다 쓰고 지금은 완전히 백수가 되었습니다.

그런데 지난 10년 동안 하나님께 헌신된 사람들을 만나고 누리면서 어느 누구에게도 말해줄 수 없는 부요함과 풍성함을 느끼면서 살아왔습니다. 제가 사역지에 나가기 전에 KBS에 몸을 담고 있었을 때, 신우회 임원으로 있으면서 회계를 보았습니다. 매주 예배에서 드리는 헌금과 신우회 회원들이 월급 때 회비로 떼는 것으로 경리부에서 자동으로 신우회 통장으로 넣어 주면, 그것을 가지고 살림을 했습니다. 그 때 80%는 선교비로 지출을 하고, 20%는 자체 경비로 썼는데, 재정이 정말 빠듯했었습니다.

그때 제가 근무했던 사무실이 총무부 옆의 사무실이었습니다. 제가 신우회 회원이라는 것을 모두 알고 있었으므로 총무부 직원들이 '신우회', '예수' 자만 들어가는 것은 모두 제 책상에 갖다 놓았습니다. 어느 분이 '국영방송국 사장이 예수를 믿어야 된다.' 고 성경책을 소포로 보내오면, 총무부 직원들은 그것도 제 책상에 올려 놓았습니다.

"아니, 사장님 것을 왜 제 책상에 갖다 놓으세요? 비서실에 전달해 주세요."

"누구 뭐 매 맞을 일 있나?"

이렇게 말하면서 제 책상에 갖다 놓았습니다. 그때 제 가슴이 아팠던 일이 있었습니다. 농어촌이나 섬에서 사역하시는 목사님들이 KBS 신우회에 대해 알고 편지를 보내오곤 했습니다. 그 당시에는 컴퓨터가 보급되어 있지 않을 때여서 정성을 들여 손수 편지를 썼습니다.

"사모가 아픈데 병원비가 없습니다. 아이들의 교육비가 모자랍니다. 교회 건축을 하다가 건축비가 빌렸는네 도와주세요."

정말 눈물겨운 편지들이었습니다. 편지지 맨 밑에는 계좌 번호를 적고 후원을 간청하곤 했습니다. 저희 KBS 신우회 예산은 이미 다 바닥나 있어서 어떻게 도울 방법도 없었습니다. 임원회 때마다 뻔하니까 상정도 못했습니다. 그들의 사정이 너무 안타까워서 제가 개인적으로 몇 번 돕다가 너무 많이 와서 감당을 못했습니다. 그 편지들을 휴지통에 버릴 때는 정말 가슴이 아팠습니다. 지금도 그분들한테 미안한 생각이 듭니다.

그 때 제가 자비량으로 선교에 헌신을 하면서 마음속으로 결심했습니다.

'나는 이처럼 다른 사람의 마음에 부담을 주면서까지 선교 편지를 보내지는 않겠다. 더군다나 재정 이야기는 하지 않겠다.'

그런 마음가짐으로 선교지에서 10년을 보냈습니다. 퇴직금도 모두 쓰고, 재정이 줄어들면 하나님께서 까마귀를 통해 엘리야에게 양식을 공급해 주었듯이 10만원, 5만원씩 여러 손길들을 통하여 공급해 주셨습니다. 그 내역서를 보면 돈 많은 분들을 통해서 공급해 주시면 저도 마음 편하게 쓰겠는데, 새벽 4시에 일어나서 폐지를 주워다가 파시는 분, 개척교회 몇 군데서 10만 원씩 보내오는데 교인이 없으니까 목사님 생활비도 책정이 안 되는 곳에서 후원비를 보내 주시기도 합니다. KT의 직원이신 분은 전봇대를 타면서 전선을 수리하십니다. 보험회사에 다니면서 홀어머니 모시고 있는 분도 계십니다. 모두 이런 분들이시다 보니까 제가 안식년이 되어 한국으로 돌아와서 돈이 필요해서 그 돈을 빼서 쓰는데, 얼마나 오금이 저리는지 못 쓰겠습니다. 교통카드도 탈 때 찍고, 내릴 때 찍어야 하는데, 처음에는 내릴 때 찍지 않아서 얼마나 손해를 보았는지 모릅니다. 그래서 교통비라도 벌어서 써야겠다는 생각을 갖고 거리로 나갔더니, 주유소 기둥에 '아르바이트 모집' 이라고 적혀 있었습니다.

'저녁 6시부터 11시까지, 5시간.'

시간도 너무 좋았습니다. 저녁에 TV나 보았지 달리 할 일이 없었습니다.

'그 주유소에 가서 자동차에 기름이나 넣어야 되겠다.'

주유소에 가서 아르바이트하러 왔다 하니까, 사무실에서 돈 받는 분이 별로 반가워하지 않았습니다. '아르바이트 모집' 은 대문짝만하게 써 놓았는데…. 아르바이트를 하려면 소장과 인터뷰를 해야 한다고 해서 소장을 만났습니다. '선교사' 라는 이야기는 하지 않고, 다른 곳에서 살다가 이사를 왔다고 했습니다. 소장은 저에게 급여가 한 시간에 2,500원인데, 그것을 가지고 살 수 있겠느냐고 물었습니다. 불쌍하다고 생각을 했는지 2,700원을 주겠다고 했습니다. 더구나 6시까지 오려면 저녁이 어중간하니까 저녁도 주겠다고 했습니다. 저는 정말 고맙다고 인사를 몇 번이나 하고 두 시간 동안 기름 넣는 법을 배웠습니다. 차의 주유구를 여닫는 법, 오토바이에 주유하는 법, 손님들에게 인사도 잘해야 되고, 돈을 받을 때는 뛰어다녀야 한다고 배웠습니다. 그 다음 주 월요일부터 일하기로 하고 집으로 돌아왔는데 금요일인가 주유소로부터 전화가 왔습니다. 젊은 사람을 채용을 해서 저를 쓸 수 없게 되었다고 양해를 구했습니다.

'아, 선교지 말고는 한국에서 할 일이 없구나!'

저는 안식년이라고 말하기보다 쉬러 나왔습니다. 2006년 3월말에 한국에 와서 6월 13일에 월드컵 16강 '토고' 와의 축구 경기를 하는 것을 보았습니다. 저는 토고가 아프리카에 있다는 것을 한국으로 돌아와서 그 때 처음으로 알았습니다. 아프리카에서 10년씩이나 있었으면서도 몰랐습니다. 누가 정말 아프리카 선교사냐고 물어볼까봐, 토고가 도대체 어디에 있고, 인구는 얼마나 되는지 지도책을 보고 열심히 뒤졌습니다. 아프리카가 처음에는 16개 나라로 시작됐는데, 부족간에 분쟁이 생기고 유럽 국가들이 와서 갈라 놓아서 지금은 60개국이나 됩니다.

선교적인 측면에서 아프리카라고 하면 지금도 '백인의 공동묘지' 라고 합니다. 왜냐하면 말라리아로, 풍토병으로, 또는 각종 짐승의 공격을 받아서 백인 선교사들이 너무 많이 죽었기 때문입니다. 말라리아와 풍토병의 약이 없어서 병에 걸린 선교사가 죽으면 그다음 세대가 또 들어오고, 또 들어오고 해서, 지금 5대째, 6대째 이어오면서 선교를 하고 있습니다.

지금은 한국에서 비행기를 두세 번 갈아타면 넉넉잡고 이틀이면 아프리카 땅에 도착하지만, 그 당시의 선교사들은 비행기도 없었습니다. 냉장고도 없던 시절이었기 때문에 영국이나 미국에서 6개월씩, 8개월씩 항해하며 고기를 먹기 위해 배 밑에 닭과 돼지를 키우면서 중간 중간 잡아먹으면서 건강을 유지했습니다.

아프리카에는 물이 부족합니다. 물 공급량이 전체 필요량의 20%에 불과합니다. 가정주부들이 뙤약볕 아래에서 아기를 들쳐 업고 물을 길어 오는데 소요되는 시간이 보통 매일 세 시간에서 네 시간이 걸립니다. 그렇게 물을 길어 와서 샤워나 빨래를 할 수도 없습니다. 겨우 밥이나 해서 먹습니다. 그러다 보니 말라리아와 에이즈가 창궐하고, 비위생적인 성 문화로 인해 많은 사람들이 죽어가고 있습니다.

아마 식당에서 물을 거저로 주는 나라는 우리나라뿐인 것 같습니다. 다른 나라에서는 대개 물을 사 먹는데 식당에서 물을 한없이 달라고 해도 주고, 은행이나 공공장소에 가도 공짜로 물을 먹을 수 있습니다. 가정에서 수도꼭지를 틀면 물이 콸콸 쏟아져 나올 뿐 아니라 위생을 이유로 생수를 사서 마시고 있습니다. 한국 사람들은 정말 물천국에서 살고 있습니다.

아프리카 사람들이나, 한국 사람들이나 '무엇을 먹을까?' 에 대해서는 똑같은 고민을 합니다. 그러나 아프리카에서는 먹을 것이 없어서 '무엇을 먹어서 배를 채우나?' 라고 걱정하고, 한국은 먹을 것이 너무 많아서 '오늘 저녁에는 무엇을 먹을까? 이것은 살찌는 것이 아닌가? 이것은 뱃살을 찌게 하는 것이 아닌가?' 하면서 음식을 고르느라 걱정을 합니다.

네 식구가 사는 집에 가서 보면 신발장 안에는 신발이 많습니다. 그런데도 신을 만한 신발이 없다고 말하고, 옷장을 보면 옷이 많은데도 막상 외출할 때가 되면 입을 옷이 없다고 푸념을 늘어놓습니다. 도회지에서는 골목골목마다 멀쩡한 냉장고나 소파를 내다 버리는 것을 볼 수 있습니다. 그런 것을 보면서 '한국이 하나님의 축복을 받은 나라인데, 이런 축복을 이렇게 무분별하게 허비해도 되겠는가?' 하는 생각을 해 봅니다.

세계 침례교회의 거목이신 김장환 목사님의 수기를 잠깐 읽은 적이 있었습니다. 그분은 어렸을 때 미군부대를 돌면서 껌을 팔았다고 합니다. 그러다가 어느 미군 사병의 눈에 띄어 그 분의 도움으로 학교에 가게 되었고, 미국으로 유학을 가서 신학 공부하고 열심히 노력하여 세계 침례교회의 거목이 되었습니다.

존 웨슬리는 1700년대에 영적으로 다 쓰러져가는 영국을 다시 살리려고 감리교를 창설했습니다. 웨슬리가 미국으로 선교사로 전도여행을 갔다가 영국으로 돌아오는 길에 대서양 배 안에서 커다란 태풍을 만나 죽음에 직면하게 되었습니다. 웨슬리는 죽음의 두려움과 공포에 빠져 사시나무처럼 떨다가 갑판 위로 올라가게 되었습니다. 그 때 갑판 앞면에서 두 청년이 너무나 편안한 자세로 기도하고 있는 것을 보았습니다. 그 청년의 이름은 알려지지 않았지만 모라비안 교도였다고 합니다. 기도하고 있는 청년들을 본 웨슬리는 마음이 크게 흔들렸습니다.

'저 사람이 믿는 하나님과 내가 믿는 하나님이 왜 다른가?'

웨슬리는 그곳에서 회개하고 후에 영적인 거장이 되었습니다.

우리는 김장환 목사님처럼 될 수는 없을 것입니다. 그러나 우리는 김장환 목사님을 키운 육군 사병은 될 수 있습니다. 우리 모두는 존 웨슬리처럼 될 수는 없을 것입니다. 그러나 존 웨슬리가 있기까지 기도하는 모습을 보여 준 모라비안 청년은 될 수 있습니다. 세상의 박수를 받고, 사람들의 칭찬을 한몫에 받을 수 있는 거목은 될 수는 없지만, 거목을 거목되게 하는 좋은 거름은 될 수 있습니다. 우리들의 삶과 행동과 언행이 지금 이 시간에도 누구에겐가 우리 자신도 모르게 영향을 주고 있다는 것을 알아야 합니다. 이러한 사실을 기억하고 살 때 두 발을 딛고 서 있는 우리의 삶의 현장은 날마다 빛이 날 것입니다.

하나님께서 우리들에게 요구하시는 것은 우리들의 입직이나 돈이나 명예가 아닙니다. 하나님께서는 우리들에게 진실된 삶, 신실한 삶, 꾸밈이 없는 삶, 거품이 없는 삶을 요구하십니다.

지금 안식년 중에 3개월이 지났어도 몸은 여기에 있지만 마음은 아프리카에 가 있습니다. 저희 부부가 요즘 가끔 생각을 함께 나누곤 합니다. 10년 동안 에티오피아, 케냐, 탄자니아 등에서 수많은 현지 동역자들을 만나고, 그들에게 예수를 심어 주고 그들이 나의 동역자들이라 하면서 살았는데, 정말 '그들의 가슴속에 우리 부부는 어떻게 각인되어 있을까?' 라는 생각을 하면 잠이 오지 않습니다. 만약에 그들의 가슴속에 '조남설' 이라는 사람이, 또는 우리 부부가 잊혀진 존재가 되었다면, 저희들 역시 하나님께도 잊혀진 존재가 된 것은 아닌가 하는 생각을 하면 잠이 오다가도 벌떡 일어나게 됩니다.

1901년에서부터 1916년, 15년간 아프리카 사하라 베니아베스에서 사역하던 '샤를르 드 푸코' 라는 프랑스 선교사가 있었습니다. 푸코 선교사는 사역 15년째에 한 토착민이 쏜 총에 맞아서 죽었습니다. 그가 죽은 후에 그가 남긴 일기를 읽고 많은 사람들이 감동을 받았습니다. 그는 늘 자연을 보면서 묵상을 했는데, 떨어지는 잎사귀나 부서져나가는 가지를 바라보면서 이렇게 적었습니다.

"저 잎사귀와 가지는 떨어지지 않으려고 기를 쓰거나 떨어지는 것을 붙잡으려고 안달을 하거나 하지 않는데, 왜 하나님을 믿는 우리는 지나칠 정도로 건강, 재물, 명예에 안간힘을 쓰고 있는가? 하나님을 믿는 자에게 가장 어려운 것이 있다면 무엇일까? 하나님을 믿는 자에게 가장 어려운 것이 있다면 하나님을 믿는 것이다."

그의 일기문을 읽고 저도 공감을 했습니다. 우리가 말로는 '하나님을 믿는다', '하나님을 신뢰한다' 고 하면서도 정작에는 믿지 않는다는 것입니다. 솔직히 말해서 우리는 무엇을 더 믿고 있습니까? 세상 사람들의 선망이 되는 KBS라는 직장이 더 믿음이 가지 않습니까? 퇴직 후에 그래도 목돈이 될 수 있는 퇴직금에 더 마음이 가지 않습니까? 아니면 연금에, 아니면 그동안 이렇게 저렇게 늘려 놓은 재산에, 아니면 장롱 속에 깊숙이 숨겨 놓은 통장에 혹시 더 마음이 가지 않습니까?

믿음은 지금 나에게 가장 중요하다고 마음이 가 있는 것을 포기하는 것입니다. 그것을 포기하지 않을 때, 거기에 몰두하고 있는 한 우리의 믿음은 환경에 따라서 요동치고 곤두박질 칠 수밖에 없습니다.

제가 탄자니아에서 사역을 했을 때, 매주 토요일마다 일주일에 한 번 시장을 갔습니다. 그럴 때마다 아내와 함께 6Km의 해안길을 달려갔습니다. 갈 때 6Km, 올 때 6Km를 달려가면 오른쪽에는 정말 푸르다 못해 옥석으로 빛나는 인도양 바다가 있고, 왼쪽에는 공동묘지가 있습니다. 바다를 볼 때 바다가 주는 메시지도 있고, 공동묘지가 주는 메시지도 있습니다. 저에게는 바다가 주는 메시지보다 공동묘지가 주는 메시지가 더 깊습니다. 그래서 갈 때도 공동묘지를 바라보면서 가고, 올 때도 공동묘지를 바라보면서 옵니다. 그 공동묘지를 바라볼 때마다 마음이 숙연해지고 뭔가 정리가 안 된 삶을 다시 정돈할 수 있는 메시지를 줍니다.

여러분도 많이 혼란스럽고 어려울 때에, 시간을 내서 국립묘지나 합정동에 있는 양화진 선교사 묘지에 다녀와 보십시오. 그러면 해결이 안 되던 것이 잘 풀릴 수가 있습니다.

프랑스의 수녀들만 묻히는 수녀원의 공동묘지 앞에 큰 아치가 있는데, 그 아치의 입갑판에 이렇게 쓰여져 있습니다.

'오늘은 내 차례, 내일은 네 차례.'

참 깊은 메시지입니다. 우리 모두는 공동묘지의 번호표를 받고 순서를 기다리는 중입니다. 언젠가는 죽음의 창을 통과하여 영원한 하늘나라로 입성을 할 것입니다. 우리가 이 세상을 살면서 내면 깊숙한 곳에 정말 정리해야 될 것이 무엇인가 날마다 생각하면서 지내시기를 바랍니다.

제가 늘 즐겨 읽는 시편 39편 4~7절까지의 말씀을 표준 새 번역으로 보겠습니다.

"주님, 알려주십시오. 내 인생의 끝이 언제입니까? 내가 얼마나 더 살 수 있겠습니까? 나의 일생이 얼마나 덧없이 지나가는 것인지를 말씀해 주십시오. 주님께서 나에게 한 뼘 길이 밖에 안 되는 날을 주셨으니 내 일생이 주님 앞에서는 없는 것이나 같습니다. 진실로 모든 것은 헛되고 인생이 전성기조차도 한낱 입김에 지나지 않습니다.(셀라) 걸어다닌다고는 하지만 그 한평생이 실로 한 오라기 그림자일 뿐 재산을 늘리는 일조차도 다 허사입니다. 장차 그것을 거두어 들일 사람이 누구일지는 아무도 모르는 일입니다. 그러므로 주님, 이제 내가 무엇을 바라겠습니까? 내 희망은 오직 주님뿐입니다."

(2007. 1. 26)

너를 떠나지 아니 하리라 창 28:13~15

유정옥 사모(소중한 사람들 공동대표, 『울고 있는 자와 함께 울 수 있어서 행복하다』 저자)

이 본문 말씀은 제가 가장 사랑하는 성경 말씀 구절입니다. 이 말씀을 보면, "나는 여호와니 너의 조부 아브라함의 하나님이요, 이삭의 하나님이라."(창 28:13)

'하나님께서 바로 너의 할아버지의 하나님이 되고, 너의 아버지의 하나님이 되고, 너의 하나님이 된다.' 는 뜻입니다. 우리 가족에도 역사성을 가질 뿐만 아니라, 우리들이 행하고 있는 작은 행동 하나하나마다 그날의 한 움직임으로 끝나는 것이 아니라 역사성을 갖고 계속 연계되어서 하나님의 위대한 일을 이루는 것입니다.

'내가 주님을 위해서 무엇을 할까?'

제가 하나님한테 돌아오고 난 뒤로부터는 마음속에 항상 그런 물음이 생기면서 흥분이 일어납니다. 그런데 저는 그런 흥분은 일어났는데, 재주도 없고 가진 돈도 없었습니다. 그때는 건강도 안 좋았습니다. 그래서 제가 하나님께 무엇을 드릴까 하고 가만히 생각해 보니까, 가진 돈이 없어서 크게 물질적으로는 바칠 것이 없었습니다. 가만히 생각해 보니까 제게 편지를 잘 쓰는 재주가 있었습니다. 옛날 고등학교 때, 아이들이 연애편지를 써 달라고 해서 많이 써 준 적도 있었습니다. 제가 친구를 대신하여 편지를 써 주었더니 자기를 별로 좋아하지 않았던 남자 친구가 제 친구를 좋아하게 되었다는 이야기도 들었습니다. 저는 속으로 생각했습니다.

'내가 편지는 잘 쓰는구나.'

그래서 하나님한테 돌아와서 하루에 5명씩에게 편지 쓰기를 시작했습니다. 예수를 믿지 않는 사람들에게 편지를 썼습니다. 그랬더니 어느 분에게서 답장이 왔습니다.

"내가 그 편지를 복사해서 다른 사람들을 나누어 주고 있습니다."

그래서 굉장히 기뻤습니다.

예수 믿지 않는 사람만 택해서 '예수 믿으면 이렇게 행복하고 이렇게 좋다' 는 내용을 써서 편지를 보냈는데 그것을 받고 그런 소식이 온 것입니다.

조금 지나고 나니까 어느 사람이 와서 사모님이 문서 선교를 잘 할 것 같은데 문서 선교를 할 수 있는 모든 자본을 대어 줄 테니까 문서 선교를 하라고 권유를 했습니다. 그래서 저는 어떤 선교회를 선전하는 문서 선교가 아니라, 시장에서 고무 튜브를 끼고, 수세미를 파는 사람들의 문서 선교를 해 주었습니다.

그 사람들이 모여 있는 장애인 선교회가 있었는데, 그 사람들에 대해 세상에 알려 줄 수 있는 방법이 아무것도 없었습니다. 그 사람들은 너무너무 필요한 것도 많고, 너무 힘든 가운데 있는데도 불구하고 그들을 돕는 문서 선교는 해 주는 데가 없었습니다. 그래서 제가 그것을 해 드리기 시작했습니다.

그 사람들이 예수 만난 것에 대해 쓰기를 원해서 그들의 간증을 제가 써 주겠다 하니까 뇌성마비자들인 그분들이 "예수 만났어, 좋았어!"라고 어렵게 한 마디하고 끝이었습니다. 그것을 도저히 쓸 수가 없었습니다. 그래도 우리가 읽을 만한 글로 만들려면 원고지로 20장 이상은 써야 합니다.

'하나님! 이것을 어떻게 했으면 좋겠습니까? 각 개인마다 하나님을 만난 기쁨과 흥분과 하나님의 그를 향하신 긍휼이 있을 텐데 이것을 쓸 길이 없습니다.'

그 때 기도를 하던 중에 하나님께서는 창세기의 이 말씀을 통하여 확신을 주셨습니다.

'아 그렇다. 모세는 하나님께서 천지창조를 하실 때 그 자리에 없었는데도 불구하고 천지창조에 대해 쓸 수 있었고, 요한은 앞으로 올 세계를 겪지 않고도 쓸 수 있었다. 그것은 성령의 충만한 감화 감동 속에서 쓸 수 있다.'

그래서 하나님께 기도드렸습니다.

"제가 천지창조에 대해서는 쓸 수 없지만 하나님, 그 사람에 대해서 알게 해 주십시오."

그 후에 한 사람을 결정해서 한 달에 한 번 썼는데, 한 사람에 대해 쓰기 위해서 꼭 사흘씩 금식을 했습니다.

"하나님, 제가 그 사람하고 똑같아질 수 있게 해 주십시오."

사흘씩 금식을 하고 나면, 제가 그 사람의 심정을 다 알게 되었습니다. 그 사람이 예수님 만났을 당시의 상황, 마음, 흥분, 기쁨 같은 감정들이 실감나게 느껴졌습니다. 그것을 밤새 써서 아침에 가서 읽어 주었습니다.

"어떻게 알았어요? 내가 그때 그랬어요."

그러면서 그 사람들이 눈물을 흘렸습니다. 그렇게 하나님께서 저를 3년 동안 문서선교를 하게 했습니다. 36명에 대해 썼고, 사흘씩을 금식했으니까 108일을 금식한 것입니다. 3년의 훈련을 통해서 그 다음에는 금식을 안 해도 그 사람에 대해서 긍휼한 마음만 가지면 그 사람의 마음을 알 수 있게 되었습니다.

어느 분이 예수를 믿고 싶은데 이내가 예수 믿는 것을 절대 반대한다고 해서 제가 그 집에 식모살이로 들어간 적이 있습니다. 식모살이로 들어간 그 집에서 효력을 발생한 것도 사람의 마음을 알 수 있는 은사였습니다. 제가 책에는 안 믿는 사람들이 읽을까봐 그렇게 쓰지 못하고 '하나님께서 꿈으로 알게 해 주셨다' 고 썼습니다. 제가 그 분에 대해 기도하는 중에 하나님께서 그 사람이 누구에게서 출생했고, 지금 사회적으로 굉장히 높은 지위에 올라 있는데 출생이 너무 비천하여 본인이 감추고 싶어 하는 것을 하나님께서 다 알게 해 주셨습니다. 제가 그분에게 그것을 이야기했을 때 그분이 하나님 앞으로 돌아왔습니다.

저는 국문과에서 공부한 적이 없었고, 제대로 공부도 안 한 사람입니다. 열심히 남편이 목회하는 데만 뛰어다녔습니다. 제가 20년 목회를 하고 나서 어느 날 제가 졸업한 인일여고 홈페이지에 들어가 보게 되었습니다. 여러 글들이 게시판에 올려져 있었습니다. 제가 그 학교에 다닐 때, 우리 학교 학생들이 잘난 척을 좀 많이 했었습니다. 그런데 30년, 40년이 지나서도 또 잘난 척을 하고 있었습니다. 동창들의 글을 보니까, '우리 남편이 요번에 국회의원 됐다.', '우리 남편이 시의원 됐는데 어려운 일 있으면 말하라' 고 써 있었습니다. 홈페이지의 글을 보면서 생각했습니다.

'모교 홈페이지는 친정집이나 마찬가지여야 하는데, 그러면 시어머니하고 싸우고 남편하고 싸워서 이혼하고 싶은 사람들은 뭐라고 쓸까? 아! 안 되겠다. 내가 여기에 나의 아프고, 힘들고, 고통당하는 것을 써야겠다. 내가 처음으로.'

그런 생각을 갖고 글을 썼습니다.

제가 사는 동네는 독거노인들이 많습니다. 우리 교회의 구역 예배는 제가 찾아가는 구역 예배입니다. 제가 구역을 한 바퀴 돕니다. 왜냐 하면 아무도 없는데서 돌아가시는 분들이 있기 때문입니다. 그래서 제대로 잘 계신가 하고 방의 문을 열어 보면 어르신이 말씀하십니다.

"너무 아파서 죽을 것 같아."

제가 깜짝 놀라서 들어가 보면 저를 붙들기 위해서 아프다고 엄살을 부립니다. 그 일이 너무 많다보니까 제가 12시까지 일을 놓지 못했습니다.

그래서 밤 12시부터 새벽 4시까지, 새벽 기도 시간 전까지가 제가 글을 쓸 수 있는 저만의 시간입니다. 그 때 더듬더듬 A4 용지 한 장 분량의 글을 치는데 세 시간이나 걸렸습니다. 그래서 새벽에 어렵게 글 한 편을 올리고, 그 날 밤 12시에 홈페이지를 열어 보았더니 댓글이 올려져 있었습니다.

"내가 이 글을 읽고 예수를 믿고 싶어졌다."

저는 깜짝 놀랐습니다. 제가 제일 못하는 것이 전도였기 때문입니다. 제가 전도하려면 보통 한 달 이상 남의 집 식모살이를 하든지, 또 어떤 한 사람을 정해 한 달은 다녀야 한 명을 전도할 수 있었습니다. 제가 전도한 것을 계산해 보니까 일 년에 열 명 정도밖에 전도를 못했습니다.

그런데 글 하나에 예수를 믿고 싶어졌다는 것이었습니다. 저는 깜짝 놀랐습니다.

'야, 이렇게 글에 놀라운 힘이 있구나.'

그래서 놀란 마음으로 또 한 편을 써서 그날 밤에 또 올렸습니다. 글이 5개, 6개 정도 나가니까, 제가 그전에 편지 쓸 때처럼 댓글이 올랐습니다.

"제가 이 글을 인쇄해서 이웃들하고 나누고 있습니다."

저는 너무 좋아서 매일 매일 썼습니다. 어떤 때는 4시쯤 다 써서 올리려 하면 무슨 키를 잘못 눌렀는지 날라가 버리기도 했습니다. 그래도 저는 한 번도 화를 낸 일이 없습니다.

'아, 주님이 이 글이 마음에 안 드시나 보다.'

주님이 그 글이 맘에 안 드시는 것 같았습니다. 그래서 그 글을 다시 쓰는 것이 아니라 싹 바꾸어서 썼습니다. 보통은 새벽 기도를 하고 나서 한두 시간 자고 일을 시작하는데, 그런 날은 새벽 기도를 마치고 얼른 또 썼습니다. 우리 예수 믿는 사람들은 끈질겨야 합니다. 적어도 무엇이든 하나를 시작하면 3년 동안 붙들고 늘어져야 한다고 생각합니다. 아궁이에 던져지는 들풀도 창조주가 1년을 기르시는데, 미련한 인간들이 3년도 안 해 보고 '아, 이거 안 되는 거야.' 라고 한다면 안 된다고 믿습니다.

저는 끈질기게 하는 버릇이 있습니다. 그래서 글을 또 올렸습니다. 그랬더니 그렇게 올리고 있는 중에 어떤 분이 이렇게 썼습니다.

"사모님, 사모님의 글을 복사해서 우리가 돌리기 너무 힘드니까 책으로 좀 제발 만들어 주십시오."

개척교회에서 저희가 한 달에 받는 사례비가 80만 원입니다. 목사님의 활동비나 아이들 교육비가 하나도 없습니다. 딱 80만원으로 우리 여섯 명이 사는데 어떻게 책을 만들 수가 있습니까? 그래서 거기에 이렇게 답을 달았습니다.

"저는 가난한 교회 목사의 사모라서 책을 낼 수가 없습니다. 죄송합니다."

그랬더니 그 이튿날 그분이 다시 글을 올렸습니다.

"저는 오산 성심병원 병원장 조선호입니다. 제가 유정옥 사모님의 책 출판을 위해 예금 구좌를 만들었습니다. 유 사모님의 글을 앞으로 책으로 받으려면 1권에 만 원, 열 권이 필요한 사람은 10만원을 제 통장으로 붙이십시오. 나는 당신들의 돈을 떼어먹고 갈 사람이 아니니까 염려 말고 붙이십시오. 5월 1일부터 5월 31일까지만 열고 그 다음부터는 안 받습니다."

그리고 5월 31일에 조 원장님이 저에게 1,000만 원을 가지고 오셨습니다.

"이것으로 책을 내십시오."

그래서 제가 몇몇 출판사에 알아보니까 비슷한 대답을 들었습니다.

"당신 같은 무명인은 우리 출판사에서 책을 내 줄 시간이 없습니다."

그래서 제가 원고를 들고 다니다가 '크리스챤서적' 에 가게 되었습니다.

"장로님, 이것을 책으로 좀 내 주십시오. 독자들이 돈으로 걷어 내 준 것이니 어떡합니까?"

대표이신 장로님이 견적을 내 보시고 말했습니다.

"이 책은 4도 인쇄하면 1200만 원이 들고, 2도 인쇄하면 800만 원이 듭니다."

그래서 제가 통장하고 도장을 다 드렸습니다.

"장로님, 장로님은 장로님이고, 저는 목사 사모인데 둘이 앉아서 계산 따지는 것은 보기 싫습니다. 그러니 장로님 맘대로 하세요. 1도로 하든, 2도로 하든, 4도로 하든, 그리고 종이도 제일 싼 것으로 하든, 장로님 마음대로 하세요."

"맘대로 하라는 것이 제일 겁납니다."

그 말씀을 하시면서 원고를 받았습니다. 몇 도로 해 주었겠습니까? 칼라인 4도로 해 주었습니다. 마음대로 하라는 것이 제일 겁나는 것입니다. 하나님 앞에도 통째로 맡기고, 우리가 다른 사람 만나서도 통째로 믿어 주는 것이 제일로 중요합니다.

드디어 책이 나왔습니다. 저는 책이 나와서 돈으로 되고 책이 팔리는 것도 모르는 사람입니다. '크리스챤서적'이 알고 보니까 인쇄하고, 서점에서는 책을 잘 안 팔았습니다. 제가 1,000만 원을 선불로 받았기 때문에 그것을 인수해서 우편으로 발송해 드렸습니다. 책을 받은 사람들 중에 가슴이 뜨거운 사람들이 있어서 책이 팔리기 시작했습니다. 8월 25일에 첫판이 나왔는데 12월 되기 전에 4만 권이 팔렸습니다.

그러니까 우리나라에서 유명한 출판사에서 저를 찾아왔습니다.

"원래 크리스챤서적에는 판권이 없으니까 사모님, 이제부터 우리가 인쇄하고 우리가 팔고 할 테니까 출판 계약을 합시다."

"그게 무슨 말입니까?"

"저희 출판사는 한 번에 10만 권을 출판하여 팔아드릴 수 있습니다. 우리가 팔고나서 인세를 드리는 것이 아니고 이 자리에서 선불로 인세를 드리겠습니다. 선불로 1억 원을 드리겠습니다."

저는 80만 원을 가지고 20년이나 산 사람인데 갑자기 1억이라니까 깜짝 놀랐습니다.

"네?"

하고 놀란 눈으로 그분을 쳐다봤습니다.

"원고료는 따로 5,000만 원을 드리겠습니다."

또 그 말뜻을 못 알아듣고

"네?"

하고 눈을 크게 떴더니,

"아, 적으시죠? 5,000만 원을 더 드리겠습니다."

가만히 보니까 우리 하나님은 믿는 사람들이 어리버리 해도 그냥 "네?"할 때마다 5,000만 원씩을 올려 주셨습니다. 그래서 제가 이제 가슴이 뛰기 시작했습니다.

'아, 이거 하나님이 이렇게 해서 내가 진 빚도 다 갚아 주시고 하나님 일도 많이 하게 해 주시려고 그러시나 보다'

제 가슴이 몹시 두근거렸습니다. 그런데 크리스찬서적의 직원 중에는 예수 믿는 사람이 반, 예수 안 믿는 사람이 반이었습니다. 그 때 당시에 그 출판사는 예배도 안 드리고 있었다고 합니다. 그런데 제 원고를 교정하던 예수 안 믿던 자매가 교정하다가 예수님을 믿게 되었습니다. 그 자매가 저에게 전화를 했습니다.

"사모님, 지금 제 가슴에서 눈물이 나고 있어요."

저는 꼼짝 말고 있으라고 하고 뛰어가서 예수님을 영접시켰습니다. 그런데 제가 그 출판사하고 계약을 하려고 생각해 보니까 그 자매 얼굴이 딱 떠오르는 것입니다.

'그렇지, 사모님도 별 수 없어 돈 준다니까 그 출판사로 갔지 뭐.'

그런 생각을 가질 것 같았습니다. 그 자매한테 마음에 상처를 줄 것 같았습니다. 그래서 그 출판사에다 말했습니다.

"제가 임만호 장로님에게 전화를 해서 기꺼이 보내 주시면 오고 그렇지 않으면 못 오겠습니다."

"사모님, 이 책은요, 지금 『다빈치 코드』 책도 100만 권이 팔리는데, 사모님 책은 우리 같은 출판사에서 선전을 때리면서 해야지 100만 권 이상 팔 수 있는 책입니다. 읽는 사람마다 믿음이 심어지는데, 그것을 장로님도 기뻐하셔야지, 만약에 기뻐하지 않으시면, 그 장로님은 마음이 안 좋은 장로님이실 것입니다."

그래서 제가 전화를 했더니, 장로님이 러시아로 선교 여행을 떠나셔서 토요일에 오신다는 것입니다. 토요일까지 그 출판사로 연락을 드리겠다고 하고 집으로 돌아왔습니다.

장로님이 돌아오기를 기다리는 이틀 동안 가슴이 위에서만 뛰고 제 뱃속에서부터 올라오는 기쁨이 없었습니다. 주님의 일은 뱃속에서부터 기쁨이 올라옵니다.

'야! 이상하다. 이것은 기쁨이 반쪽짜리다.'

그래서 제가 안 되겠다 싶어서 크리스찬서적으로 찾아갔습니다.

이 책이 나가고 나서 저는 물론 몇 만 권 팔리는 것도 좋지만, 그 무엇보다 기쁜 것은 사람들이 이 책을 읽고 나서 "예수 믿고 싶어졌다"라고 말하는 것을 듣는 것입니다. 그런 전화를 받으면 제가 대구, 부산까지는 못 가지만, 제가 있는 중계동에서부터 수원, 인천, 평촌, 천안 정도까지는 그 독자를 찾아 달려갑니다.

"꼼짝 말고 있으세요."

왜냐하면 예수 믿고 싶어지는 마음은 구원의 은총이기 때문에 한 번 올라왔다가 가라앉으면 굉장히 올리기 힘들기 때문입니다. 그 사람이 제 책을 읽고 예수 믿고 싶어졌는데 제가 간다는데 안 기다리겠어요? 제가 100% 전도를 하게 됩니다. 그래서 만사를 다 제쳐놓고 가게 됩니다. 가서 완전히 결신을 시켜서 어느 동네 사는지 물어 본 다음에 그분이 다닐 만한 교회를 찾아드립니다. 그 동네에서 평소에 예수 안 믿는 사람들도 '아! 저 교회 나가고 싶다' 하는 교회가 있습니다.

"어느 교회에 나가고 싶었습니까?"

그분의 대답을 들은 다음에 그 교회가 이단성이 있나 없나 검토하고, 그 목사님이 정말 건강하게 목회를 잘 하시는 목사님이신가만 확인하고, 목사님하고 만나게 해 드립니다. 그 때마다 저는 목사님들에게 약속을 받아옵니다.

"이 사람이 세례 받을 때까지 저한테 월요일마다 전화해 주셔야 됩니다. 제가 전도했으니까 주일날 이 신자가 나왔다 안 나왔다 전화를 해 주셔야 됩니다."

그런 사람이 열 몇 명 되었었는데 지금은 스물 몇 명됩니다. 그래서 그것을 제가 제일 좋아합니다.

제가 크리스찬서적에 갔더니 아니나 다를까 보현 자매가 눈물을 주욱 흘리면서 저를 본 체 만 체 하고 가는 것이었습니다. 다른 때는 야간작업을 해도 열심이던 자매가 서운해서 눈물을 흘리면서 나갔습니다. 그래서 가슴이 아파서 또 장로님 방에 들어갔더니 웬 40대 남자가 앉아 있었습니다. 그래서 제가 물었습니다.

"누구십니까?"

"저는요, 스물다섯 살부터 마흔 살까지 15년 동안을 전국의 기독교 서점에 전도지를 팔던 사람입니다. 돈은 한 푼도 못 벌어도 전도지 판다는 기쁨에 전국 서점을 돌아다녔습니다. 그러던 어느 날 집에 들어갔더니 딸아이가 '아빠, 오늘 저녁에 밥 먹을 게 없어' 라는 말을 했습니다. 그래서 정신이 번쩍 들었습니다. '내가 이러다 안 되겠구나, 내가 이제부터 돈 벌어야지. 내가 미쳤어.' 라고 자책감에 빠졌었습니다."

그러던 어느 날 정신이 나가서 그분은 사채 사천만 원을 얻어서 사업을 확장했습니다. 그러나 그 돈도 두 달 만에 다 없어졌습니다. 사채 이자를 못 내게 되자 사채업자가 매일 와서 '빚을 갚지 않으면 죽인다.' 하고 집안을 때려 부수니까, 이 사람이 자살할 생각을 갖게 되었습니다.

'나는 죽어야 된다, 차라리 죽어야 돼.'

그 사람이 자살하려고 가기 전에 친구를 만났답니다. 그 친구가 제 책을 주고 아무 말도 안 하고 가더랍니다.

"여보게, 이 책 한 번 읽어 보게나."

그래서 자살하러 가는 버스 안에서 제 책을 읽기 시작했답니다. 앞에서부터 세 편까지 읽다가 오열이 터져서 죽으러 가다가 기도원으로 갔답니다. 기도원에 가서 사흘을 금식하고 거기서 하나님 앞에 기도했답니다.

"하나님, 제가 어차피 죽으려고 했던 사람이고 어차피 돈 못 벌었던 사람이니, 이 책을 보급하며 살겠습니다."

기도원에서 돌아온 그는 장로님을 찾아갔다고 합니다.

"장로님, 저한테 1원도 안 주셔도 좋습니다. 이 책이 저를 살렸고 다시 살게 했습니다. 제가 15년 동안 배운 것이 전국 서점에 물건 파는 것이니까 제가 이 책을 팔아 보겠습니다."

장로님이 그 사람에게 물었습니다.

"이 친구야! 너 몇 살이냐?"

"마흔두 살입니다."

"마흔두 살에 식구가 몇이냐?"

"다섯 식구입니다."

"다섯 식구인데, 1원도 안 받아도 되겠냐? 한 달에 내가 200만 원씩 줄게, 그리고 이거 팔아서 수당이 200만 원 넘는 날 그 때부터는 내가 수당도 줄게."

새로 영업직원이 된 그분이 저에게 자초지종을 이야기해 주었습니다.

"그래서 여기 온 지 3일이 됐습니다."

'하나님, 이거 어떻게 하면 좋아요?'

제가 들으면서 제가 얻는 것이 무엇이고 잃는 것이 무엇인지 곰곰이 생각해 보았습니다.

'내가 얻는 것은 돈과 명성일지 모르지만 내가 잃는 것은 영혼이다. 그리고 이 젊은 사람의 사명감이다.'

그것을 생각하니까 이거 큰일 났습니다. 하나님 앞에 가서 "너 계산하자" 하시면 이것은 완전한 적자입니다. 저는 주저하지 않고 그 출판사로 전화를 했습니다.

"그 출판사에서 저를 높이 평가해 준 것은 감사한데, 못 가겠습니다."

너무너무 마음이 홀가분해졌습니다. 그때 그렇게 전화하고 집으로 돌아오는데 기독교윤리실천운동 간사에게서 전화가 왔습니다.

"사모님, 우리 젊은이들이 무엇을 기도하기 시작했는지 아십니까? 사모님 책 백만인 읽히기 운동을 시작했어요. 백만인 팔기 운동이 아니에요. 백만인 읽히기 운동입니다. 그래서 제가 첫 번 주자로 적금을 해약해서 사모님 책을 샀습니다. 그래서 나누어 주기 시작했습니다."

어떤 힘 있는 출판사에서 제 책을 출판해서 포장하고 보태서 인기몰이해서 백만 권을 팔 수도 있을 것입니다. 그러나 저는 그것을 원하지 않습니다.

"하나님, 정말 가슴으로, 가슴으로 스며들게 해 주세요. 하나님의 말씀이 가슴으로, 가슴으로 스며드는 것처럼 그렇게 스며들게 해 주십시오."

이렇게 제가 기도를 했습니다.

그런데 책이 나가면서 뭉텅이 돈이 들어오는 경우도 생겼습니다. 1,000만 원도 들어오고, 500만 원도 들어오는 경우도 있었습니다. 그래서 제 아들이 이렇게 말했습니다.

"엄마, 큰일 났어요."

"왜?"

"모자랄 때는 위기가 아닌데, 잉여는 무조건 위기예요. 우리가 건강한 것도 위기고, 돈이 남는 것도 위기고, 옷이 남는 것도 위기고, 엄마 그건 위기예요."

"그래 맞아."

"엄마, 정신을 바짝 차려야 돼요."

"어떻게 해야 되겠니?"

"빨리 서원하세요. 잉여는 무조건 하나님께 드리겠다고요."

이 책의 수입금이 없을 때도 저는 얼마든지 살았습니다. 그때는 네 명을 대학 공부를 시킬 때였는데 그래도 살았습니다. 우리는 대학 다니는 아이들한테 무조건 한 주에 만 원씩 주었습니다. 왜냐하면 백만 원을 주면 다 쓰지, 책을 사야 하지, 교통비 해야지, 밥 먹어야지. 그게 되겠습니까?

그런데 우리는 팔십만 원을 가지고 네 명을 나누어 주려니까 어쩔 수가 없었습니다. 왜 만 원을 주냐 하면 '너와 나 사이는 부모자식간이다' 하는 사랑의 정표로 주는 것입니다.

"나머지는 너희들이 다 알아서 해라."

그래서 아이들은 여기저기 다니면서 근로하고, 공부하고, 장학금을 타면서 스스로 알아서 졸업을 했습니다. 만 원씩 주다보니까 전부 장학생이 되었습니다. 백만 원을 주니까 타락하고, 만 원을 주니까 모든 돈을 합쳐서 학자금이니, 교통비니, 책값이니 하며 열심히 살았습니다. 만 원에 살 것이 지금 어디에 있습니까? 그런데 만 원을 주니까, 아이들이 그것으로 어림없다는 것을 아니까 달라졌습니다.

아무것도 없는데 무엇을 만들어서 부모가 주려고 하면 안 됩니다. 정직하게 말해야 합니다. "이것으로 우리는 살아야 된단다. 하나님이 너희들을 도우실 것이다. 하나님 앞에 지혜를 구해서 장학금을 타야 한다. 열심히 일해서 해결해 나가라."

그래서 아이들이 모두 대학을 졸업했습니다.

이제 아이들이 다 졸업했는데 더 남게 되었습니다. 그래서 제가 하나님 앞에 서원을 했습니다.

"하나님이 제일 가슴 아파하는 사람들을 위해서 이 돈을 쓰겠습니다."

그랬더니 하나님께서 제가 서원한대로 하게 해 주셨습니다. 그래서 제가 서울역 노숙자들에게 아침에 무료 급식을 합니다. 처음에 이 책이 나오게 된 시발점이 편지 몇 장 쓴 것으로 시작한 것 같이, 우리 하나님 믿는 사람들은 그냥 시작만 하면 됩니다. 그냥 발만 한 걸음 요단강에 들여놓기만 하면 쫘악 갈라지는 것입니다.

배고프고 굶주린 노숙자들이 서울역 주변에 1,000명이나 있는데 제가 그 사람들을 먹일 여력이 처음부터 없었습니다. 그래서 처음에 하나님의 말씀으로 시작했습니다.

"누구든지 제자의 이름으로 이 작은 자 중 하나에게 냉수 한 그릇이라도 주는 자는 내가 진실로 너희에게 이르노니 그 사람이 결단코 상을 잃지 아니하리라."(마 10:42)

그 상을 하나님 앞에서 결코 잃지 않는다고 하셨습니다. 그래서 우리는 그 말씀을 작게 실천했습니다. 혹시 밤에 추위에 떨고 일어난 사람들을 위해서 물 한 모금 들고 나가 보신 적이 있습니까? 물 한 모금이 뭐 대단하다고 그러나? 그런데 요즘 사람들이 물 한 모금 들고 나가지 않습니다. 제가 추위에 떨고 일어난 사람들에게 "물 드릴까요?" 했더니 그 사람들이 "백만 원 주세요.", "오십만 원 주세요.", "밥 주세요." 그러지 않았습니다. 그냥 너무 추우니까 물 한 모금만 달라고 했습니다.

"뜨거운 물 한 모금만 줘."

그런데 제가 가만히 생각해 보았습니다.

'아, 나는 아직 물 한 모금 준 적이 없었구나!'

그래서 뜨거운 물을 주러 나갔습니다. 뜨거운 물 주려니까, 컵라면이라도 주면 좋겠다고 생각했습니다. 그래서 컵라면 30개를 갖고 나갔습니다. 그것으로 시작했는데 하나님께서 지금은 서울역 노숙자들 1,000명에게 밥과 따끈한 국으로, 때로는 불고기까지 주게 하십니다.

하나님이 그 사람들을 먹이기 시작하시니까, 제 책을 여기에도 팔고 저기에도 팔고, 저를 강사로 여기에도 보내고, 저기에도 보내셨습니다. 제가 큰 교회 강사로 가면 저를 데리러 나온 사람이 저를 못 찾는 경우가 종종 있습니다. 촌스러운 시골 여자가 하나 서 있나 해서입니다. 그런데도 하나님이 칠천 명 있는 교회, 만 명 되는 교회, 미국에도 보내고 하시면서 책을 파시고, 간증을 하게 하시면서 그들을 먹이십니다. 그들을 향하신 하나님의 사랑과 열정으로 그들을 먹이십니다.

제가 급식을 하면서 그 사람들을 보니까 모든 병이 씻지 않아서 오는 것을 알게 되었습니다. 서울역에 가 보시면 큰 건물들은 경비원들이 무장하고 지키고 있습니다. 그 사람들이 노숙자들은 화장실에도 못 들어가게 합니다. 그래서 씻지 못하니까 너무너무 불결해집니다. 처음에는 밥을 퍼주면서 속으로 생각했습니다.

'왜 이렇게 더럽나? 좀 씻으면 안 되나?'

지금은 그들을 볼 때마다 가슴이 미어지는 것을 느낍니다.

'사람이 어쩌면 씻지를 못하고 다니나, 짐승도 씻는데….'

그들을 보며 가슴 아파하다가 기도했습니다.

"하나님, 제발 저들이 씻게 좀 해 주십시오. 저들에게 씻을 수 있는 곳을 마련해 주십시오.'

하나님께서 거대한 목욕탕을 주실 때까지 기다리면 안 됩니다. 그래서 이제 하나님 앞에 기도했더니 바로 응답해 주셨습니다. 창원에 사시는 어떤 분이 제 책을 읽고 감동을 받아서 적금을 해약해서 1,000만 원을 보내 주셨습니다.

"사모님, 꼭 필요한 데 쓰십시오."

그 돈이 오자마자 돈을 들고 서부역 인근에 식당을 하나를 임대했습니다. 6평 정도 밖에 안 되는 작은 식당이었습니다. 식당 안에 샤워장을 만들고 밖에 식탁을 마련했습니다. 그래서 매일 노숙자들이 샤워하고 나오면 밥을 차려드렸습니다. 왜냐하면 이 사람들은 매일 같이 서서 먹습니다. 노숙자 생활을 하면서 한 번도 식탁에 차려진 음식을 먹은 일이 없습니다. 이 식당에서는 그들이 밥을 먹을 때 같이 앉아서 그 사람들의 이야기를 들어 주었습니다. 그 노숙자들은 누구에게든지 이야기하고 싶어 합니다.

"나는 이런 사연이 있어서 노숙자가 되었습니다."

그런 이야기를 하고 싶은데 아무도 안 들어 주는 것입니다. 그들의 이야기를 다 들어 준 다음에 뭐를 해야 됩니까?

"예수 믿으세요!"

다른 사람들은 바빠서 예수 믿으라는 소리를 듣지도 않습니다. 그런데 대화하고 싶어 하는 사람들에게 직접 '전도' 하고 있습니다. 그랬더니 하나님께서 식당을 연지 한 달 20일 만에 6평에서 60평으로 늘려 주셨습니다.

하나님의 일을 하는 사람들은 물 한 모금 준 것도 일당이 비쌉니다. 식모살이 한 것도 일당이 비싸고, 하나님의 일을 하는 사람들이 움직이면 하나님께서는 이 세상에서 계산할 수 없는 것으로 주십니다.

제가 어느 날 교회에 있었는데 우리 성도님들이 어떤 사람이 저를 찾아왔다고 했습니다. 그래서 제가 그 사람을 만났습니다. 이 여자분이 저에게 부탁을 했습니다.

"사모님, 형무소에서 종신형을 살고 있는 사람 좀 만나 주시겠어요?"

"그러죠."

"아니, 사모님. 그것을 왜 그렇게 쉽게 말하시는 거예요?"

"성경에 옥에 갇힌 자를 돌아보라고 써 있잖아요."

"단지 사모님, 그것 때문에 '네' 하신 거예요? 그러는 거예요?"

"그럼요."

"사모님, 그런데 그 죄수가 한국에 있는 것이 아니라 시카고에 있어요. 시카고에 있는데 사모님이 비행기 표도 사시고, 미국에 가서 경비도 직접 쓰셔야 합니다."

"하나님이 그 사람을 꼭 만나야 되는 거라면 허락하시겠지요."

그 분이 3월 며칠에 왔었는데, 보름 후인 3월 29일에 떠나야 된다고 저에게 말했습니다.

"알았어요. 하나님께서 비행기 표 값을 주시겠지요, 뭐."

그때 학사 장교로 군대에 가 있던 아들이 있었습니다. 학사 장교는 7급 공무원 월급이 나옵니다. 다른 아이들은 유학가려고 자기가 모으는데 이 아이는 자기 용돈 10만 원만 남기고 모두 저에게 부쳐 줍니다.

"우리 엄마 너무너무 어려운 가운데 사시는데, 힘내세요. 저는 하나님께서 얼마든지 장학생으로 유학을 보내 주실 테니까, 걱정하지 말고, 엄마 마음대로 쓰세요."

그런데 그 달은 보너스까지 탔습니다. 그래서 당장 제가 비행기 표를 지불하고 시카고로 갔습니다.

시카고로 가서 제가 만나야 할 아이에 대해 자세히 듣게 되었습니다. 그 아이의 아버지는 우리나라의 군장성이었고, 전역을 해서 서울 은행장을 지냈습니다. 우리나라 정세가 불안하고 어려운 일이 많자 고심 끝에 전 가족이 시카고로 이민을 갔습니다. '앤드류' 라는 이 아이가 한국 이름으로 서승모라고 합니다. 이 아이는 네 살 때, 그리고 누나는 아홉 살 때 엄마를 따라서 미국으로 갔습니다.

그런데 이들이 미국의 이민사회에서 살다보니 불안함을 느꼈습니다.

"여보 당신하고 나하고 이렇게 살다가 우리가 죽게 되거나 사고를 당하면 아이들이 어떻게 되겠소?"

그래서 두 아이를 위해서 부부가 생명보험을 들게 되었는데, 아버지가 백만 불, 어머니가 백만 불을 들었습니다. 그런데 앤드류가 열한 살 되던 해에 아버지는 암으로 죽었습니다. 엄마는 보험금으로 백만 불을 탔습니다. 백만 불을 탄 엄마는 흥청망청한 사람이 아니라 건실하게 일하는 사람이었습니다. 앤드류의 아버지는 서울대를 나왔고 어머니를 연대를 나왔습니다.

그런데 딸아이가 문제였습니다. 아버지가 죽을 때 열여섯 살이었던 이 딸이 미국 사회의 어두운 그림자인 마약에 물들기 시작했습니다. 딸은 아버지가 죽고 난 다음에 어머니에게 돈을 달라고 해서 방탕한 생활에 빠져들면서 어머니하고 자주 마찰이 있었습니다. 어머니는 딸 때문에 고심하면서 앤드류와 같이 하나님께 도와달라고 기도했습니다. 그 딸아이가 열여덟 살 되던 해에 앤드류는 열세 살이 되었습니다.

앤드류가 열한 살 되던 해에 자기가 아버지 돌아가실 때, 아버지에게 약속했습니다.

"제가 어리지만 어머니를 지키겠습니다."

그래서 학교가 끝나면 어머니가 하시는 세탁소에 매일 뛰어가서 열심히 일하면서 도왔습니다.

그러던 어느 날 방학했다가 개학하는 날 학교를 갔다가 집에 왔더니 어머니가 누군지 모르는 괴한에게 칼에 찔려 피살되었습니다. 앤드류의 표현으로는 '어머니의 작은 몸이 자기 몸에서 나온 피에 떠있었다' 고 증언했습니다. 그의 어머니는 아주 비참하게 죽었습니다. 누나는 그날로 이백만 불을 타게 되었습니다. 앤드류는 어리기 때문에 누나가 법정보호자가 되었습니다. 그런데 앤드류는 부모 없는 불우한 생활 속에서 계속 전교 1등을 했습니다. 그리고 대학교에서 4년 장학생으로 입학 통지를 받았습니다. 누나하고는 성격적으로 잘 맞지 않아서 학교 기숙사에서 생활을 하고 있었습니다.

어느 날 누나가 앤드류를 불러서 같이 살고 있는 로버트 오두베인이라는 사람이 자꾸 때린다고 말했습니다. 이 말을 들은 앤드류가 속이 상했습니다. 왜냐하면 자기 하나밖에 없는 혈육인 누나는 앤드류에게는 어머니와 마찬가지였습니다.

어느 날 누나가 학교에 찾아와서 앤드류한테 권총을 주면서 말했습니다.

"내가 오늘에야 알았는데 엄마를 죽인 사람이 바로 오두베인이야. 왜냐하면 내가 돈을 소지하게 되면 자기도 같이 돈을 소지하게 되니까 엄마를 죽였고, 지금은 그 오두베인이 나를 죽이려고 해. 네가 그 사람을 죽여주지 않으면 누나가 죽어."

그래서 앤드류가 대답했습니다.

"그럼 이것을 경찰서에다 이야기해야 된다. 내가 그 리포트를 만들어서 넣을게."

"그러면 내가 같이 들어가니까 안 돼. 네가 좀 어떻게 해 줘."

그 말을 들은 열아홉 살의 혈기왕성한 앤드류는 분노가 치밀어 올랐습니다. 마음이 부글부글 끓고 있는데 전화가 또 왔습니다. 비가 내리는 가을날이었습니다.

"앤드류야, 지금 오두베인이 나를 죽이려고 그래, 나를 때리고…."

누나가 비명을 질러댔습니다. 결국 앤드류는 이성을 잃어버렸습니다.

'내가 엄마도 못 지켰는데 누나도 못 지키면 안 된다.'

앤드류는 차를 몰고 가서 낮에 와서 누나가 쥐어 준 권총으로 그 사람을 쏘아 죽였습니다.

경찰에 체포된 앤드류에게 누나가 말했습니다.

"이 세상에 너하고 나밖에 없는데 네가 만약에 나의 사주를 받아서 했다고 해서 둘 다 들어가면 누가 너를 빼주겠느냐? 그러니까 끝까지 너는 단독범이라고 해라."

앤드류는 끝까지 단독범이라고 해서 백년형을 언도받았습니다.

앤드류는 현재 '폰티악 교도소'에 수감되어 있습니다. 그곳에는 살인수가 16,000명이 있고 아시아계가 10명이 있고, 한국인은 2명이 수감되어 있습니다. 앤드류는 열아홉 살에 그곳에 들어가서 이제 서른두 살이 되었습니다.

앤드류는 아버지가 죽어갈 때 하나님께 서원을 했습니다.

"하나님, 우리 아버지만 살려 주신다면 하나님의 종이 되겠습니다."

그러나 아버지는 암으로 비참하게 죽었습니다. 그래서 어머니가 죽기 전 2년 동안 어머니와 함께 하나님 앞에 더 신실하게 매달렸습니다.

"하나님, 아버지는 죽었지만 우리 어머니를 지켜 주시면 제가 주의 종이 되겠습니다."

그렇게 서원 기도를 했는데 어머니마저 죽었습니다. 어머니가 죽은 모습을 보고 앤드류는 하나님을 버렸습니다.

"우리 어머니가 비참하게 괴한에게 죽을 때 하나님은 도대체 뭘 하셨나? 하나님은 없다."

그리고 죽어라 하고 공부를 했습니다. 폰티악 교도소는 악명 높은 곳입니다. 그곳에 들어가서 눈이 빠지도록 매를 맞다가 앤드류는 다시 하나님을 만났습니다. 폰티악 교도소에서 5년이 지난 다음에 고백한 것이 있습니다.

"내가 이 형무소에 청소부로 발탁이 되었다. 하나님 감사합니다. 오늘 밖은 아니지만 우리 하나님이 비로소 하늘을 볼 수 있는 은혜를 베푸셨다. 할렐루야!"

앤드류 구명운동본부에서 작가를 찾았습니다. 일리노이주 모든 사람한테 서명을 받고 있습니다. 그런데 앤드류를 판결한 판사하고 죽은 오두베인하고는 삼촌과 조카지간이었습니다. 배심원 없이 이 아이가 판결을 받았습니다. 그리고 시카고에서는 네 명을 한꺼번에 죽인 사람도 32년형을 받았습니다. 이 아이는 초범에, 열아홉 살에, 어머니를 죽인 것으로 의심을 한 상태였습니다. 물론 그것이 확실한 증거로 나와 있지는 않지만 어쨌든 본인은 그렇게 생각하고 사살한 것입니다. 그래서 백 년형을 받았습니다.

그래서 이 재판을 다시 해야 된다고 계속 상정하고 있는 상황입니다. 앤드류 구명운동본부에서 서명을 받고 있습니다. 시카고 지역에 한인들이 10만 명 정도 살고 있는데, 십 년 동안 8천 명에게 서명을 받았다고 합니다. 한인들이 생각만큼 협조를 잘 안 해 준다고 합니다.

앤드류 구명운동본부에서는 이래서는 안 되겠다 싶어서 작가를 하나 구해서 그 작가가 감명 깊게 책을 쓰고 맨 뒷장에 서명란을 만들어 서명을 받자고 의견을 모았습니다. 그렇게 되면 일리노이 주지사가 특명으로 재판을 할 수 있다고 합니다.

작가를 찾는다는 광고를 신문에 냈더니, 미국에서 알아주는 작가가 찾아왔다고 합니다.

"얼마 내시겠습니까?"

"당신은 아닙니다."

두 번째로 다른 작가가 찾아왔습니다.

"가슴에 예수도 없는 사람이 왜 이것을 맡으려고 합니까?"

"이것은 시카고에서 아주 대단히 주목을 받는 일이니까 제가 유명해질 수 있을 것 같아서 왔습니다."

그래서 이 분들이 금식하고 기도했습니다.

"하나님, 작가를 보내 주세요."

한국에 있는 염혜지 집사가 그분들에게 전화를 해서 저를 소개하고 그 분 중에서 한 분이 제 책을 읽고 시카고에서 저를 데리러 나온 것입니다.

제가 200만 원을 들여서 앤드류 때문에 미국 시카고에 갔는데, 하나님께서 어떤 장로님을 한 분 만나게 하셨습니다. 대단한 장로님인데, 가 보니까 아들이 귀신에 들려 있었습니다. 악한 영에 사로 잡혀서 대학원까지 졸업했는데도 1년 동안 한 번도 외출을 안 했습니다. 밖에 나가기가 무서운 것입니다. 제가 그날 밤에 그 집에 묵으면서 하나님 앞에 기도했습니다. 이런 일은 성령의 역사로 얼마든지 해결될 수 있는 일입니다.

그런데 누가 믿어야 되냐 하면 아버지인 장로님이 믿어야 됩니다. 저는 그 집에 있다가 돌아오지만 혹시 이 아이에게서 떠났던 악령이 다시 와서 아이를 괴롭히면 장로님이 얼마든지 쫓아낼 수 있습니다. 장로님이 먼저 충만한 성령의 은혜를 받아야 됩니다. 장로님을 위해 먼저 기도해 드리고, 온 집안 식구들이 같이 했습니다. 그런데 기도하자마자 식구들하고 밥도 안 먹던 청년이 함께 밥을 먹고, 그날로 바로 외출을 나갔습니다. 그 장로님이 너무 기뻐하면서 제게 말했습니다.

"사모님, 제가 한국에 나가면 사모님이 제일 좋아할 것 하나 해 드릴게요."

그 장로님이 '소중한 사람들의 시냇가' 샤워장에 오셔서 보셨습니다.

"사모님, 여기 너무 좁아요, 최소한 60평 이상으로 늘리셔요."

그 장로님이 그 일에 필요한 돈을 주시고 가셨습니다. 200만 원을 들여서 앤드류를 만나고 왔더니 하나님께서 이렇게 역사를 이루셨습니다.

제가 앤드류에 대해 글을 쓰고 있는데 여러분들도 기도해 주시기 바랍니다. 그리고 이렇게 아무 재주도 없고, 국문학도 안 하고, 서투른 사람을 통해서도 하나님이 많은 일을 이루시는데 하물며 우리나라의 영향력 있는 언론인 여러분들의 한 마디의 말이 얼마나 큰 영향을 미치는 줄 아십니까? 하나님께서 그런 영향력을 여러분에게 주셨습니다. 주님을 위해 오늘부터 주님의 위대한 일에 도전하시기 바랍니다.

(2006. 3. 23)

여호와로 인하여 기뻐하라 합 3:17

김동수 교수(연세대 의대 부학장, 연세의대 기독 학생회 지도교수)

얼마 전에 환자 한 명이 왔습니다. 아이가 설사를 다섯 주째 해서 데리고 왔다고 합니다. 저희 기사의 옆집 아이인데 여기저기 데리고 다녀도 안 낫는다고 저에게 좀 봐 달라고 부탁을 했습니다. 다섯 주 동안 설사를 했다는데 저에게 와서도 잘 나을 것 같지가 않았습니다.

'이거 어떻게 하나?'

저는 환자를 볼 때 늘 기도합니다. 많은 환자들이 몰려오면 많이 지치곤 합니다. 그럴 때마다 중간 중간 마음속으로 계속 기도하면서 환자를 봅니다.

'하나님께서 힘 주셔야지 제가 이 환자들을 다 돌볼 수 있습니다.'

저는 병원에서 환자 돌보는 것이 하나의 직업 의사로서 행한다고 생각하지 않습니다. 저는 그것을 하나의 예배라고 생각합니다. 모두 마찬가지입니다. 우리들이 직장에서 일하는 것은 일하는 것이 아닙니다. 하나의 생업을 위해서 일하는 것이 아니고, 직장이라는 예배홀에 와서 예배드리는 것입니다.

"그러므로 형제들아 내가 하나님의 모든 자비하심으로 너희를 권하노니 너희 몸을 하나님이 기뻐하시는 거룩한 산 제물로 드리라. 이는 너희가 드릴 영적 예배니라. 너희는 이 세대를 본받지 말고 오직 마음을 새롭게 함으

로 변화를 받아 하나님의 선하시고 기뻐하시고 온전하신 뜻이 무엇인지 분별하도록 하라."(롬 12:1-2)

사도 바울이 우리 자신을 하나님께서 기뻐하시는 거룩한 산제사로 드리라고 말했습니다. 눈감고 기도하면 하늘 문이 열리는 것이 보이고, 예수님이 환상으로 보이고, 기도를 열심히 하는 것, 이것이 영적 예배입니까? 그렇습니다. 그것도 영적 예배인데 사도 바울은 "너희 몸을 하나님이 기뻐하시는 거룩한 산제사로 드리라"고 가르쳤습니다. 우리의 몸 자체, 그것은 삶 자체입니다, 우리들의 생활, 생업, 삶의 터전 등이 바로 우리가 드리는 영적 예배의 자리라는 것입니다. 교회에 가서 드리는 것만 예배이고, 우리가 직장에 와서 일하는 것은 예배가 아니라는 것이 아닙니다.

에베소서에 보면 사도 바울이 예수 그리스도가 이 땅에 오신 것은 "하늘과 땅에 있는 것을 통일하려 하셨음이라"고 한 말씀이 바로 이것입니다. 보통 예배드리는 것을 하늘에 있는 것이라고 생각하고, 우리가 직장에서 일하고, 처자식을 키우고 먹여 살리고, 친구 만나는 것을 '땅에 있는 것' 이라고 생각합니다. 그러나 바울은 그것이 각각이 아니라는 것입니다. 예수 그리스도 안에서 통일이 되었다는 것은 우리들이 살아가는 삶 자체가 예배이고, 그것 자체가 그리스도 예수 안에서 하늘의 법과 하나가 되었다는 것입니다. 그래서 그것을 각각 나누어서 생각하시면 안 됩니다. 그것을 나누어서 생각하기 때문에 크리스천들이 세상에서는 맥없는 그리스천들이 되어가고 세상에서 짓밟히고 맛을 잃어버리는 것입니다. 크리스천들이 소금의 맛을 잃어서 세상에서 밟히고 있습니다. 지금 보면 목사님들도 밟히고, 성도들도 밟히고 있습니다. 그리스도인들이 세상에서 맥도 없고 능력도 없이 지지리 궁상만 떠는 것은 정말 싫습니다. 매일같이 지지리 궁상만 떨면서 그리스도인들이 "주여~"하고 외치며 살면 끌려가는 삶밖에 안 될 것입니다.

예수 믿는 사람들에게는 하나님께서 주신 능력이 있습니다. 성령 충만을 '규나미스' 라고 하는데 '규나미스' 라는 단어에서 '다이너믹' 하고 '다이너

마이트' 라는 단어가 나왔습니다. 우리의 삶이 다이너마이트처럼 터지고, 역동적인 삶을 사는 살아야 합니다. 우리의 삶 자체에 활력이 있고, 능력이 있는 삶을 살아야 주위 사람들이 '아, 예수 믿는 것이 저런 것이로구나!' 하고 깨달을 것입니다.

우리가 일 속에 파묻히면 일에 눌리게 됩니다. 일에 눌리면 영성도 눌립니다. 그래서 삶에 활기가 없어집니다. 그러나 우리가 그 '규나미스', 즉 성령의 충만함을 받아 다이너믹하고 다이너마이트적인 삶을 살다보면 일을 지배하면서 파워 있는 삶을 살 수 있습니다. 그런 삶을 살아야 그리스도인들이 이 땅에서 안 믿는 사람들에게 전도하고, 권면도 하고 이끌어낼 수 있습니다.

제가 열심히 예수를 믿다가 아버지가 폐암으로 돌아가시는 바람에 집안에서 금족령이 내려서 교회에 나가지 못하고 저 혼자 믿었습니다. 그러다가 결혼을 했는데 감사하게도 믿는 집안의 딸하고 결혼하게 되었습니다. 연세대학교 의과대학에서 전공의를 마치고 3년간 군대생활을 하다가 다시 연세대학교 교수원으로 들어갔습니다. 교수원으로 들어가면서 1년 동안 있으면서 유학 준비를 했습니다.

제가 아내와 아이를 데리고 미국의 버펄로라는 곳으로 유학을 갔습니다. 그곳은 나이아가라 폭포가 떨어지는 곳입니다. 처음 버펄로에 도착했을 때 나이아가라 폭포를 먼저 구경하고 싶었습니다. 제 말을 그곳에 사는 사람들이 듣더니 앞으로 얼마나 있을 계획이냐고 물어서 2년 정도 있을 예정이라고 말했습니다. 사람들이 2년 동안 있으면 나중에는 눈을 감고도 갈 수 있으니까 나이아가라 폭포에는 천천히 가라고 했습니다. 저는 그 말의 뜻을 잘 몰랐습니다.

제가 그곳에 있을 때만 해도 캐나다에 들어가려면 한국 사람은 비자가 있어야 했습니다. 그런데 미국 쪽에서 보면 나이아가라 폭포가 조금 밖에 안 보입니다. 배를 타면 잘 보이지만, 캐나다 쪽으로 넘어가서 봐야 제대로 볼 수 있습니다.

그런데 한국뿐만 아니라 미국의 여러 곳에서 나이아가라 폭포를 보러 온 수많은 손님들이 저희 집으로 찾아왔습니다. 사람들이 오면, 첫날 그 사람을 데리고 버펄로에 있는 캐나다 영사관으로 데리고 가서 비자를 신청하고 집으로 데리고 와서 하룻밤을 재우고, 그 다음날 아침에 가서 비자를 찾아서 캐나다 쪽으로 가서 하루 종일 구경을 시켜 주고 다시 집으로 데리고 와서 재우고, 그 다음날 그 사람을 비행장까지 데려다 줍니다. 손님이 오면 3일은 꼼짝없이 그에게 매달려야 합니다.

제가 미국에 유학을 간 이유는 요로 감염증 환자의 소변에서 세균이 검출되는데, 어떻게 하면 그 세균을 빨리 검출할 수 있느냐에 대해 연구하는 것이었습니다. 연구를 계속해야 되는데 손님이 한 번 오면 3일씩 묵다 가니까 제대로 할 수가 없었습니다.

"내가 한국관광공사 버펄로 지부장이다."

이런 푸념까지 나왔습니다. 실험에 집중이 안 될 뿐 아니라 제대로 되지도 않았습니다. 제가 결혼을 하고 나서 한참 안 믿다가 교회에 가니까 별로 재미가 없었습니다. 미국에 도착하자마자 하나님께 기도를 했습니다.

"하나님, 제가 여기 있는 동안 예수님을 제대로 믿을 테니까 실험을 잘해서 일 년에 두 편씩, 논문 네 편을 쓰고 돌아갈 수 있게 해 주세요."

그리고 주일마다 열심히 교회에 나가서 눈만 감으면 하나님께 기도를 했습니다. 예배드릴 때도 그 기도, 아침에 일어나서도 그 기도, 잠 잘 때도 그 기도를 드렸습니다. 그런데 이상하게 실험이 잘 되지 않았습니다. 2년 동안 있을 계획으로 1986년 6월에 들어가서 다음 해 2월까지 8개월이 지났는데도 제자리걸음이었습니다. 저는 초조함을 느끼기 시작했습니다. 2년 동안 공부하기로 하고 학교에서 2만 달러나 받아 왔는데 큰일났다는 생각이 들었습니다. 일이 잘 풀리지 않으니까 제가 의지할 곳은 자연스럽게 하나님밖에 없다고 생각하고 기도만 열심히 했는데도 잘 풀리지 않았습니다.

하루는 아내가 저에게 전화를 했습니다. 당시 저희는 버펄로 한인 장로교회를 다니고 있었습니다. 아내의 말로는 저희 옆집에 사는 목사님이 버펄로 순복음교회를 개척하여 20명 정도의 학생들이 모인다고 합니다. 목사님의 사역을 돕기 위해 LA에서 전도사 한 분이 오셨는데, 그 전도사님이 낮에 부인들을 데리고 성경공부를 한답니다. 아내는 저에게 그분을 모셔다가 가정예배를 드렸으면 좋겠다고 말했습니다. 제가 하도 실험이 안 된다고 하니까 아내가 생각한 것입니다. 그러자고 하고 밤 11시쯤 집에 와서 아이들을 모두 재우고, 목사님 부부하고 전도사님하고 저하고 아내하고 다섯 명이 앉아서 간단하게 가정예배를 드렸습니다. 그런데 예배 중에 전도사님이 갑자기 벌떡 일어나더니 말했습니다.

"이 청년, 방언 받아야 되겠네."

그 당시에 저는 방언이 무엇인지 알지도 못했습니다. 제 아내도 정동교회에서 전통적인 감리교에 3대째 다녔습니다. 그러니까 아내도 방언이라는 것이 무엇인지 몰랐습니다. 꾸준히 신앙생활을 해도 그런 것을 모르고 살았습니다.

저를 가운데 앉히고 목사님 부부하고, 전도사님 하고 아내하고는 제 머리와 어깨에 손을 얹고는 저에게 '방언을 달라' 고 기도하라고 말했습니다.

"하나님, 방언이 무엇인지는 모르지만 그런 것이 있으면 한 개만 주세요."

저는 그렇게 기도를 했습니다. 목사님과 전도사님은 방언 기도를 하면서 뜨겁게 기도했습니다. 그런데 아무리 그래도 저는 방언이 안 터졌습니다.

"이 청년 되게 세네. 내일부터 새벽 기도에 나와."

"네."

그 다음날부터 저희 교회 새벽 기도에는 안 가고 순복음교회 새벽 기도에 나가게 되었습니다. 전도사님은 아침마다 저에게 안수 기도를 해 주었습니다. 그런데도 방언이 터지지 않았습니다. 저는 "하나님 실험만 잘되게 해 주세요."라고만 계속 기도했습니다. 1주일이 지나 그 전도사님이 LA로 돌아갔습니다. 그리고 난 다음 월요일이 되어 아내가 새벽 기도를 가자고 깨우는데 제가 아내에게 말했습니다.

"여태까지는 전도사님이 계셨으니까 전도사님 체면을 위해 나가드린 것이고 이제부터는 전도사님 안 계시니까 안 나가겠소."

"새벽기도는 자기를 위해서 하는 것인데 왜 안 나가려 해요?"

아내가 뾰로통해졌습니다. 어쨌든 내가 알아서 한다고 자버리고 아침에 실험실에 가서 실험노트를 쓰기 시작하려고 할 때였습니다. 실린더가 하나 있었는데 얼떨결에 연필끝으로 실린더를 툭 건드렸는데 실린더가 넘어지면서 깨졌습니다. 남의 실험실에서 그런 것을 깨뜨리면 안 되기 때문에 실린더를 빨리 잡았습니다. 그러나 이미 깨져서 깨진 것을 잡으니까 제 손이 찢어져서 피가 철철 났습니다. 오른손으로 타이프를 해야 하는데 손을 꿰매서 할 수 없이 집으로 돌아왔습니다. 대낮에 제가 집에 돌아오니까 아내가 깜짝 놀랐습니다. 저에게 자초지종을 들은 아내가 말했습니다.

"그것 보세요. 새벽 기도는 자기를 위해서 나가고 하나님의 축복을 받기 위해서 나가는 것이지, 전도사님을 위해서 나가드린다는 불경스러운 이야기를 하니까 하나님이 벌 주신 거예요."

그런데 그 말이 고깝지가 않고 제 마음을 찔렀습니다.

'아, 안 되겠구나.'

어차피 손을 다쳐서 실험도 못하니까 그 다음날부터 새벽 기도를 나갔습니다. 이제는 목사님이 안수 기도를 해 주셨습니다. 목사님이 제 머리에 손을 얹는 순간 갑자기 입이 터지기 시작하는데 마음속에서는 '하나님, 그저 실험이 잘되게 해 주세요.' 라고 하는데 입에서는 따로 노는 것이었습니다. 그러면서 말할 수 없는 기쁨이 찾아오기 시작했습니다. 몸으로 가눌 수가 없어서 뒹굴기도 했습니다. 교회에서 뛰쳐나와 집으로 돌아오는데 영의 눈이 열리면서 세상이 다르게 보였습니다. 가로수의 가지가 솟아 있는 것이 '팔' 로 보이기도 했습니다. 나무가 하나님을 찬양을 하는 것처럼 보였습니다. 나뭇잎이 흔들리는데 사람의 손으로 보였는데, 저를 보고 손을 흔들면서 속삭였습니다.

"야, 김동수, 너 구원받았다."

제가 방언이 터져서 가뜩이나 기쁜데 나무까지 저를 향해 환영을 해 주니까 얼마나 기쁜지 몰랐습니다. 집에 들어오자마자 아내에게 외쳤습니다.

"여보! 내가 드디어 방언을 받았소."

아내도 탄성을 지르며 기뻐했습니다. 제가 문을 닫고 다시 기도를 드렸습니다.

'하나님, 정말 나 같은 죄인….'

기도를 하는데 예수님께서 방문을 열고 들어오셨습니다.

"볼지어다. 내가 문 밖에 서서 두드리노니 누구든지 내 음성을 듣고 문을 열면 내가 그에게로 들어가 그와 더불어 먹고 그는 나와 더불어 먹으리라." (계 3:20)

이 말씀이 생각이 났습니다.

'야, 내가 내 마음을 열었더니 예수님께서 내 방으로 들어오시는구나.'

예수님께서 들어오시고 난 후부터 제 심령 속에 죄가 생각이 났습니다. 성령은 빛의 영이기 때문에 빛이 비추면 어두운 곳에 있는 작은 죄도 다 보입니다. 정말 제가 거기서 뒹굴었습니다. 저의 모든 죄를 다 고백하고 심지어는 이미 제가 잊어버렸던 어렸을 적에 남의 밭에 가서 서리해 먹었던 것까지 다 생각이 났습니다. 견딜 수가 없었습니다. 죄를 모두 고백하고 난 다음에는 마음이 날아갈 것만 같았습니다.

미국에 가기 전에는 제가 잠을 깊이 못자서 수면제를 많이 먹었었습니다. 밤새 잠을 깊이 못자니까 아침에 일어나면 골치가 아프고 하루 종일 욱신욱신 몸이 쑤셔서 '만성두통', 잠을 깊이 못자니까 '만성피로', 입맛이 없고 머리가 아프고 괴롭고 밥을 안 먹고 졸리니까 커피를 많이 마셨습니다. 제가 중학교 다닐 때는 '타이밍'이라는 약이 있었습니다. 각성제인데 잠이 오지 말라고 먹는 약이었습니다. 그 약을 사 먹으면서 공부했기 때문에 속이 다 버렸습니다. 항상 속이 쓰렸기 때문에 '만성 소화 불량', 이 네 가지가 저의 별명이었습니다.

그런데 그 날 이후부터는 잠이 쏟아지기 시작했습니다. 시편 127편 2절의 '하나님이 사랑하시는 자에게 잠을 주시는도다.' 라는 말씀처럼 잠을 잘 자게 되었습니다. 요즘도 드러눕기만 하면 코를 골아서 아내가 시끄럽다고 옆구리를 찌릅니다. 잠을 깊이 자니까 불면증이 해소되고 피로감이 없어졌습니다. 이제 머리도 안 아픕니다. 입맛이 나니까 정기적으로 식사도 잘하게 되니 자연스럽게 소화 불량도 없어졌습니다. 성령 체험을 하니까 이 네 가지 병이 한꺼번에 없어졌습니다.

그런데 실험도 잘될 줄 알았는데 그렇지 않았습니다. 방언 기도를 하면서 "하나님, 실험도 잘되게 해 주세요."라고 항상 기도를 드렸는데 하나님은 응답해 주지 않으셨습니다. 그런데 하루는 새벽 기도를 하고 나오는데 어떤 분이 저에게 카세트를 하나 주었습니다. 어느 분의 간증 테이프였습니다. 신명기 8장 16절을 본문으로 간증을 하였습니다.

"네 조상들도 알지 못하던 만나를 광야에서 네게 먹이셨나니 이는 다 너를 낮추시며 너를 시험하사 마침내 네게 복을 주려 하심이었느니라."

'낮추고', '시험하고', '마침내', '복 주고' 네 마디가 눈에 들어왔습니다. 그 말씀이 제 마음속에 와서 팍 꽂히면서 깨달았습니다.

'내가 너무 너무 교만했구나!'

하나님께서 저를 낮추셨습니다. 실험이 너무너무 안 되니까 저를 시험하셨습니다.

'네가 이 실험조차도 하나님의 통치 가운데 있는 것을 믿느냐?'

그래서 제가 기도했습니다.

"저를 이만큼 낮추겠습니다. 그리고 이 실험조차도 하나님의 뜻 안에 있다는 것을 믿습니다. 하나님, 이제는 마침내…."

'마침내' 라는 것은 하루 이틀 지나면 오는 것이 아닙니까? 우리들은 급박하지만 '마침내' 라는 성경에서의 시간에 대한 개념의 단어는 하나님에 대한 시간입니다. 우리들이 생각하는 '마침내'는 오늘, 내일, 모래. 글피, 흘러 내려가는 시간적인 형태(chronological)가 아닙니다.

성경에서 말하는 '때가 이르매', '때가 차매'와 같은 시간적인 단어는 카이로스의 시간입니다. 하나님께서 예정하신 때, 위에서부터 떨어뜨려 주는 수직적인 시간인 카이로스의 시간입니다. 하나님의 때가 있습니다.

그런데 그것을 모르고 저는 집에 가면서 속으로 생각했습니다.

'하나님께서 마침내 복을 주시겠다니 이제는 되겠구나. 하나님, 마침내 오늘 되겠군요.'

그러고 집에 와서 좋아하고 그 다음날 실험실에 가서 실험을 했는데 아무것도 되는 것이 없었습니다.

"아! 하나님, 마침내는 오늘이 아니었군요, 그럼 '마침내'는 내일입니까? 하나님, 내일로 될 줄로 믿습니다."

그러나 내일 가서 실험하면 역시 결과는 마찬가지였습니다. 그러다가 한 주일 지나면 이렇게 기도하게 됩니다.

"하나님, 마침내는 이번 주가 아니고 다음 주일인 것을 제가 믿습니다."

그렇게 믿고 실험을 해도 결과는 마찬가지였습니다.

4월에 그 사건이 벌어졌는데 5월, 6월, 7월, 8월, 9월, 10월, 11월, 12월, 8개월이 지났는데도 제자리였습니다.

'그때가 마침내는 아닌가보다. 나는 하나님에게 속았어!'

결국 이런 생각까지 했습니다.

'당신께서 마침내 복을 주신다고 했는데 이놈의 마침내가 8개월이 지나도 안 되고, 저는 이제 한국으로 돌아갈 날이 앞으로 7-8개월밖에 안 남았습니다. 제가 처음엔 1년에 논문 두 편씩 모두 네 편만 쓰게 해 달라고 기도했는데 응답도 안 해 주시고, 마침내 복을 주시겠다고 하시더니 무엇을 주셨습니까? 저는 빈털터리로 돌아가야 되는데…. 하나님, 저는 믿을 수가 없습니다. 신실하신 하나님이요? 그런 말씀하지 마세요. 미쁘신 하나님이요? 그런 말씀하지 마세요. 저는 믿을 수가 없어요. 이제 저는 하나님을 안 믿을

테니까, 손도 대지 마십시오.'

그렇게 생각하면서 거실을 이리저리 돌아다녔습니다. 아내가 저를 보고 뛰쳐나왔습니다.

"진정하세요, 여보. 그러면 안 돼요."

그런데 그날 새벽이 제가 크리스마스 예배를 드리러 가는 날인데 제가 특송을 하기로 했었습니다. 제가 집에서 나가는데 비가 펑펑 쏟아졌습니다. 미국에는 땅덩어리가 커서 그런지 빗방울도 큽니다. 우리나라 버찌는 작은데, 미국 버찌는 배로 큽니다. 우리나라 귤은 주먹만한데, 미국 오렌지는 배로 큽니다. 우리나라 참새는 작은데, 미국 참새는 큽니다. 비가 펑펑 쏟아지는데 화가 났습니다. 발로 있는 것 없는 것 다 차면서 화풀이를 했습니다. 이놈의 나라는 별게 다 크네. 화를 내면서 차를 몰고 가는데 그렇게 큰 비가 쏟아지니까 아무리 와이퍼를 빨리 돌려도 앞이 안 보였습니다.

'내가 교회를 가나 봐라. 딴 데로 갔다가 예배 끝날 무렵에 아내와 아이들만 데리고 와야지.'

차를 몰고 고속도로로 올라가서 속도를 내려고 했는데 제가 잘못해서 카세트를 툭 쳤습니다. 카세트가 들어가면서 헨델의 '메시아' 중에서 제가 연습했던 곡이 들렸습니다. 그 순간 하나님께서 제 뒤통수를 치셨습니다.

"정신 차려. 이 녀석아, 감히 피조물이 창조주한테 대들어?"

거기서 제가 얼마나 울면서 회개를 했는지 모릅니다. 비는 거세게 쏟아져서 앞이 안 보이는데, 눈물이 펑펑 쏟아져도 닦을 수도 없었습니다.

'죽으면 죽으리라'

그러면서 회개를 했습니다.

"다시는 제가 하나님한테 대들지 않겠습니다."

그러고 났는데 거짓말처럼 비가 갰습니다. 어디쯤 왔나 주변을 돌아보았더니, 거의 교회 앞까지 왔습니다.

'제기랄, 도망도 못 가네.'

하나님께서는 우리를 절대로 버리지도 않으시고 떠나지도 않으십니다. 온 우주가 당신의 손바닥인데 우리가 도망가야 어디로 가겠습니까? 다시 실험을 시작했습니다. 그러나 마찬가지로 좋은 결과가 나오지 않았습니다. 드디어 해가 바뀌었습니다. 이제 정말 서울로 돌아갈 날이 6개월밖에 남지 않았습니다. 어떻게 할까 고심하다가 제가 금식에 들어갔습니다. 3일 금식에 들어가서, 물도 안 먹고 하나님께 매달렸습니다.

'죽으면 죽으리라. 이제는 내가 정말 하나님께 담판을 지으리라.'

3일 금식을 끝내고, 성가대석에 앉아서 기도했습니다.

"하나님, 이제 금식을 푸는데 아직도 아무 말씀도 안 하시는군요? 제가 어떻게 했으면 좋겠습니까? 이제는 완전히 탈진했습니다. 하나님 뜻대로 하십시오."

그리고 성경책을 펼쳤는데, 하박국 3장 17-19절이 눈에 들어왔습니다. 제가 언제 줄을 쳐 놓았는지 주황색으로 밑줄이 그어져 있었습니다.

"비록 무화과나무가 무성하지 못하며 포도나무에 열매가 없으며 감람나무에 소출이 없으며 밭에 먹을 것이 없으며 우리에 양이 없으며 외양간에 소가 없을지라도 나는 여호와로 말미암아 즐거워하며 나의 구원의 하나님으로 말미암아 기뻐하리로다. 주 여호와는 나의 힘이시라. 나의 발을 사슴과 같게 하사 나를 나의 높은 곳으로 다니게 하시리로다."

그 말씀을 읽는데 하나님께서 말씀을 시작하셨습니다.

"얘, 동수야, 하박국 기자를 봐라. 굶어 죽게 생겼는데도 '여호와로 인하여 기뻐하리로다.', '구원의 하나님으로 인하여 기뻐하리로다' 라고 하는데 너는 도대체 그 잘난 논문을 가지고 나한테 그러냐?"

그 때 깨달았습니다. 예수님께서 "너희는 먼저 그의 나라와 의를 구하라" 고 하셨는데, '그의 나라를 구하라' 는 것은 하나님의 통치 가운데 모든 것들을 맡겨드리라는 것이었습니다. 그러면 이 모든 것을 더해 주신다고 하셨습니다.

'아, 나의 삶의 우선순위가 바뀌었구나! 나는 그저 눈만 뜨면 내 삶에서,

내 직장에서 일어나는 일만 가지고 기도했지. 구원의 하나님, 온 우주를 통치하고 다스리시며 구원의 역사를 이끌어 가시는 하나님을 찬양하고, 그 구원을 기뻐하고, 즐거워하고, 누리는 삶을 살지 못하고 그것을 위해서 기도하지도 못했구나.'

"하나님, 좋습니다. 이제는 빈털터리로 한국에 가도 좋습니다. 그러나 나를 구원해 주시고 나를 어둠에서 빛으로 인도해 주신 하나님을 제가 찬양하고 말하고 증거 하는 삶을 살겠습니다. 실험 안 되어도 좋습니다."

저는 모든 것을 포기했습니다. 그래도 실험실에는 가야 했습니다. 선생님이 계시고 저는 유학생이었으니까. 출근해서 실험을 하는데 그 때부터 실험이 되기 시작했습니다. 삶의 우선순위가 바뀌니까 모든 것이 달라지기 시작했습니다.

여러분에게 부탁하고 싶은 말씀이 바로 이것입니다. 삶의 우선순위를 제대로 설정을 해야 합니다. 한국의 기독교인들이 기복주의로 흐르는 경향을 보입니다. 그 구원의 흐름 가운데 빠져 사는 삶이 아니라 그저 내 아들이 잘되고, 우리 남편이 부자 되고 돈 벌고, 로또 당첨되고 매일같이 이런 것만을 위해 기도하지, 정말 그 구원의 흐름의 역사 속에 동참하는 기도를 하는 삶을 살지 않고 있습니다.

여러분의 일터가 변화되어야 우리나라가 변화될 수 있습니다. 저는 KBS 뉴스를 안 봅니다. 빈 이상이 거짓말입니다. 기자들이 쓰는 것이 많습니다. 그것은 여러분들이 회개해야 됩니다. 그 기자에게 회개하라고요? 천만에요. 그 사람들은 어쩔 수 없습니다. 그 사람들은 시청자들이 기뻐하고 즐거워하고 재미있어 하는 쪽으로 쓸 수밖에 없습니다. KBS의 시청률을 높여야 하기 때문입니다.

그런데 그 죄는 누구의 죄입니까? 그 사람의 죄입니까? 아닙니다. 여러분들의 죄입니다. 여러분이 회개해야 합니다. 여러분들이 이 자리에서 무릎 꿇고 회개해야 KBS가 변화될 것입니다.

정말 그렇게 하고 나니까 실험이 되기 시작했습니다. 그런데 요로감염증 환자의 소변을 가지고 실험을 해야 하는데 요로감염증 환자의 소변을 구할 수가 없었습니다. 큰일 났다 싶었는데 선생님이 저에게 복도에 가면 냉동고가 있는데 냉동고 청소를 하라고 명하셨습니다.

"무슨 냉동고입니까?"

제가 물었더니 5년 전에 자기 친구가 죽으면서 평생 모아 놓았던 실험기자재들을 자기에게 기증했는데 여태까지 아무도 열어 본 사람이 없으니까, 그 냉동고 정리를 하라는 것이었습니다.

'내가 뭐 냉동고 정리하려고 미국 왔나?'

마음속으로 그런 생각이 들었지만, 그래도 순종하는 마음으로 '냉동고'를 열어 보았습니다. 냉동고 안에 여러 가지 물질이 있었습니다. 바구니 안에 굵은 시험관이 20개씩 들어 있고, 별것이 다 있었습니다.

'이건 뭐야?'

바구니 하나를 열었더니, 거기에 '요로감염증 환자 소변'이 1,000개나 들어 있었습니다. 제가 거기서 무릎을 꿇었습니다. 제가 오기 5년 전에 하나님께서는 제가 이 소변을 사용할 것을 알고 계셨습니다. 영원하신 하나님이셨습니다. 제가 알지도 못하는 죽은 의사가 김동수를 위해서 평생 모아 놓은 것입니다. 제가 그곳으로 올 것을 알고 기증한 것도 아니고 자기는 죽으면서 친구에게 기증한 것뿐이었습니다. 하나님의 역사는 영원하신 흐름 속에 이루어진다는 것을 깨달았습니다.

'내 아들 김동수가 와서 쓸 테니까 아무도 손대지 마.'

하나님께서 김동수를 위해서 천사를 시켜서 지키고 계셨습니다. 모든 것을 예비하신 하나님이셨습니다.

제가 논문을 쓰고 펜을 놓으니까 논문이 모두 네 편이었습니다.

"그들에게 이르기를 여호와의 말씀에 내 삶을 두고 맹세하노라. 너희 말이 내 귀에 들린 대로 내가 너희에게 행하리니"(민 14:28)

'이럴 줄 알았으면 하나님께 논문을 여섯 편 쓸 수 있게 해 달라고 기도할

것을 괜히 네 편이라고 해서 네 편밖에 못 쓰네!'

기도에는 때가 있습니다. '카이로스', '마침내'는 언제인지 모릅니다. 하나님의 때가 있습니다. 그 기도 제목조차도 하나님께 다 맡겨야 합니다. 우리가 자신이 다니는 직장을 품고 기도를 하면 그것은 곧 나라를 품고 하는 기도입니다. 우리는 모두 하나님 앞에서 중요한 사람들입니다. 우리가 직장을 품고, 나라를 품고 열심히 기도를 하면 하나님께서 정하신 때에 그 약속을 이루어 주시고 응답해 주실 것입니다.

저는 훌륭한 사람이 아닙니다. 이 말씀 중에 저를 보지 마시고 예수님을 보시고 하나님을 보십시오. 그분이 다 하시는 것이고, 저는 하나의 도구일 따름입니다. 여러분들도 그분의 손에 붙들림을 받아서 삶의 터전에서 그리스도를 증거하여 하나님 나라의 확장이 일어나기를 예수님 이름으로 부탁드립니다.

(2005. 6. 17)

내가 여기 있나이다. 나를 써 주소서 마 6:8

김석봉 대표((주)석봉토스트 대표)

본문 말씀과 이사야 6장 8절 말씀 중에 특별히 저는 이사야 6장 8절 말씀을 좋아합니다. 제가 1982년도에 꿈을 갖고 마라톤을 할 때, 매일같이 여의도 외곽으로 한바퀴(5km)를 돌면서 꿈을 많이 키웠습니다. 그 해에 주님께서 말씀으로 저를 부르셨습니다. 그 당시 저의 꿈은 '마라톤 챔피언이 되어 월계관을 쓰고 난 다음에 전 세계를 돌아다니면서 아이들에게 복음을 전하겠다' 는 것이었습니다. 제가 마음속으로 이런 비전을 품고 있었는데, 어느 날 잠을 자던 중에 주님께서 말씀하셨습니다.

"내가 누구를 보내며 누가 우리를 위해서 갈꼬?"

이때 제 가슴이 너무 뜨거워져서 벌떡 일어났습니다.

"제가 가겠습니다."

그러나 제 꿈이 현실로 나타나지 않았기 때문에 다시 폭삭 주저앉아 버렸습니다. 제가 마라톤에서 우승을 하지 못하여 월계관을 쓰지 못했기 때문에 길에 나가면 아무도 저를 알아보는 사람이 없었습니다. 제가 가 봤자 깨지겠다는 생각이 들어서 주저앉은 것입니다.

그런데 말씀이 또 제 마음을 흔들었습니다.

"세상의 월례관은 썩지만 하나님이 주신 월계관은 영원히 썩지 않고 빛나리라."

이 말씀에 도전을 받아서 제가 다시 일어났습니다.

"주님, 오늘부터 평생 어린이 선교사로, 복음 마라톤 선수로 뛰겠습니다."

그때 제가 두 번째로 많이 울었던 것 같습니다. 첫 번째는 열일곱 살 때 '주님을 처음 만나던 날'이었습니다. 그 날 저는 산에 한두 시간을 걸어 올라갔었습니다. 그런데 옆에서 바스락 소리만 나도 제 온몸이 다 짓눌리는 것 같았습니다. 너무 무서워서 산에 오르면서 기도했습니다. 막상 기도를 드리는데 이상한 현상이 벌어졌습니다. 제가 어렸을 때부터 지은 죄들이 마치 영화를 보는 것처럼 눈앞에서 펼쳐졌습니다. 걷잡을 수 없이 눈물, 콧물이 쏟아져 나왔습니다. 제가 죄인인 것과 예수님께서 왜 십자가에서 죽으셨는지 알게 되었기 때문입니다. 그날은 제 인생의 최고의 날이었습니다. 예수님을 제 인생의 구주로 만나는 시간이었습니다. 기도를 마치고 일어섰더니, 산에 오를 때 그렇게 무서웠던 마음들이 다 사라져 버렸습니다. 모든 산천초목이 자기를 창조하신 주 하나님을 너울너울 춤추며 찬양하고 있었고, 하나님의 자녀 된 저를 기뻐해 주고 있는 장면을 지금도 잊을 수가 없습니다.

산에서 내려와서 예배드리고 있을 때 제가 코로 숨을 쉬고 있는 것을 발견했습니다. 제가 초등학교 때부터 열일곱 살이 될 때까지 코로 숨을 쉬어 본 것은 일 년에 한두 번이었습니다. 축농증이 너무 심해서, 코로 숨을 쉬면 화장터에서만 나던 그 냄새를 제가 맡는 것이기 때문에 입을 벌리고 숨을 쉬었습니다.

그런데 예수님을 만난 그 날 산에서 내려와서, 제가 코로 숨을 쉬고 있는 것을 스스로 발견하고 놀라서 외쳤습니다.

"권사님, 집사님! 제가 코로 숨 쉬고 있어요."

처음에는 성도들이 제 말을 듣고 어리둥절하게 생각했습니다. 제가 갑자기 이상한 사람이 됐습니다. 그러나 제가 자초지종을 이야기하니까 모두 일어서서 함께 기뻐해 주셨습니다.

이런 일들을 겪기 전에 저는 불교신자였습니다. 내장산에 있는 사찰의 주지스님이 저의 삼촌이었습니다. 그러니까 빽이 좋아서 제 이름이 사찰 성도의 명단에 이미 올라가 있었습니다.

"석봉이는 가난한 집에서 태어났으니까, 좋은 스님으로 만들겠다."

저의 삼촌은 이런 야무진 목표를 세워놓고 있었습니다. 제가 대웅전에 가보니까 제 이름이 특별히 기록되어 있었습니다.

당시 저의 형제는 6남 2녀의 8남매였습니다. 저의 집은 가난했기 때문에 누나와 형님들은 도시로 가서 돈을 벌어야만 했습니다. 그런데 언젠가 명절 때 도시로 갔던 누나가 집으로 왔는데, 손에 검은 책을 들고 있었습니다. 그리고 제사를 마친 다음에 차린 음식을 먹지 않았습니다. 그 당시 어린 저는 그 이유를 몰랐습니다.

명절이 지난 일요일 오전에 누나는 저의 손을 잡고 가까운 교회로 데려갔습니다. 그 날 저는 처음으로 천국과 지옥에 대한 설명을 듣게 되었습니다.

제가 어린 시절에 시골에 살면서 가장 싫어했던 것이 구더기였습니다. 지금은 화장실이 깨끗하고 위생적이지만 제가 어릴 때는 땅을 파고 거적때기를 하나 가려 놓으면 그것이 바로 화장실이었습니다. 여름이 되면 냄새가 고약하지만 더 고약한 것이 있었습니다. 용변을 보느라고 조금 오래 앉아 있으면 구더기들이 발등상에 타고 올라옵니다. 어린 아이들은 때로 기겁하여 펄펄 뛰다가 똥통에 빠지는 경우도 수두룩했습니다. 저도 구더기를 몹시 싫어했습니다.

그런데 교회 선생님이 지옥에 가면 손가락만한 구더기들이 사람들의 온몸을 뒤덮고 파먹는다는 것이었습니다. 그것도 영원히 끝이 없도록. 어린 저의 생각으로는 만약에 선생님의 설교 내용이 사실이라면 저는 분명히 지옥에 가야 할 사람이었습니다. 소름끼치는 일이었습니다.

선생님은 천국에 대해서도 설명을 해 주셨습니다. 그분의 설명을 들으며 저는 아름답고 신기하며, 동화 속에서도 읽지 못했던 천국을 그려 보았습니다. 특히 제 맘에 드는 것이 딱 하나 있었습니다. 천국에는 배고픔이 없다는 것이었습니다. 저는 매일같이 배가 고팠습니다. 당시에는 밀가루를 정부로부터 배급받지 못하면 살 길이 없었습니다. 천국에는 배고픔이 없다는 말은 제 마음을 사로잡았습니다.

그때 어린 제 마음속에도 현실이 떠올랐습니다. 지금 아버지와 어머니에게 가서 "예수 믿으시라"고 하면 제 다리몽둥이가 분질러질 것 같고, 삼촌한테 가서 "사찰의 신도 명단에서 빼 주세요, 나 이제 예수 믿을래요"라고 했다가는 뼈도 못 추릴 것 같았습니다. 그래서 이렇게 결심했습니다.

'얘기는 안 하지만 나는 믿어야 되겠다.'

그때부터 열 식구를 놓고 제가 기도하기 시작했습니다. 지옥에서 몸서리를 칠 가족들이 너무 불쌍하게 생각되었습니다. 그런데 그 기도가 칠 년만에 이루어졌습니다. 지금은 모든 가족이 믿습니다. 명절 때만 되면 온 가족이 모여 기타치고 찬양하고 예배드리는데 자기 집으로 돌아갈 줄을 모릅니다. 헤어지기가 싫다고 합니다. 명절이 되면 대부분의 여성들이 음식 준비 때문에 일이 많아서 친정이든 시댁이든 가는 것을 꺼리기도 하고 고민합니다. 그러나 저의 집에서는 음식을 먹고 나면 남자들이 모두 일어나서 설거지를 합니다. 그것이 이제 저의 집안의 전통으로 되어버렸습니다. 제가 결혼하면서부터 바뀌어졌습니다.

절에 가서도 어느 정도 얻어지는 것이 있었습니다. 그러나 늘 제 마음을 짓누르며 사로잡혀 있는 것이 있었습니다.

'이거 안 하면 당하지.'

그런데 예수 믿고 나서 보니까 '자유' 였습니다. 그 평안함을 저만 누릴 수 없어서, 7년을 기도한 끝에 가족 모두가 믿게 된 것입니다. 이제 막내 동생은 목회하고 있고, 누나는 기도원 원장이 되셨고, 저는 어린이 선교를 하고 있습니다. 이것이 바로 기적입니다. 특히 제가 믿고 있는 것이 기적입니다.

4년 전에 제가 위암 수술을 했습니다. 75%의 위를 잘라내서 25%밖에 남지 않았습니다. 지금도 6끼를 먹지 않으면 제 몸이 견디지 못합니다. 항암제를 3번씩이나 투여했습니다. 저를 가장 괴롭히는 것은 항암 치료를 하게 되면, '살 안 찐다', '피부 검게 된다', '머리 빠진다' 는 심리적인 위축감입니다. 그런데 놀라는 사실은 저의 경우는 지금 완전히 반대로 가고 있다는 것입니다. 체중이 10Kg나 늘었고, 피부의 탄력이 더 좋아졌습니다. 요즘에는 머리가 빠지기는커녕 더 납니다.

제가 셋째 아이를 낳고, 전도사의 신분으로 탑차를 몰고 나간다면 용납하시겠습니까? 그런데 저희 교회 담임 목사님이 허락해 주셨습니다. 그뿐 아니라 기도도 해 주셨습니다. 제가 교회에서 사례를 안 받았으니까, "그거라도 해라"하는 배려였습니다.

저는 1987년도에 야간 공부를 시작해서 1996년도까지 공부를 마쳤습니다. 14살 때 아이스케이크 통을 붙잡고, 5원에 2개짜리를 팔기 시작하면서부터 안 해 본 것이 없었습니다. 결국 제가 이것저것 다 하다가 "나는 안 돼"라는 표현을 많이 썼었는데, 주님을 만나고 나서부터 180도로 바뀐 일이 저에게 큰 감동이었습니다.

주님 때문에 지금 제가 살아 있습니다. 초등학교 1학년과 5학년, 유치원 졸업하는 아이 등 세 아이를 두고 제가 암에 걸렸을 때, 제 아내는 네 번째 아이를 가져 임신 8개월째였습니다. 그날 저는 고민을 많이 했습니다. 제가 만약에 예수님을 못 만났더라면 저는 지금 이 세상 사람은 안 됐을 것입니다.

'지금까지 고생한 내 아내한테 가서 뭐라고 말하지?'

"여보, 빨리 수술하면 괜찮대."

이 말 밖에는 할 수가 없었습니다. 그날 밤에 아이들을 모두 불러 놓고 고백했습니다.

"아빠 상태가 이런데 너희들이 기도 좀 해 줘라."

기도하고, 예배드리고 아이들이 모두 들어가서 자는데, 아내와 저는 잠을 이룰 수가 없었습니다. 저희 부부는 서로 부둥켜안고 한바탕 엉엉 울었습니다. 그때 제 아내가 제 손을 꼭 잡고 말했습니다.

"여보 죽지 마. 나를 두고 떠나지마."

이 말을 듣는 제 가슴은 찢어지는 것만 같았습니다. 그래서 제가 그날 밤에 하나님께 이렇게 호소했습니다.

"하나님, 저 한 번만 더 살려 주시면 안 돼요? 한 번만 더 살려 주세요. 그리고 아이들하고 함께 살 수 있는 기회를 한 번만 더 주세요. 아빠의 참 모습을 정말 보여 주고 싶어요."

두 번째로 제가 처음에 탑차를 몰고 나갔을 때 다시 기도를 드렸습니다.

"저희 식구들이 먹고 사는 것은 괜찮습니다. 나머지는 적금이 아니라 저보다 어려운 이웃을 돕는 데 쓰겠습니다."

그래서 고아원을 찾았고, 독거어르신들과 저보다 어려운 이웃들을 찾기 시작했습니다. 연봉 1억 원을 벌었지만 생활 외에는 다 이웃을 위해 썼기 때문에 저의 아내와 아이들에게 미안했던 시간에 제가 그런 기도를 드리고 있었습니다.

그런데 또 큰일이 생겼습니다. 12월에 수술하고 나왔을 때, 체중이 13Kg이나 줄어들어 뼈에 가죽밖에 남지 않았는데 1월에 넷째 아이가 태어났습니다. 그것도 기적적으로 태어났습니다. 아이가 이미 태변을 먹고 그것을 안은 채 급하게 나왔습니다. 큰 병원에 가야 했으나 시간 여유가 없어서 제가 아이의 탯줄을 잘랐습니다. 저는 몸을 구부린 채로 그 아이와 제 아내를 위해 기도하면서 생명의 의미를 깨달았습니다. 죽음의 문턱에까지 갔다가 다시 하루하루 살고 있는 자체가 저는 너무 감격스러웠습니다.

'내가 지금 살아서 움직이고 있구나!'

저는 꿈이 있습니다. 1982년도부터 주님께 헌신하고 곧장 왔던 그 길을 가면서 기회가 주어진다면, 20만 평이 넘는 대지에 캠프장을 세워서 아이들이 예수님을 만나게 하고 꿈을 심어 주겠다는 것입니다.

"석봉 토스트를 왜 하세요?"

"예, 캠프장 지어서 아이들에게 꿈을 심어 주려고요."

"평생 뭐할래요?"

"예, 어린이들에게 꿈을 심어 주다가 '아버지' 라는 소리를 듣는 것이 제 최고의 기쁨입니다."

이런 일들을 겪으면서 하루하루가 달라졌습니다. 1년에서 5년 사이에 병이 완전히 회복이 되었습니다.

제가 일을 하면서 하나님께 감사할 일들이 너무 많았습니다. 제가 왜 가난한지 가만히 살펴보았더니, 가난한 사람들의 공통적인 조건 세 가지가 있었습니다. 아버지로부터 물려받은 가난이 저는 싫었습니다. 그런데 제가 이대로 살다가는 아이들에게 가난을 되물림할 수밖에 없다는 것을 깨달았습니다.

'잠, 게으름, 거지 근성, 이런 것을 가지고는 절대로 가난으로부터 벗어날 수 없다. 아이들에게 재산을 물려줄 수는 없어도 이 세 가지를 정리해서 진정한 아빠의 모습을 보여 주자.'

제가 마음속으로 단단히 결심했습니다.

"애들아, 아빠, 이렇게 살래!"

"여보, 나 이제 이렇게 살래!"

지금까지 실패한 것입니다.

"당신, 그럴 줄 알았어. 끝까지 간 게 뭐야?"

끝까지 가지 못하면 이런 소리를 들을 수밖에 없습니다. 그래서 결심했습니다.

'나 자신하고 한 번 싸워 보자.'

그리고 제 자신하고 싸우기 시작했습니다. 열 시간을 자던 잠을 다섯 시간으로 줄였습니다. 이제는 잠과 게으름을 정복하는 데 성공했습니다. 이제 시간이 너무 많아서 24시간을 관리하지 않으면 안 되겠다 하고 관리를 했더니, 정리가 되었습니다.

지금까지는 얻어먹었었는데 이제부터는 '베푸는 삶' 을 살아보자. 그런 마음으로 11년째 살다보니까 '거지 근성' 이 사라져 버렸습니다.

제가 비서처럼 여기고 있는 '플래너', 이것이 저의 게으름을 없게 했습니다. 하루하루의 삶을 여기다 다 묻어버립니다. 제가 어떻게 행동하고 있는지까지 모두 빽빽하게 적어 놓습니다. 이렇게 다니면서 시간을 철저히 관리하게 되었지만 '시간이 금이다' 라는 것을 실감하지 못했습니다. 이제 시간은 금을 넘어서 '다이아몬드' 같다는 생각도 해보기도 합니다.

주님을 못 만났다면 저의 인생은 곤두박질쳤을 것입니다. 친구들이 선배들을 비난하고, 비판하면서도 똑같이 모방했던 행동들을 제가 하고 있었습니다. 제가 젊었을 때는 부자들을 많이 욕했습니다. 그런데 제가 3년 만에 깨달았습니다.

'저분들은 부자답게 살고 있다. 부자답게 살 수밖에 없어서 부자다. 반대로 나는 어렸을 때부터 지금까지 가난할 수밖에 없이 살았기 때문에 가난했다.'

그것을 깨닫게 되면서 주님께 감사드리기 시작했습니다. 이 세 가지를 모두 정리하고 나자 떠오르는 문구 하나가 있었습니다.

'세상에 공짜는 없다.'

'대가 지불 없이는 얻어지는 것이 하나도 없다.'

그런데 가장 맘에 드는 말이 있었습니다.

'나도 이제 할 수 있나.'

탑차를 끌고 나가면, 상인들이 쫓아오고, 깡패들이 찾아오고, 경찰관도 찾아옵니다. 그들이 계속 찾아오다 보니까, 처음에는 제 가슴이 무너지는 것 같았지만, 3년 동안 버티다보니까, 요령을 터득하게 되었습니다. 그래서 연봉 1억 원 신화를 이룩한 것입니다.

처음에는 사람들을 만나는 것이 너무 큰 스트레스였습니다. 사람들이 토스트를 사러 오자마자 말합니다.

"토스트 하나 줘요, 아~ 빨리 줘요."

사람들은 무엇엔가 쫓기듯 너무 조급합니다. IMF 사태가 터지고 나니까 스트레스를 모두 저에게 해소하는 것 같았습니다. 빵을 파는 사람이 무슨 죄가 있습니까? 사람들이 제 얼굴을 보니까 제 마음이 너무 눌려 완전히 울상이었습니다.

'저분들이 오늘은 왔는데 다음에는 못 오겠다.'

마음속으로 생각하며 고민하다가 일주일만에 생각을 고쳐먹기로 했습니다.

'사람들이 내 얼굴만 봐도 좋은 아침이 될 수 없을까?'

그때부터 저는 거울을 보고 웃는 연습을 했습니다. 여러 가지 모습으로 얼굴 표정을 만들어 보고 사람들이 봤을 때 가장 친근감 있는 얼굴이 어떤 모습일까?

'위의 이를 드러내고 살짝 미소 짓는 것'

마음속으로 생각하며 거울을 보고 표정을 짓자마자 그대로 나왔습니다. 짐을 옮기거나 고된 일을 하면서도 계속 웃었습니다. 사람들이 "빨리 줘요." 하며 다그치듯 보채는 소리가 조금씩 줄어들게 되었습니다.

그런데 또 하나의 비결이 있습니다.

'내 목소리의 톤을 한 단계만 높여 보자!'

"어서 오세요, 네, 뭐 드릴까요?"

하며 속으로 기어들어가던 목소리를 크게 내기 시작했습니다.

"네! 손님, 어서 오세요."

아침부터 서로 기분 좋아졌습니다.

"네 손님, 잠시만 기다려 주세요. 어머, 손님, 인상이 너무 좋으세요. 오늘 넥타이가 너무 잘 어울리세요, 어머 헤어스타일 바뀌셨네요. 정말 멋지세요."

미소를 띤 얼굴을 하면서 이렇게 말을 건네자 "빨리 줘요."라며 보채는 소리가 없어졌고 손님들의 태도도 점점 바뀌어갔습니다.

"잘 먹었습니다. 내일 또 오겠습니다."

마케팅 전략이 100퍼센트 성공했습니다.

토스트 장사를 시작했을 때, 처음에는 너무 부끄러워서 모자를 눌러쓰고 작업복을 입었었습니다. 그런데 어느 날 손님이 와서 자기들끼리 말하는 소리를 들었습니다.

"어머머, 쪽 팔리지도 않나 봐. 저런 사람이 토스트 팔고 있네."

그 말은 저에게 감동을 준 것이 아니라 제 마음을 완전히 헤집어 놓았습니다.

'나 오늘까지만 하고 그만 해야지.'

집으로 돌아오면서 고민하다가 마음을 굳혔습니다. 그러나 곰곰이 생각해 보면 다시 마음이 흔들렸습니다.

'나 이거 안 하면 뭐하지? 토스트의 프로가 되자. 한국에서 토스트라고 하면 김석봉, 김석봉이라고 하면 토스트라는 말을 듣게 하자.'

그때부터 모자와 작업복을 벗고, 남대문 시장으로 가서 품위 있는 조리사 가운을 사서 입고, 조리사 모자를 쓰고 나갔습니다.

그 다음날 토스트를 팔러 나갔는데 일들이 또 벌어졌습니다.

"어머머, 아저씨, 너무너무 멋져요."

"어머머, 창피하지도 않나봐, 이제 길거리에서 가운까지 입었네."

이런 소리를 들으니 다시 얼굴이 홍당무처럼 달아오르고 사업도 내팽개치고 싶은 생각이 들었습니다. 그러나 참았습니다. 바로 어제 프로가 되기로 저 스스로 약속을 했기 때문입니다.

'그래, 난 꼭 토스트의 프로가 되고 말거야, 조금만 기다려라.'

이 결심에 의지하면서 마케팅 전략을 하나하나 추진해 나갔습니다.

어느 날 토스트를 팔면서 웃고 있었더니, 외국인들이 왔습니다. 처음에 제가 웃지 않고 있을 때는 몇 번 와서 망설이다가 그냥 가 버렸습니다. 나중에는 제가 웃고 있으니까, 그냥 들어와서 웃고 서 있었습니다.

"이것을 드릴까요?"

그들은 제 말을 못 알아들었습니다.

그래서 한국 방식으로 몸동작으로 의사소통을 할 수밖에 없었습니다. 그래도 의지만 있으면 누구하고든 의사소통이 됩니다. 이런 식으로 토스트를 팔고 나면 기분이 좋기는 한데 제 마음속에 또 다른 고민이 떠올랐습니다. 이 사람들이 자기 나라로 돌아가서 이렇게 말할 것 같았습니다.

'한국에서 토스트 파는 사람을 보니까 말도 제대로 못하면서 낑낑대면서 팔더라.'

그렇게 되면 제가 서울의 중심가인 무교동에서 장사를 하면서 한국에 먹칠을 하는 사람이 될 것 같은 생각이 들었습니다.

'어떻게 하지? 그들의 말로 해 주자.'

그래서 영어와 일어와 중국어를 배우기로 결심을 했습니다. 어학원을 알아보니까 다닐 시간도 없고, 생각보다 수강료가 비쌌습니다. 그래서 서점에 가서 책을 세 권 사다가 토스트를 사고팔면서 써야 하는 문장이 몇 개나 되는가 헤아려 보았더니, 20문장 정도밖에 되지 않았습니다. 그래서 60문장을 정리하여 자기 전에 암기하고, 아침에 일어나서 암기하고, 운전하면서 암기하고 보니까 용기가 생겼습니다. 일본 사람들이 들어오면 말했습니다.

"고자이마스 이랏샤이마세(감사합니다. 어서오세요.)."

제 인사를 듣고 반 이상은 이렇게 대답을 합니다.

"하이! 요로시쿠 오네가이시마스(잘 부탁합니다.)."

특히 여성들은 20문장을 다 씁니다.

"여기서 드실래요? 가져가실래요? 이거 만들까요, 저것과 이것은 얼마입니다."

"사요나라(안녕히 가세요.)."

제가 일본어로 말을 다 해 주니까 손님들이 가야 하는데 가지를 않았습니다. 왜 안 가는가 알아보았더니, 기념으로 사진을 한 번 찍고 가고 싶다는 것입니다. 손님이 많을 때는 열 명이 드시고, 뒤에 줄이 많게는 40명까지 설 때도 있습니다. 그때는 제 손이 아주 빨라야 합니다.

"조금만 기다리세요, 정성껏 드리겠습니다."

제가 몸동작을 빠르게 하다 보면 손이 보이지 않게 돌아갑니다. 어떤 때는 단체로 오면 묘기대행진을 본다고 기립박수를 쳐 주는 경우도 있습니다. 일본 사람들이 줄서서 시키는 동안에 얼굴을 내밀고 있으면 두세 개 못 팔기도 합니다.

"아, 준비할게요."

열심히 일하다가 "좃또 맛데 구다사이(잠깐 기다려 주세요.)."하고 양해를 구하고 나가서 그분들과 사진을 찍곤 합니다. 아침마다 찍는 사진이 열 장에서 많게는 30장까지 찍어갑니다. 그분들이 자신의 앨범에 정리하는 줄 알았는데, 나중에 보니까 인터넷 사이트에 다 올리는 것이었습니다. 그렇게 되니까 동경신문에서 인터뷰해 달라고 요청이 오고, NHK방송과 아사히TV에서 찾아왔습니다. 또 일본의 대표적인 여행 가이드북을 만드는 출판사에서도 기자를 파견했습니다. 그래서 인터뷰했습니다.

이런 일도 있었습니다. 저희 점포는 아침부터 시작해서 밤 11시까지 영업을 합니다. 무교동에서 아침 8시만 되면 줄이 끝이 안 보이니까 일본 손님이 미리 와서 인근에 있는 호텔에서 잠을 자고 8시 전에 와서 토스트를 드시고 몇 개 싸 가지고 다시 가셨습니다. 제가 토스트를 포장하면서 그분에게 물었습니다.

"어디로 가져 가십니까?"

"일본으로?"

"관광으로 오셨나요?"

"아니요"

"어떻게 오셨나요?"

"토스트 먹으려고요."

저는 이분들에게 최고의 서비스를 하겠다고 20문장밖에 쓴 적이 없었는데 이런 에피소드가 너무 많습니다.

요즘에는 제가 좀 알려져서 다른 회사에서 강의를 요청하는 경우가 종종 있습니다. 기업들이 강의를 요청하면 두세 시간을 할애받아 이야기를 전합니다.

오늘 제가 이 자리에 선 것은 하나님께서 저를 만들어 가시는 작업이었습니다. 제가 '어린이 선교' 도 못하고, '잠', '게으름', '거지 근성' 을 가지고는 이런 일들을 못하기 때문에 탑차로 내모셨습니다.

2005년 5월에 청계천이 복원되면서 제 자리가 정리됐습니다. 더 이상 무교동에서 장사를 할 수 없게 되었습니다. 그래서 너무 사람들이 많이 몰려오니까, 하나님께서 제게 길을 내주셔서 프랜차이즈 사업을 하게 되었습니다. 제가 가진 돈이 하나도 없었는데, 어느 분이 사업을 준비하는데 필요한 돈 1억 원을 제 통장에 소리 없이 내주셨습니다. 그것으로 출발했습니다. 그리고 전국에 지금 체인점포가 300개 이상이 운영되고 있습니다. 이 일은 제가 한 것이 아닙니다. 하나님이 저를 쓰고 계시는 것입니다.

저는 이제 회사의 CEO입니다. 그러나 아침마다 제 자리를 비워드립니다.

"주님, 오늘 이곳에 좌정하사 저를 도구로 써 주세요. 저는 청지기잖아요. 오늘 아침에는 무엇을 할까요?"

목요일마다 전 직원이 함께 드리면서 기도 제목을 나눕니다. 처음에는 저 혼자 시작했는데, 전국에 1,500명이 넘는 가족이 생기다보니까, 제가 이제 홀몸이 아니라는 것을 알게 되었습니다. 이제 필리핀에도 곧 진출할 것입니다. 2010년도까지 1,000개의 매장을 국내에 세우고, 해외 10개 나라에 진출할 계획을 하고 있습니다. 이런 사업을 통하여 로열티가 나오는 것으로 일부는 그 나라의 영혼들을 책임지는 일들에 쓸 것입니다.

'왜 하나님께서 나를 부르셨을까?'

이런 생각을 할 때마다 벅찬 감격을 느낍니다.

'내가 주님 앞에 쓰임 받고 있구나. 4년 전에 제가 세상을 떠날 수도 있었는데, 연장해 주셔서 지금 살고 있구나.'

그래서 늘 감사한 마음으로 오늘도 열심히 살아가고 있습니다. 하나님께서 저에게 베풀어 주신 놀라운 사랑과 은혜가 여러분들의 삶에도 동일하게 임하시길 기원합니다.

(2007. 1. 19)

사명 눅 4:16-21

민병우 목사(한국방송광고공사 총무 국장, 감사실장 역임, 광고공사 · 언론중재위원회 신우회 지도 목사)

제가 한국방송광고공사 코바코(Korea Broadcasting Advertising Corp., KOBACO)에서 일하다가 어떻게 목사가 됐느냐에 대해 잠시 먼저 설명을 해야 될 것 같습니다. 저는 1989년도에 예수를 믿게 되었습니다. 그 때는 감사실 차장으로 근무할 시절인데, 한참 혈기왕성할 때였습니다. 어느 날 갑자기 얼굴에 마비가 왔습니다. 병원에서 진단을 받은 결과 뇌종양이라는 판단을 받았습니다. 그 때는 여느 사람들과 마찬가지로 저도 열심히 살았습니다.

그런데 저는 범사에 종교성이 많았던 것 같습니다. 그 시절까지 어머님을 함께 모시고 절에 나가서 열심히 부처를 섬겼습니다. 초파일날 하루만 절에 가는 것이 아니라, 아이들 생일이면 생일대로, 다른 절기는 그 절기에 맞춰 시시때때로 절에 올라가서 열심히 불공을 드렸습니다. 그러니까 그 주지스님이 저를 수양아들로 삼았습니다. 그 정도로 열심히 절에 다녔습니다.

그러던 중에 뇌종양이라는 진단을 받았습니다. 왼쪽 눈 뒤에 포도알 만한 종양이 생겨서 자라니까 자꾸 마비가 왔습니다. 거리감을 잘 느끼지 못하여 운전을 하다가 자주 앞의 차를 들이 받게 되어 검사를 했더니 뇌종양이었습니다.

얼굴에 종기가 나면 조심해야 합니다. 바로 균이 뇌로 침투하기 때문입니다. 어른들이 '뾰루지가 나면 조심하거라', '면도할 때 조심하라' 라고 하는 말은 맞는 말입니다.

수술하는 과정도 몹시 고통스럽고 위험합니다. 입술 속의 얼굴 가죽을 찢고 얼굴을 뒤집어서 종양을 꺼내야 하는데, 종양을 꺼내다가 잘못 건드리면 하반신 마비가 와서 휠체어를 탈 수도 있고, 언어 신경을 건드리면 벙어리가 될 수도 있고, 귀머거리 될 수도 있고 ,장님이 될 수도 있다고 합니다.

그래서 당장 수술을 할 수는 없고 이것이 자라서 더 이상 어렵게 될 경우에 그 때에 가서 수술을 해야 한다는 것입니다. 저로서는 정말 황당했습니다. 차라리 당장 수술해서 종양을 바로 꺼내면 마음이 후련할 텐데, 종양을 불안과 초조 덩어리로 뇌 속에 넣고 다녀야 했으니까요.

그런데 누가 그것이 하나님께서 저를 부르신 사랑인 줄을 알기나 했겠습니까? 주위에서 '교회에 나가면 혹시 사는 경우가 있다.', '하나님이 살려주시는 경우가 있다.' 는 말을 했습니다. 그 때는 지푸라기를 잡는 절박한 심정이었으니까, 밑져야 본전이었습니다.

그래서 절을 뒤로 하고 나간 곳이 최성규 목사님이 담임으로 계시는 순복음인천교회였습니다. 최성규 목사님은 효에 대해서 깊은 관심이 있으셔서 특강도 많이 하시는 훌륭한 목사님이십니다.

저는 1989년 8월 27일을 절대 잊을 수가 없습니다. 그날 쉽게 교회에 간 것이 아니었습니다.

'내가 절에 가서 열심히 불공드리다가 죽겠노라.'

이렇게 버티고 있는데 아내가 주일 예배니까 교회까지만 데려다 달라고 간곡히 부탁을 했습니다. 그 부탁에 못 이겨 끌려가서 교회 앞에 갔습니다.

"그럼 들어가서 예배드리고 나와! 나는 여기서 기다릴 테니까."

그리고 저는 차 안에서 기다리기로 했습니다. 그런데 성전이 너무 크니까 안에 무엇이 있나 궁금해서 한 번 들어가 보고 싶은 생각이 들었습니다. 차에서 내려 교회로 들어갔는데, 제 아내가 꾀를 내서 건장한 여자 집사님을 옆에 딱 붙여서 말했습니다.

"우리 신랑이 병들어서 왔는데, 지금 성전에 안 들어가려고 악을 쓰니까 옆에서 집사님이 붙잡고 들어가면 꼼짝 못하고 들어갈 것입니다"

그 여자 집사님이 저를 잡는데 힘이 느껴졌습니다.

"여기까지 오셨으니까, 집사님 힘내세요. 들어가세요. 하나님은 못하시는 일이 없어요."

얼떨결에 저는 못이기는 체하고 끌려 들어갔습니다.

그 날, 최성규 목사님은 골로새서 말씀을 본문으로 '십자가로서의 승리'라는 제목의 설교를 전하셨습니다.

"십자가에서는 모든 질병이나 저주로부터 승리할 수밖에 없습니다."

교회에 처음 나간 그 날, 최 목사님의 설교 말씀을 듣고 저는 하나님을 믿기로 결심을 했습니다.

그리고 두 번째 주일인 9월 3일이 되었습니다. 그 때 저는 처음으로 교회에 나갔지만 목사님의 안수를 받으면 낫지 못하는 것이 없다는 말을 이미 들은 적이 있습니다. 그래서 그날 바로 목사님께 가서 안수 기도를 받았습니다. 그 때 하나님께서 특별히 제게 사랑을 베푸셔서 기도를 시작한지 10분쯤 되었을 때 방언의 은사를 그 자리에서 주셨습니다. 남들은 1년, 10년을 다녀도 못 받는 귀한 은사를 하나님께서 바로 주셨습니다. 하나님께서 방언의 은사를 부어 주시니까 더욱 큰 확신이 생겼습니다. 성령을 받는다는 것은 주님을 만나는 접촉점이었습니다.

마음의 상처나 육신의 질병이 있는 사람들은 목사님의 안수를 많이 받으시기 바랍니다. 일이 안 풀리고 힘들 때, 그냥 혼자서 끙끙대며 기도하지 마시고, 하나님이 세우신 주의 종이자 중보자인 목사님의 안수 기도를 받으시기 바랍니다. 우리의 기도도 물론 하나님께서 들으시지만, 특별히 쓰시는 귀한 종들의 기도는 특별히 더 잘 들으십니다. 그러기 때문에 담임 목사님 앞에 가서 안수를 받는 것은 우리의 모든 문제가 해결될 뿐더러 우리의 모든 질병과 결박과 멍에가 풀어지고 꺾어지는 역사를 체험할 수 있는 좋은 기회입니다.

"너희는 여호와의 선하심을 맛보아 알지어다."(시 34:8)

여호와의 선하심을 맛본다는 것은 우리 주님이 사랑의 맛이 무엇인지, 믿음의 맛이 무엇인지, 축복의 맛이 무엇인지, 예수 그리스도를 통해서 우리가 은혜로 맛을 보았을 때 '아, 이것이로구나' 하는 확신이 생기는 것입니다. 은혜의 맛을 보지 못하니까 그것이 짠지, 매운지, 신지, 단지 모르고 마당만 밟는 신앙생활을 하게 되는 것입니다.

저는 특별한 은혜를 받아서 처음부터 방언의 은사를 받았습니다. 하나님이 급하시긴 급하셨던 것 같았습니다. 두 시간 동안 목사님의 방에서 방언 은사를 받을 때, 마음속에 '아, 내 병이 낫는구나, 이 뇌종양을 하나님이 치료하시는구나!' 하는 확신이 들었습니다. 방언을 하고 방바닥에 구르면서 부끄러운 줄도 몰랐습니다.

'아! 하나님이 나를 부르시고, 나를 치료해 주시겠구나!'

방언을 하는데 목사님이 통역해 주셨습니다.

"사랑하는 아들아, 내가 너를 사랑하노라. 네가 왜 이제 왔느냐? 내가 너를 치료하겠노라, 내가 너를 고쳐 주겠노라."

그 말씀을 듣고 더더욱 확신을 가지게 되었습니다. 저는 마음속으로 하나님께 다짐을 했습니다.

'이제 하나님이 서라 하시면 서고, 가라 하시면 가겠습니다.'

9월 4일 월요일이었습니다. 아이들을 모두 학교에 보내고, 아내와 둘이 앉아서 직장은 병가로 두 달간 휴직을 하고, 어려워도 수술을 하기로 결정했습니다.

그리고 이제 교회에 나가기로 했으니까, 사도신경과 주기도문을 외우자고 생각하고 아침 먹은 뒤에 앉아서 암송을 하는데, 성령이 임하셔서 또 방언의 은사를 주셨습니다. 앉아서 사도신경을 암송하다가 성경책을 들고 응접실을 빙빙 돌면서 '할렐루야'를 외쳤습니다. 아내가 보기에는 완전히 돌은 사람이 되었습니다.

'저 사람이 아프더니, 이젠 완전히 가는구나.'

30~40분은 족히 될 정도로 은혜를 주시며 재확인을 시켜 주셨습니다. 방언의 은사를 받고, 참 눈물을 흘리고 하나님 앞에서 할렐루야가 뭔지도 모르면서 '할렐루야'를 외쳤습니다.

그 때만 해도 저는 담배를 엄청나게 많이 피우는 골초였습니다. 그 때 은하수 담배를 하루 평균 한두 갑씩을 피고 있었습니다. 그런데 그날 방언을 하고 하나님 앞에서 사도신경, 주기도문을 통해서 은혜를 받고 난 다음에 몸을 추스르고 수습하고 나서 보니까, 담배갑에 은하수 담배가 딱 한 가치가 남아 있었습니다. 그래서 그 담배 한 가치를 들고서 얼마나 맛있게 피웠는지, 지금도 그 맛을 잊을 수가 없습니다.

그런데 담배를 피우는 순간에 하나님께서 말씀을 주셨습니다.

'이제까지 그 담배와 술을 그렇게 지겹게 먹었는데 좀 끊는 것이 어떠냐?'

그런 감동이 마음속으로부터 오는 것이었습니다.

"알겠습니다. 제가 끊도록 하겠습니다."

1989년 9월 4일 월요일 아침 10시 반, 거듭난 날, 저는 잊을 수가 없습니다. 그날 부로 담배, 라이터 그것을 다 남을 주고 담배를 휴지통에다 갖다 버렸습니다. 그 이후에는 담배라는 것이 전혀 생각나지 않았습니다. 술도 마찬가지였습니다. 이 모든 것이 하나님의 은혜였습니다.

교회에 나가면 목사님들이 술?담배 먹는다고 성도들을 얼마나 책망하고 야단을 치시는지 모릅니다. 때로 성도들이 직장생활을 하면서 술 · 담배를 할 수 있을지도 모릅니다. 그런데 그것이 신앙생활에 걸림돌이 되어서는 절대 안 됩니다. 하나님께서는 술을 마시고 담배를 핀다고 하나님의 백성이 아니라고 하시지는 않습니다. 우리 인간들은 때때로 직장에서 서로 미워하고, 부부간에도 미워하고, 자식들을 미워하기도 합니다.

그러나 성경에서는 미워하는 것도 살인이라고 했습니다. 그리고 음욕을 품은 자마다 간음하는 자라고 했습니다. 우리의 일상생활에서 매일같이 살인하며 간음하며 사는 우리가 술, 담배가 뭐 그리 대수입니까?

목사님이 술?담배 문제로 성도들을 야단치면 저는 목사님한테 거꾸로 반문합니다.

"목사님, 설교 중에 은혜를 받게 하세요. 은혜 받으니까 술, 담배가 저절로 끊어지더라고요."

이렇게 말씀드리니까 어느 목사님이 말했습니다.

"맞긴, 맞아요."

그 목사님은 그 이후로는 술, 담배 한다고 야단치시지 않았습니다. 은혜로 저에게 술과 담배를 끊게 하신 하나님께서 저를 훈련시키셨습니다. 은혜 받은 사람은 하나님 앞에 그냥 가만이 있으면 안 되는 것입니다. 봉사하고 헌신을 해야 합니다.

하나님께서는 1989년도 9월부터 오늘에 이르기까지 순복음인천교회를 통하여 고통 받는 사람들, 눌린 사람들, 압제당한 사람들에게 주의 복음을 전파하도록 저를 훈련시키셨습니다.

제가 주일마다 심방을 나가는데, 세상이 얼마나 악한지 고통 받는 사람들이 너무나 많습니다. 젊은 자매님들이 자기 욕심대로 되지 않으니까 정신이상이 되기도 합니다. 암 환자가 너무나 많습니다. 요새도 암 환자 집에 심방을 가는데 그냥 줄이 늘어섰습니다.

"목사님, 여기 오셔야 됩니다. 저기로 가셔야 합니다."

그 날 이후 지금까지 17년 동안 주일날은 사실 집에서 하루 좀 쉬었으면 좋겠는데, 하나님이 쉬지 못하게 하셨습니다. 아프고 고통당하는 사람들을 찾아가서 하나님의 말씀으로 위로하라는 사명을 주시면서 저를 계속 바깥으로 내모셨습니다.

하나님께서 우리를 구원하실 때는 우리에게 주시는 분명한 사명이 있습니다. 우리를 부르시는 것이 곧 구원의 시작입니다. 하나님께서 여러분들을 모든 직장인들이 바라보는 선망의 대상인 그 직장(KBS)에 세우신 뜻과 섭리가 분명히 있으십니다. 열심히 감사실에서 일하고, 영업 광고 분야에서 일하고, 방송 일을 하는 사명도 있지만, 하나님께서 원하시는 사명은 그것보다 한 차원 더 높은 사명이 있습니다. 그것은 본인만이 알 수 있습니다.

하나님께서 저에게 주신 사명은 고통을 당하는 이웃들에게 주의 복음을 전파함으로써 저들이 눌리고 압제당한 자로부터 자유함을 얻게 하는 것입니다. 하나님께서 저를 구원하신 이후부터 오늘날까지 저는 갈 데가 너무나 많습니다. 고통스러워하고 괴로워하는 사람들이 많습니다.

목사님들 중에 기도를 잘 하지 않는 목사님들이 있습니다. 마귀들은 기도하지 않는 사람들을 귀신같이 알아냅니다. 그런 사람들은 영적인 면뿐만 아니라 말씀으로도 무장을 하지 않습니다. 그래서 마귀는 기도하지 않고, 말씀을 읽지 않는 사람들을 만만하게 봅니다.

어느 집에 20대 초반 된 자매가 살고 있었습니다. 그 집에 기도하지 않는 목사님이 문을 열고 들어가니까 목사님의 넥타이를 잡고 칼을 들고 날뛰었습니다. 귀신 들린 자매의 힘은 천하장사 같았습니다.

하나님께서 기도와 말씀을 통하여 고통당하고 눌린 자매의 결박을 풀어주라고 저를 보내셨습니다. 그런데 제가 기도하지 않고 가면 그 자매는 벌떡 벌떡 난리를 칩니다. 그러니 제가기도를 안 할 수가 없습니다. 말씀을 안 읽을 방법이 없습니다. 하나님의 복음을 전하고, 말씀으로 상한 심령을 위로하는 것은 제가 하는 것이 아니라 하나님께서 하시는 것입니다. 저는 하나님의 중보자로서 하나님의 말씀을 들고 갈 뿐입니다.

심방봉사를 하거나 남을 섬기고자 하시는 사람은 하루에 최소한 두세 시간 정도는 기도하고 말씀을 읽고 무장을 하고 나가야 그들하고 영적인 싸움에서 이겨 그들을 자유하게 할 수 있을 것입니다.

하나님께서 저에게 주신 또 하나의 사명이 '직장 선교'의 사명입니다. 코바코에서 15년 동안 신우회를 섬기게 하셨는데 오늘날까지 신우회 지도 목사로서 떠나지 못하게 하시는 것이었습니다.

프렌스센터 안에 '언론중재위원회' 가 있는데, 그 안에 서울신문, 스포츠서울, 그리고 코바코가 있습니다. 코바코는 규모가 작다보니까, 우리 신우회 회원들이 한 50여 명 정도 됩니다. 인원수에 비해서 적은 25-26명 정도가 모입니다. 그럼에도 불구하고 11층 강의실에서 수요일에 예배를 드릴 때는 꽉꽉 찹니다. 외부에서도 오십니다.

지금까지 직장 선교의 사명을 주셔서 열심히 직장 선교를 하고 하나님의 복음을 전하면서 전도하면서 제가 늘 깨닫는 것이 있습니다. 언젠가 직장 선교 예배에 호랑이 같은 사장님이 오셨습니다. 때때로 어떤 때는 물불을 안 가리는 아주 고약한 사람이 CEO로 올 때가 있습니다. 제가 총무국장 시절에 모시던 사장님이 한 분 계시는데, 이 분이 물불을 안 가리시는 분이었습니다. 지금도 그분에 대한 얘기가 나오면 직원들이 뒤로 돌아섭니다. 그런 정도로 엄한 분이셨습니다. 저희는 이분을 위해 하나님 앞에 기도했습니다.

"하나님, 우리 사장님을 제가 전도하려고 합니다. 감동을 주십시오."

아무리 믿음이 좋은 사람도 사장 앞에 가서 "예수 믿으십시오."라는 말은 잘 못합니다. 그런데 우리들에게 주신 사명이 때때로 감동으로 옵니다. 하나님께서는 우리의 직장 안에, 우리와 같이 근무하는 부서에 분명히 하나님께서 택한 백성들을 숨겨 놓으셨습니다. 우리가 기도하면 하나님이 들려주십니다.

'이 사람을 전도하라!'

그런데 그 무지막지한 호랑이 같은 사장님을 저에게 전도하라고 명령하시는 것이었습니다.

'아이구, 할렐루야, 이것 참…….'

저는 하나님 앞에 기도하기 시작했습니다, 한 달, 두 달, 세 달 기도로 무장을 했습니다.

“제가 ‘예수 믿으세요’ 하고 우리 사장님한테 전도했을 때, 이 말을 회사의 총무국장의 말로 받지 않게 하시고, 성령의 음성으로 받게 하옵소서.”

제가 전하는 것이 아니라 성령께서 하시니까요. 어느 날 사장님을 모시고 대전에 갈 일이 생겼습니다. 차에서 사장님의 옆 자리에 앉아서 졸 수도 없었습니다. 차를 타고 가면서 저는 계속해서 하나님의 말씀을 전하면서 간증을 했습니다. 제가 간증할 것이 뻔했습니다. 17년 동안을 주일마다 아프고 고통 받고 눌린 사람들을 찾아가서 보고 깨달은 경험이 너무 많아 몇날 며칠을 해도 무궁무진했습니다. 그 중에서 엑기스만 뽑아서 사장님께 전했습니다.

그랬더니 사장님은 가타부타 이야기도 없이 눈감고 가만히 들으셨습니다. 그러다가 총무국장을 그만두고 부산지사장으로 발령을 받아 갔다가 다시 감사실장으로 와서 정년을 맞았습니다. 그 사장님도 이제 퇴임을 하셨습니다.

그분을 전도하지 못하고 보낸 것이 마음에 걸렸습니다. 저는 지금까지도 계속해서 하나님께서 주신 명단을 성경책에 넣어 가지고 다닙니다. 하나님께서 구원하실 수많은 사람들의 명단을 놓고 하나님 앞에 기도를 하고 있습니다. 이 기도를 17년 동안 계속하고 있습니다. 그 중에는 하나님이 데려가신 사람도 있고, 아직 구원을 못 받은 사람도 있고, 구원받은 사람도 있습니다. 제가 정년 퇴직을 한 뒤에도 하나님 앞에 기도했습니다.

“하나님, 우리 사장님을 전도하지 못하고 제가 헤어집니다. 이제 임기 마치고 나가셨는데 하나님께서 끝까지 책임져 주시옵소서.”

제가 5월에 퇴직을 했는데, 9월 4일에 전화가 왔습니다. 그 사장님의 사모님이 전화를 하셨습니다.

“여기 여의도 성모병원인데요, 강 사장님이 지금 쓰러지셨어요. 그런데 아무도 안 찾고 민 장로님만 찾아요.”

‘할렐루야! 때가 왔구나!’

역시 하나님은 신실하시고 거짓이 없으십니다. 친구가 됐든, 상사가 됐든, 부하가 됐든 하나님이 감동을 주셔서 말씀으로 하신 것은 꼭 이루시는 신실하신 하나님이십니다. 그날 병원에 들러서 사장님을 뵈니까 벌써 입이 돌아가고 풍이 왔습니다. 원래 몸에 암이 있으셔서 항암 치료를 받고 머리도 다 빠지고 거기에다가 혈기가 등등하시니까 중풍이 더 빨리 온 것입니다. 입이 돌아가서 말도 어눌해지고, 제 얼굴을 보시더니 계속 울기만 하시는 것이었습니다. 그 사장님은 제 손을 붙잡고 "민 장로, 민 장로!"라며 저를 부르기만 했습니다. 그 양반의 키가 190cm 정도 되고, 몸이 90kg 나가는 항우장사 같으신 분이었습니다. 비가 오는 날, 그 사장님을 찾아가면서 저는 차 안에서 하나님께 기도했습니다.

"하나님, 왜 하필 많은 사람 중에 저를 찾게 하셨습니까? 지금 불려 가는데 들어가서 뭐라고 할까요?"

"지금 들어가서 아무것도 하지 말고, 붙잡고 방언만 해 버려."

하나님께서 그런 감동을 주셨습니다. 그래서 들어가자마자 그 사장님을 붙잡고 방언만 20분을 했습니다. 그러니까 눈물 콧물을 흘리면서 회개를 시키시는데, 그것이 하나님을 만나고 여호와의 선하심을 맛보는 접촉점이었습니다.

그렇게 하나님 앞에 간절히 기도했는데, 그 사장님이 욕심이 많아서 저에게 일주일에 세 번씩 심방을 해 달라고 청하셨습니다. 제가 심방이 사명인 것을 아셨습니다.

"아이고 사장님, 제가 세 번은 못 가고 두 번은 꼭 가겠습니다."

하나님의 선하심을 맛보면 말씀이 꿀 같이 됩니다. 그리고 기도를 하면 하나님이 만나 주십니다.

그 후로부터 일주일에 두 번씩 가서 계속 예배를 드렸습니다. 그 때마다 하나님은 그 사장님의 영혼을 만지셔서 회개하고 계속 눈물을 쏟게 하셨습니다.

'예수 사랑하심은 거룩하신 말일세', 410장 찬송가를 보고 그 사장님이 말했습니다.

"아이고, 이 찬송이 여기 있네."

그 찬송가를 부르는 동안, 그분의 마음속에 있는 모든 것을 하나님이 다 씻어 내셨습니다. 말씀으로 씻고, 눈물로 씻고, 회개하게 하셨습니다.

두 달 동안 그분이 얼마나 하나님을 사랑하고 사모하시는지, 하루는 심방하러 갔더니 문을 열고 나오셨습니다. 제가 문 앞에서 말했습니다.

"저 왔습니다, 예배 드리러 왔습니다."

그 때 벌써 은혜로 눈물을 막 흘리며 말했습니다. 그것이 하나님에 대한 그분의 첫사랑이었습니다. 그분은 날마다 울면서도 부끄러운 줄도 몰랐습니다.

"민 장로, 내가 어젯밤에 우리 예수님을 만났어."

꿈속에 예수님이 찾아오셔서 그분을 어루만지셨다는 것입니다. 그래서 가서 사모님을 깨우면서 말했습니다.

"여보, 여보, 나 예수님을 만났어."

그래서 이분은 하나님을 사모하고, 하나님을 섬기게 되었습니다. 하나님께서 은혜를 베푸셔서 건강도 좋아졌나 했는데 하나님께서 그 이듬해에 하늘나라에 데려가셨습니다. 원체 암이 깊고 뇌혈관이 터졌기 때문입니다. 감사한 것은, 하나님께서 저에게 사명으로 "저 사람 전도해라." 하시고 감동을 주셔서 순종한 것입니다. 그때 그분을 전도하지 않았다면, 예수님을 알지 못하고 지옥에 떨어졌을 것입니다. 제가 모시고 있던 사장님은 지금 천국에 계실 줄 믿습니다. 금년에 제가 2년째 2주기 추도 예배 드리고 왔는데, 사모님과 아들 셋까지 온가족이 하나같이 구원받고, 하나님의 자녀가 되었습니다.

"주의 성령이 내게 임하셨으니 이는 가난한 자에게 복음을 전하게 하시려고 내게 기름을 부으시고 나를 보내사 포로 된 자에게 자유를, 눈 먼 자에게 다시 보게 함을 전파하며 눌린 자를 자유롭게 하고 주의 은혜의 해를 전파

하게 하려 하심이라."(눅 4:18-19)

이 말씀이 "너희 귀에 응하였느니라."라고 오늘 말씀하십니다. 하나님은 제일 기뻐하시는 것이 천하보다 귀한 '한 영혼'을 얻는 것입니다. 바로 '전도하는 것'입니다.

하나님께서 우리를 대전에 보내신다면, 대전에 전도할 사람이 있다는 것입니다. 우리가 지방으로 발령받을 때, 지방에 가는 것을 좋아하는 사람은 많지 않습니다. 그런데 분명한 것은, 우리 믿는 사람에게는 그 곳에 하나님께서 천하보다 더 귀한 '한 영혼'을 숨겨 놓으셨다는 것입니다. 제가 대전에 갔을 때, 하나님 은혜로 구원한 여국장이 한 분 있습니다. 그분은 제가 대전을 떠난 후에 대전에 있는 각 방송사 신우회를 모아서 '연합신우회'를 구성하고 장경동 목사님을 모셔다가 예배를 드리고 있습니다. 이런 역사를 하나님께서 이루고 계십니다.

눌리고 압제당한 자에게 복음을 전하여 자유하게 하고, 희년을 선포해야 합니다. 희년은 레위기에 나오는 것으로 만 50년째마다 선포되는 은혜의 해를 말합니다. 토지의 경작도 쉬고, 빚도 다 탕감해 주고, 죄도 다 용서해 주고, 노예로부터 해방시켜 주는 은혜의 해를 우리들이 전파하라는 것입니다.

우리 주위에 있는 믿지 않는 동료와 가족들에게 죄로부터 자유함을 얻는 은혜의 해를 전파하라고 우리에게 귀한 직장에 근무하게 하셨다고 믿습니다.

예수님께서 공생애를 시작하시면서 첫 번째로 하신 설교의 말씀이 바로 이것입니다.

"주의 은혜의 해를 전파하게 하려 하심이라"(눅 4:19)

"이 글이 오늘 너희 귀에 응하였느니라."(눅 4:21)

우리 주님이 다시 오시는 날이 심히 가까워지고 있습니다. 처처에 기근과 지진과 전쟁의 소식이 끊이지 않고, 불법이 성하고, 거짓 선지자가 미혹하고, 사랑이 식어지고, 재난과 재앙이 일어나면 한 번에 수십만 명씩 죽습니다. 우리 주님께서 심히 가까이 와 계심을 믿어야 합니다.

주님이 다시 오시면 우리에게 물어보실 것입니다. 목사한테도 물어보실 것입니다.

"민 목사야, 네가 목사로 사역하면서 한 일이 무엇이 있어?"

"아유 하나님, 우리 사장님을 전도했잖습니까, 가족도 전도했구요."

이렇게 떳떳하게 이야기할 수 있는 꺼리가 있어야 합니다. 이 순간부터 '한 영혼'을 붙잡고 하나님 앞으로 구원하기 위해 노력해야 할 것입니다. 예수님께서 다시 오실 때, "예수님, 여기 있잖아요."하고 많은 열매를 내놓을 수 있어야 합니다.

"이제 귀 있는 자는 들을지어다."

귀가 다 있는데, 예수님은 특별히 복음서에 "귀 있는 자는 들으라"고 말씀하셨고, 요한계시록에도 "귀 있는 자는 성령이 하시는 말씀을 들으라"고 하셨습니다.

우리는 직장에서 날마다 천하보다 귀한 직장의 '한 영혼'들을 하나님 앞으로 인도하여 많은 열매를 맺어야 합니다.

이런 사명감을 갖고, 늘 사모하는 마음으로 은혜의 하나님을 만나시면 하나님께서 분명히 우리의 기도에 응답하셔서 신우회를 통해서 회사를 크게 성장시키시고, 회사가 복음화 되며, 하나님 앞에 영광 돌릴 수 있게 될 것입니다.

(2006. 3. 31)

현장을 깨우리로다 빌 4:13

백헌기 장로(한국노총 사무총장, 노사정위원회 상임위원)

무엇을 어떻게 간증할까? 많이 고민하며 기도했습니다. 어떤 특정한 인물처럼 죽을병에 걸려 시한부 인생을 살아가다 하나님의 은혜로 기적을 체험한 것도 아니고, 그렇다고 사업에 실패해서 말할 수 없는 고난 가운데 헤매다가 놀라운 주의 은혜로 사업을 다시 일으킨 것도 아닙니다. 그렇다면 무엇으로 은혜를 함께 나눌까 생각해 보았을 때 제 마음에 찾아온 감동이 있었습니다. 이 험한 세상을 살아가는 하루하루의 삶 자체가 기적이 아니고서 무엇이겠느냐 하는 감동이었습니다.

제가 26년 동안 현장 노동자와 함께해 온 기간도 주님의 은혜와 주님이 함께 하셨기 때문에 여기까지 올 수 있었습니다. 그렇습니다. 저의 삶 가운데 주님은 늘 저와 동행하시며 인도하시고, 해결자가 되어 주셨습니다.

저는 한국노총 사무총장으로 근로자들의 애환과 고통을 함께 나누며 대변자로서의 일을 하고 있습니다. 제 일에 대해서 잘 아시겠지만 노동운동이란 참으로 고충이 많은 분야 중에 하나입니다.

먼저 저의 소개를 간략하게 하겠습니다. 저는 믿지 않는 가정에서 태어나 청소년기를 형님을 따라 교회에 다닐 정도였습니다. 군대에 다녀와서도 주일이면 그냥 습관대로 교회에 나갈 정도였지 믿음이 있어서 주일성수를 한 것은 아니었습니다. 그러한 가운데 1983년 믿음의 가정에서 신앙 교육을 잘 받은 아내를 만나 결혼하게 되었습니다. 아내는 매사에 오직 기도밖에는 할 수 있는 일이 없다며 제가 하는 일에 기도로 내조를 잘 해 주었습니다.

저는 노총으로 오기 전에 한국공항에서 일을 했습니다. 회사 입사 후부터 노동조합의 일을 했고 공항에서 위원장을 4선을 역임하면서 많은 일이 있었습니다. 개인적으로나 기업적으로나 수많은 일들을 오직 기도로 승리케 하시는 하나님의 은혜를 깨닫게 하시며 믿음을 성장시키셨습니다.

하나님께서는 부족한 저를 통하여 주님의 영광을 돌리는데 도구로 사용하셨습니다. 하루하루의 삶 자체가 기적인 것처럼 제가 하는 일이 매일 사건의 연속이었습니다. 그러한 가운데 주님은 늘 제게 힘과 능력이 되시며 도우시고 인도해 주신 은혜를 간략하게 몇 가지만 나누도록 하겠습니다.

1987년 6월 항쟁 이후에 근로자들이 거리에 몰려 나와 대대적인 파업에 이르렀을 때 제가 다니던 회사도 4일간 파업을 했습니다. 그때는 부위원장으로 활동을 하다가 1989년 11월에 한국공항 위원장에 당선이 되었습니다.

1992년 7월 사측과 교섭 결렬로 근로자들은 파업이라는 초유의 사태에 이르렀습니다. 그 때 하나님께서 저를 통해 그 일을 해결할 수 있도록 담대함과 지혜를 주셨습니다.

회사와 중앙노동위원회와 근로자들 사이를 오가며 순간순간 하나님께서 주신 지혜로 눈물로 호소하며 큰 위기를 모면하게 하시며 회사나 근로자 모두 불이익을 당하지 않고 원만하게 해결하게 하시어 많은 사람들 앞에서 큰 영광을 돌리게 하셨습니다. 세상 사람들은 물질 앞에서 얼마나 약한지 또 한 번 사람의 모습을 보게 하시고 오직 기도 외에는 다른 유가 날 수 없는 것을 보게 하신 사건이 있었습니다. 2000년 4월에 제가 공항에서 근무하다 상급단체인 연합노련 선거에 출마하게 되었습니다. 다음날 아침이면 위원장 투표를 해야 하는데 저를 너무나도 잘 알고 적극적으로 돕기로 했던 조직원들이 전날 아침에는 제게 와서 힘이 되겠다고 하고는 저녁에는 상대 후

보자에게 찾아가서 함께 먹고 마시고 등을 돌렸습니다. 제 조직을 와해시키고 삼삼오오 짝을 지어 함께 호텔에 투숙했다가 아침에 투표장으로 나가 낙선시키려는 음모를 꾸몄습니다. 이런 사실을 인간적으로 생각하면 분하고, 억울하고 속상하고 힘이 들었습니다. 그러나 그럴 때마다 내게 힘이 되시고 능력이 되시는 주님만 의지하게 하시고 믿음으로 승리하게 하셨던 주님의 놀라운 은혜를 어찌 말로 다 표현할 수 있겠습니까?

어느 때는 하나님이 하시는 일이 이해가 되지 않을 때도 있었습니다.

'당신의 자녀가 이렇게 고통스럽게 어려움을 당하고 있는데 당장 해결해 주시지, 왜 그렇게 고통을 당하게 하십니까?'

이렇게 반문한 적도 있었습니다. 그러나 하나님은 내일 아침 일을 해결해 주실지라도 오늘 밤까지 기도를 쉬는 죄를 범하지 않게 하시려고 그렇게 어려움을 겪게 하셨다는 사실을 많은 사건을 통하여 깨닫게 하셨습니다.

저는 처음 믿음 생활을 시작했을 때 읽었던 성경구절인 빌립보서 4장 13절인 "내게 능력 주시는 자 안에서 내가 모든 것을 할 수 있느니라."라는 구절을 가장 좋아합니다. 오직 나의 능력은 주님께로서만 올 수 있다는 것을 깨닫게 하셨습니다. 이 순간에도 '주님만이 나의 힘이시며 능력' 이신 것을 고백합니다.

한국노총 사무총장이라는 직함 말고 제게는 열린찬양단원이라는 또 하나의 직함이 있습니다. 제가 평신도로서 청소년 찬양사역을 한 지는 햇수로 19년이 되었습니다. 초창기 때부터 지금까지 19년을 함께해 온 멤버들도 있습니다. 한 달에 한 번 청소년들을 위한 찬양 집회를 하고, 성도들을 위한 찬양 집회를 하며 외부에 초청 집회를 다니게 됩니다. 많은 사람들이 어떻게 19년을 한결같이 이끌고 올 수 있었느냐고 묻습니다. 저는 그럴 때마다 이렇게 이야기합니다.

"오직 섬김!"

때로는 지치고 힘들고, 어떤 때는 이것을 내가 왜 하고 있는지 그만 둘까 하는 생각도 해 본 적도 있습니다. 어디서 후원하는 데도 없고 몇 백만 원씩 하는 악기를 사는 것도, 매 주일 멤버들 연습 후에 식사 비용도, 큰 집회를 한 번 치를 때면 엄청나게 소요되는 비용도, 이 모든 것을 오직 저 혼자 감당해야 하는 일이 쉽지만은 않았습니다. 하지만 이 사역이 오직 주의 일이며 나의 몸과 물질과 시간을 드려서 하나님을 모르는 청소년들에게 찬양을 통하여 복음의 도구로 사용된다면, 기꺼이 주의 일로 인하여 기뻐하리라. 저는 직장 일 이외는 청소년 사역에 온 정성과 시간과 물질을 드립니다.

우리는 부부가 함께 하는 사역으로 19년 동안 평신도 사역을 하면서 어려움도 많이 겪었습니다. 가정 형편이 어려운 멤버들의 학비도 도와주어야 하고, 찬양단 이름으로 구제 사업도 해야 하는 일들을 아내와 저는 당연하듯 해 왔습니다. 워낙 많은 멤버들을 돌보며 주의 일을 하다 보니 자연스레 하나밖에 없는 아들에게는 필요한 것을 제대로 공급하기가 쉽지 않았습니다.

그럼에도 불구하고 저희 부부가 불만 없이 이 사역을 감당할 때 그 일을 기뻐하시며 도우시는 주님께서 가정을 책임져 주시고, 자녀를 책임져 주시며, 많은 사람 앞에 인정받게 해 주시는 주님의 은혜를 감사로 고백하게 됩니다. 지금 제 아들은 신학을 공부하고 있습니다. 이제는 저의 든든한 기도의 후원자로서 놀랍도록 하나님께서 아름답게 세워가고 계십니다. 우리가 생각하고 기도하는 것보다 더 크게 응답하시고 세우시는 주님의 은혜를 아들을 통하여서 깨닫고 저와 아내는 날마다 하나님께 감사의 기도를 드립니다. 하나님은 제가 당신의 영광을 위하여 일할 때 제가 생각하지도 못할 만큼 인정해 주시고 높이시는 것을 날마다 경험하고 있습니다.

마지막으로 이미 여러분들이 많은 방송과 뉴스와 신문지상을 통해 잘 아시겠지만 한국노총의 간부들의 비리로 인하여 어려운 위기의 국면에 처했을 때 제게 사무총장이라는 어려운 직임을 맡기셨습니다.

비리를 저질렀던 전임자의 공석 자리인지라 후임자로서의 뒤처리가 어려움이 많았습니다. 그러나 많은 고민을 했음에도 불구하고 하나님께서는 제가 그 일을 감당하도록 저를 이끄셨습니다.

놀라운 일은 그냥 그 후임 자리에서 일하게 하신 것이 아니고 한국노총 59년 역사 이래 처음으로 만천하에 공개적으로 세우셨습니다.

수많은 방송과 신문 기자들과 온 국민들이 지켜보는 가운데 직선제라는 공식 투표를 통하여 하나님은 저를 당당하게 세우시고 주님의 영광을 위하여 정직하고, 투명하게 일하도록 세워 주셨습니다.

저는 전에도 그러했듯이 어려운 일에나, 위기에 처해 있는 순간에는 꼭 저를 통하여 일하도록 하셨다는 것을 느꼈습니다. 사무총장으로 당선된 뒤 바로 충주 특수고용직 레미콘 노동자들의 투쟁 현장에서 투쟁하다 레미콘 차에 치어 죽었던 김태환 열사의 죽음 앞에 장례절차는 물론이요, 사업자와의 문제 등등을 저를 세워 일 처리를 하게 하셨으며 민주노총산하 전해투 동지들이 노총을 점거해서 사무실에 휘발유를 뿌리고 난동을 부리며 창문 난간에 매달려 사건을 해결하지 않으면 죽겠다고 난동을 부렸을 때에도 하나님은 저를 통하여 죽음 직전의 사람들을 설득하게 하셨고 해결자로 일하게 하셨습니다. 하나님께서는 어려울 때마다 저를 통하여 일하시고 계심을 체험하게 하셨습니다.

앞에서도 말씀드렸다시피 노동 운동은 힘들고 어려운 일일 뿐만 아니라 때론 두렵고 떨릴 만큼 무섭고 답답한 일 또한 많이 만나게 됩니다. 그럴 때마다 '왜 하나님은 꼭 가장 어려운 자리에 나를 보내실까?' 라고 반문한 적이 참 많습니다. 그러나 늘 일을 끝내고 보면, 하나님께서는 가장 어려운 자리에 저를 보내어 하나님의 영광을 드러내게 하신다는 것을 깨닫게 하시고, 또 한 번 '내게 능력 주시는 하나님' 의 은혜를 감사하게 됩니다.

비록 저는 약하고 부족하고, 미련하여도 언제 어디서나 내게 힘 주시고, 능력 주시고, 지혜 주시고, 판단력을 허락하시는 주님의 은혜에 감사를 드립니다.

(2007. 5. 4)

제3장 주의 말씀이 어찌 그리 단지요

주의 말씀의 맛이 내게 어찌 그리 단지요,
내 입에 꿀보다 더 다니이다.(시 119:104)

영적으로 성공하는 삶 롬 8:26~28

오정현 목사(사랑의 교회 담임목사)

저는 해외 생활을 21년 동안 했습니다. 또 5대양 6대주를 두루 다니면서 코스타(KOSTA; KOrean STudent All nations, 국제복음주의학생연합회)와 제자 훈련 사역을 해 왔기 때문에 세계 각지의 여러 사람들을 많이 만나 보았습니다. 있는 사람, 없는 사람, 대통령으로부터 브라질 상파울로의 거지, 하버드대학 총장부터 많이 배우지 못한 사람 등 세계 각 지역의 다양한 분들을 만나고 많은 상황들을 경험하면서 제가 내린 결론은 이것입니다.

"남녀노소, 빈부귀천, 지위고하를 막론하고 인생은 영적으로 성공하지 않으면 Nothing, 아무 것도 아니다."

믿음이라는 것이 무엇입니까? 육신적인 차원과 영적인 세계를 연결하는 것입니다. 그것을 보는 것입니다.

인생에는 세 가지 차원이 있습니다. 다람쥐 쳇바퀴 돌듯 연명하는 차원의 삶, 'Survival life'가 있고, 세상적 입장에서 입신양명 출세의 차원, 'Successful life'가 있습니다. 영적인 세계에 눈이 뜨이지 못해 세상적인 성공보다도 더 높은 차원의 삶이 있다는 것을 모르기 때문에 죽도록 수고하고 애쓰고 또 고생하며 세상적인 성공을 향해 질주하는 삶입니다.

그러나 우리는 성령께서 우리의 눈을 열어 주셨기 때문에 세상적인

'Successful life' 보다 더 놀라운 차원의 'Significant life', 목적과 뜻과 의미가 있는, 영적으로 성공하는 삶이 그리스도인들에게는 반드시 펼쳐져 있다는 사실을 확실히 믿어야 합니다.

우리는 세상적인 차원하고는 다른 사람들입니다. 영적인 차원에서 영의 눈을 뜨고 살아야 합니다. 영적인 패배주의에 사로잡혀 겨우 겨우 억지로 신앙생활을 하는 것이 아니라 성령께서 우리를 붙잡으셔서 무승부가 아닌 영적 쾌거를 경험하는 축복을 주시기를 소망합니다.

우리가 영적으로 성공한다고 할 때 핵심은 무엇입니까? 우리가 그리스도의 영을 모시고 있는 사람들이어야 한다는 것입니다.

"누구든지 그리스도의 영이 없으면 그리스도의 사람이 아니라."(롬 8:9)

'그리스도의 영', 곧 성령은 '인격적인 하나님' 이십니다. 영적 세계에서 영적인 능력과 삶을 유지하는 비결은 '그리스도의 영' 을 모시고, 성령의 역사를 체험하는 것입니다. 즉, 육이 영을 지배하는 인생이 아니고 영이 육신을 통제한다는 뜻입니다. 영이 육신을 통제하는 핵심은 '생각의 주체가 성령' 이시라는 것입니다.

"육신을 따르는 자는 육신의 일을, 영을 따르는 자는 영의 일을 생각하나니 육신의 생각은 사망이요 영의 생각은 생명과 평안이니라."(롬 8:5-6)

이 사실을 깨닫는 사람들이 갖는 삶의 원칙은 "성령도 우리의 연약함을 도우신다"(롬 8:26상)는 것을 믿는 것입니다.

우리는 연약한 존재입니다. 누가 뭐라고 해도 우리는 바로 앞 일을 알 수 없는 약한 존재입니다. 5분, 10분 뒤를 알 수 없는 인생입니다. 더더구나 우리가 갖고 있는 또 다른 약점은 우리가 간구와 소원들을 가지고 주님 앞에 매달리지만 무엇이 최선의 기도인지 알지 못하는 약한 존재라는 것입니다.

유다 왕 히스기야는 정직한 왕으로서 이 땅에서 수고를 하고 애를 많이 쓰며 살았습니다. 그래서 하나님께서 그를 인정하시고 이제는 땅 위의 수고를 그만 하라시며 하늘로 부르시려고 했습니다. 그때 히스기야는 "하나님,

저의 생명을 좀 더 보전해 주십시오" 하고 간절히 기도하였고 결국 15년을 더 살았습니다. 우리가 생각하기로는 15년을 더 산 것이 굉장한 기도의 응답이라고 할 수 있지만, 히스기야가 15년을 더 사는 동안에 참으로 안타까운 일들이 많이 일어났습니다.

히스기야는 정직하고 좋은 왕이었지만 히스기야의 뒤를 이어 왕이 된 그의 아들 므낫세는 유다 왕국에서 제일 질이 좋지 않았던 악한 왕 중에 하나였습니다. 므낫세가 열두 살에 왕으로 등극했으니 히스기야가 15년 더 목숨을 연명하며 낳은 자식이었습니다. 므낫세는 '차라리 그 자식이 없었으면 더 좋았을 것을…' 하는 안타까움을 느낄 정도로 유대 역사에 골칫거리였습니다.

뿐만 아니라 히스기야는 15년을 더 사는 동안에 예루살렘 성전 문을 열고 선지자들을 핍박하는 등 추한 모습을 보였습니다. 15년을 더 살았으니 좋았겠다고 생각할 수 있고 나름대로 뜻이 있었겠지만, 성경 전체를 조망하면 조금 안타깝습니다.

우리는 바로 앞 일을 알지 못하고, 무엇이 최선인지도 알지 못하는 많은 약점들을 가진 사람들입니다. 그런데 감사한 것은 '성령이 우리의 연약함을 도우신다' 는 것입니다.

'성령이 우리의 연약함을 없애 주신다.' 그렇게 말씀하지 않으셨습니다. '성령이 우리의 연약함을 면제하신다.' 그렇게 말씀하지도 않으셨습니다. '성령이 우리의 연약함을 도와주신다' 라고 하셨습니다.

지금 이 순간에도 우리는 우리가 연약하다는 것을 인정하고 우리의 부족함과 한계를 주님 앞에 토로하지 않을 수 없는 안타까움이 있습니다. 그런데 너무나 감사한 것은 성령이 우리의 연약함을 도와주심으로 통제하신다는 것입니다.

우리의 연약함이 성령의 도우심을 받을 수 있는 근거가 되는 것입니다. 연약할수록 성령의 도우심이 크다는 것입니다. 우리의 연약함이 성령의 도우심 때문에 가능성을 지닌 존재로 새롭게 한 단계 올라갈 수 있도록 인도함을 받습니다. 하나님께서는 성령의 역사를 통하여 우리를 붙잡아 주시는 것입니다.

저는 여기서 빛을 보았습니다. 사역도 그렇고, 특별히 영적인 세계에서는 연약한 자라도 성령의 도우심을 통하여 하나님이 원하시는 대로 쓰임 받기 때문에 모든 것을 다 갖춘 분들이 일을 하는 것이 아닙니다. 이것을 꼭 명심해야 됩니다.

저는 도미 전 한국에 있을 때 한 9년 동안 캠퍼스에서 대학생들에게 복음 전하는 '캠퍼스 사역'을 했습니다. 그때 제가 내린 결론이 하나 있습니다. 우스갯소리처럼 하는 말이지만 사실 얼굴 예쁜 여학생 가운데 기도를 열심히 하는 여학생을 별로 본 적이 없습니다. 자기 실력으로 시집갈 수 있기 때문에 기도를 많이 하지 않습니다. 그렇다고 기도를 많이 하는 여자는 다 못생겼다 하는 것은 아닙니다. 우리가 필요한 것을 다 갖추면 하나님께 매달리기가 힘들다는 것을 말하는 것입니다.

성령은 우리 연약함을 도우시는 분입니다. 연약할수록 성령께 더 의지할 수 있습니다. 우리의 연약함을 성령님이 더 큰 가능성을 지닌 존재로 바꾸어 주신다는 사실을 확신하십시오. 이것이 저에겐 빛이었습니다. 저는 지금도 그렇게 생각합니다. 제가 사랑의 교회를 섬길 만큼 스마트한 목사도 아니고, 그런 그릇도 아니고, 잘 준비되었다고 생각하지도 않습니다. 그러나 한 가지, 성령은 우리의 연약함을 도우신다고 확신하는 사역자입니다. 그것이 그렇게 감사합니다. 또한 이것이 제 사역의 빛이 되었습니다.

그러면 성령님이 구체적으로 어떻게 도우십니까?

"우리는 마땅히 기도할 바를 알지 못하나 오직 성령이 말할 수 없는 탄식으로 우리를 위하여 친히 간구하시느니라."(롬 8:26)

우리는 어떻게 기도해야 할지 알지 못하지만 성령께서 이루 다 말할 수 없는 탄식으로 친히 우리를 대신하여 간구하여 주십니다. 성령님은 우리 연약함을 도우시는데, 특별히 우리의 기도생활을 도우십니다. 우리가 올바르게 기도할 수 있도록 교정시켜 주십니다. 기도의 우선순위가 틀렸으면 바로 잡아 주십니다. 기도 제목이 생각나지 않으면 기도 제목이 생각나도록 만들어 주십니다. 하나님의 뜻대로 기도하게 해 주십니다.

"마음을 살피시는 이가 성령의 생각을 아시나니 이는 성령이 하나님의 뜻대로 성도를 위하여 간구하심이니라."(롬 8:27)

이것이 은혜입니다. 능력입니다. 영적인 차원의 세계입니다. 새로운 세계를 바라보는 안목입니다. 마태복음을 쓴 마태는 갈릴리를 '바다'라고 말했습니다. 누가복음을 기록한 누가는 갈릴리를 '호수'라고 했습니다. 왜 마태는 갈릴리를 바다라 하고, 누가는 호수라고 그랬을까요? 마태는 지중해를 본 적이 없고, 누가는 지중해를 본 사람이기 때문입니다. 지중해를 본 사람에게 갈릴리는 호수처럼 작은 것입니다.

기도의 세계, 영적 세계, 기도의 깊이, 하나님의 뜻대로 기도하는 세계, 성령의 도우심을 받아서 기도하는 그 세계를 깨닫고 나면, 성령이 우리 연약함을 어떻게 도와주시는지에 대해서 느낄 수가 있습니다.

저는 목회자의 아들로 태어났습니다. 어릴 때부터 저는 교회에 가는 것, 찬송과 성경 읽기가 특기였습니다. 저의 부친은 'No Bible, No Breakfast!'라시며 성경을 안 읽으면 아침을 안 주셨습니다. 그래서 저는 성경을 은혜로도 읽었지만, 생존의 문제로 읽었습니다. 그래서 교회 생활이나 기독교 문화에 대해서 아주 익숙합니다.

그런데 1976년에 제가 대학부 사역을 할 때 강원도 '예수원'의 대천덕 신부님(R. A. Torrey)을 수련회 강사로 모시고 집회를 하면서 깜짝 놀랐습니다. 우리는 성령과 성경에 대해서 설명만 하고 있었는데, 그 분은 성령과 성경에 대해서 'fact'(실제)가 있었습니다. 우리는 교리와 형식만 알고 기도하고 있었는데, 그분은 'fact'와 내용과 삶이 있었습니다. 그래서 큰 도전을 받고, 마음속에 간절함이 생겼습니다.

"하나님 아버지, 신앙 세계에도 차원이 있군요. 누구는 무 먹고 누구는 인삼 먹습니까?"

그 해 여름에 도전받고, 가을과 겨울에 강원도에 있는 조그마한 교회 마루에서 떼굴떼굴 구르면서 하나님께 매달렸습니다.

"성령 하나님, 저로 하여금 성령을 설명만 하는 사람이 되지 말게 하시고, 성령에 대해서 실재가 있는 신앙인으로 제 존재를 붙잡아 주시옵소서."

그렇게 매달리면서 성령께서 저의 연약함을 도우시고, 저의 기도생활을 도우시며, 제 생각의 주체가 되어 주실 것을 간구하였습니다.

우리는 '성령의 사역'에 대해 생각하면 은사 문제를 많이 이야기합니다. 은사는 교회의 유익을 위하여 필요한 대로 하나님께서 주권적으로 주시는 것입니다. 방언이나 신유나 예언이나 통변 등의 은사를 누구나 다 받는 것은 아닙니다. 그러나 예수님을 통해 구원받은 하나님의 사람으로 인생을 살아가기를 원하거나, 영적인 성공을 이루기를 원하는 모든 그리스도인들에게 공통적으로 주어지는 특권과 축복이 있으니 곧 성령께서 연약한 자를 도우시고, 우리의 기도를 도와주신다는 것입니다. 이것을 믿으면 새로운 차원이 펼쳐지게 됩니다.

저는 살아가다가 힘들고 어려우면 로마서 8장 28절을 찾습니다.

"우리가 알거니와 하나님을 사랑하는 자 곧 그의 뜻대로 부르심을 입은 자들에게는 모든 것이 합력하여 선을 이루느니라."

연약한 자를 도우시는 성령님께 눈이 열리고 이로 말미암아 하나님의 뜻대로 기도하게 해 주시는 성령님의 은혜를 체험하게 되면 그 다음에 깨닫는 것은 '모든 것이 합력하여 선을 이룬다'는 사실입니다. '모든 것'은 'all things'이고, '합력하여'라는 말은 'all together'입니다. 'All together'의 원어의 뜻은 'not separate', 즉 '분리함이 없다'는 뜻입니다.

지금까지 살아온 여러분의 생애를 회고해 보십시오. 남들만큼 괜찮은 부모를 못 만난 아쉬움이 있을 수 있습니다. 남들만큼 어떤 교육을 못 받은 것에 대한 안타까움이 있을 수도 있습니다. 또 어릴 때 상처받은 것, 힘들었던 것, 수많은 아픔과 질곡들이 있을 수 있습니다. 그런데 하나님께서는 그것들이 '모든 것' 안에 다 포함된다고 하십니다. 심지어 과거의 범죄까지도 모두 포함이 됩니다.

우리가 범죄한 것을 주님 앞에서 생각하면 한심하고 고개를 들 수 없을 것입니다.

'주님의 보좌 있는데 천한 몸 이르러 그 영광 몸소 뵈올 때 내 기쁨 넘치리' (찬송가 27장 4절)

저같이 미천한 인생이 창조주 하나님 앞에서 예배드리고, 창조주 하나님을 생각하며, 창조주 하나님과 함께 동행할 수 있다는 사실이 과거에 죄인이었다고 생각하면 더 감격스럽게 다가오게 됩니다.

성령의 역사에 대해서 눈이 열린 사람들에게 하나님께서 주시는 특별한 축복이 무엇입니까? 모든 것이 분리함이 없이 선을 이룬다는 것입니다. 우리가 이제까지 살아오는 동안 겪었던 과거의 상처와 아픔과 후회와 고통과 연단과 괴로움들, 그 모든 것이 'All together', 분리함이 없이 합력하여 선을 이룬다는 것입니다. 그때부터 저와 여러분의 신앙이 한 차원 올라가고 영적으로 성공하는 길을 하나님께서 베풀어 주십니다.

우리가 이런 마음을 갖게 될 때 하나님께서 사역의 복을 주시고, 만남의 복을 주시며, 은혜를 베풀어 주십니다. 제가 목회자의 입장에서 말씀 드리기가 조심스럽지만, 하나님께서 저에게 사역에 관한 한 한계가 없는 일을 베풀어 주실 때가 많았습니다. 저는 전혀 그런 입상이 아니었습니다. 그러나 성령님이 우리의 연약함을 도우시고, 모든 것이 합력하여 선을 이룬다는 것을 깨닫게 된 후부터 하나님께서는 저에게 주신 소명, 기도의 제목, 비전 등에 대하여 한계가 없는 일을 자주자주 베풀어 주셨습니다. 여러분에게도 동일한 은혜를 부어 주시리라 확신합니다.

그러면 성령님이 우리 연약함을 도우시고, 모든 것이 합력하여 선을 이루신다고 확증하고, 영적인 성공에 대해 눈이 열릴 때 나타나는 변화는 무엇입니까?

자기의 약점으로부터 자유로워지는 것입니다. 자기의 약점으로부터 자유로워진다는 말은 이미 결정된 것을 가지고 인생을 낭비하지 않고 내가 더 잘 할 수 있는 것에 목숨을 거는 것입니다. 하나님께서는 사람들을 쓰실 때, 성령의 역사를 통하여 자기의 약점이 점점 극복되어지는 사람들을 쓰십니다.

이미 결정된 것이 무엇입니까? 내가 어디서 태어났다, 얼굴이 어떻게 생겼다, 어떤 부모를 만났다, 어느 지역 출신이다, 키가 얼마다… 그런 문제에 인생을 낭비하지 않는 것입니다.

우리가 더 잘할 수 있는 것이 무엇입니까? 주님을 더 사랑할 수 있습니다. 나의 연약함을 도우시는 성령님께 더욱 더 의존할 수 있습니다. 성령님께서 원하시는 기도 제목을 가지고 더 집중할 수 있습니다. 나의 약점을 도우시는 성령님께 나 자신을 의탁할 수 있습니다. 그럴 때마다 우리가 생각할 수 없는 기적 같은 차원의 삶을 하나님이 베풀어 주신다는 것을 확신합니다. 이것이 믿음의 길입니다. 영적인 세계입니다.

4년 전에 한국으로 나오면서 21년간 살던 것을 정리하고 이삿짐을 옮기다 보니까 책갈피에서 뭔가가 툭 떨어졌습니다. 자세히 보니까 저의 고등학교 입학 수험표였습니다. 고등학교 수험표니까 중학교 3학년 때의 사진인데 저는 사진을 보는 순간 깜짝 놀랐습니다. 그 얼굴이 세상의 모든 근심을 짊어진 얼굴이었습니다. 너무 슬프고 힘들고 비참한 얼굴이었습니다. 그때 저의 아버지는 교회를 개척하시고 참 어려울 때였고, 저는 민감한 청소년 시절을 보내며 마음의 상처가 많았던 것 같았습니다. 중학교 3학년 학생의 얼굴이 고통스러운 비애의 얼굴이었습니다. 그러나 지금 제 얼굴은 잘 생기고 못 생기고를 떠나서 '예수 믿는 얼굴' 이라고 많은 분들이 말씀하시곤 합니다.

제가 한 가지 믿었던 것은 이것입니다.

'성령은 우리의 연약함을 도우시는 분이시다.'

'기도생활에 능력을 주시는 분이시다.'

'내 약점으로부터 나를 자유롭게 하시는 분이시다.'

'이미 결정된 것 가지고 인생을 낭비하지 않도록 만들어 주시는 분이시다.'

이 사실에 눈이 열리고 난 후부터 영적으로 성공한 인생에 관심을 갖게 하시고 오늘까지 붙잡아 주셨습니다.

여러분 중에도 큰 근심의 짐을 지고 삶이 복잡하고 힘들고 마음이 황량한 분들이 있으시리라 생각합니다. 이제 그런 근심과 걱정을 다 접으시고 연약함을 도우시는 성령님께 집중하셔서 성령님께서 도우셔야 할 수 있는 기적 같은 삶, 영적으로 성공하는 삶의 축복을 모두 누리시길 소망합니다.

(2006. 3. 17 KBS 기독신우회 창립 29주년 기념 예배)

아버지와 아들 엡 2:1~9

김요셉 목사(수원원천침례교회 담임목사,
수원중앙기독초등학교 교목, 릭 워렌 콘퍼런스 공식 통역)

본문 말씀은 제가 아끼고 사랑하는 말씀입니다. 제가 여러 가지로 사람들을 헷갈리게 하는 사람입니다. 저를 보고 사람들이 종종 묻습니다.

"어떻게 한국말을 그렇게 잘 하세요?"

제가 살아온 배경을 아시면 제가 한국 사람이니까 한국말을 잘하는 것이 당연하다는 것을 아실 것입니다. 사실은 영어는 잘 못합니다. 그런데도 사람들은 왜 한국말을 잘 하냐, 언제 한국에 왔냐고 묻습니다. 그 질문에 그 대답을 하려니까 제가 헷갈립니다.

제 아버지는 김장환 목사이고 어머니는 미국분입니다. 두 분의 큰아들로 태어나면서 제 안에는 많은 헷갈림이 있었습니다. 특히 언어의 헷갈림도 있었습니다. 한글과 영어 두 가지 말을 같이 배웠기 때문입니다.

어떤 분이 이런 질문을 했습니다.

"목사님은 생각할 때 한국말로 하세요? 영어로 하세요?"

그 말을 들으니까 저도 헷갈렸습니다. 왜냐하면 평소에 생각을 잘 안 하니까, 무슨 말로 생각을 하는지 잘 몰랐다가, 질문을 듣고 생각해 보려니까 이상했습니다. 저는 잘 모르겠습니다. 무슨 말로 생각을 하는지.

결혼할 나이가 됐을 때도 정말 헷갈렸습니다. 하루는 아버지가 저를 부르시더니 이렇게 말씀하셨습니다.

"너 미국에 가서 대학 공부를 해도 되는데 한 가지 조건이 있다. 아버지도 미국에서 공부해서 알고 있는데, 미국의 대학교에 가면 미국 여학생이 많다. 거기에 현혹되지 말고 너는 고향에 있는 리브가를 얻어 결혼한 이삭처럼 한국 여자와 결혼했으면 좋겠다."

아버지의 말씀이니까 일리는 있지만, 그 순간에 떠오르는 생각이 아버지는 미국 여자와 결혼하고 왜 저에게는 그렇게 말씀하시나 하고 또 헷갈렸습니다.

그래서 나중에 어머니에게 물어보니까, 어머니의 의견은 또 달랐습니다. 어머니는 미국 사람인데도 한국적으로 생각하셨습니다.

"너는 큰아들인데 결혼하면 우리와 함께 살아야 되잖아. 네가 결혼해서 아내가 될 자매는 우리 집 큰며느리인데 아버지랑 시간을 많이 보내겠니? 엄마하고 시간을 많이 보내겠니?"

어머니는 어머니 같은 사람과 결혼했으면 좋겠다는 것이었습니다. 4년 동안 대학에 다니면서 얼마나 제가 헷갈렸는지 모릅니다.

그래서 하나님께 하소연했습니다.

"하나님, 제가 어떻게 하라는 말입니까? 어머니에게 효도할까요? 아버지에게 효도할까요?

결혼 안 하고 살까요. 둘 데리고 살까요?"

하나님은 정밀 오묘하게 제 헷갈림을 해소해 주셨습니다. 나중에 교포를 만나게 해 주셨습니다. 그래서 아버지도 기뻐하고 어머니도 기뻐하셨습니다.

가장 헷갈렸던 경우가 한 번 있었습니다. 제가 헷갈렸던 것이 아니라 다른 분들이 저 때문에 헷갈리는 것이 하나 있다고 합니다. 저는 잘 모르겠는데, 극동방송을 듣거나 제 아버지의 설교를 들어보신 분들은 제 목소리 때문에 헷갈리는 분들이 있습니다. 저도 요즘 극동방송을 통해 설교가 나가기도 하는데, 어떤 분들은 "김장환 목사님 설교 말씀이네." 하고 한참 듣다가 마지막에 가서 들으면 "원천교회 김요셉 목사입니다."라는 소개를 듣게 됩니다.

제 목소리가 아버지의 목소리와 많이 닮았답니다.

한 번은 제가 아버님이 시무하시는 교회의 부목으로 있을 때였는데, 집사님 한 분이 집에 전화를 주셨습니다. 제가 아버님과 같이 살고 있습니다.

제가 그냥 "여보세요?"하고 전화를 받으니까, 수원침례교회 여전도회 회장이었습니다.

"아유, 김 목사님!"

저도 김 목사니까 대답을 했습니다.

"네"

한참 그 분의 이야기를 듣다가 보니까, 저 김 목사가 아니라 아버지 김 목사를 찾은 것이었습니다. 그분은 남편의 흉을 보시고, 별별 이야기를 다 하시는데, 제가 들을 이야기가 아니었습니다. 한참 듣다가 말했습니다.

"아 저요. 김요셉 목사예요."

제 말을 듣고 그분이 너무 황당해서 바로 전화를 끊어버렸습니다.

일주일 후에 그 분이 또 집으로 전화를 하셨습니다. 이번에는 아버님이 전화를 받으셨습니다. 아버지도 그냥 "여보세요"하니까, 이분이 다짜고짜 아버지한테 말씀하셨습니다.

"내가 한 번 속지, 두 번 속을 줄 아냐? 너희 아버지 빨리 바꿔!"

아버지는 전화로 그냥 "여보세요"라고 한 죄밖에 없는데, 아버지를 바꾸라고 하니까 대답했습니다.

"저희 아버지, 돌아가셨는데요."

그 집사님이 생각해 보니까 김장환 목사님이 진짜 받으신 것입니다. 그런데 자신이 말한 것이 황당해서 또 전화를 끊고 통화를 못하였습니다.

다음 주일에 교회에 갔더니 그 집사님이 저를 보고 푸념을 했습니다.

"헷갈려 죽겠어, 왜 아버지하고 목소리가 닮아가지고 나한테 무안을 두 번씩이나 주시지? 그 아버지의 그 아들이야!"

그 말씀을 듣는 순간 제 마음속에 이런 생각이 들었습니다.

'내가 뭐 아버지 닮고 싶어서 노력을 했나? 왜 나한테 그러지?'

가만히 생각해 보니까 요즘 좀 큰 교회나 옛날부터 유명한 교회의 부목사들은 담임목사의 목소리를 닮아가는 것 같습니다. 심지어는 담임목사의 설교 스타일을 닮으려고 테이프를 듣고 연습하기도 하는 것 같습니다. 그러나 저는 닮으려고 한 번도 연습을 안 했습니다. 그런데 아버지의 목소리, 아버지의 제스처, 아버지의 억양을 제가 모두 닮았습니다. 그 이유를 생각을 해 보았더니, 이것은 '하나님의 섭리' 였습니다.

에베소서 2장 1-9절 본문 말씀을 보면서 저의 정체성의 혯갈림, 때로는 다른 사람들에게 주는 혯갈림 속에서 하나님의 말씀에 담겨진 오묘한 진리를 발견한 것이 하나 있습니다.

우리 모두 '그 아버지의 그 아들', '그 아버지의 그 딸들' 이라는 것입니다. 영적인 진리가 거기에 있습니다. 우리 육신의 모습은 고린도전서 15장에 보면 그림자라고 표현하고 있습니다. 영의 모습을 반사하는 그림자에 불과한 것입니다. 육신의 부모를 육신의 자녀가 닮아 갈 수밖에 없는 것은 하나님의 섭리입니다. 이것은 하나님의 창조의 섭리와 질서 속에서 우리가 발견할 수 있습니다. 자연의 섭리 속에 우리의 자녀들이 우리를 닮아 가는 모습들이 있다면, 그 닮아 가는 모습 속에서 더 깊고 심오한 하나님의 영적인 가치들을 우리들에게 보여 주실 것입니다. 세상의 자연적인 현상들은 모두 하나님을 알 수 있는 자연 계시의 작은 목소리들, 작은 그림자들, 반사에 불과합니다. 더 깊숙한 오묘한 진리가 있는데, 하나님께서 우리에게 주시고 싶은 영적인 진리를 우리가 자연의 삶 속에서 발견하기를 원하신다는 것입니다.

제가 육신의 아버지를 닮을 수밖에 없는 이유는 우리를 창조하신 영의 아버지를 닮을 수밖에 없도록 만들어 주신 하나님의 오묘한 섭리가 우리의 육신의 모습 속에서 반사되었기 때문입니다.

"하나님이 이르시되 우리의 형상을 따라 우리의 모양대로 우리가 사람을 만들고"(창 1:26)

그리고 남자와 여자를 창조하셨습니다. 우리의 모습은 하나님의 형상을 반사하는 것입니다. 우리에게 주신 영의 모습, 우리의 내면의 영성이 반드시 '영적인 아버지' 를 닮을 수밖에 없게 만들어 주셨다는 사실을 우리는 알아야 합니다.

그런데 많은 분들이 간과하고 넘어가는 것이 하나 있습니다. 우리 영의 아버지가 하나님이라고만 생각하는데 그렇지 않습니다. 영성에 있어서만큼은 두 종류의 부자 관계가 있습니다. 두 종류는 '그 아버지의 그 아들', '그 아버지의 그 딸' 의 모습이 있습니다.

본문 말씀은 에베소서 2장 1-3절까지는 첫 번째 부자 관계, 4-9절까지는 두 번째 부자 관계를 보여 줍니다.

첫 번째 부자 관계는 '진노의 부자 관계' 입니다. 진노의 부자 관계의 특성을 살펴보겠습니다.

"그는 허물과 죄로 죽었던 너희를 살리셨도다. 그 때에 너희는 그 가운데서 행하여 이 세상 풍조를 따르고 공중의 권세 잡은 자를 따랐으니 곧 지금 불순종의 아들들 가운데서 역사하는 영이라. 전에는 우리도 다 그 가운데서 우리 육체의 욕심을 따라 지내며 육체와 마음의 원하는 것을 하여 다른 이들과 같이 본질상 진노의 자녀이었더니"(엡 2:1-3)

진노의 아버지를 닮은 영의 모습은 여기에서는 세 가지로 나타납니다. 첫 번째로 1절에는 '영적으로 죽은 모습' 입니다. 허물과 죄로 죽었습니다. 어떤 교회 장로님이 이렇게 대표기도 하는 것을 들었습니다.

"죽을 수밖에 없는 우리를 살려 주신 하나님 감사합니다."

참 거룩하고 영적인 것으로 들리지만, 신학적으로 잘 분석해야 됩니다.

우리는 죽을 수밖에 없는 존재들이 아닙니다. 육체적으로는 아직 살아 있는 것 같이 느끼지만, 성경에서는 우리를 영적으로 이미 죽은 자들이라고 말합니다. 허물과 죄로 '죽었던' 우리입니다. 우리는 태어날 때 '진노의 자녀' 로 태어났습니다. 우리는 진노의 유전인자를 받았기 때문입니다. 우리는 아담과 하와의 영을 받았기 때문에, 아담과 하와는 '죄를 짓는' 순간부터 그 영이 죽었습니다. 로마서 8장에 보면 그렇게 말하고 있습니다. 우리는 죽은 영을 가진 존재들입니다. 이 영은 나중에 다시 살아날 수 있지만 아직 믿지 않는 상태에서는 모든 자연인들은 허물과 죄로 죽은 존재들입니다. 당연히 그렇기 때문에 영적으로 살아 있는 반응들을 보이지 않습니다. 시체를 보셨습니까? 아무런 반응을 보이지 않습니다. 우리의 영성이 죽어 있는 형태에서부터 우리는 진노의 자녀의 모습을 띄었던 것입니다.

'진노의 자녀' 의 두 번째 특징은 '세상 풍속' 을 좇는 것입니다. 이 세상을 지배하고 있는 가치는 '인본주의' 입니다. '사람 중심', '휴머니즘' 입니다. 우리는 12년, 14년, 16년, 또는 20년 가까이 인본주의 중심의 가치관에 담긴 교육을 받아왔기 때문에 우리 자신도 모르게 거기에 젖어 있습니다.

우리가 신앙인임에도 불구하고, 교회를 다님에도 불구하고, 우리의 가치관과 세계관 속에서는 인본주의 가치로 많이 오염되어 있습니다. 마치 붕어빵을 찍어내듯이 세상의 가치를 가지고 찍어내고 있습니다.

직장마다 하나님께서 신우회를 허락하시고 여러분들에게 주시는 이유가 있습니다. 주일도 중요하지만 주중에 특별히 인본주의적인 틀 속에 계속해서 억눌리고 살아가는 우리들에게 그 억압의 틀을 깨뜨릴 수 있는 유일한 길은 끊임없는 신본주의적인 정화가 다시 일어나야 하기 때문입니다.

저는 '중앙기독초등학교' 에서 섬기고 있습니다. 제일 먼저 한국에 들어와서 주님께서 저에게 주신 비전이 있습니다. 바른 기독교 교육과 양육에 대한 비전입니다. 그 동안 한국 교회 성장은 아버지 세대에서 이루어졌습니다. 부흥과 전도를 통해서 우리 한국 교회는 자라났습니다. 전도와 뜨거운 예배의 열정 속에서 살아 있는 교회가 되어가고 있지만, 한국 교회에 아직도 부족한 것이 한 가지 있다면, 우리의 가치관이 인본주의적 가치관, 세상의 풍속과 풍조에서부터 벗어나지 못하고 있을 뿐만 아니라 교회 안에까지 깊숙이 뿌리박고 있다는 사실입니다. 마치 잡초의 잎사귀만 뽑아버리면 계속해서 다시 자라나는 것처럼 그 인본주의의 잡초를 뿌리까지 뽑아 버리고 하나님의 복음의 씨앗을 심어 자라게 할 수 있는 교육이 교회 안에 절실하게 필요합니다.

일주일에 주일 예배나 주일학교 예배 한 시간 가지고는 부족합니다. 그래서 '중앙기독초등학교' 에서는 날마다 모든 과목을 철저하게 하나님의 말씀 속에서 여과시키는 신본주의적 교육' 을 중심으로 하고 있습니다. 이런 교육이념으로 한국에서 최초로 시도한 학교가 바로 중앙기독초등학교입니다.

한국 교회는 다음 세대에게 태어나면서부터 믿음의 가치관으로 자기의 모든 세계관이 '하나님 중심적 세계관' 으로 살아갈 수 있는 교육을 물려 주어야 합니다. 우리 교회들이 진실한 하나님 중심의 교육에 대한 열정이 부족합니다. 우리는 하나님을 믿는다고 말을 하면서도 세상 풍속을 좇고, 불순종의 아들들 가운데 역사하는 영의 지배를 받는 삶을 살아왔습니다.

'진노의 자녀' 의 세 번째 특징은 육체의 욕심을 따라 육체와 마음이 원하는 것을 하여 계속해서 정욕 중심의 삶을 살아온 것입니다. 먹고 싶은 것, 보고 싶은 것, 하고 싶은 것, 갖고 싶은 것, 그것을 채우는 일이 우리 인생의 중요한 목적이 된다면 우리는 아직도 진노의 자녀의 모습을 벗지 못한 것입니다. 우리는 어떠한 모습으로 세상을 살아가야 되겠습니까? 아버지를 닮아서 진노의 아버지인 사탄의 모습을 지닌 채 이 세상에서 그렇게 살아가시겠습니까? 우리는 그 틀을 깨야 합니다.

하나님 때문에 우리는 진노의 자녀에서부터 은혜의 자녀로 뒤집어 질 수 있는 기적과 은혜의 존재입니다. 우리 자신의 힘으로는 불가능하지만 예수 그리스도를 믿음으로, 예수님의 변화의 능력 때문에, 하나님의 풍성하신 은혜의 긍휼하심 때문에 우리는 진노의 자녀에서부터 은혜의 자녀로 바뀔 수 있습니다. 그것이 복음입니다. 그 은혜를 받지 않고는 우리 힘으로 아무것도 할 수 없습니다. 많은 사람들이 교회를 열심히 다니면 크리스천이 되는 줄 알고 있습니다. 교회에만 들어가 앉아 있으면 교인이 되는 줄 알고 있습니다. 아닙니다. 우리가 교인이 될 수 있는 방법은 하나밖에 없습니다. 예수 그리스도의 풍성하신 은혜 때문에, 믿음으로 말미암아 하나님께서 주시는 그 은혜로 구원을 받는 것입니다. 우리가 하나님의 은혜를 받을 때, 하나님께서 우리에게 하나님의 자녀로 거듭날 수 있는 기회를 허락해 주십니다.

우리나라에만 있는 신앙용어가 있습니다. 어느 나라, 어느 기독교에 가도 '모태 신앙' 이라는 단어는 없습니다.

"주일학교 선생님 좀 하세요."

"못해요."

"반주 좀 하세요."

"못해요."

이런 사람들은 '모태 신앙' 이 아니라 '못해 신앙' 입니다. 어머니의 뱃속에서부터 크리스천이 될 수는 없습니다. 우리가 어렸을 때부터 교회에 나갔을지라도 우리들이 장성해서 어느덧 우리들의 생각 속에 인지가 깨우쳐지고 영적인 문제들을 고민하기 시작할 때 인격적으로 예수님을 만나야 합니다.

"저는 죄인입니다. 예수님, 제 죄를 인하여 십자가에서 돌아가심을 믿습니다."

우리의 죄를 용서해 주실 수 있는 분은 하나님의 아들 예수 그리스도의 보혈밖에 없음을 믿고 영접할 때에야 진정한 하나님의 자녀가 되는 것입니다. 이것이 복음이고, 변화입니다.

우리가 구원을 통해서 진노의 자녀에서 은혜의 자녀로 변화를 받아 하나님의 자녀처럼 살아갑니다. 저는 이것을 DNA 변화라고 생각합니다. 부모의 자녀인 줄 어떻게 압니까? 이런 질문에 접하면 우리는 보통 '부모의 피를 받았다 '고 말합니다. 그런데 그것이 과학적으로는 좀 틀립니다, 제가 우리 부모의 피를 받지는 않았습니다. 아버지와 어머니의 피를 수혈 받아서 태어난 사람은 아닙니다. 아버지의 정자와 어머니의 난자가 합쳐져서 태어난 것입니다. 과학적으로는 한국말이 틀립니다. 그러나 신학적으로는 한국말이 굉장히 정확한 말입니다.

"전에 멀리 있던 너희가 그리스도 예수 안에서 그리스도의 피로 가까워졌느니라"(엡 2:13)

그리스도의 보혈이 우리 안에서 DNA 작용을 일으킵니다. 예수님의 피 때문에 우리의 영성 안에서 우리가 예수님의 피를 수혈 받는 것입니다. 그 수혈을 우리의 혈관 속에 받는 것이 아니라 우리의 영을 예수님의 영의 문설주에, 보혈을 믿는 십자가를 드리는 것입니다.

구약의 모세 시대의 사람들은 양의 피를 문설주에 발라서 죽음의 신이 넘어가 구원을 받았습니다. 오늘날에는 우리 안에 죽음의 신이 우리의 마음을 보았을 때, 예수님의 보혈을 받았기 때문에 구원을 받는 것입니다. 그런데 이 구원의 단계는 여기에서 끝나는 것이 아닙니다.

구원의 두 번째 단계가 있습니다. 제가 아버지의 모습이나 목소리를 많이 닮은 것은 생물학적인 이유 때문에 닮은 것 같습니다. 억양은 부모의 DNA 때문에 그런 것이 아닙니다. 저는 아버지의 키를 닮아서 원망이 많습니다. 아버지와 어머니가 키가 작아서 얼굴도 이렇게 멋있게 생겼는데도 저 역시 키가 작습니다. 아버지와 어머니의 유전인자가 작습니다.

그런데 또 감사한 것은 저의 목둘레, 허리둘레, 발 사이즈가 거의 아버지와 똑같습니다. 구두상품권을 받으시면 좋은 구두를 사시고, 양복이나 넥타이나 와이셔츠 등을 어머니가 다 물려 주십니다. 아버지는 항상 옷이 어디로 사라졌는지 모르십니다.

그런데 아버지와 닮은 것 중 유전인자가 아닌 요소가 있습니다. 제 아내가 결혼하기 전에 저에게 무슨 음식을 좋아하냐고 물었습니다.

제가 '된장찌개'를 좋아한다니까, 한 달 동안 장모님께 된장찌개 끓이는 법을 배워왔습니다. 아침에도 된장찌개, 점심에도 된장찌개. 그런데 몇 개월 동안 따로 살다가 부모님을 모시게 되었는데 아내가 또 걱정을 했습니다. 남편은 괜찮은데, 시아버지가 걱정이 되었습니다. 그래서 어머니에게 물었어요.

"김장환 목사님은 어떤 음식 좋아하세요?"

"된장찌개!"

아내가 십년감수하면서 저에게 물었습니다.

"어떻게 아버지도 된장찌개, 아들도 된장찌개를 좋아해요?"

제 아들이 하나 있는데, 어느 날 식당에 가서 주문을 하는데 우리 아들이 된장찌개를 주문하는 것을 보고 집사람이 깜짝 놀랐습니다.

"어떻게 3대째 된장찌개를 좋아해요?"

유전인자 속에 된장찌개를 좋아하는 무엇이 있어서가 아니고 아버지가 된장찌개를 좋아하시니까 제가 아버지랑 같이 식탁에 앉으면 매일 올라오는 된장찌개를 제가 먹으면서 인이 배긴 것입니다. 오랫동안 함께 살아왔기 때문입니다.

"허물로 죽은 우리를 그리스도와 함께 살리셨고(너희는 은혜로 구원을 받은 것이라) 또 함께 일으키사 그리스도 예수 안에서 함께 하늘에 앉히시니"(엡 2:5-6)

이 말씀에 보면 우리가 크리스천으로서 은혜의 자유로 자라 가는 비결이 있습니다. 예수님께서 약속하셨습니다.

"두세 사람이 내 이름으로 모인 곳에는 나도 그들 중에 있느니라."(마 18:20)

하나님께서는 우리가 예수님을 닮기를 원하십니다. 구원받기 위해 예수님의 보혈을 믿고, 입으로 고백하고, 예수님을 우리 마음에 영접하는 것으로 끝나는 것이 아니라 예수님을 닮은 삶을 살아야 합니다. 예수님을 닮기 원하는 그때부터 믿음 생활이 시작되는 것입니다. 제가 아버지를 닮는 것 중에 신체적 조건을 닮는 것도 중요하지만, 더 중요한 것을 닮고 싶습니다. 옛날부터 사람들이 저한테 그런 이야기를 했습니다.

"아버지 닮아서 훌륭한 목사 돼야지?"

얼마 전에 릭 워렌 목사의 설교를 통역하고 나서부터는 그 부담이 확 줄어들었습니다. 그전까지는 그것이 저에게 축복이 아니고 저주로 들렸습니다.

"아니, 누가 마음대로 김장환 목사님처럼 되고 싶다고 되는 줄 아세요? 안 돼요. 되고 싶다고 제가 큰 교회 목회할 수 있는지 아세요? 안 돼요. 제가 대통령을 전도할 수 있을 것 같아요? 안 돼요. 불가능해요. 뱁새가 황새 못 좇아가면 가랑이가 찢어지는데, 저보고 자꾸 김장환 목사님 같이 훌륭한 목사님 되라니까 제가 그게 되겠습니까?"

저는 목사가 안 되고 싶었습니다. 아버지를 도저히 따라가지 못할 것 같아서 저는 포기하고 있었습니다. 그런데 한 번은 제가 미국에서 공부하고 있을 때, 아버지가 미국 집회에 오셔서 호텔에서 같이 잠을 자게 되었습니다. 아버지가 밤중에 화장실에 가셨습니다. 저는 그것도 모르고 자다가 깨서 화장실을 갔는데 벌써 아버지가 들어가 계셨습니다. 그래서 한참을 기다렸는데 안 나오셔서 잠이 드셨나 해서 화장실 문을 열고 살짝 들여다보았습니다. 그 순간에 제 눈에 포착된 아버지의 모습을 잊어버릴 수가 없었습니다. 아버지가 변기 뚜껑을 덮으시고 그 위에 하얀 수건 두 장을 놓고 앉아 성경을 펴들고 계셨습니다. 잠이 안 오시니까 제가 깰까봐 화장실로 도피하셔서 거기서 성경을 읽고 기도하고 계셨습니다. 기도하시니까 기도를 끝마칠 때까지 기다리면서 아버지가 하시는 기도를 훔쳐들었습니다.

"하나님 아버지, 우리 요셉, 애설, 요한이 혼혈아로 한국 땅에서 자라면서 많은 마음의 상처가 있는 아이들입니다. 그 아이들을 하나님이 받으시고 그 아이들을 하나님의 종이 되게 하여 주시옵소서."

아버지가 무릎 꿇고 저희 삼남매를 위해서 기도하는데 제 마음속에 무슨 생각이 들었는지 아십니까?

'하나님, 저는 아버지처럼 훌륭한 목사가 될 수 없습니다. 아버지처럼 빌리 그래함 목사의 설교를 통역하거나, 큰 교회에서 목회하거나, 극동방송을 세우고 운영할 수 있는 그런 목회자는 될 수 없습니다. 하나님 아버지, 하지만 저렇게 하나님 앞에 무릎 꿇고 기도하시는 아버지는 닮을 수 있을 것 같습니다. 하나님 아버지 그게 하나님께서 저를 부르시는 길이라면 저는 아버지의 발자취를 따르겠습니다.'

그 순간이 저에게 진정한 인생의 전환점이 되었습니다. 저는 목사이신 아버지의 사랑과 삶을 본받아 목사의 삶을 살아가고 있습니다. 무엇보다도 말씀의 인도하심을 받아 예수 그리스도의 삶을 닮아 가는 삶을 살아가려고 노력하고 있습니다. 그리고 저 또한 아버지로서 제 믿음의 삶을 아들에게 보여 주고 싶습니다. 여러분들도 하나님의 은혜로 말미암아 구원의 기쁨을 누리고 예수 그리스도를 닮아 가는 축복된 삶에 거하시길 기원합니다.

(2006. 10. 20)

진정한 복에 대하여 창 32:21~30

이은재 목사(감리교신학대학 교수 · 교목)

제2차 세계 대전이 한참 진행되고 있던 때였습니다. 독일의 한 젊은 병사가 그 전쟁에 참전해서 오랜 행군과 전투에 지쳐 있었습니다. 그 병사는 자기의 몸을 가볍게 하기 위해 가지고 있던 물건들을 어쩔 수 없이 버려야만 했습니다. 그는 갓 대학을 졸업하고 목회자의 과정을 밟던 중에 나라의 부름을 받아서 소련군과의 전쟁을 치르고 있던 중이었습니다. 그 병사는 자기가 공부한 것 중에 귀히 여기던 몇 권의 책을 전쟁터에서 읽어보고 또 그를 통해서 위로와 소망을 누리기 위해서 가져왔습니다. 이제 전쟁의 기간이 길어지고 육체적으로도 연약해졌기 때문에 그는 아끼던 책을 한 권씩 한 권씩 자기가 진군하는 곳에 버려야만 했습니다.

그리고 그 중에 가장 값지다고 생각했던 딱 한 권 성경책만큼은 버리지 않았습니다. 그러나 전투를 하던 중에 병사는 소련군들에 의해서 포로로 붙잡히게 되었습니다. 포로가 된 그는 결코 뺏기고 싶지 않았던 성경과 모든 소지품들을 다 빼앗겨 버리는 아픔을 겪고 포로수용소에서 오랜 기간 동안 노동을 하게 되었습니다.

자기가 살아 있어도 사는 것도 아니고, 또 아무런 소망과 기대도 가질 수 없는 상황에서 가장 아끼던 성경을 빼앗겨 말씀을 보지 못하는 것은 그 무엇보다도 힘든 일이었습니다. 그런데 어느 날 하나님께서 그 젊은이에게 말씀해 주셨습니다.

"네가 말씀을 읽지 않더라도 나는 너에게 항상 가까이 있다는 사실을 기억하여라."

그에게 그것은 살아 있게 하는 힘의 원동력이었습니다. 시간이 좀 지나서 휴전 협정이 이르게 되었고 인도적 차원에서 포로수용소에서 석방되어 고향으로 다시 돌아온 그는 열심히 학문을 연마했습니다. 그는 독일에서 학위 공부를 마치고 미국에 있는 대학에 가서 교수 생활을 하다가 다시 그가 학위를 받은 모교에서 나머지 잔여임기를 교수로 활동하고, 지금은 돌아가셨습니다.

그분은 '오토베치' 라고 하는 교수님이신데 제 논문의 부심을 맡아 주셨던 분입니다. 오토베치 교수님은 한국을 유별히 사랑하셨기 때문에 한국 유학생들을 늘 눈여겨보셨고, 그분의 가정에서 한 번도 식사 대접을 받지 않은 한국 학생들이 없었을 정도였습니다. 일본에도 여러 차례 오셨고, 중국에도 가서도 말씀을 전하셨던 분이셨습니다. 그분은 종종 한국 교회가 부흥하는 이유에 대해 말씀하시며 한국 유학생들을 격려해 주셨습니다.

"다른 것보다도 하나님 앞에 무릎을 꿇고 말씀을 부지런히 사모하는 것이 한국 교회가 하나님 앞에서 사랑받는 가장 중요한 요인입니다. 당신들이 좋은 학문을 공부하고 돌아가서 말씀을 부지런히 증거 하는 삶을 살았으면 좋겠습니다."

제가 설교 말씀을 전하기에 앞서서 저의 돌아가신 은사 선생님 한 분을 언급한 이유는 그것이 바로 우리들에게 굉장히 중요한 사실이기 때문입니다. 오늘 본문에 등장하는 야곱에 대해서는 우리는 너무나 잘 알고 있기 때문에 제가 특별히 말씀드리지 않아도 될 것 같습니다.

우리가 알고 있는 야곱은 어떤 인물입니까? 어머니 리브가의 태에서부터 형과 다투었던 인물입니다. 형 에서의 발꿈치를 붙잡고 나왔기 때문에 그에게 붙여진 이름이 야곱이라는 이름이었습니다. 형 에서가 사냥을 하고 굶주린 채 집에 돌아왔을 때, 장자의 축복권을 떡과 팥죽과 바꾼 장사수완이 좋은 사람이었습니다. 아버지와 형을 속이고 장자에게 돌아갈 축복권을 쟁취할 만큼 야망이 있는 사람이었습니다. 그러기 때문에 비록 외삼촌 라반의 집으로 떠나야만 하는 고통스러운 삶을 살기는 했지만, 그는 어디에 가서든지 자기가 쟁취하기를 원하는 것은 다 획득했던 집요한 인물이었습니다.

큰 야망과 욕심을 가지고 살았던 야곱은 아내를 둘씩이나 얻었고, 많은 재산을 획득하고 금의환향한 입지전적인 인물입니다. 아들복도 많아서 열둘이나 낳았습니다. 그 열두 명의 아들 가운데 한 명은 애굽의 총리가 되었으니 명망 있는 가문이 되었습니다.

"성경이 우리들에게 알려 주고 있는 야곱에 대한 이야기는 이것이 전부다일까요?"

저는 개인적으로 야곱은 '인간적인, 너무나 인간적인 사람'의 전형적인 모습이었다고 생각합니다. 그는 욕심이 많고, 남에게 지기 싫어하고, 경쟁하고, 정말 무엇인가를 노력해서 쟁취하려는 야망으로 가득한 사람이었지만, 그의 그런 모습의 이면에는 거꾸로 열등감과 자기 자신의 부족함 때문에 늘 괴로워했던 인물이 아니었을까요? 만일 그런 식으로 성경을 살펴보면 왜 그가 어머니 뱃속에서부터 안절부절 했을까를 우리는 조금 이해할 수 있을 것 같습니다.

야곱은 육체적으로나 정신적으로나 그렇게 건강한 인물이 아니었다고 저는 생각을 합니다. 형은 나중에 정말 사냥꾼으로서 아버지가 보기에도 듬직한 맏아들의 역할을 잘해 주었지만 야곱은 어머니의 치마 주변을 맴돌던 인물이 아니었습니까? 아마 엄마의 뱃속에서부터 자기 힘으로 엄마의 자궁을 빠져 나갈 힘도 별로 없지 않았을까? 저는 그렇게 생각합니다. 무슨 말이냐 하면, 그는 형한테 뒤지기 싫어서 발뒤꿈치를 붙잡고 나온 사람이 아니라 자기 힘으로 어머니의 고통스러운 뱃속을 빠져 나오는 것이 불가능했기 때문에 사실은 형의 발뒤꿈치를 붙잡고 무임승차한 인물이 아니었을까 하는 생각을 해봅니다.

그렇게 태어나서도 형처럼 쑥쑥 자라나서 가문을 이을 만한 그런 인물이 되지 못했습니다.누군가의 도움 없이는 자기 혼자 일어서지 못하는 가련한 인물이었을 것입니다. 그렇기 때문에 어머니는 어쩔 수 없이 세계 역사 가운데 치맛바람의 원조라는 이름을 들어야 했던 인물이 아니었을까 하는 생각도 가져 봅니다.

야곱에게 자기의 삶은 늘 불확실했습니다. 누군가의 도움이 없이는 살아갈 수 없었고, 정말 자기에게 갑자기 뚝 떨어지는 특별한 축복에 대한 소망이 없이는 삶에 아무런 소망이 없던 사람이었을 것입니다. 그래서 마지막으로 그는 모험을 감행했습니다.

'아버지도 속이고 형도 속이는 어처구니없는 일을 저지르는 것이 장자의 축복권을 갈취하는 내용이 아니었을까?'

외삼촌 라반의 집에 가서 두 아내를 얻는 과정을 보십시오. '둘 중에 라헬을 더 사랑했기 때문에 그럴 수도 있었겠지만 그 둘을 다 얻어야 외삼촌의 재산을 다 얻을 수 있지 않느냐 하는 기발한 생각을 가지지는 않았을까?' 그런 생각을 가져 보기도 합니다. 그렇게 해서 많은 부를 획득하고 남에게 지지 않고 자기가 추구해 왔던 모든 것들을 얻고 자신만만하게 돌아오는 이 입지전적이고 성공한 인물 야곱. 그런데 오늘 본문에서는 그가 밤잠을 이루지 못하고 무엇인가 심각한 고민에 빠져 있는 모습을 볼 수 있습니다.

"그 예물은 그에 앞서 보내고 그는 무리 가운데서 밤을 지내다가"(창 32:21)

인생의 어두운 밤에 잠을 이루지 못한다고 하는 것은 그가 지금 심각한 고민과 두려움과 갈등에 빠져 있다는 사실을 금세 감지할 수 있습니다.

왜 야곱이 밤에 잠을 이루지 못하는 것일까요? 그는 자기가 필요한 것은 모두 얻은 사람입니다. 고향으로 돌아가기만 하면 그가 알고 있었던 사람들로부터 '성공했네 그려. 대단한 사람이야.' 라고 마땅히 칭송을 받아야 될 사람이 왜 밤중에 잠을 이루지 못하면서 근심, 걱정, 염려, 불안하고 배회하고 있었느냐 하는 것입니다.

아마 성경의 내용을 통해서 다음과 같이 이해하실 수 있으실 것입니다. 자기가 수고하고 애써서 벌어 놓았던 모든 재산을 한 순간에 형 에서에게 빼앗길지 모른다는 심리적 불안감이 엄습하고 있었을지 모릅니다. 한걸음 더 나아가서 자기가 형을 속였던 그 사건이 형의 가슴에 아직까지 남아 있다고 하면 그는 자기의 재산을 빼앗는 것뿐 아니라 자기의 생명조차도 위협을 받을 수 있다는 두려움과 공포에 떨고 있었던 것 같습니다.

그래서 야곱은 그 일을 차분히 준비해 왔습니다. 자기 재산의 절반을 떼어서 미리 앞서 보내고 나머지 절반과 사랑하는 두 아내와 열한 아들을 자기 곁에 두고 있습니다. 그러고도 불안함을 느꼈습니다. 그래서 나머지 절반 떼어 놓았던 것을 자기의 사랑하는 두 아내와 열한 아들과 함께 강을 건너보내고 자기는 강을 건너지 않았습니다.

만약 이 대목에 와서 '야, 야곱이 끝까지 머리를 쓰고 있구나!' 저는 그렇게 생각했습니다. 자기가 사랑하는 아내들과 자식들까지도 넘겨주면서까지 자기는 건너지 않는 딱 한 가지 이유는 바로 그것이었을 것입니다. 혹시 그에게 남아 있는 마지막 소망, '자기 자신에 대한 기대치' 였을 것입니다. 내가 그 옛적에 외삼촌 라반의 집으로 갈 때 빈손으로 갔었는데, 이렇게 모든 것을 얻고 돌아왔으니 이제 형한테 내가 생각하는 것 이상으로 모든 재산을 빼앗긴다 할지라도 나 혼자만이라도 줄달음쳐 도망을 가면 다시 빈손이 아니라 언젠가는 다시 얻을 수 있을 것이라는 자기 자신을 신뢰하는 것이 마지막까지 남아 있었기 때문에 그는 강을 건너지 못하고 혹시 만일의 사태를 대비하고 있지 않았을까? 저는 그렇게 생각을 해봅니다.

그런데 혼자 남아 있는 그에게 놀라운 일이 일어났습니다. 이름을 알 수 없는 낯선 이가 그에게 엄습해 들어와서 갑자기 함께 씨름을 하자는 것이었습니다. 여기 이 '씨름' 의 의미는 어떤 의미를 가지고 있을까요? 저는 이 말씀을 나누는 가운데 성서가 우리들에게 들려주기를 원하는 그 의미를 살펴보려고 합니다.

창세기 47장 9절을 보면, 잃은 줄 알았던 아들 요셉이 애굽의 총리가 되었다는 사실을 알게 되고 모든 식솔들을 거느리고 애굽으로 들어가서 바로를 만나게 됩니다. 왕은 자기 민족을 살린 위대한 총리 요셉을 극구칭찬하며 그를 낳아 준 야곱을 정말 환대하면서 그를 맞이합니다. 그렇게 처음 만나는 자리에서 야곱이 혹시 뭐라고 말하는지 기억나십니까? 그가 이렇게 고백하는 것을 볼 수 있습니다.

"내 나그네 길의 세월이 백삼십 년이니이다. 내 나이가 얼마 못 되니 우리 조상의 나그네 길의 연조에 미치지 못하나 험악한 세월을 보내었나이다." (창 47:9)

지금 아들이 성공해서 그 아들 덕택에 애굽의 왕인 바로를 만나는 자리에서 할 수 있는 이야기가 그 이야기였을까? 또 한 번 생각해 보십시오. 길지도 않고 짧지도 않은 인생이지만 그 삶 속에서 자기는 참으로 고단한 삶을 살아왔다고 말하는 그 야곱의 이야기를 듣고 있다 보면 때로는 화가 치밀어 오를 때가 있습니다.

남들보다 부족한 것이 없는 사람, 하나님의 특별한 사랑과 은혜를 입어서 여러 차례에 걸쳐서 복을 선언 받았던 사람, 그런데 그 사람이 남들보다 훨씬 나은 조건 속에서 살아왔는데 자기 삶을 돌이켜보며 '내 삶은 참 피곤했어요.' 라고 말하는 그 모습을 보십시오. 오늘 성서를 읽으면서 야곱의 사건을 재조명해 보기로 한 우리들이 그 이야기를 들을 때 야곱이 의도하는 바는 무엇이었을까요? 하나님에게 복의 근원을 받았지만, 정말 하나님과 더불어 동행하는 삶을 살지 않았던 자기 자신의 삶은 참으로 힘겹고 고단한 삶이었다는 사실을 우리들에게 이야기해 주려는 것입니다.

우리들이 교회에 가서 말씀을 듣고 은혜를 사모하고 기도하고 위로를 받고 정말 좋은 동역자들을 만남으로 말미암아 우리가 참으로 행복하다고 말하지만, 실제로 우리에게 어려운 일이 닥쳐오고 힘든 일이 닥쳐오게 되면 믿음으로 판단하지 않는 경우가 많습니다. 하나님의 도우심 가운데 있지 않는 사람들은 '삶이 왜 이렇게 고단한가?', '내가 힘든 순간에는 아무도 내 주변에 있지 않구나.' 라는 사실 때문에 자기 혼자 그 문제를 풀어 헤쳐 나가려는 사람들이 우리 주변에 많습니다.

왜 야곱이 그런 이야기를 했을까? 야곱에게 많은 하나님의 축복의 상황이 주어졌음에도 불구하고 고단한 삶을 살았는가 하는 대목이 결정적으로 나타나는 자리가 바로 '얍복 강가에서의 씨름' 내용 가운데 잘 담겨져 있습니다.

야곱은 하나님께서 복을 주시겠다고 선언했음에도 불구하고, 죄송하지만 자기가 여태까지 그 복을 쟁취하기 위해서 노력하고 애써 왔다라고 생각했던 것 같습니다.

'내가 어떻게 수고해서 이룬 것인데 이것을 한순간에 빼앗길 것인가?'

야곱을 둘러싼 두려움과 불안함에는 하나님이 나를 도와주셨다거나, 하나님이 내 삶에 동행해 주셨다거나, 하나님이 앞으로도 어떠한 상황 속에서도 나를 포기하지 않으실 것이라는 대목은 생략된 채 자기만 남아 있을 뿐이었습니다. 자기만 남아 있는 그 인생은 불안과 공포와 두려움밖에는 엄습할 것이 없습니다.

어쩌면 야곱은 여태까지 하나님이 복의 근원이시라는 사실보다는 하나님이 자기에게 베풀어 주신 복의 내용들을 더 중요하게 여기고 있었던 것은 아니었을까요?

저는 학교에서 교목을 하다보니까 본의 아니게 주말부부로 살고 있습니다. 월요일에 학교에 와서 생활관에서 학생들과 숙식을 하면서 살다가 금요일에 집으로 돌아갑니다. 저에게 딸이 둘 있는데 하나는 지금 잠깐 외국에 나가 있고, 둘째는 중학생입니다. 금요일에 집에 돌아가면 저의 아이가 저에게 묻습니다.

"제가 한 주에 용돈 얼마씩 받는지 알고 계시죠? 그런데 그것 가지고 부족해요. 중학생이 되니까 씀씀이가 달라지는데, 아빠! 엄마 몰래 용돈을 주실 수 없으세요?"

그래서 올해부터 제가 비밀리에, 물론 밤중에 집사람한테 얘기합니다만, 제가 만 원씩을 한 주일에 금요일에 가면 줍니다. 그리고 은근슬쩍 그것을 정당화시키기 위해서 집사람에게 묻습니다.

"딸이 엄마 말씀 잘 들었나? 하라는 공부는 열심히 했나? 사고는 치지 않았나?"

묻고 난 다음에 만 원을 집어 주면 그렇게 좋아합니다. 이렇게 한 것이 얼마 안 되었는데도 불구하고 잘못된 습관을 들인 것 같습니다. 제가 저녁마다 아이가 학원 갔다 올 때쯤 되어서 집에 전화를 하면 아이가 다른 날은 안 그러는데 목요일 쯤 되면 "아빠, 내일도 만 원 주시지요?"라고 말하는 것입니다. 전화를 끊고 난 다음에 물론 당연하다고 이야기는 하지만 좀 서운한 생각이 들었습니다.

'아! 아이가 금요일 날, 일주일에 한 번 오는 아빠를 기다리는 것이 아니라 만 원짜리를 기다리는 것이 아닌가? 제 인생이 혹시 만 원짜리가 아닐까?'

혹시 야곱이 자기가 누리고 있는 복의 여러 조건들, 자기에게 주어진 것들을 상실할 것에 대한 두려움 때문에 자기에게 그 복을 주셨던 하나님을 생각하지 못하고 있었던 것, 그로 말미암아 지금 불안과 공포와 근심과 걱정과 염려가 그를 엄습해 왔다라고 한다면 저는 그 야곱의 모습에서 오늘날 우리들의 모습을 발견했으면 좋겠다고 생각합니다.

하나님이 우리에게 주실 내용에만 관심을 갖는 시대, 하나님보다 하나님이 우리에게 무엇을 주실 수 있는가 하는 것에만 더 관심을 기울이는 세대는 결국 마지막에 가면 하나님보다는 하나님에 상응하는 것을 대체시키는 우상숭배에 빠진다는 것을 우리는 성서와 역사를 통해서도 누누이 발견해 왔습니다.

오늘 우리 시대의 위기는 하나님이 선포되지 않고 있다거나 하나님이 이야기되지 않고 있는 것이 문제가 아닙니다. 교회도 많고 성도들도 많습니다. 교회에 출석하지 않더라도 성경 말씀을 배울 수 있는 길은 너무나 많습니다. 목사의 설교를 통해서 뿐만 아니라, 어떤 한 작가의 작품, 소설, 문학을 통해서도 배울 수 있습니다. 제가 인상 깊게 보았던 것 가운데 하나가 김우현 감독의 '팔복'을 본 적이 있는데 참 감동적이었습니다. 그런 것을 통해 우리는 많은 것을 배울 수 있기 때문에 하나님이 많이 논의되어지고 있지만, 중요한 것은 하나님 그 분 자체가 아니라 하나님에 대한 이야기만 풍성한 시대 속에서는 하나님도 우상화 될 수 있다는 사실을 우리는 좀 인식해야 합니다.

출애굽기 32장에 보면 모세가 이스라엘 백성들을 애굽으로부터 해방시키고 자유를 선언한 다음에 그들을 끌고 광야로 나왔습니다. 그리고 그들을 어느 정도 안전한 자리에 머물게 하고 모세는 하나님의 부름을 받아 시내산에 올라갔습니다. 그곳에 올라가서 돌판에 새긴 하나님의 계명을 받습니다. 아마 그 시간이 제법 길었던 것 같습니다. 그래서 남겨진 이스라엘 백성들이 모세가 떠나고 하나님이 계시지 않은 것에 대한 두려움 때문에 하나님을 대체할 만한 것을 만들기 시작했습니다. 그들에게 있는 금을 통해서 황금으로 송아지를 만들고 그 앞에 제사를 드렸습니다. 아론과 이스라엘 백성들이 하는 것이 저는 나빴다고 생각하지 않습니다. 모세가 빈자리 때문에 하나님도 비어 있는 자리라고 생각하는 것을 대체하려고 하는 그런 신심이 그리 잘못되었겠습니까? 그런데 하나님은 하나님이 아닌 것을 하나님의 자리에 놓는 것을 기뻐하시지 않으십니다. 그래서 모세가 두 돌판을 받아들고 내려오는 도중에 우상숭배를 하고 있는 이스라엘 백성들을 보면서 안타깝게 여기고 그리고 그 돌판을 내던져 깨뜨리는 사건이 있었습니다. 그것이 출애굽기 32장의 내용입니다.

그런데 보십시오. 저는 물론 이스라엘 백성들이 우상을 숭배하고, 그것을 우상이라고 여기고 숭배하고 있는 대목에 대해서 진노하고 분노하는 것에 대해서는 납득이 가지만 하나님께서 직접 돌판에 새겨 주신 그 십계명 판을 던지는 모세의 모습은 '옳았는가' 하고 의구심이 들 때가 있었습니다.

'그것은 자기가 새긴 것이 아니고 하나님께서 새겨 주신 것이고 하나님의 정기가 스며 있는 것인데 그것을 자기가 깨버려?'

이해가 되기 전까지는 저는 납득이 되지 않았습니다.

'아유, 모세의 성질이 아직 죽지 않았구먼.'

이렇게 생각하며 읽어보려 했지요. 그러나 제가 말씀을 깊이 묵상하는 가운데 깨달음을 주셨습니다. 모세가 그 돌판을 집어던진 이유는 우상숭배를 하고 있는 이스라엘 백성들을 향해서 진노한 것이 아니라 만일 저렇게 하나님이 빈자리라고 생각을 하면서 송아지도 만들어내는 사람들이 이 돌판을 가져다 주면 그 눈에 보이는 돌판을 또 송아지 자리에 교체시켜서 하나님이 아닌 것을 하나님의 자리에 만들어 놓고 우상숭배 할 이스라엘의 모습을 보지 않았냐 하는 것이었습니다.

여러분은 하나님을 믿습니까? 아니면 하나님을 대체하는 것으로 우리 신앙을 만족해 하고 있습니까? 하나님께서 씨름해야 했던 이유가 바로 그것이었습니다. 하나님이 자기와 동행해 주시고 자신이 복의 근원이시라는 사실을 인식하지 못하고 하나님이 베풀어 주신 여러 가지 복의 조항들만을 부여잡고 왔었는데 그것을 빼앗기는 순간 하나님도 놓쳐버릴지 모른다는 불안감 때문에 야곱은 그 밤에 너무나 인간적인 모습으로 밤잠을 이루지 못하고 있었던 것입니다.

그 때 하나님께서 친히 나타나서서 씨름해 주셨습니다. 하나님의 현현과 임재가 씨름의 자리로 나타난 것입니다.

이제 이 본문의 내용이 어떻게 결말을 맺었는지 우리는 모두 잘 알고 있습니다. 마지막에 그는 하나님을 향해서 '내게 복을 주십시오' 라고 간절히 사모해서 하나님이 복을 주시는 분이시라는 사실을 고백하게 되었습니다. 그런 사실을 발견하게 되었을 때에 그는 놀라운 선언을 듣습니다.

'너는 하나님과 더불어 싸워서 이겼다.', '너는 사람으로 더불어 겨뤄서 이겼다."

그런데 그 대목도 참 흥미롭지 않습니까? 어떻게 씨름을 하는데 '하나님과 사람으로 더불어 겨루어 이겼을까?' 라고 하는 것입니다.

'1대 1' 로 싸워서 이긴 것도 아니고 '1대 2' 로 싸워서 이겼다는 것입니다. 그 대목을 저는 다음과 같이 해석해 보고 싶습니다.

한편으로 그는 지금 두 음성을 늘 듣고 살았던 것 같습니다. 창세기 2장과 3장에 보면, 에덴동산 안에 생명나무와 선악을 알게 하는 나무가 있어서 하나님의 음성과 사단의 소리가 있었던 것처럼 지금 야곱도 두 음성을 듣고 살아왔던 것 같습니다.

한편으로는 내 인생에 늘 동행해 주시고 삶을 주관해 주시는 하나님 음성을 들어보기도 했고, 또 다른 한편으로는 그래도 내가 이룬 것은 내가 노력하고 내가 애써야 한다는 또 다른 모습이 저 자신을 향해 이야기하던 그 두 소리를 들으며 씨름해 왔던 것 같습니다.

이런 와중에 결정적으로 '내가 노력해서 내가 수고해서 얻었다' 는 생각을 포기하는 순간, '아하, 내가 지금 누리고 있는 이 모든 것은 하나님께서 주신 것이라는 것을 깨닫게 되었습니다. 그것은 하나님의 방향으로 가기를 원했던 자아가 자기를 인간적으로 끌어가기를 원했던 또 다른 자기 자신, 즉 내면 안에 있는 인간적인 자아와 싸워서 이기는 사건이었다는 것입니다. 그런 점에서 그 씨름을 통해서 그는 승리를 얻었습니다.

그렇게 때문에 우리는 누구의 음성을 들을 것인가 하는 것에 관심을 기울여야 합니다. 예수님을 자기 집으로 영접한 사람은 마리아가 아니라 마르다였습니다. 마르다는 자기가 영접을 했으니까 손님을 초대해 놓고 손님에 대한 예우를 갖추기 위해 어쩌면 정성껏 음식을 준비하는 일에 분주했는지 모르겠습니다. 그렇게 힘들고 분주한데 동생이 도와주지 않는 것이었습니다. 물론 동생도 밉지만 그 동생에게 이야기를 좀 해서 '언니 좀 도와줘라' 라고 예수님께서 말씀하시면 좋은데, 말씀을 안 하시니까 속이 상해서 말했습니다.

"예수님, 서운해요. 동생에게 저 좀 도와주라고 말씀하시는 것이 마땅치 않습니까?"

그 말씀 가운데는 둘에 대한 불만이 나타나 있습니다.

예수님께서 어떻게 말씀하셨습니까?

"네가 좋은 것 한두 가지만 해도 좋겠다. 그러나 왜 좋은 일 하면서 근심과 걱정을 하느냐? 왜 염려를 하느냐? 네 동생은 좋은 것을 택했다."

예수님을 영접해 놓고도 예수님 앞에 서 있지 못한 마르다를 보면서, 예수님을 영접해 놓고도 그분 앞에서 위로와 참된 복을 누리지 못하는 사람이 있다면 그는 어리석은 사람일 것입니다.

우리들은 교회에서 신앙생활을 하고 하나님의 이름을 실컷 불러대며, 하나님을 영접했다고 하면서 그 분의 음성에 귀를 기울이기보다는 분주한 일 때문에 근심하고 걱정하고 염려하는 신앙생활하고 있다면 그는 야곱이 얍복 강가에서 씨름할 수밖에 없었던 대목을 충분히 이해할 수 있으리라고 생각합니다.

야곱이 그 밤에 씨름한 것은 복이라는 것은 내가 노력하고 수고해서 얻을 수 있는 성질의 것이 아니라 하나님께서 값없이 베풀어 주신 은총이요, 선물이라는 사실을 깨닫게 된 것입니다. 자기가 형과 아버지를 속이고 또 벧엘에서 받았던 하나님의 축복의 언약이 얍복 강가에서 비로소 진정한 복이 무엇인가를 깨닫는 그 순간까지는 참된 복이 아니었습니다. 그는 씨름을 통해서 복이 하나님께로부터 온다는 사실을 깨닫게 되었습니다. 복의 선언은 있었으나, 복을 삶 가운데서 누리지 못했던 야곱의 모습을 보면서 우리는 진정 복을 누리고 있는가? 한 번 돌이켜 보아야 할 것입니다.

환도뼈에 대한 이야기를 마지막으로 말씀드리고 싶습니다. 성경에는 골반뼈 또는 엉덩이뼈라고 되어 있는데 그것은 허리로부터 양편 다리로 이어지는 골반에 있는 뼈입니다. 그것은 사람으로 하여금 직립보행이 가능하게 해 주는 것입니다. 그런데 그것이 '환골되었다', '부러졌다'는 것은 제대로 서지 못하는 것을 의미합니다. 그런 점에서 이 환도뼈라는 것은 상징적인 의미를 가지고 있다고 생각합니다. 여태까지 자기 힘으로 자기 스스로 서 왔다고 생각하는 야곱을 치심으로써 자기 스스로 서지 못한다는 사실을 가르쳐 주고, 하나님의 도우심과 인자하심이 없이는 스스로 설 수 없는 인간의 모습을 우리에게 가르쳐 주고 있는 것 입니다.

마찬가지로 출애굽기 3장에 보면, 하나님께서 모세를 만나실 적에 우리가 잘 아는 것처럼 가시덤불에서 만나셨는데, 그 가시덤불도 저는 상징적인 의미가 있다고 생각합니다. 그것은 특별한 것이 아니라 광야 사막 지대에서는 흔해 빠진 곳입니다. 모세가 40년 동안 그곳을 왔다 갔다 했으니까 그 가시덤불이 어디에 위치했는지는 아마 빤히 알고 있었을 것입니다. 그것은 나무가 우람해서 사람들에게 쉼터를 제공해 주는 것도 아닙니다. 목재가 좋아서 땔감으로 쓸 수 있는 것도 아닙니다. 꽃을 피워서 사람들에게 관상용으로도 쓸 수 없습니다. 약재로 쓸 수 있는 것도 아니고, 열매가 맺히는 것도 아닙니다. 다시 말하면 가시덤불은 아무 쓸모없는 것입니다. 기껏해야 날씨가 건조하고 태양이 뜨겁게 비치면 바싹 말랐다가 스스로 불이 확 붙었다가 꺼지는 불쏘시개 정도밖에 못되는 것이 가시덤불 아닙니까?

저는 그 가시덤불이 모세라고 생각합니다. 자기가 잘났다고 생각했던 그 인생을 광야 40년 동안에서 그를 훈련시키신 것은 '너는 아무것도 아닌 존재다'라는 것을 깨닫게 해 주기 위해서입니다. 살짝 불이 붙었다가 금방 꺼지는 불쏘시개 같은 인생을 향해서 하나님께서 불을 붙이셨을 때 영원히 꺼지지 않는 존재가 되지 않았습니까? 그런 점에서 가시덤불은 상징적인 의미를 가진다고 생각하고 환도뼈를 치신 것도 바로 그런 의미가 있다 생각합니다.

하나님을 전적으로 의지하고 바라보며 살아야 합니다. 이 본문 말씀을 통해서 저는 다음과 같은 것을 여러분들에게 도전적으로 묻고 싶습니다.

정말 하나님의 약속에 의지하며 살아가고 있습니까? 아니면 하나님의 이름을 빌리고 있지만 여전히 내 힘과 의지, 내 지식과 경험을 신뢰하면서 살아가고 있습니까?

하나님의 동행하심과 인자하심을 매일 고백하시고 묵상하십니까? 아니면 하나님보다는 과학 기술과 물질만능주의가 가져다 줄 혜택에 더 깊은 관심을 기울이고 계십니까?

주님 앞에 서십시오. 주님 앞에 무릎을 꿇으십시오. 그리고 주님과 더불어 동행하십시오. 바른 믿음으로 승리하시는 여러분들이 되시기를 주님의 이름으로 간절히 부탁드립니다.

(2006. 3. 24)

말씀이 이루어지이다 마 1:18~25

지형은 목사(성락성결교회 담임목사, KBS기독신우회 지도목사)

오늘 아침에 제가 이메일을 열었는데 중국 '서한'에 있는 어떤 목사님한테서 메일이 왔습니다. 그렇게 긴 메일은 아니고, 성탄인사를 전하는 메일인데, 이제는 '서한'도 성탄절이 되면 굉장히 화려하고 시끄럽습니다. 그 모습을 보면서 그 목사님은 이렇게 썼습니다.

"서구의 크리스마스 문화가 들어와서 성탄이 예수님과 가까워야 될 텐데 그런 조짐은 별로 보이지 않고 그저 화려하고 세속적인 성탄의 문화만 먼저 들어오는 것 같아서 안타깝습니다."

성탄이 될 때마다 우리가 늘 많이 묵상하는 말씀이 '예수님 탄생'과 연관된 성경의 내용들입니다. 저는 그 성탄 이야기에 우리가 인식하는 그리스도인의 인식에서 부조화가 있다는 생각을 전부터 해 왔습니다.

몇 가지 예를 든다면 첫 성탄절과 오늘 우리가 지내는 성탄절 사이의 부조화입니다. 첫 성탄절은 화려하지도 않았고 또 여러 가지 데코레이션이나 디스플레이도 없었습니다. 그러나 오늘날 성탄절은 아주 화려합니다. 그 자체가 나쁜 것은 아니겠지만, 그 사이에 내재된 부조화는 우리 그리스도인이 떠안고 고민해야 할 것이 아닌가 생각합니다.

또 교회에서 깊이 생각하는 그 성탄과 우리 일반 사회에서 진행되는 성탄의 문화와의 사이에 커다란 부조화가 존재합니다.

제가 여러분들과 같이 나눌 말씀은 세 번째 부조화인데, 그것은 마리아와 요셉, 예수의 육신의 모친 마리아, 육신의 부친 요셉, 두 분 사이, 두 분의 그리스도인에 대한 인식에서 뭔가 부조화가 있다고 저는 생각해 왔습니다.

마리아는 지나치게 높게 평가되어 있습니다. 교회 역사에서 특히 그렇습니다. 예수님의 육신의 모친 마리아, 그분은 참 귀한 신앙의 여인이었고, 믿음의 결단과 용기가 있는 여인이었습니다. 그러나 그럼에도 불구하고 마리아는 너무나 높이 고평가 되어 있습니다. 우리 한국의 부동산처럼 말입니다. 가톨릭에서 특히 그렇습니다. 마리아는 신성시되기까지 하고, 나중에는 죄 없이 탄생하고, 죽음을 보지 않고 하늘로 승천했다고까지 이야기합니다. 거기에 반해서 예수님의 육신의 부친 요셉은 너무나 낮게 저평가 되어 있습니다. 국내에서는 한국 사람들이 우리나라에 대해서 생각하는 그것처럼 너무나 저평가 되어 있습니다. 한국의 주식 시장도 마땅히 받아야 할 그 평가에 비해서 저평가 되어 있습니다. 요셉은 바로 그런 분입니다. 성경에서 보기에 요셉은 아마 일찍 세상을 떠났을 것으로 생각을 합니다. 왜냐하면 마리아는 계속해서 등장을 합니다. 예수님이 활동을 하실 때도 등장하고, 예수님이 부활, 승천 하신 뒤에도, 사도행전의 초대교회 공동체에서도 등장합니다. 그런데 요셉은 어느 정도 등장을 하다가 더 이상 등장하지 않습니다. 어디가 마지막 부분이냐 하면 예수님이 열두 살 때 예루살렘에 올라갔다가 잠시 실종된 사건이 있습니다. 그때까지는 요셉이 등장합니다. 마리아가 예수님을 다시 만나고 나서 말했습니다.

"아이야 어찌하여 우리에게 이렇게 하였느냐, 보라 네 아버지와 내가 근심하여 너를 찾았노라."(눅 2:48)

아마도 요셉이 일찍 세상을 떠나서 집안의 맏아들인 예수님이 집안의 생계를 책임졌을 것입니다. 아버지의 뒤를 이어서 목수 일을 하면서 생계를 책임졌을 것입니다.

본문 말씀에 요셉에 대해 나오는데 이 말씀을 살펴보면, 요셉도 마리아처럼 대단한 믿음을 가진 사람이었음이 분명합니다.

천사가 요셉과 마리아에게 나타나서 '네게 성령으로 잉태할 아이가 있을 것이다' 라고 이야기했을 때 요셉은 천사가 분부한 대로 행했다고 합니다. 이것은 아주 놀라운 결단입니다. 요셉과 마리아 사이의 관계는 '정혼' 한 관계입니다. 우리 한글 현대어의 번역에 '약혼' 이라고도 번역을 하는데, 그것은 사실 맞는 번역이 아닙니다. 왜냐하면 우리나라에서는 약혼했다가 파혼하면, 약혼은 법적인 사실, 법적인 혼인관계는 아직 아닙니다. 그런데 성경에서 마리아와 요셉이 정혼했다는 것은 약혼 정도가 아닙니다.

본문 말씀에도 '남편 요셉' , 그리고 '네 아내 마리아' , 즉 남편과 아내로 지칭을 하고 있습니다. 그러니까 정혼한 관계라는 것은 유대 사회에서는 이미 율법적으로 결혼한 상태나 마찬가지였습니다. 다만 결혼식을 하고 같이 사는 요건만 남았을 뿐이지 사실은 결혼한 것과 거의 같은 상태라고 보아야 합니다.

마리아에게 천사가 나타나서 '아이가 있을 것이다' 는 말을 했을 때, 아직 결혼식을 올리고 남편과 같이 살지 않았는데 아이가 생기면 이것은 커다란 스캔들이 됩니다. 그런데 마리아는 스캔들이 될 그 상황을 순종합니다. 큰 믿음의 여인이고 대단한 분입니다.

그런데 요셉도 역시 마찬가지입니다. 본문 말씀을 보니까 자기와 정혼한 부인하고 식을 올리고 같이 살기 전인데 그 부인이 아이를 가졌다는 사실을 요셉이 압니다. '어떻게 할까?' 요셉이 생각하고, 고민했을 것입니다.

그런데 그때 천사가 나타나서 그 상황에 대해 설명을 해주었습니다.

"다윗의 자손 요셉아, 네 아내 마리아 데려오기를 무서워하지 말라. 그에게 잉태된 자는 성령으로 된 것이라."(마 1:20)

본문 말씀에 보면 요셉이 꿈속에서 천사를 만났는데 잠에서 깨어나서 그 아내 마리아를 데리고 옵니다. 마리아가 자기에게 성령으로 잉태될 아이를 수용한 것만큼이나 요셉이 자기 아내를 데려오는 것도 쉽지 않은 일이었습니다. 요셉도 참 대단한 믿음의 사람이었습니다.

그런데 요정도로만 해서 너무 고평가된 마리아와 너무 저평가된 요셉의 둘 사이에 균형을 맞추기가 제 마음 속에는 뭔가 차지 않는 것이 있었습니다.

교회 역사에서 마리아가 천사의 방문을 받는 장면을 그린 그림들을 보면 그림에 꼭 등장하는 소재가 있는데 그것은 바로 '성경책' 입니다. 어떤 그림에는 마리아가 펼쳐진 성경을 손에 들고 있기도 하고, 어떤 그림에는 옆에 있는 탁자에 펼쳐진 성경이 거기에 놓여 있기도 합니다. 화가들이 그 성경을 등장시킨 까닭은 그 오랜 옛날에 이사야의 예언, 메시아의 예언이 이 마리아 여인에게서 성취되고 천사가 그 내용을 전하니까 아마 펼쳐진 성경을 그려 놓았을 것입니다.

평소에 말씀을 사랑하고, 말씀을 읽고 묵상하고, 말씀에 따라 삶의 변화를 갈망하는 사람이 아니었다면 천사가 잠깐 나타났다고 하여도 아직 남편하고 같이 살지도 않는 여인이 자기에게 '아이가 생길 것이다' 라는 말에 어떻게 동의를 합니까? 평소에 마리아는 말씀을 깊이 묵상하는 여인이었기에 천사의 말에 순종할 수 있었던 것이 분명합니다.

또 그 외에도 마리아의 행적을 보면 메시아로 태어난 예수를 기르고 양육하면서 마리아로서는 이해하기 힘든 사건들이 일어났습니다. 그런 사건들이 있을 때마다 성경은 이렇게 이야기 합니다. 마리아는 모든 말과 일을 마음에 지켜 생각했습니다. 마리아는 발씀을 사신의 삶의 현장과 연관시켜서 묵상하고 사는 여인이었습니다.

그리스도인이 묵상할 때 두 가지가 있습니다. 하나는 '말씀 묵상' , 또 하나는 거기에 근거한 '생활 묵상' 입니다. 일어나는 사건을 사회학적인 시각으로 분석할 수도 있고, 심리적인 시각으로 분석할 수도 있고, 정치적으로 분석할 수도 있습니다. 직관의 논리를 따라 그 일을 해석하고 행동할 수도 있습니다. 거룩한 말씀의 가르침에 따라서 생활 속에서 일어나는 사건을 해석하고 보는 사람이 바로 그리스도인입니다.

그런데 제가 그토록 좋아하고, 그토록 집중하고, 그토록 강조하는 말씀 묵상과 연관해서는 마리아는 너무나 분명한데 요셉은 그만큼 분명하지가 않습니다. 우선은 마태복음에 나오는 이 사건을 보면, 천사가 전해 준 이야기, 그리고 천사가 이사야 7장 14절의 오래된 예언의 말씀이 이제 이루어지는 것이라고 전했을 때, 요셉이 잠에서 깨어나서 마리아를 데려왔으니까 말씀에 순종한 것은 맞는데 요셉이 평소에도 말씀을 묵상했다는 증거가 없을까요? 같은 남성으로서 저평가된 요셉 때문에 늘 안타까움이 있었습니다. 그래서 요셉을 위한 변호, 요셉을 위한 항변을 좀 하고 싶은 생각이 들었습니다.

성경이 전해 준 사실에 대해 저는 이렇게 생각을 합니다. 요셉이 나이가 아마 마리아보다는 꽤 많았을 것이다. 나이가 많은 요셉은 마리아와 결혼했습니다. 마리아는 누가 봐도 성탄의 전체 스토리에서 주연급입니다. 그런데 요셉은 조연도 안 됩니다. 요셉을 조연으로 보기에는 너무나 빈약합니다. 요셉이 불쌍한 생각도 들었습니다.

그런데 최근에 저는 '요셉도 말씀 묵상의 사람이었다.' 는 것을 깨달았습니다.

본문 마태복음 1장 19절을 보면 이런 표현이 있습니다.

"그의 남편 요셉은 의로운 사람이라 그를 드러내지 아니하고 가만히 끊고자 하여"

'의로운 사람' 이라는 말과 '조용하게 파혼하고자 했다' 는 두 가지는 어울리지 않습니다. 그 당시 의로운 사람들이라 하면 이스라엘 유대 문화권에서는 구약 율법의 말씀대로 살고 행동하는 사람을 말합니다. 그러면 현재 부딪힌 상황에서 율법의 말씀대로 행동하던 사람은 어떻게 행동해야 될까요? 법대로 하는 것입니다.

그러면 정혼한 여자가 같이 살기 전에 아이를 가졌으니까 이것은 음행을 저지른 것입니다. 율법에 따르면 장로들에게 알려서 공개 재판을 받고 돌에 맞아죽는 벌을 받아야 합니다. 사형입니다. 그러니까 의로운 사람입니다.

여기에서 어울리지 않는 두 가지가 한자리에 들어 있습니다. 저는 이 말씀을 갖고 깊이 묵상하기 시작했습니다. 그러면서 이런저런 자료를 찾아보면서 이것이 어울리지 않는다는 것을 발견했습니다. 이것을 이렇게 설명할 수 있습니다.

예수님께서 오셔서 하나님의 말씀에 대한 율법학자, 바리새인, 서기관 등 율법 전문가들의 성경 해석을 비판하고 책망하셨습니다. 그 사람들이 껍데기로만 해석했기 때문입니다. 그들은 율법을 형식적으로만 지키면서 스스로 율법의 가르침을 모두 지킨다고 했습니다.

그런데 예수님은 겉으로 드러난 형식적인 모습이 아니라 하나님의 심중을 읽어야 된다고 가르치셨습니다. 우리에게 말씀을 주신 하나님의 심장, 즉 그분의 마음으로 읽어야 합니다. 그래서 예수님은 그렇게 말씀하셨습니다.

"사람을 죽이지만 않으면 살인 안 한 것인가? 아니다. 마음으로 미워한 것이 곧 살인이다."

예수님은 성경 말씀의 중심을 읽어 들어가셨습니다. 그래서 당시의 율법학자들, 바리새인, 서기관들이 해석하는 성경(그 당시에는 구약만 있었으니까)이 무섭고, 형벌을 내리시고, 아주 엄위하신 하나님의 인상을 주었다면 예수님이 말씀을 해석하시는 데에서는 그런 인상보다는 '하나님은 사랑이시다' 라는 인상을 받게 됩니다. 이것이 바로 예수님이 성경을 해석하신 중심 원리입니다. 말씀은 사랑으로 해석해야 된다는 것입니다. 그 생각을 하면서 요셉에 대한 표현을 보니까 요셉이 바로 그런 사람이었습니다. 요셉은 의로운 사람인데 그 당시의 율법을 해석하고 율법대로 철저하게 사는 사람의 반응과는 다른 반응을 했습니다. 조용하게 드러내지 않고 파혼하려고 했습니다. 말하자면 요셉은 사랑으로 말씀을 읽어내고 사랑으로 말씀을 살던 사람이었습니다.

요셉은 말씀을 묵상하던 사람이었습니다. 이런 모습이 여기에서 발견됩니다. 그 다음 20절입니다.

"이 일을 생각할 때에 주의 사자가 현몽하여 이르되"

주의 사자가 요셉의 꿈에 나타났습니다. 여기에도 두 가지, 즉 '요셉이 이 일을 생각하고 있었다.' 그 다음에는 '주의 사자가 나타났다'는 사건이 있습니다. 이 두 가지는 20절에 기록된 헬라어 문법 구조와 아주 중요한 연관이 있습니다. 헬라어 문법대로 직역을 하면, '요셉이 이 일을 생각하고 있었다', 즉 생각하고 난 다음에, '주의 사자가 나타났다.'

순서가 헬라어 문법대로 하면 절대 바뀌면 안 됩니다. 요셉이 이 일을 생각하는 것이 최소한도 먼저이고, 이것이 원인입니다. 그러고 나서 그것 때문에 주의 사자가 나타났습니다.

요셉이 이 일을 생각했습니다. 어떤 상황이었을까요? 우리 자신이 그 입장이라고 생각해 보세요. 그냥 공개 재판 해서 율법의 조문대로 처리해야 됩니까? 그런데 요셉이 묵상하는 말씀은 그것이 아니었습니다. 어떻게 처리하는 것이 하나님의 뜻대로 처리하는 것입니까? 어떻게 해야 하나님이 기뻐하시는 것인가? 이 상황 속에서 어떻게 하는 것이 말씀을 내 삶으로 살아내는 일일까? 말하자면 요셉은 그 상황을 말씀의 눈으로, 말씀의 시각으로 바라보며 기도하고 고민하고 있었습니다. 그것이 말씀 묵상입니다.

말씀을 실천하며 삶으로 살아내는 것은 결단코 만만치 않습니다. 말씀 앞에 얼마나 정직할 수 있습니까? 말씀 앞에 얼마나 순수할 수 있습니까? 같은 공동체가 모여서 예배드리고 할 때는 감격적으로 하나님을 찬양하지만, 그 찬양의 자리에서 조금 다른 카테고리로 나누어지기 시작하면 말씀을 삶에서 실천하는 것이 결코 만만치 않습니다.

요셉은 그것 때문에 고민하고 있었습니다. 오늘날 우리가 고민하는 것과 사실은 똑같은 것입니다. 요셉은 말씀에 순종하기를 원했습니다. 그렇게 결단하기를 원했습니다. 그러니까 고민하고 생각했습니다. 그렇지 않았다면 생각할 필요도 없고 고민할 필요도 없었습니다. 요셉은 그렇게 고민하고 말씀 묵상을 하고 있었습니다.

그 때 천사가 나타났습니다. 그 때 하나님께서 메신저를 보내셨습니다.

내 삶의 현장을 말씀과 연관시켜서 고민할 때, 하나님이 메신저를 보내십니다. 그 때 하늘이 열립니다. 그 때 하나님께서 우리에게 말씀하시기 시작합니다. 아니 하나님은 늘 말씀하고 계시는지 모릅니다. 그런데 말씀을 깊이 묵상하지 않으니까 말씀이 들리지 않는 것뿐입니다.

저는 19절, 20절의 말씀을 통해 제가 받은 큰 은혜가 바로 이것입니다. 요셉을 굳이 변호하고 항변할 필요가 없습니다. 요셉도 말씀 묵상의 사람이었습니다. 말씀을 묵상하는 믿음의 사람들의 삶은 하나님께서는 항상 의로운 길로 인도하십니다. 여러분의 삶도 요셉과 같이 말씀과 동행하며 어떤 상황에서도 하나님의 뜻을 따라 살아가시길 기원합니다.

(2006. 12. 22)

존재, 가치, 행복의 기준 잠 15:17, 17:1

오세택 목사(두레교회 담임목사, KBS 기독신우회 지도목사)

본문 말씀은 분명합니다. 사람이 사는데 있어서 '먹을 것이 없어서 날마다 풀떼기로 배를 채우느냐', 아니면 '매 끼니마다 갈비를 뜯느냐'는 중요하지 않다는 것입니다. '마른 떡 한 조각밖에 없느냐', 아니면 '제육이 가득하냐'도 문제되지 않는다는 것입니다. 중요한 것은 사랑하느냐, 미워하냐는 것이며 화목하냐, 다투느냐는 것입니다. 이 말은 무엇을 먹고, 무엇을 마시고, 무엇을 입고, 무엇을 소유했느냐가 존재와 가치와 행복의 기준이 될 수 없다는 것입니다.

일반적으로 사람은 무엇을 먹고, 무엇을 입고, 무엇을 마시느냐를 중요하게 생각합니다. 무엇을 가졌는가를 대단히 소중하게 생각합니다. 무엇을 먹고, 무엇을 가졌는가를 가지고 자신과 타인의 존재, 가치, 행복의 기준으로 삼습니다.

화곡동의 15평 임대주택에 사는 것과 도곡동의 120평 타워 팰리스에 사는 것은 행복의 높이가 다르다고 생각합니다. 용달차를 승용차 대신 타는 것과 오백 시리즈 벤츠를 타는 것은 가치의 깊이가 다르다고 생각합니다. 초등학교 출신과 유명 대학의 박사 학위를 두세 개 가진 사람은 존재의 무게가 다르다고 생각합니다.

그러나 본문은 사람의 생각을 완전히 뒤집어엎습니다. 판을 엎는다고 해서 '풀떼기가 좋고 갈비는 나쁘다', '마른 빵이 좋고, 제육은 나쁘다' 라고 말하는 것이 아닙니다. '15평짜리 임대주택이 좋고 120평 타워 팰리스는 나쁘다' 는 것이 아닙니다. '초등학교 졸업장이 좋고, 박사학위는 나쁘다' 는 것이 아닙니다.

그렇다고 박사 학위를 갖고 타워 팰리스에서 날마다 비싼 웰빙 음식을 먹으면서 서로 사랑하고 화목하다면 더 좋다는 뜻도 아닙니다. 이런 생각도 뒤집어야 합니다.

주님이 말씀하시는 바는 소위 '있음' 이 존재, 가치, 행복의 기준이 될 수 없고 '되어서도 안 된다' 는 것입니다. 그리고 '없음' 역시 기준이 될 수도 없고, 되어서도 안 된다는 것입니다. 왜냐하면 이런 것들(있음, 없음)은 절대적이지 않고, 일반화될 수 없다는 것입니다. 있을 수도 있고 없을 수도 있다는 것입니다. 사람에 따라 다르며 상황에 따라 달라질 수 있습니다. 아무리 열심히 살아도 임대주택의 신세를 벗어나지 못하는 사람이 있고, 설렁설렁 살아도 타워 팰리스에 사는 사람이 있습니다. 오직 행복과 불행, 가치의 유무, 성공과 실패가 '사랑하느냐' 아니면 '미워하느냐' 에 달려 있습니다. '화목하느냐' 아니면 '다투느냐' 에 달려 있습니다.

성도는 생각을 바꾸어야 합니다. 일반적인 사람의 생각과 정신을 바꾸어야 합니다. 아니 저항해야 합니다. 일반적인 사람의 생각과 정신은 마른 떡 한 조각은 불행이자 절망입니다. 반대로 제육이 가득함은 행복이자 희망입니다. 이런 현실을 저항하고 바꾸어야 합니다. 대신 다툼을 거치고 서로 사랑하고 화목하는 것이 존재와 가치, 성공과 행복의 기준이 된다고 생각을 바꾸어야 합니다.

그렇다면 어떻게 우리가 다툼을 거치고 서로 화목할 수 있습니까? 어떻게 우리의 존재를 풍성케 할 수 있습니까? 그러기 위해서는 먼저 다툼이 어디로부터 오는지를 알아야 합니다. 다툼은 탐심으로부터 옵니다. 성경에서 다툼이라는 말이 처음 사용된 곳은 창세기 26장 20절입니다.

"그랄 목자들이 이삭의 목자와 다투어 이르되 이 물은 우리의 것이라 하매 이삭이 그 다툼으로 말미암아 그 우물 이름을 에섹이라 하였으며"

그랄 목자들과 이삭의 목자들 사이에서 처음으로 이 단어가 사용되었습니다. 우물을 차지하겠다는 탐심 때문에 다투게 된 것입니다. 그 우물에 생존이 달린 것이 아니었습니다. 이삭이 다른 곳에 가서 우물을 파니까 그랄 사람들이 다시 찾아와서 자기 것이라며 우겼습니다. 이미 자신들은 충분한 물을 가졌음에도 불구하고 다시 우물을 막았습니다. 탐심 때문입니다.

"욕심이 많은 자는 다툼을 일으키나 여호와를 의지하는 자는 풍족하게 되느니라."(잠 28:25)

이 다툼은 교만한 마음에서부터 옵니다.

"교만에서는 다툼만 일어날 뿐이라. 권면을 듣는 자는 지혜가 있느니라."(잠 13:10)

"그들 사이에 그 중 누가 크냐 하는 다툼이 난지라."(눅 22:24)

"어리석고 무식한 변론을 버리라. 이에서 다툼이 나는 줄 앎이라."(딤후 2:23)

이처럼 탐심과 교만은 같은 뿌리에서 나온 하나의 독버섯으로써 모든 다툼의 원흉입니다.

아프가니스탄의 탈레반이 무고한 사람을 볼모로 잡고 머리에 총부리를 갖다 대고 위협하고 죽이는 이유가 무엇입니까? 협상을 위해 유엔이 자신의 안전을 보장하라고 하는 이유가 무엇입니까? 자신들의 존재를 국제 사회에서 인정받기 위해서입니다. 그리고 아프간 정부에 억류된 자신들의 동료들을 돌려보내라는 것입니다. 그래서 세력을 정비해서 정권을 다시 장악하려는 의도입니다. 그들이 정권을 장악하려고 하는 이유가 무엇입니까? 자신들의 종교적 신념을 실현하려는 탐심과 교만 때문입니다. 자신들의 종교적 신념을 절대시하고 정치 권력화 하려는 탐심과 교만이 이토록 많은 사람을 공포와 슬픔의 도가니로 몰고 있습니다. 수많은 난민을 만들어 내고 경제를 파탄시키고 있습니다. 자신의 역사를 불행하게 만들고 있습니다.

그런데 이 탐심과 교만은 탈레반 무장 단체에게만 있는 것이 아닙니다. 모든 인간의 마음속에 깊이 도사리고 있습니다. 거역할 수 없는 우리의 현상입니다.

"너희 중에 싸움이 어디로부터 다툼이 어디로부터 나느냐. 너희 지체 중에서 싸우는 정욕으로부터 나는 것이 아니냐."(약 4:1)

탐심과 교만은 인간의 마음속에 있는 죄의 본성, 곧 정욕이라고 말합니다. 그러므로 우리가 진정으로 뒤집어엎고 저항해야 할 것은 앞에서 보았던 인식 정도가 아닙니다. '제육이 가득하면 행복하고, 마른 떡 뿐이면 불행하다' 는 생각을 뒤집어엎는 정도가 되어서는 안 됩니다. 탐욕과 교만으로 가득한 이기적인 자아를 뒤집어엎어야 합니다. 보다 많은 것들을 소유하고 싶은 욕망, 보다 많은 사람들에게 인정받고 싶은 욕망, 자신의 이념이나 신념을 포장하고 표준화해서 다른 사람들을 사로잡고 움직이고 싶은 교만, 이런 욕망과 교만을 뒤집어엎어야 합니다.

그런데 이 탐심과 교만을 뒤집어엎을 만한 힘이 인간에게는 없습니다. 이것들을 뒤집어엎기 위해서는 하나님께로 향해 나아가야 합니다.

인간은 하나님을 떠나면서 곧바로 탐심과 교만에 사로잡히게 되었습니다. 존재의 근원이 되신 하나님을 떠난 순간 인간은 모든 존재물의 창조자가 되시고 주관자가 되신 하나님의 빈자리를 채우기 위해서 즉각적으로 존재물, 즉 피소물에 의존하게 됩니다. 아담과 하와가 하나님을 떠난 순간 그들은 자신들이 벌거벗었다는 사실을 깨닫게 되었습니다. 그래서 무화과나무 잎으로 치마를 엮어 입었습니다. 이것은 하나님을 떠난 인간이 갖는 존재론적인 상실감이자 실존적 결핍이며 두려움이며 수치감이었습니다. 그래서 그들은 무화과나무 잎이라는 존재물에 집착하게 되었습니다. 그런데 하나님을 떠남으로 생긴 존재의 상실감, 실존적 두려움은 세상의 그 어떤 존재물로도 충족이 되지 않습니다. 아담과 하와는 무화과나무 잎으로 자신의 상실감과 수치감을 해결하지 못했습니다. 오히려 무화과나무 잎으로 자신의 상실감과 수치를 가리고 나니 더 심한 상실감과 수치감이 밀려왔습니다. 마치 사이다나 콜라로 갈증을 채울 수 없는 것과 같습니다. 마시면 마실수록 더 갈증이 심해집니다. 갈증을 해결하는 길은 인체의 67%를 차지하는 물의 부족분을 공급해야 합니다. 물로 결핍을 채워야 합니다. 탐심과 교만도 마찬가지입니다. 하나님의 상실로 인한 것이기에 하나님이 채워져야 합니다.

하나님은 인간의 존재적인 상실과 결핍을 채우기 위해서 이 땅에 생수로 생명의 떡으로 오셨습니다. 그리고 십자가를 지시고 부활하심으로 우리의 영원한 생수가 되시며 생명의 떡이 되셨습니다. 누구든지 주님께로 나아가면 실존적 결핍과 두려움을 채울 수 있습니다.

우리에게 필요한 것이 있다면 오직 하나 믿음입니다. 믿음이란 우선 자신에 대한 고백입니다. 자신이 비어 있음을 고백하는 것이며 존재적으로 두려움과 결핍한 상태에 있다는 것을 고백하는 것입니다. 그래서 스스로 가난해지고 비참해지는 것입니다. 그러나 믿음은 여기에 머물지 않고 한걸음 더 나아갑니다. 자신의 실존적 결핍과 상실감을 갖고 주님께 나아가는 것입니다. 주님은 자신의 비었음을 받아 주시고 채워 주시는 확신을 갖고 주님께로 나아가는 것입니다. 하나님을 떠난 것 때문에 본성적으로 우리를 사로잡고 있는 탐심과 교만으로부터 자유롭게 하시는 주님께로 나아가는 것입니다. 더 많은 것을 소유하겠다고 다툴 수밖에 없는, 서로 교만하여 다툴 수밖에 없는 우리의 정욕으로부터 자유케 하시는 주님께로 나아가는 것입니다. 이것이 우리에게 필요한 구원이 이르게 하는 믿음입니다.

주님은 오늘도 큰 소리로 외치십니다.

"누구든지 목마르거든 내게로 와서 마시라. 나를 믿는 자는 성경에 이름과 같이 그 배에서 생수의 강이 흘러나오리라."(요 7:37,38)

생수가 되신 주님으로 말미암아 실존적인 상실감과 결핍, 두려움을 벗어버립시다. 그 때 우리는 '있음'과 '없음'이라는 구분을 걷어 낼 것입니다.

'가짐'과 '갖지 못함'을 초월하게 될 것입니다. 탐심으로 인한 모든 교만과 다툼을 거치고 이 땅의 모든 존재 그 자체를 소중히 여기고 받아들이는 하나님의 나라를 누리며 선포하게 될 것입니다.

(2007. 8. 1 KBS 기독신우회 조찬 기도 모임)

간증

제4장 하나도 남음이 없이 다 응답하였더라

여호와께서 이스라엘 족속에게 말씀하신 선한 말씀이
하나도 남음이 없이 다 응하였더라(수 21:45)

따르는 표적 막 16:14~20

배안호 선교사(영국 에버딘대학 역사신학 PhD., 탄자니아 칼빈신학교 교장)

저는 통신공사에서 10년, 극동건설이라는 회사에 5년, 합해서 15년의 직장 생활을 한 적이 있습니다. 통신공사는 한국통신으로 바뀌었는데, 옛날에 제가 있을 때는 체신부 소속으로 되어 있었습니다. 저는 1971년 10월 25일부터 1980년 4월 4일까지 근무했는데 그 회사에 다니면서 보니까 '예수쟁이'가 정말 많았습니다. 그때만 해도 신우회라는 모임이 직장 안에 없었습니다. 저는 믿는 사람끼리 회사 안에서 모임이 있으면 좋겠다고 생각해서 1975년 말에 군대에서 제대하고 다시 회사에 복직했을 때, 신우회 모임을 위해 몇몇 형제들과 함께 지하실 창고에 매주 수요일 점심시간에 모여서 기도했던 적이 있습니다. 그래서 1976년 가을에 '통신공사 신우회'가 발족되었습니다. 그것이 아마 한국 최초의 직장 신우회였을 것입니다.

그 때 광화문 길 건너편, 지금 정부종합청사 인근에 '종교교회'가 있는데 그 교회에서 모임을 가졌습니다. 그 후에 공무원들의 신우회 모임이 생기기 시작했고, 또 제일은행을 비롯해서 몇몇 금융기관에 신우회 모임이 생기기 시작했습니다. 그 다음부터는 70년대 후반, 80년대에 우리나라 방방곡곡에 신우회 모임이 생겨났습니다. 얼마나 감사한지 모릅니다. 그래서 저는 신우회 모임에 대한 애정이 있습니다.

통신공사 신우회는 매주 수요일 점심시간에 모였습니다. 저희는 국제통

신기관이었기 때문에 외부의 목사님들이나 강사를 모실 때는 특별히 신원조회를 철저히 해야 했습니다. 그것이 너무 까다롭고 힘드니까 그 때 제가 나이가 제일 어린 축에 속했지만 어쩌다가 신우회 모임의 성경공부를 인도하고 예배를 인도하는 자가 되었습니다. 제가 집사 시절이었습니다. 그래서 최선을 다했습니다. 회사의 분위기가 후에는 많이 바뀌었습니다.

우리가 회사에서 믿는 자로서 그리스도의 향기와 그리스도의 편지가 되지 않으면 회사 안에서 동료들을 전도하기는 불가능합니다. 우리는 몸으로, 삶으로, 인격으로 저들에게 전도해야 합니다. 그러려면 우리가 근무 시간을 철저하게 지켜야 합니다. 점심시간도 잘 지켜야 합니다. 저는 후에 극동방송에서 5년간 근무할 때도, 사우디아라비아에서 2년을 일할 때도 똑같이 그런 생활을 했습니다. 그 회사의 사장은 독실한 불교신자였습니다. 그런데도 믿는 몇몇 사람들을 규합해서 그 회사에서도 통신공사에서처럼 신우회 모임을 만들었습니다. 그래서 1980년대에 중동 근로자들이 우리 한국 경제를 많이 도왔습니다. 그 당시에 중동에서 일하다가 귀국할 때 일제 카메라나 가전제품, 비디오 몇 개만 들고 들어오면 비행기 값이 떨어진다고 했습니다. 그러나 저는 신우회 모임에서 말씀을 전하고 성경공부를 할 때 이렇게 열심히 외쳤습니다.

"다른 사람들은 다 카메라 몇 대 들고 가고, 비디오 몇 대 들고 가도 우리는 그렇게 하지 맙시다. 우리는 국산품을 애용하고 하나님 앞과 양심에 거리낌 없이 행동합시다."

저는 벌써 50대 중반인데 지금도 그렇게 생각합니다. 우리 믿는 자들의 삶이 변하면 한국이 변합니다. 우리 믿는 사람 한 사람 한 사람이 하나님 앞에서 인격과 삶이 변하고 우리의 기도가 살아 있고 변하면 우리 직장이 변하고 우리나라가 변할 것입니다. 더구나 KBS는 라디오와 텔레비전, 인터넷을 통해서 얼마나 많은 사람들이 주목하고 있습니까? 여러분이 이 회사에 몸담고 근무하는 것은 단순히 월급 받아서 자녀들 키우고 개인적인 편익을 도모하는 것 이상으로 하나님께서 여기에 여러분들을 심어 두신 이유가 있습니다. 그것을 발견하는 자는 복이 있습니다.

그리고 우리 자신을 계속적으로 업그레이드 해 나아가야 합니다. 그리스도 안에서 계속 성장해 나아가야 합니다. 우리의 영성과 실력과 인격이 계속 성장해야 합니다. 저는 열아홉 살에 체신부에 들어간 후 지금까지 학생의 자세로 계속 제 자신을 채찍질하고 계획하고 배우려고 합니다. 직장 생활에 충실하면서, 모든 시간을 활용해서 최선을 다해 우리가 있는 자리에서 계속 자신을 업드레이드 시키고 개혁시켜 나아가야 합니다.

박갑진 회장과 저는 35년째 연희교회에서 함께 신앙생활을 하고 있습니다. 저는 '중 · 고등부 교사' 로 10년, 그 다음에 집사로, 그 다음은 하나님께서 부르셔서 신학을 해서 '총신대신대원' 을 졸업했는데, 연희교회에서는 전도사, 강도사, 교육목사, 협동목사, 지금은 파송선교사가 되었습니다.

저는 1994년도에 영국으로 유학을 가서 석 · 박사 학위를 마치고 동부 아프리카의 탄자니아에 가서 선교 사역을 4년간 하였습니다. 지금 첫 번째 안식년을 맞아 잠시 한국에 왔습니다. 1994년 이래 12년 동안 한국을 떠나 해외에 있다 보니까 한국이 너무 많이 변해서 지금 한국 사회에 재적응하고 있는 중입니다. 모든 것이 생소하고 감격스럽습니다. 하루에 저는 몇 번이나 "대한민국, 대한민국!"을 외칩니다.

'아! 우리 조국이 이렇게 발전했구나. 너무 감사하다.'

그런데 제 심령 가운데 눌리는 것이 하나 있습니다. 한국이 이렇게 발전하고 하나님의 큰 축복을 받았는데 우리 믿는 자들이 교회에서 하나님을 사모하고 갈급해 하는 마음과 하나님의 나라와 뜻을 구하는 것이 많이 쇠퇴하고 있다는 조바심이 느껴집니다.

저는 사람을 참 좋아하기 때문에 어디든지 사람이 모여 있는 곳을 좋아합니다. 저는 늦게 공부를 시작해서 열 살이나 어린 친구들하고 신대원에서 같이 공부를 했습니다. 늘 그들하고 눈높이를 같이 했는데 졸업할 때가 되어 한 친구가 저한테 와서 말했습니다.

"배 목사님, 그렇게 연세가 든 줄 몰랐는데, 저는 저희들하고 나이가 비슷한 줄 알고 말도 함부로 했던 것을 용서해 주세요."

저는 하나님께서 주신 놀라운 간증이 있습니다. 저는 1학년을 두 번 다녔습니다. 1986년도에 총신대 신대원에 들어가 보니까 저한테는 세 가지가 충격이었습니다. 첫째는 신학생이 너무 너무 많아서 충격을 받았습니다. 둘째는 신학생이 '커닝' 을 하는 것을 보았습니다. 상상할 수도 없는 일이어서 충격을 받았습니다. 저는 서울대 부설 방송통신대학교에서 2년 마치고 동국대학교 법대 3학년에 편입하면서 크리스천이 되어서 커닝을 하는 것은 상상도 못했습니다. 세 번째로 제가 놀란 사실은 저들이 데모를 하는데 데모하는 방식이 일반 세속대학에서 데모하는 것보다 오히려 더 저질스러웠습니다. 대자보를 써 붙여 놓고 무슨 교수 물러가라, 재단 비리가 어떻고 인신공격을 했습니다. 저는 재를 뒤집어쓰고 회개하면서 금식하면서 그렇게 할 줄 알았는데 전혀 아니었습니다.

'이것은 내가 생각했던 신학하고는 너무 거리가 멀다.'

그래서 저는 신학 공부를 그만 하려고 밖으로 뛰어나와서 다시 직장을 잡았습니다. 그런데 하나님께서 우여곡절 끝에 다시 1986년부터 1987년 2월까지 놀라운 은혜와 축복을 부어 주셨습니다. 그때 저는 성령의 기름 부으심, 성령 체험을 처음으로 했습니다. 하나님이 저를 부르심에 대한 확신도 분명했습니다. 그래서 총신대 신대원 전체 보직 교수 회의에서 제 문제가 다루어져서 이런 학생이 다시 공부할 기회를 주어야 한다며 2학년에 올라가서 공부할 것을 권고했는데 저는 제 자신이 1학년을 다시 하겠다고 했습니다. 그러다 보니 신대원 입학 동기와 졸업 동기가 달라졌습니다.

그런데 지금 와서 보니까 너무 좋습니다. 선교사는 가능하면 많은 목사들을 알면 좋습니다. 저는 사람을 좋아하므로, 입학 동기도 제 동기요, 졸업 동기도 제 동기니까 너무너무 감사했습니다.

저는 지금 동부 아프리카에 '탄자니아' 라는 나라에서 사역하고 있습니다. 탄자니아는 킬리만자로 산이 있는 나라입니다. 재작년 여름에 1983년생 쌍둥이 두 아들이 영국에서 공부하다가 여름 방학이어서 왔을 때 킬리만자로 산으로 가족 등산을 같이 했습니다. 6,000m에서 115m 낮은 5,885m 정상에 큰아들하고 같이 섰습니다. 죽을 고비를 넘기면서 올라간 이유가 아프리카의 7억 5천만의 땅, 58개국에 사는 그 영혼들을 기도로 품기 위해서였습니다. 저들은 피부 색깔이 검다는 것과 가난하고 무지하다는 이유로 많은 열강의 식민지 대상이 되었고, 지금도 에이즈와 가난과 풍토병으로 고통 받고 있습니다. 그들을 놓고 아프리카의 최정상, 지붕이라는 곳에 올라가 간절히 기도하기를 원했습니다.

저는 그런 마음을 갖고 조국에 돌아왔는데, 제가 해외에서 12년 동안 있다가 왔더니 너무 조국을 모른다는 생각이 들었습니다. 안식년 계획 중에 한라산부터 백두산까지 두 개의 산을 포함에서 적어도 조국에 있는 7개의 산을 그 지역에 있는 목회자들과 함께 등산을 하면서 산꼭대기에 올라가서 두 손 들고 기도하는 계획을 세우고 있습니다.

탄자니아에는 또 '동물의 왕국' 의 촬영지인 '세렝게티' 가 있습니다. 한국에서 귀한 손님이 오시면 모시고 가려고 아끼고 아끼다가 아직 못 가고 있습니다. 제 일에 충실하다 보니까 못 가보았습니다.

성경에서 '야베스의 기도', '엘리야의 기도', '히스기야의 기도' 는 유명하지만, '아굴의 기도' 는 우리에게 잘 알려지지 않은 생소한 내용입니다. 그러나 저는 잠언을 매일 한 장씩 읽는 것을 30년 동안 계속해 오다가 이 아굴이라는 사람에 대해서 너무 매력을 느꼈습니다. 아굴이 어떤 사람인지 우리는 전혀 알지 못합니다.

아굴이란 사람을 성경은 이렇게 소개하고 있습니다.

"이 말씀은 야게의 아들 아굴의 잠언이니"(잠 30:1)

그 아버지만 소개하고 있습니다. 누군지 제대로 소개되어 있지 않습니다. 그런데 아굴이란 사람은 그의 기도가 그를 특징지었습니다. 우리의 기도의 수준이 우리의 신앙생활의 수준입니다. 그 사람의 기도가 어떠하냐가 그 사람의 현재의 인격과 삶을 그대로 드러내 줍니다. 기도가 소중하다는 것을 모르는 사람은 없습니다. 그런데 실제로 기도에 시간을 투자하고 삶을 투자하는가 하는 것은 별개 문제입니다. 그렇기 때문에 모두다 기도에 관한 한 은 너무 약하기 때문에 기도에 관한 책자나 세미나가 얼마나 많습니까? 당신의 현재의 기도 제목이 무엇입니까? 그 기도에 얼마나 삶을 투자하고 있습니까? 정말 기도의 세계를 아는 사람은 아굴과 같을 것입니다.

"그가 이디엘, 곧 이디엘과 우갈에게 이른 것이니라."(잠 30:1)

이디엘과 우갈은 아마 아들들인 것 같습니다. 저는 1983년생 쌍둥이 두 아들이 있습니다. 하나님의 은혜 가운데 둘 다 캠브리지 대학에 들어갔습니다. 하나는 경제학과, 하나는 물리학과입니다. 작년에 경제학과를 졸업한 작은 아들은 지금 군인이 되어서 육군단에서 통역장교로 근무하고 있습니다. 큰아들은 지저스 칼리지의 물리학과를 졸업하고 이번 9월부터 미국 예일대학원의 박사 과정에서 공부하고 있습니다. 저는 두 아들에게 "공부하라, 공부하라"는 말을 절대 하지 않았습니다. 새벽 기도만 가르쳤습니다. 그리고 하나님 앞에서 최선을 다해 엎드리는 저의 모습과, 우리 부부의 모습을 통해서 저들이 그 영성과 하나님의 말씀을 목숨을 걸고 사모하는 것을 배우기를 원했습니다. 단지 그것만 가르쳤는데, 저들에게 신앙의 문이 열렸습니다. 어디든지 대학을 다닐 때도 그 대학에 있는 기독학생회의 임원으로, 핵심 멤버로서 새벽을 깨우며 두 아들들이 열심히 믿음 생활을 하고 있습니다. 제가 아프리카에서 두 아들로부터 소식을 이메일로 받으면서 감탄했습니다.

'아, 애비보다 낫다.'

어떨 때는 두 아들을 통해서 도전받습니다. 정말 은혜 받은 사람은 아굴처럼 말합니다.

"나는 다른 사람에 비하면 짐승이라 내게는 사람의 총명이 있지 아니하니라."(잠 30:2)

자기를 짐승으로 규정(identity)했습니다. 정말 은혜 받은 사람은 자신을 성경에서 말한 것처럼 '아무것도 아니다'(I' m Nothing)라고 고백합니다. 저는 어제 아침 새벽 기도 시간에도 기도하다가 시편에 있는 말씀을 다시 깨우치면서 크게 통곡을 했습니다.

"여호와여 나의 기도를 들으시며 나의 부르짖음에 귀를 기울이소서. 내가 눈물 흘릴 때에 잠잠하지 마옵소서. 나는 주와 함께 있는 나그네이며 나의 모든 조상들처럼 떠도나이다."(시 39:12)

우리는 잠시 나타났다 사라지는 아침 안개처럼 아무것도 아닙니다. 정말 기도하는 사람, 하나님께 은혜 받은 사람은 이렇게 말합니다.

"나는 짐승이다, 나는 아무것도 아니다."

잠언 30장 3절에 "나는 지혜를 배우지 못하였고 또 거룩하신 자를 아는 지식이 없다."라고 했습니다. 그렇다면 아굴의 기도의 제목이 무엇이기에 아굴의 기도로 특징지어졌습니까? 그 대답이 7절, 9절, 10절에 나옵니다.

"내가 두 가지 일을 주께 구하였사오니 내가 죽기 전에 내게 거절하지 마시옵소서. 곧 헛된 것과 거짓말을 내게서 멀리 하옵시며 나를 가난하게도 마옵시고 부하게도 마옵시고 오직 필요한 양식으로 나를 먹이시옵소서. 혹 내가 배불러서 하나님을 모른다 여호와가 누구냐 할까 하오며 혹 내가 가난하여 도둑질하고 내 하나님의 이름을 욕되게 할까 두려워함이니이다. 너는 종을 그의 상전에게 비방하지 말라. 그가 너를 저주하겠고 너는 죄책을 당할까 두려우니라."(잠 30:7-10)

아굴은 평생토록 두 가지를 구했다고 했습니다. "죽기 전에 주시옵소서."라는 말은 일생 동안 계속한 기도 제목이었습니다. 첫 번째는 "헛된 것과 거짓말을 내게서 멀리 하옵시고", 곧 하나님 앞에서 정직한 삶을 살 수 있게 해 달라는 것입니다. 앞에서 제가 '커닝' 이야기를 했습니다. 우리는 너무 쉽게 현실과 타협하면서 삽니다.

제가 영국에서 공부할 때 석사, 박사 논문을 쓰면서 얼마나 울었는지 모릅니다. 역사신학을 공부했는데 영어 논문을 쓰는 것이 너무나 어려웠습니다. 1990년대에 한국에 왜 IMF 사태가 났습니까? 우리 예수쟁이들부터 진실해야 합니다. 우리의 말 한 마디가 보증수표가 되어야 합니다. 우리의 말 한 마디가 직장 안에서 상관과 동료가 들었을 때 100퍼센트 믿을 수밖에 없을 때, 우리의 인격과 삶은 이 직장에서 인정받게 됩니다. 예수 믿는 사람은 각처에 너무너무 많은데 부정과 부패와 이해할 수 없는 일들이 얼마나 많습니까? 하나님은 온 땅을 두루 감찰하사 전심으로 주님을 찾는 자, 진실하게 행하는 자, 정직한 자를 찾으십니다. 하나님 자신의 성품이 정직이시니까, 우리는 하나님 앞에 꿈에라도 정직해야 할 것입니다. '예'와 '아니오'를 분명히 해야 합니다. 아굴은 바로 그것을 구했습니다. "헛된 것과 거짓말을 내게서 멀리 하옵소서."

두 번째 기도는 무엇입니까?

"나를 가난하게도 마옵시고 부하게도 마옵시고, 오직 필요한 양식으로 나를 먹이시옵소서."

우리는 재테크를 하더라도 정당하게 해야 합니다. 과다하게 재물에 욕심을 내는 것은 옳지 않습니다. 저는 아무것도 없는 가난한 시골 중에 시골에서 빈털터리로 자랐습니다. 저의 고향은 경북 상주인데 대구에서 중 · 고등학교를 다녔습니다. 대구공고를 졸업할 때까지 아무것도 없는 빈털터리였습니다. 제가 공고에 들어간 이유는 장남으로서 동생들의 공부를 책임지고 가르치라는 부모님의 뜻 때문이었습니다.

제가 예수님을 믿고 조이선교회라는 선교단체에서 제자 훈련을 받고 주님을 알고 보니까, 하나님이라는 든든한 힘이 생겼습니다. 그 힘은 어디에 가나 눌리지 않습니다.

우리는 하나님 앞에 정직하게 '하나님만' 바라보아야 합니다. 물론 우리는 겸손해야 합니다. 겸손한 것과 비굴한 것은 다릅니다. 그렇게 하면 하나님께서 필요한 재물을 명백하게 채워주십니다. 저희 두 아들이 캠브리지 대학에 다닐 때 학비가 얼마인줄 아십니까? 천문학적입니다. 영주권을 신청했는데 떨어졌습니다. 저는 아들들의 유학을 포기하고 한동대에 다니게 하려고 했습니다. 그런데 하나님께서 길을 열어 주셨습니다.

저는 차도 없고, 집 한 칸도 없고, 50대 중반인데 아무것도 없습니다. 양복도 하복이 딱 한 벌뿐입니다. 겨울이 오면 동복 또 한 벌 필요할지 모릅니다. 넥타이도 딱 한 개이니까 '심플 라이프'로 너무 좋습니다. '무소유'가 참 좋습니다.

저의 기업은 저 하늘 위에 계신 하나님뿐입니다. 내가 체험한 하나님은 위대한 분입니다. 영국의 유학 생활 7년 동안을 저는 광야 생활로 표현합니다. 그 광야 생활 동안 '메추라기 기적'과 '만나 기적'과 수없는 하나님의 축복을 한 몸에 다 받았습니다.

우리의 영성이 살아서 말씀과 기도로 깨어 바짝 하나님 앞에 엎드려 있으면 하나님이 필요한 모든 것을 채워 주십니다.

"여호와는 나의 기업이시니"(애 3:24)

그러니까 대한민국 7천만 백성 중에서 제일 행복한 사람이 나오라면 제가 아닌가 싶습니다. 저보다 더 행복한 사람이 있는지 모르겠습니다. 저는 너무너무 행복합니다. 매일 매일 흥미진진합니다.

여러분 모두도 주 안에서 저처럼 행복하시길 주님의 이름으로 축원합니다. 이렇게 행복하시려면 평소에 기도가 살아 있어야 합니다. '십일조 기도'를 해 보십시오. 우리는 재물에 대한 십일조는 하나님 앞에 드릴 줄 알면서 재물보다, 돈보다, 더 소중한 '시간'을 드릴 줄 모릅니다. 제가 총신대 신대원 1학년에 다닐 때 이것을 깨달았습니다. 그래서 그 순간부터 시간의 십일조를 하나님 앞에 드리기로 작정했습니다. 24시간의 10분의 1은 2시간 40분입니다.

최소한 두 시간을 드리는 것입니다.

한국에 오니까 마음껏 기도할 수 있는 것이 얼마나 좋은 줄 모릅니다. 저는 탄자니아의 칼빈신학교 약 30명의 학생들에게 기도를 가르칩니다. 매일

전교생이 성경을 같이 읽고, 자신의 필요를 위해서도 기도하고, 세계를 품은 기도도 합니다.

우리의 기도 제목은 탄자니아의 3400만 명, 동부 아프리카와 케냐와 우간다와 나아가서는 아프리카 58개국 7억 5천만 영혼을 깨우는 새벽 기도 운동의 진원지가 우리 칼빈신학교가 되도록 해 달라고 기도합니다. 엄청난 기도 제목입니다. 그러나 믿음으로 하나님 앞에 이 기도를 계속 올려드리면 하나님께서 반드시 그렇게 이끄실 것을 믿습니다.

2007년은 특별한 해입니다. 모두 '부흥'을 부르짖지만 우리 마음이, 내가 먼저 부흥을 경험해야 됩니다. 그렇게 하려면 기도 시간을 두부모처럼 뚝 떼어서 하나님 앞에 드리고 적어도 십일조 기도를 드려서 우리의 영성을 살려야 합니다. 기도 시간을 진정으로 즐거워해야 합니다. '내 기도하는 그 시간 그 때가 가장 즐겁다' 라는 찬송을 정말 눈물로 고백하면서 기도 시간을 향유하는 여러분이 되시기를 예수님의 이름으로 축원합니다.

(2006. 9. 1)

선한 일을 위해 지음 받은 사람들 미 6:8

권현순 (KBS 편성실 근무 · KBS 신우회 파송 선교사, Mercy Ship 한국 대표)

20대 시절, 저는 일회적인 삶이 너무 허망하다는 생각 때문에 가슴 한복판이 뻥 뚫려버린 것 같았습니다. 그 비어 있는 곳을 무엇으로도 채울 수 없을 것 같아서 우울했고 그럴 때면 가끔 명동성당 뒷자리에 앉아 있곤 했었습니다. 그러면서 무언가 거룩한 것을 찾고 있었던 것 같았습니다. 또 그 당시에 저를 힘들게 한 것은 두려움 때문에 밤잠을 잘 수 없는 불면증이었습니다.

그 즈음, 회사 동료들 중에 한 무리가 함께 움직이는 것이 눈에 띄었습니다. 그리스도인들이 서로 가깝게 지내고 있었는데, 그 중 몇 사람이 저를 성경공부 모임에도 불러내었지만 별 재미가 없었습니다. 한번은 퇴근 후 광화문의 어느 중국인교회에서 있었던 모임에 따라갔었습니다. 미국인 선교사가 설교를 하고 있었는데, 제 귀에 유난히 들어오는 것은 'With Christ' 와 'In Christ' 이었습니다. 그는 'In Christ' 에 대해서 강조했었고, 저는 '무엇이 다른가?' 라는 질문을 마음속에 갖게 되었습니다.

편성실 같은 부서의 진소희 PD는 착하고 반듯한 사람이라고 생각하고 있었는데 하루는 저에게 책을 빌려 주었습니다. 1970년대의 베스트셀러 작가였던 일본여성 미우라 아야꼬의 『길은 여기에』라는 책이었습니다. 그 책은 미우라 자신의 이야기였습니다. 저는 그 책에서 그리스도인의 모습을 보게 되었습니다. 중병으로 오랫동안 누워 있던 미우라를 위해 헌신적인 봉사를 한 두 명의 남성 그리스도인의 겸손하고 조용하며 정직한 삶이 저에게 감동이 되었습니다. 그 책을 덮으며 '나도 그들과 같은 그리스도인이 되고 싶다' 는 생각을 하게 되었습니다.

1980년 5월말 경, 출근 버스에서 성서연구회(현 신우회) 회원인 김원옥 씨가 '한미전도대회 초청장' 을 주었습니다. 6월 1일, 몇 명의 여직원들과 전도대회가 있던 서울침례교회를 찾았습니다. 설교의 끝에서 들었던 '당신에게 지금이 마지막 기회가 될지도 모른다.' 는 메시지는 협박 같았지만 거부할 수 없는 부름이었습니다. 사람들로 꽉 들어찬 2층 자리에서 1층 강단 앞까지, 저는 마치 우물가의 여인이 물동이를 던져두고 수가성 마을사람들에게 뛰어간 것처럼 의자에 있던 핸드백을 집어들 생각도 못하고 정신없이 걸어 나갔습니다. 예수님은 그렇게 저를 찾아오셨고, 1980년 6월 1일은 제가 예수 그리스도의 이름으로 새로 태어난 날이 되었습니다.

"우리가 사랑함은 그가 먼저 우리를 사랑하셨음이라"(요일 4:19)

예수님을 믿게 되자, 저는 자연스럽게 회사 동료들에게 그리스도인으로 알려지게 되었습니다. 같은 부서의 사람들이 때로는 빈정거리면서 때로는 진지하게 성경과 믿음 생활에 대해서 질문하고 이야기를 걸어왔습니다. 저는 그것도 하나님에 대한 관심의 표현이라고 생각했고 그들은 의외로 저의 회사 내 활동에 대해 호의적으로 대해 주기도 했습니다.

직장에서 믿음의 사람들을 만날 수 있다는 것은 큰 복입니다. 내 신앙생활의 걸음마는 성서연구회(현 신우회) 사람들과 함께 성경공부, 기도모임, 수련회 등을 하면서 영적으로, 또 인간적으로 조금씩 자랄 수 있었습니다. 후에 알았지만, 제가 예수님을 만나게 된 것은 먼저 하나님의 은혜였고, 그 다음은 KBS 신우회 가족들의 기도 덕분이었습니다.

신앙생활을 시작한 지 2-3년밖에 되지 않는 미성숙한 저를 하나님께서는 '선교사'로 부르시면서 '아프리카'를 마음에 품게 하셨습니다. 1992년 초에 회사를 퇴직하고, 4월에 아프리카로 향할 때까지 약 7년 동안 아프리카를 위해 기도하게 하셨고 준비시킨 분은 우리 주님이셨습니다.

그 당시 저는 아프리카로 가기 위해 퇴직할 시기를 하나님께 물으며 기도하고 있었습니다. 그런데 어느 순간, 제가 회사를 위해 기도하고 있다는 것을 깨닫게 되었습니다. 그래서 '내가 있는 곳이 곧 선교의 자리이다.'라는 것을 깨달았습니다. 하나님께서 저를 옮기실 때까지 KBS의 동료들을 위해, 그리고 TV 프로그램이 올바르게 제작되어 선한 영향력을 사람들에게 끼치도록 기도해야 한다는 것을 깨닫게 하신 것입니다.

지금도 하나님께 감사드리는 것은, KBS라는 훈련의 장에서 많은 것을 저에게 가르쳐 주셨다는 것입니다. 제가 회사에서 함께 했던 상사들, 동료들 한 분 한 분으로 부터 배운 것이 무척 많았고 너무 많은 사랑을 받았음을 고백합니다. 직장 생활에서 배운 것은 6개월 내지 1년의 선교 훈련 커리큘럼으로는 절대 배울 수 없는 소중한 것이었습니다. 제자 훈련 또는 선교사 훈련 프로그램을 마치면 자신이 준비되고 완성된 사람으로 생각하는 청년들에게 '오늘, 하나님이 주신 자리에서 겸손하게 배우라'고 권고하고 싶습니다.

1992년 2월에 회사를 퇴직한 저는 4월에 아프리카로 떠나게 되었는데 출석 교회에서는 평신도인 저를 선교사로 파송해 줄 것 같지 않았고 어느 곳에도 후원 요청을 하지 않았습니다. 그런데 뜻밖에도 신우회 회장 한동수 장로님과 임원들로부터 저를 KBS 신우회에서 파송하기로 했다는 소식을 들었습니다. KBS 신우회의 형제자매들은 저를 예수님께 안내한 사람들이요, 저의 구원을 위해 뒤에서 기도했던 사람들이며, 이제는 선교의 동역자가 되었습니다. 매달 어김없이 보내오는 선교지원비를 다른 선교사들이 얼마나 부러워했는지 모릅니다. 그리고 헌신적인 기도의 사람들이 제 뒤에 있다는 것이 얼마나 큰 힘이었는지 모릅니다. 참고로, 선교비는 저와 함께 살며 사역했던 2~3명의 다른 선교사들의 부족한 생활비에 보탬이 되기도 했습니다. 그러니까 신우회의 선교 후원은 한 사람의 선교사뿐 아니라 다른 선교사를 위해서도 드려진 것입니다.

3년이란 짧은 아프리카 사역의 기간 동안, 하나님께서는 많은 경험을 하도록 하셨습니다. 그리고 하나님께서는 제가 계획하지 않았고 짐작조차 못 했던 일들을 저에게 가르치고 맡기셨습니다. 특별히 가난한 사람들, 전쟁으로 고통 받던 사람들을 보게 하셨고, 아주 작지만 그들을 위해서 한 부분을 맡게 하신 것은 하나님이셨습니다.

미숙한 선교사 초년생으로 많은 실수를 하고 두려워하며 1년을 보냈던 케냐 마사이 부족 마을인 응코일레에서의 생활, 선교부의 권유를 따라 1년을 보냈던 내전 지역 소말리아의 모가디슈 바닷가 마을에서 했던 NGO 사역, 내전으로 100만 명이 학살을 당하고, 100만 명이 피난민이 되어 이웃 나라로 온 르완다 사람들을 위해 피난민 캠프에서 했던 사역, 그리고 아프리카의 마지막 기간을 보낸 르완다에서의 사역, 아프리카에서 세계를 배우고, 인간의 선악을 보았으며, 선교사로서 제가 얼마나 부족한가를 배웠습니다. 3년이란 시간이 짧지만 몇 장의 종이에 기록하기에는 너무 많은 일들을 경험했고, 그 경험들이 때로는 즐겁고 때로는 고통스러웠지만 얼마나 소중한지 아프리카를 떠나면서 알게 되었습니다. 그러나 그 때는 너무 힘들어서 다시는 이런 긍휼 사역을 하지 않겠다고 하나님께 하소연했었습니다.

여러 해가 지난 지금도 소말리아의 이웃들이 궁금하고 학교에서 가르쳤던 어린아이들의 얼굴이 떠오릅니다. 모랫바람과 섭씨 40도가 넘는 더위, 내 머리를 탈색시키던 뜨거운 태양, 아이들이 나를 부르던 소리와 이웃들의 싸우듯 커다란 목소리, 총을 들고 거리를 다니던 사람들, 마약성분의 식물을 하루 종일 씹어야만 고통을 잊고 살 수 있다고 하던 지식인 이웃들의 어두운 얼굴들...

아프리카 사역 후 갖게 된 안식 기간에 네덜란드에서 YWAM(Youth With A Mission)의 제자훈련학교(DTS)에서 훈련을 받고 태국에서 전도여행 중인 어느 날 우리 팀은 배를 타고 강을 올라가고 있었습니다. 머시쉽(Mercy Ships)이란 병원 선박에서 섬기려고 준비하고 있던 네덜란드 청년 아리엔이 저에게 농담을 던졌습니다.

"현순, 너도 머시쉽을 탈 거지?"

저는 크게 웃으며 대답했습니다.

"아니 절대로 아니야!"

이 대화는 마치 예언과도 같이 되었습니다. 1년 6개월이 지난 1997년 여름에 저는 머시쉽(Mercy Ships)란 단체의 한국 사무실 창립 멤버로 자연스럽게 일을 시작하게 되었습니다.

머시쉽(Mercy Ships)은 병원 선박(Hospital Ship)으로 가난한 나라의 극빈층에게 무료로 수술을 해 주고, 지역 개발, 교육 등으로 섬기는 단체입니다. 우리 배가 방문하는 가난한 나라의 의료 환경으로는 치료받을 수 없는 가난한 사람들을 위해 40여 나라 출신의 자원봉사자들이 섬기고 있습니다. 하나님께서는 또 다시 저를 가난한 사람들을 위한 사역으로 부르셨습니다. 아프리카 사역의 끝에 하나님께 다시는 긍휼 사역을 하지 않겠다고 하소연했지만 하나님의 뜻은 달랐나봅니다. 몇 년 전, 한국 사무실의 책임자로 임명을 받은 후부터 지금까지 하나님께 부족함을 하소연할 때가 여러 번 있었습니다. 그럴 때마다 주님께서는 사역의 주인은 하나님이심을 말씀해 주셨습니다. 하나님의 선교(Missio Dei). 하나님께서 주체가 되신다는 것을 자주 잊어버릴 때 저는 항상 주님보다 앞에서 걷고 있었습니다.

가장 좋아하는 찬양의 한 부분을 저의 고백처럼 소개합니다.

Down at your feet, O Lord, is the most high place

In Your presence Lord. I seek your face I seek your face
There is no higher calling no greater honor
Than to bow and kneel before your throne.
I' m amazed at your glory embraced by Your mercy,

(2007. 2. 23)

고난과 평화 로마서 12:18

김형석 박사(한민족복지재단 회장, 우석대 겸임교수)

우리 민족의 역사는 고난으로 점철되어 왔습니다. 20세기만 해도 일제 식민지 치하에서의 고난과 광복 후 1950년 한국 전쟁으로 인한 엄청난 고통, 30년 군부 독재 아래서 자행된 인권 유린과 그로 인한 고통 등 계속되는 고난의 연속이었습니다. 이런 점에서 한국사를 성경적 입장으로 처음 관조했던 함석헌 선생은 자신의 책 『뜻으로 본 한국 역사』에서 "말하라고 명을 받을 줄 믿으면서 내 놓는다."라고 전제하고, "한국의 역사는 고난의 역사이다."라고 언급하면서 "8 · 15 해방은 우리 민족에게 내려 준 떡이다."라고 정의하고 있습니다. 그러나 우리 민족은 그러한 고난 가운데서 많은 힘을 얻고, 20세기 세계사에서 경제적 부흥과 민주화를 달성한 대표적 나라가 되었습니다.

제가 한 번은 아프가니스탄을 방문했을 때 만난 그 나라의 교육부장관이 이런 말을 했습니다.

"20세기 세계사에서 우리가 배우고 싶은 모델 나라가 딱 두 나라가 있습니다. 한 나라는 독일이고, 다른 한 나라는 한국인데, 독일은 우리가 배우기엔 너무 먼 모델이고, 한국이 우리가 지향하는 가장 이상적인 모델입니다."

실제로 그런 이야기를 많은 나라에서 듣게 됩니다. 우리만 우리의 역사를 부끄러워하지, 밖에서 남들은 우리를 얼마나 부러운 눈초리로 보고 있는지 느끼게 됩니다.

성경에는 많은 고난 이야기가 나옵니다. 그런데 이 고난을 고난으로 보지 않고, 평화와 연결해서 보면 고난 가운데 찾아오는 평화가 있습니다. 옥중에 갇혀 있는 바울에게 주님께서 은총을 베푸시고 평화를 주셨습니다. 또 고난 뒤에 찾아오는 평화가 있습니다. 욥은 평생을 고난 가운데 살았고, 룻도 고난 가운데 힘든 인생을 살았지만, 그 고난 뒤에 주께서 은총을 베푸시고 평화를 주셨습니다.

또 성경을 보면 영적인 전쟁에서 승리한 이후에 평화를 주시는 경우가 있습니다. 전쟁에서 승리한 뒤에는 허탈감이 찾아오고, 무력감이 찾아오고, 적막함이 엄습하는 역사들을 봅니다. 갈멜산에서 승리했던 엘리야가 로뎀나무 밑에서 죽기를 청했습니다. 그런데 주님은 그를 외면하지 않으시고 그에게 찾아오셔서 마음의 평화를 주셨습니다.

특히 구약 성경에는 역사적 인물들을 통해서 하나님께서 역사를 반전시키는 여러 사건이 있습니다. 그 가운데에는 꼭 고난의 이야기가 등장합니다. 구약에 나타난 역사적 인물에 대한 고난 사건은 단순히 인간의 고난에 대한 이야기가 아니라 그 고난을 통해서 범죄한 인간들을 구원하시려는 하나님의 구속사적인 섭리를 일깨워 주십니다.

첫 번째 사례는, 출애굽기 2장 23장에서 3장 15절에 나오는 '타지 않는 불꽃 떨기 사건' 입니다. 가시 불꽃 떨기 속에 현현하신 하나님께서는 모세를 부르시고 그를 통해서 이스라엘 민족을 구원해 주셨습니다.

두 번째 사례는, 창세기 45장과 50장에 나오는 요셉의 이야기입니다. 요셉이 주는 특별한 의미는 노예로 팔고 죽은 것으로 위장했던 형들에게 오히려 "하나님께서 우리의 목숨을 살려 구원하시려고 나를 형님들보다 앞서 보내신 것입니다."라고 고백을 하고 있습니다. 자신이 당한 고난을 이스라엘 민족 구원을 위한 하나님의 선수 행위로 이해한 구원사적인 증언입니다.

세 번째는, 룻기의 구원사적인 예입니다. 보잘 것 없는 세 여인이 당한

'고난 받는 삶' 을 통해서입니다. 그들이 이유를 알 수 없는 고난을 당하면서도 하나님께서 주신 가장 첫째 과제인 영적인 대를 끊지 않고 이스라엘 역사를 회생시키려는 믿음을 보시고 주님께서 축복하시는 것을 알 수 있습니다.

우리가 잘 아는 최근 몇 년 동안 한국 교회에 크게 소개되었던 '야베스의 기도' 이야기도 역시 고난과 연결되어져 있습니다.

"야베스는 그의 형제보다 귀중한 자라. 그의 어머니가 이름하여 이르되 야베스라 하였으니 이는 내가 수고로이 낳았다 함이었더라. 야베스가 이스라엘 하나님께 아뢰어 이르되, 주께서 내게 복을 주시려거든 나의 지역을 넓히시고 주의 손으로 나를 도우사 나로 환난을 벗어나 내게 근심이 없게 하옵소서 하였더니 하나님이 그가 구하는 것을 허락하셨더라."(대상 4:9–10)

이 말씀 가운데 나오는 '야베스' 라는 뜻은 '고난 가운데 태어난 자' 라는 뜻입니다. 야베스의 삶을 보면 "내가 탄식함으로 피곤하여 밤마다 눈물로 내 침상을 띄우며 내 요를 적시나이다."(시 6:6)라고 이야기했던 시편 저자의 고백과 같이 그는 평생을 고난 가운데 지냈던 사람입니다.

"하나님이 그에게 복을 주시고 하나님 나라를 넓히는 축복을 허락하셨다."라고 본문을 전하고 있습니다. 제가 장구하게 '고난' 에 대한 이야기를 한 것은 우리 개인이나, 가정이나, 기업이나, 민족이 당하는 것이 너무나 고난스럽기 때문입니다. 많은 가정들이 경제적인 어려움을 호소합니다. 무엇보다도 과거에 비하면 엄청나게 우리의 경제적 상황들이 나아졌음에도 불구하고 빈부격차나 상대적인 위화감 때문에 우리는 모두 힘들어하고 있습니다.

때때로 우리 민족이 위험한 순간에 직면할 때가 있지 않았습니까? 북한에서 '대포동 2호 미사일' 을 발사했을 때, 국가와 민족을 생각하는 우국지사의 심정을 가진 사람들이라면 잠을 잘 수가 없는 일입니다. 그런데 우리는 너무나 태평스럽게 지냈지 않습니까? 이제 한반도의 전쟁 위기는 좀 지나간 것처럼 보입니다. 제 개인의 판단이 아니라, 여러 전문가들과 대화를 나누면 그렇게 느껴집니다.

그러나 우리 한반도 동서남북의 주변 정세를 보십시오. 동쪽에 일본이 있습니다. 일본의 국가의 상징 동물은 '악어' 입니다. 서쪽에 중국이 있습니다. 중국의 국가의 상징 동물은 '사자' 입니다. 남쪽에 미국의 해양 세력이 있습니다. 미국의 국가의 상징 동물은 '독수리' 입니다. 북쪽에 러시아가 있습니다. 러시아의 국가의 상징 동물은 '곰' 입니다. 악어와 사자와 독수리와 곰 네 마리의 맹수가 한반도를 집어 삼키려고 호시탐탐 기회를 노리고 있는 형세가 오늘의 모습입니다.

많은 사람들이 중국의 '동북공정' 을 이야기하며 격분합니다. 우리가 중국의 '동북공정' 을 걱정하고 있지만, 더 무서운 것은 중국이 지난 60년 동안 북한에 대해서 하던 경제적인 지원과 인도적인 지원을 최근 들어서 '경제적인 투자' 로 바꾸고 있습니다. 북한에 무슨 문제가 생기면 역사적인 명분 위에 현실적인 관점에서 경제적으로 자기들이 투자한 경제에 대한 권리를 지키기 위해 북한에 출병할 수 있는 권리를 확보해 나가고 있는 면을 우리가 걱정해야 하는 것입니다. 만약에 북한이 미사일을 쏜다면 미국과 일본이 어떻게 하겠습니까?

"할 수 있거든 너희로서는 모든 사람과 더불어 화목하라."(롬 12:18)

그들이 그럴지라도 평화를 추구하라는 가르침입니다. 저는 대학에서 역사학을 가르치는 교수 생활을 했습니다. 학생들에게 "너희들은 역사적 인물이 되라"고 가르쳤습니다. "역사적 인물은 역사적 과제에 충실한 사람"이라고 가르쳤습니다. 이 시대에 주어진 역사적 과제는 우리 민족 내부의 계층간, 지역간의 갈등을 해소하고 남북간의 대립을 해소하고 세계 속에 우리를 자리매김하는 것입니다. 이제는 더 이상 우리가 다른 민족으로부터 일방적으로 지원을 받는 민족이 아니라 그들에게 베풀며 그들을 섬길 수 있는 민족이 되어야 한다고 가르쳤습니다.

어느 날 하나님께서 저를 부르셨습니다.

"그렇게 제자들에게 독려만 하지 말고 네가 직접 광야로 나가라."

저는 광야로 나갈 수 없는 사연이 있었습니다. 하나님께서 저의 그런 사연을 깡그리 뭉개셨습니다. 저는 1997년부터 북한을 방문하기 시작했습니다. 요즘에는 한 달에 두 번 정도 북한을 방문합니다. KBS 아침 뉴스에서 북한의 모습들을 소개해 달라고 해서 제가 정영숙 재단 홍보대사와 함께 북한을 소개했던 적이 있습니다. 사회 교육방송에서 자주 저를 부릅니다. 한 달에 두 번 북한을 방문하고, 한 달에 한 번 정도는 여러 열방 지역에 나갑니다. 하나님께서 일터를 많이 주셨습니다. 한 달에 세 번 정도 외국으로 나가게 되면 제 자신의 생활이 완전히 없어져버립니다. 사람들이 저에게 묻습니다.

"혹시 북한에 연고가 있습니까?"

저는 전혀 연고가 없습니다. 친가, 처가, 외가를 막론하고 북쪽과 연계된 사람은 하나도 없습니다. 그러면 저보고 '운동'을 했느냐고 묻습니다. 저는 스포츠는 좋아하지만, 운동을 해 본 적이 없다고 대답합니다. 저는 '운동권' 경력이 없습니다. 오히려 저에게는 진한 아픔이 있었습니다. 제 아버님이 대학 3학년 때 6 · 25전쟁을 만났습니다. 당시에는 공과대학이 태릉에 있었기 때문에, 전쟁 소식을 모르고 그냥 전쟁이 났다고 해서 우리 국군이 북진을 하는 줄 믿고 있었는데, 3일째 되는 날 탱크가 창동으로 해서 그쪽으로 내려갔다랍니다. 그래서 밤에 걸어서 갔더니 벌써 한강다리는 끊어져 있더랍니다. 그래서 마포대교 밑을 헤엄쳐서 강을 건너고 수원에서 국군을 모집하여 자원 입대를 했습니다. 아버지는 대학교 3학년 한창 나이에 갑자기 전쟁터에 뛰어들었습니다. 제 어머니는 사범학교를 졸업하고 교편을 잡았습니다. 당시는 꽤 괜찮고 안정된 직장이었던 같습니다. 그런데 목사님이셨던 저의 큰아버지와 장로이셨던 저의 외조부께서 전쟁 중에 그냥 두면 안 된다며 전쟁 중이라도 가정을 이루어야 된다고 해서 아버지가 결혼을 했습니다. 아버지는 결혼 후에 전쟁터에 다시 나가셨다가 큰 상처를 입고 후방 통합병원에 후송이 되었습니다. 아버지가 병원에 입원해 있을 때, 어머니는 아버지를 문병하고 병수발하기 위해서 직장을 포기하고 병원에 가 있으실 때에 제가 태어났습니다. 제 나이에 병원에서 태어났다고 하면 굉장히 부유층인 줄 알지만 제겐 그런 가슴 아픈 사연이 있습니다.

제가 어렸을 적부터 들었던 이야기는 '전쟁'에 관한 이야기였습니다. 아버지께서 늘 저에게 '비로봉 전투'가 어떻고, '향로봉 전투'가 어떻고, '용문산 전투'가 어떻고…, 전투 이야기를 계속하셨습니다. 그때 6 · 25전쟁에 관한 이야기가 제 머릿속에 역사의식으로 형성되어졌습니다. 어떤 분은 인류의 역사를 '전쟁의 역사'라고 이야기했지만, 제 머릿속에 형성되어진 역사는 그야말로 '전쟁의 역사'에서 시작되었던 것 같습니다.

아버지는 평생을 고생하셨습니다. 저희 집에서 교회까지 불과 300m가 되지 않습니다. 그런데 교회 장로이신 아버지가 교회까지 걸어가시는데 최소한 세 번을 앉아서 쉬지 않으면 숨이 가빠서 걷지를 못했습니다. 병원에서는 결핵 약을 한 뭉치씩 주는데 낫지 않았습니다. 지금도 기억이 납니다. 중학교 때 아버지의 손을 잡고 시골 내과 병원에 갔을 때, 의사 선생이 엑스레이를 보여 주면서 말했습니다.

"전부 구멍 아니오? 결핵 구멍입니다."

안 낫습니다. 제가 이 일을 시작했을 때 아버지가 몹시 마음을 아파하셨습니다. 교회 장로임에도 불구하고, 하나밖에 없는 아들에게 모든 것을 걸고, 뒷바라지를 해 주셨습니다. 제가 학위를 받고, 대학 교수가 되고, '이젠 우리는 고생이 끝났구나.' 하는 순간에 갑자기 제가 무슨 사회 운동을 하고, 시민 운동을 하고, 선교 현장의 일을 한다고 하니까 눈앞이 캄캄해지시는 것입니다. 남의 아들이 그렇게 했으면 "그놈 참 기특하다!" 하고 칭찬했을 텐데, 내 아들이 그런다 하니까 억장이 무너지는 것입니다.

'이제 우리 집은 망했구나, 손주 녀석들의 공부는 누가 시키며 우리는 앞으로 어떻게 먹고 사는가?'

그런데 그 때부터 10년까지 한 번도 굶지 않게 하시고, 우리 아이들 공부하는데 아무런 지장이 없도록 인도해 주셨습니다.

제가 북한 사람들을 돕자고 하면서 북한을 10년간 다녔습니다. 평양은 시가지가 아름답습니다. 평양 시내에 한 때 북한이 자랑하던 105층짜리 유경호텔이 있습니다. 그런데 유경호텔의 오늘날의 모습이 북한의 현실을 그대로 나타내고 있습니다. 그들이 그 호텔을 건축할 당시에는 세계에서 가장 높은 호텔을 세운다고 자랑했었는데, 지금은 공사를 중단한 채 10년이 넘었습니다. 공사를 계속 하려니까 건물이 무너질 위험이 있고, 철거를 하려니까 국가의 자존심일 뿐 아니라 김정일 위원장의 업적에 치명적 손상을 가져오기 때문에 건물을 완성할 수도 없고, 철거할 수도 없어서 엉거주춤한 상태에서 10년이 넘도록 방치하고 있습니다.

저희는 평양에서 빵공장을 운영하고 있습니다. 빵공장에서 나온 빵을 아이들에게 나누어 주면 굉장히 좋아합니다. 저는 이 빵을 먹는 아이들이 미래에 하나님 나라의 자녀들이 될 것이며, 북한 교회 재건의 선도적인 역할을 할 것이라는 기대를 갖습니다.

제가 신학대학에서 교수 생활을 하고 있을 때, 학생들에게 늘 했던 이야기가 있습니다.

"너희들 앞으로 어떻게 할래? 너희들이 목사 안수 받으면 일터가 있어야 하는데 일터가 없어서 어떻게 하지? 국내는 이미 교회가 포화상태에 놓여 있다. 그럼 해외선교사로 나가야 되지만, 해외 선교는 그만한 국력이 따라야만 된다."

지금 우리는 만이천 명의 해외 선교사를 보내 놓고 있습니다. 미국에 이어서 두 번째입니다.

그런데 선교사들을 해외로 더 내보내는 데에는 어려움이 있습니다. 이제 방법은 두 가지 방법밖에 없습니다. 하나는 국력과 경제력이 왕성해져서 그 사람들을 파송할 수 있는 교회마다 헌금이 넘쳐나든지, 두 번째는 더욱 더 허리띠를 졸라 매야 합니다. 중국에서 벌써 선교사들이 오고 있습니다. 해

외에 있는 우리 지부에도 중국 선교사들이 나옵니다. 그들은 비행기 표만 끊어 주면 선교비가 필요 없습니다. 그야말로 바울의 텐트 메이커 생활을 합니다.

그런데 선교사로 한 번 가기 위해서 얼마나 많은 노력과 준비가 필요합니까? 영국에서는 선교사로 나가기 전에 몇 가지 교육을 실시합니다. '올 네이션스 칼리지' 같은 곳에서는 목사라고 할지라도 선교사로 나가기 위해서 두 가지 이상의 엔지니어 자격증을 받도록 합니다. 그 나라 말을 배우기 위해서 5년 이상의 투자를 하도록 합니다.

그런데 저 북녘 땅에 이천삼백만 명의 황금어장을 주님께서 우리들에게 허락하셨습니다.

"그들을 위해서 기도해라, 너희들이 그곳에 가서 앞으로 양떼를 먹일 목자가 되어야 한다." 학생들에게 이야기를 했습니다. 저는 그럴 가능성을 북한에서 구체적으로 보고 있습니다. 제가 북한을 다녀온 이야기나 주민들과 한 이야기를 다 전할 수는 없습니다. 북한 사람들은 한 번 다녀간 사람은 1학년이라고 합니다. 두 번 다녀가면 2학년입니다. 북한에서 하는 이야기가 최소한 10학년이 되기 전에는 보고가도 자기들을 잘 모른다고 합니다. 저는 그렇게 따져보면 금년에 들어서도 벌써 8차례 다녀왔으니까 그 사람들이 이제 감추려고 해도 더 이상 감출 수가 없다는 것이 그 사람들의 고백입니다.

저는 분명히 확언하건대, 성경의 문자 그대로 이 수 년 내에 하나님께서 큰일을 행하실 것을 분명히 믿고 확신합니다. 그 때를 준비해야 합니다. 국내적으로 국외적으로 준비되어야 할 일들이 많습니다. 교회가 앞장서야 할 일들이 있습니다. 그러나 교회만으로는 일을 할 수가 없습니다. 사회의 도움과 국가의 관심이 필요합니다. 이런 일을 하는데 여러분들이 몸담고 있는 직장은 가장 큰 영향력을 가지고 있는 직장입니다.

머지않은 장래에 하나님께서 '철의 장벽' 을 이 땅에서 허무실 것입니다. 그런데 우리가 세우고자 하는 '통일 한국의 모델' 은 하나님의 말씀 위에 서 있는 통일 한국이어야 합니다. 그러나 이것은 중세 시대가 아니기 때문에 '기독교 국가' 가 되는 것을 의미하지 않습니다. 기독교의 가치관이 존중되고, 기독교인들이 신뢰받고, 북녘 땅에서 영적으로 궁핍한 그들이 하나님 나라를 사모하면서 곳곳에 있는 그들의 마을 문화회관이 앞으로 예배당으로 바뀔 수 있는 그 날을 꿈꾸면서 우리는 오늘도 북한을 찾아갑니다.

북한만 계속 챙기면 어떻게 합니까? 저는 북한에 갈 때마다 북한 백성을 섬기려고 오는 세계 각국의 사람들을 보면서 빚진 마음을 가졌습니다. 하나님께 그들을 섬길 수 있도록 해 달라고 기도했습니다. 하나님께서 우리가 북한을 돕는 예산의 십일조를 떼서 해외 열방을 섬기도록 하셨습니다. 몇 년 되지 않았는데 12개 나라에 저희 지부가 생겼습니다. 50명이 넘는 사람들이 저희 재단의 이름을 내걸고 하나님 나라의 확장을 위해서 일하고 있습니다. '유엔경제사회이사회' 에 저희가 멤버십을 가지게 되었습니다. 아마 2010년 이전에 30개 이상의 나라에서 저희들이 확고한 기반을 펼칠 수 있도록 하나님께서 꿈을 주셨습니다.

"할 수 있거든 너희로서는 모든 사람과 더불어 화목하라."(롬 12:18)

직장에서, 가정에서, 교회에서 사회생활을 할 때, 할 수 있거든 예수님의 마음을 품고 평화를 만들어 가는 여러분들 되시기를 축원합니다.

(2006. 6. 30)

변화되는 사람 눅 19:1~6

김수형 감독(산딸기 시리즈, "나는 할렐루야 아줌마였다" 등 영화 40여 편 제작 감독)

제가 20여년 전에 만든 영화 '산딸기'가 지금도 케이블 텔레비전을 통해 종종 방송이 됩니다. 제가 그 영화의 감독이었다고 하니까 저를 만나는 사람들이 종종 아직도 그 영화 만드냐고 묻곤 합니다. '산딸기' 일곱 편, '암사슴', '불바람', '누가 꽃밭에 불을 지르랴' 등 이루 말할 수 없는 에로 영화를 만든 감독을 주님께서 사랑해 주셔서 이제는 전도사로 간증하러 다닙니다.

"내가 세상에 화평을 주러 온 줄로 생각하지 말라. 화평이 아니요 검을 주러 왔노라."(마 10:34)

우리는 보통 주님은 우리에게 평화와 화평과 사랑을 주시는 것으로 알고 있는데 싸우라는 이야기도 있습니다. 제가 에로영화 감독을 많이 했기 때문에 적을 잘 압니다. 저 같은 에로영화 감독을 변화시켜서 오늘날 그들과 싸우라고 시키신 것 같습니다.

최근에 '다빈치 코드'라는 영화가 나왔을 때, 많은 기독교인들이 그 영화를 보지 말자고 데모를 하기도 했습니다. 그 때 제가 목사님들에게 말했습니다.

"절대 데모하지 마십시오. 내버려 두십시오. 중요한 것은 교육을 시켜야 합니다."

우리 그리스도인들이 모이는 것은 하나의 교육이어서 주님은 "와, 보라"고 하셨습니다. '오라'는 것은 '주님에게 와서 믿으라'는 것이고, '보라'는 것은 '주님의 모습을 통해서 교육을 받으라'는 것입니다. 교육을 받으면 '다빈치 코드'를 보아도 흔들리지 않는데, 교육을 안 받으면 흔들립니다. 기독교에 적대적이거나 왜곡시키는 영화에 대해 교회가 보지 말라고 할 때마다 그것을 노리는 사탄의 위대한 전술이 있습니다.

"보지 말라? 왜 보지 말라 그랬겠니? 봐라, 봐라."

그래서 더 많이 보고 더 많이 전도가 되어 버립니다. 사람들은 그것을 착각합니다.

제가 여러 방송과 교회에 초청을 받아 간증집회를 다니니까 아내가 말했습니다.

"당신 참 스타가 됐어요?"

밤하늘에 반짝이는 것이 스타(별)입니다. 우쭐해하는 저를 바라보고 아내가 강아지를 안으면서 말했습니다.

"뽀삐야, 스타는 밤하늘에 반짝이는 게 스타지? 아버지는 스타라고 하니까 좋아하시는구나. 아빠가 이제는 스스로 타락할 때가 되어서 내가 스타라고 했는데…."

제가 그 말을 듣고 깜짝 놀랐습니다.

"교만은 패망의 선봉이요 거만한 마음은 넘어짐의 앞잡이니라."(잠 16:18)

제가 칙각에 빠진 것입니다.

몇 년 전에 의정부에 있는 교회에 가는데 할머니가 전철을 타더니 제게 물었습니다.

"아저씨, 이 전철 기름으로 가요?"

제가 서울대학교 자연과학대학원에서 공부를 하고 있으니까, 과학만 생각해서 대답했습니다.

"아니요, 기름으로 가는 것은 버스가 기름으로 가지요."

제 말을 듣고 할머니가 내렸습니다. 그래서 이상한 할머니라고 생각하며 전철의 창밖을 내다보았더니 길음역을 지나가고 있었습니다. 그 할머니가 '길음역'을 지나가는 것을 묻는 것을 저는 '기름으로 가냐'고 착각했습니다. 그 때 그 할머니가 저를 얼마나 욕했겠습니까? '성경책을 끼고 점잖게 앉은 사람이 노인네를 골탕을 먹여도 분수가 있지.'

이렇게 사람들은 착각 속에 살아갑니다.

제가 어렸을 때 교회를 가면 천 원씩 헌금을 했습니다. 중학교 때였는데, 그날따라 천 원짜리가 없고 만 원짜리 지폐 한 장이 있어서 기분이다 하고 내고 어머니에게 와서 자랑을 했습니다.

"어머니, 나 오늘 헌금을 만 원 냈어요."

"그래 참 잘했다. 그런데 하나님은 네 중심을 보시기 때문에 네가 만 원을 냈어도 천 원 낸 것으로 아실 것이다."

중심이 중요합니다.

제가 어렸을 때 아버지가 영화를 무척 좋아하셨습니다. 아버지는 제가 국민학교 1학년인 여덟 살 때 경찰 생활을 하셨습니다. 제가 지금 63세이니까 55년 전의 일입니다.

그런데 언제 아버님이 저에게 교육을 해 주셨냐 하면 아버지의 무르팍에 앉아서 영화를 보면서였습니다. 그 당시에 관사로 16밀리 필름을 가져와서 돌렸습니다. 제가 아버지의 무릎에 앉아서 영화를 보곤 했는데 아버지는 서부 영화를 좋아하셨습니다. 서부 영화를 보면 꼭 특징이 있습니다. 착한 주인공과 악당들이 등장합니다. 악당들하고 하나하나 싸워가면서 마지막에 승리를 합니다.

그런데 어린 나이에 그런 것을 제가 몰랐습니다. 단지 위험하기만 하면 제가 외쳤습니다.

"아버지, 저 아저씨가 위험해요, 저 아저씨가 죽으려고 해요."

그럴 때마다 아버지가 느긋하게 대답했습니다.

"걱정하지 마라, 저 주인공은 절대 죽지 않는다. 총알이 피해가면 피해갔지, 주인공은 절대 죽지 않는다."

그래서 그 때 알게 되었습니다.

'아! 주인공은 죽지 않는구나.'

영화를 보면 주인공은 모든 역경을 딛고 아버지 말씀대로 마지막에 애인하고 역마차를 타고 휘파람을 불면서 떠나갑니다. 아버지는 영화를 보시면 꼭 제게 질문을 하곤 하셨습니다.

"아들아, 오늘 영화가 재미있었니?"

"네, 재미있었어요."

"어디가 재미있었어?"

그래서 영화를 보는 내내 머리를 굴려야 했습니다. 재미있는 것을 아버지에게 이야기해야 했기 때문입니다. 이것이 오늘날의 논술공부가 아니었나 생각합니다. 굉장히 현명하셨습니다. 재미가 없었다면 왜 재미가 없었나를 이야기해야 했습니다. 연기자가 서툴다거나 배경이 안 좋다든가 다양한 이유가 있었습니다.

아버지는 편안하게 질문을 던지셨습니다. 편안하게 던지시는 질문 속에 제가 해야 할 일들이 있었습니다. 그 때 제가 엉뚱한 결심을 했습니다.

'그래, 아버님이 좋아하는 저 영화를 내가 한 번 만들어 드려야겠다.'

그것이 어렸을 때의 꿈이었습니다. 그때부터 초등학교 때, 중학교 때, 고등학교 때, 대학교 때 언제든지 사람들이 장래의 꿈이 무엇이냐고 물으면 아무 망설임 없이 대답했습니다.

"영화감독이요."

요즘 영화감독과 다르게 옛날에는 영화감독이 힘들었습니다. 그런데 유독 제가 영화감독이라고 하니까 모두 놀랐습니다. 다른 친구들은 대통령, 판사, 검사, 사장인데 영화감독이라는 것은 특이했습니다. 어렸을 때부터 "영화감독, 영화감독"이라고 했더니 그 꿈이 이루어졌습니다.

"별똥별에게 네 소원을 이야기해라, 그러면 소원이 이루어진다."

별동별은 짧은 순간에 내려옵니다. 짧은 시간에 자기가 마음속에 가지고 있던 하나의 소원만 이야기할 수밖에 없는 상황입니다. 브라이언 크래시가 말했습니다.

"집중적으로 한 가지만 가지고 이야기하면 이루어진다."

제가 계속해서 "영화감독", "영화감독"이라고 외치면서 스물여덟 살에 꿈이 이루어졌습니다. 첫 크랭크인 하는 날, 크레인을 타고 위로 올라가면서 폼을 잡았습니다. 밑에 허장강, 최불암, 문오장, 이런 분들이 모두 위의 제 얼굴을 쳐다보고 있었습니다. 제가 위에서 내려보며 외쳤습니다.

"좋습니다."

아마 하나님이 지금 이 순간에도 위에서 저를 내려다보고 계실 것입니다. 그 때 위에서 아래로 내려다 보고 있으면 모두 제 얼굴을 보며 묻습니다.

"어땠어요?"

"아닙니다, 다시 한 번 가죠."

다시 또 한 번 올라갑니다.

영화 '바람아 구름아'를 촬영했을 때, '바람아 구름아'하고 함께 만든 영화가 있었습니다. '이름 모를 소녀'라는 영화였습니다. 1973년도에 만들었는데, 그 영화를 '피카디리 극장'에서 개봉했습니다. 그 영화를 개봉할 때, 아버지가 친구분들을 많이 모시고 오셨습니다. 아버지가 친구들한테 자랑을 하셨습니다.

"이 영화 만든 감독이 내 아들이야."

제가 흐뭇했습니다. 그 때 제가 50년 전에 아버지가 제게 묻던 질문을 그대로 던졌습니다.

"아버지, 영화가 어땠어요?"

그랬더니 아버지가 대답하셨습니다.

"야, 네가 만든 영화는 벤허보다도 더 멋있다."

제가 속으로 생각했습니다.

'아버지, 제가 제 분수를 알아요.'

그렇지만 아버지는 저에게 용기를 주시기 위해서 격려해 주셨습니다.

"갑시다."

친구들 데리고 골목으로 한턱 쏘시러 가시는 아버지의 뒷모습을 보면서 가슴이 찡했습니다.

'아버지, 너무 감사합니다. 아버지께서 주신 그 교육을 통해서 저는 오늘 감독이 되었어요.

내가 아버지에게 이 이야기를 얼마나 하고 싶었는지 몰라요.'

그날 저녁에 그렇게 일기장에 적었습니다. 저는 꼭 일기를 씁니다. 평생 일기를 씁니다. 왜 일기를 쓰냐 하면, 제가 영화감독을 하기 때문입니다. 예를 들면 '3월 25일, 제주도에 유채꽃이 만발했다' 고 써 놓으면, 그 다음 해에 유채꽃 장면을 찍으려면 3월 25일에 유채꽃 찍으러 제주도에 무조건 갑니다.

"횡성에 구정 쉬고 15일 후에 가면 황새 떼가 날아온다."

구정 지나서 횡성에 가면 새 두 마리가 날아와서 정사를 합니다. 그 때 사람들이 축제를 벌립니다. 그 두 마리가 가서 정확하게 15일째 무수한 황새 떼를 몰고 옵니다. 두 마리가 와서 보는 것은 정탐하는 것입니다.

'내가 작년에 살던 곳이 잘 있나? 폐허가 안 되었나, 폭격이 안 되었나?'

자연과 하나님의 섭리는 거짓말을 안 합니다. 저는 일기를 쓰면서 장면이나 징소를 봅니다.

하나님의 섭리는 대단합니다. 쓰나미가 밀려올 때도 동물은 하나도 안 죽었습니다. 쥐새끼 한 마리 안 죽었고 다 살아났습니다. 그런데 만물의 영장인 인간만이 그 자연의 섭리를 깨닫지 못할 때가 있습니다.

어린 시절에 아버지가 저에게 해 주신 교육을 통해 감독이 되었는데 스물여덟 살에 감독이 되어서 크레인 타고 올라가 위에서 호령하다 보니까 대단하다고 착각을 하게 되었습니다. 그 때 제가 만든 영화 '산딸기' 등이 히트를 치니까, 교회에 가는 일은 나중 일이 되었습니다. 먼저 놀고, 목욕가고, 화투치고, 술 먹는 것을 무척 좋아했습니다. 제 주량이 소주 7병이었습니다.

강수연이라는 배우가 술을 무척 좋아합니다. 강수연하고 먹었다 하면 새벽까지 먹고 그랬습니다. 그렇게 술을 먹고 다니다가 한 달에 한 번 교회에 갈 때 성경책을 찾아보면 없습니다. 간신히 찾다보면 침대 옆에 먼지가 뽀얗게 덮여 있곤 했습니다. 그러면 먼지를 터느라고 예수님 귀싸대기를 한 대 갈기곤 했습니다. 오른쪽을 갈기고 생각했습니다.

"예수님, 오른쪽 맞았으니까, 왼쪽도 맞으셔야죠?"

그리고 왼쪽도 갈기는 것이었습니다. 주일마다 예수님 귀싸대기를 갈기고 가는 것이 저였습니다.

'오마담의 외출' 이라는 영화를 찍는데 김보연 씨가 주연을 했습니다. 그런데 김보연 씨의 동생으로 나오는 친구가 있었습니다. 그 친구가 저를 저녁식사에 초대했습니다.

"감독님, 오늘 우리 집에서 저녁을 대접하겠어요. 감독님, 무슨 술을 좋아하세요?"

그 당시에는 조니 워커가 유행할 때였습니다.

"조니 워커 갖다 놔라. 갈비까지 나오는 거냐?"

"물론이죠, 감독님 오시는데…."

암사동 집에 가는데 한식집이라 대문을 열면 중간이 미닫이 문이었습니다. 중간문을 여는데 머리가 쭈뼛했습니다.

'오늘 감기가 돌았나? 기분이 이상하네?'

그런 생각을 하고 들어가는데 그 친구가 외쳤습니다.

"어머니, 감독님 오셨어요?"

그 때 그 어머니한테도 나와 똑같은 현상이 일어났습니다. 우리는 둘이 운명적으로 마당에서 악수를 하고 만났습니다. 그분이 바로 저를 쳐다보더니 물었습니다.

"실례합니다만 혹시 감독님이 예수 믿으세요?"

제가 예수 믿는다는 소리를 한 번도 안 했습니다. 술 먹고 개판치고 여배우들하고 스캔들 나는 사람이 하나님 믿는다고 하면 저도 양심이 있기 때문에 절대 교회 다닌다는 이야기를 안 했습니다. 그런데 그 사람이 알아보는 것이었습니다. 저도 예수를 믿는데 안 믿는다고 하면 안 되는 것은 알고 있었습니다.

"네, 믿긴 믿습니다만…."

"아 역시 그러셨군요."

"왜요?"

"제가요, 감독님 오셨어요? 하는 순간, 제가 믿고 있는 신이 제 머리를 때린 거예요."

그 소리를 듣는 순간 제가 더 놀랐습니다. 신앙이 없었으니까요.

'야, 이거 잘못 걸렸구나!'

그래서 문을 열고 들어갔는데 칠성신을 비롯하여 부적들이 사방에 있었습니다. 그 집이 대한민국에서 가장 유명한 무당집이었습니다. 요즘 같으면 무당한테도 '예수를 믿으십시오' 하고 전도를 했을 텐데, 그 때는 신앙이 없으니까 무당한테 완전히 KO펀치를 먹고 앉아 있는 것이었습니다.

밥도 넘어가지 않고, 술도 넘어가지 않고, 그래서 속으로 생각했습니다.

'무당이 유명하기는 유명하구나. 나를 알아보니까.'

그래서 먹는 둥 마는 둥 하고 내려왔습니다. 그 때 제가 하나님께 고백했습니다.

"하나님 너무 감사합니다. 저는 주님을 믿는다고 이야기도 안 했는데 저 무당의 입을 통해서 저의 존재가치를 가르쳐 주셨군요."

그런데 그것도 그날뿐이었습니다. 마음이 편하고, 배가 부르고, 잘 나가고 있었기 때문입니다.

그렇게 잘 나가다가 저는 빨리 부자가 되고 싶었습니다. 그런데 어느 날 어머니가 저를 불러 말씀하셨습니다.

"이제 에로영화 좀 그만 찍어라."

"어머니, 지금이 찬스예요. 젊었을 때 돈 벌어야 돼요."

정말 욕심이 끝이 없었습니다. 옛날에는 외화를 들여와서 연흥극장을 비롯해서 동아극장 등에 붙이기만 하면 돈을 벌었습니다. '엠마뉴엘 부인'을 감독한 조스키 자킨 작품인데 '더 걸스'라는 유명한 영화가 있었습니다. 연흥극장에서 그 영화를 개봉하는 날, 서울에 20년 만에 홍수가 밀려왔습니다. 연흥극장이 일주일 내내 물에 잠기고 그것으로 인해 부도가 나서 구치소에 들어가게 되었습니다.

"구치소에 이왕 온 김에 성경책이나 읽고 가자."

구치소 안에서 창세기부터 성경을 읽는데 잘 읽혀지지 않아서 구약을 넘어가는데 아주 혼이 났습니다. 그런데 아가서하고, 시편하고, 잠언에 오니까 탄력이 붙기 시작했습니다. 그곳에서 아가서, 시편, 잠언을 여섯 번씩 읽었습니다. 그 때 속으로 생각했습니다.

'예수 믿는 사람 말 잘하는 것이 이 아가서, 시편, 잠언을 다 외우면 판사, 검사 다 하겠다.'

그래서 아가서를 외어서 한 번 써먹으면 기가 막힌 시인이 되는 것이었습니다. 그런데 신약을 읽는데, 신약 속에 많은 인물들이 등장했습니다.

알프레드 히치콕이라는 영화감독이 자신이 감독한 영화 속에 단역 배우로 한 커트씩 꼭 나옵니다. 그의 영화를 보면 중요하고 결정적인 장면에 나옵니다. 여기 예수님도 단역배우를 설정할 때 기가 막힌 사람들을 설정하셨습니다.

예를 들어 "소경 바디메오가 있었으니" 한 줄 나옵니다. 더 이상 나오지도 않습니다. 그는 장님이었고 거지였습니다. 그런데 소경, 거지 바디메오가 주님을 만나러 올 때 겉옷을 벗어던지고 뛰어와서 소리를 높였습니다. 그

때 주님이 바디메오를 불러서 물으십니다.

"바디메오야, 내가 네게 무엇을 하여 주기를 원하느냐?"

주님께서 택하신 단역 배우의 대사는 간단했습니다.

"주여, 보기를 원하나이다."(눅 18:41)

명대사입니다.

"보라, 네 믿음이 너를 구원하였느니라."(눅 18:42)

명 시나리오입니다.

그 다음 장에 보면 삭개오가 등장합니다.

"예수께서 여리고로 들어가 지나가시더라. 삭개오라 이름하는 자가 있으니"(눅 19:1-2)

이번에 나오는 단역배우는 세리장이요, 부자입니다. 부자와 세리는 권력이 있습니다. 주님을 믿는데 부족할 것이 없는 것 같습니다. 그는 돈도 많았습니다. 그러나 돈이 있으면 집은 살 수 있어도 가정은 살 수 없습니다. 또 우리가 약은 살 수 있어도 건강은 살 수 없습니다. 유흥가에서 놀 수는 있어도 행복은 살 수 없습니다. 삭개오도 마찬가지였습니다. 돈을 엄청 벌고 권력이 한 가닥 하는 세리였으니까 부족할 것이 없었습니다. 그러나 그 마음속에 오늘말로 하면 2%가 부족했습니다. 그 마음속에 왠지 모르게 우울과 허무함과 부족한 것이 있었습니다. 그래서 그 부족함을 메워 주기 위해 주님은 여기에 배역을 설정한 것입니다.

종종 유명한 배우들이 자살을 합니다. 남들 보기에는 자살할 일이 아닙니다. 아무도 그것을 이해하지 못합니다.

그래서 주님은 삭개오를 키가 작은 것으로 설정했습니다. 삭개오의 흠은 바로 키가 작은 것이었습니다. 삭개오는 키가 작았기 때문에 주님께 다가갈 수 있는 기회와 거리가 멀었습니다.

'주님이 지나가신다는데, 내가 오늘 저분을 만나야 되겠다. 그래서 나의 이 모든 외로움과 괴로움을 말해야 되겠다. 내가 왕따 당하고 있는 심정을 저분에게 이야기해야 되겠다.'

그런데 만날 수가 없었습니다. 이렇게 시간이 흘러가고 있었습니다.

앞의 장면에 나오는 단역배우 '바디메오'는 소리를 높이 질렀습니다. 반면에 삭개오에게는 키가 작으면 키가 작은 대로 지혜가 나올 수 있는 환경을 만들어 주었습니다. 바로 뽕나무에 올라가서 사모하는 심정으로 예수님을 바라보는 것이었습니다. 그런데 벌써 주님은 알고 계셨습니다. 내가 예수 안 믿는다고 해도 무당의 입을 통해서 말한 것처럼 말입니다.

"삭개오야, 내려오라."

사람을 30년, 20년 만에 만날 때 이름을 한 번 불러 주어 보십시오. 감동을 받습니다.

"오래간만이야!"

이런 말보다 그 사람의 이름을 불러 주면, 자신의 이름을 기억하고 있다는 사실에 감동을 받습니다. 마찬가지로 삭개오도 이름을 불러 주니까 내려와서 기쁨을 표현합니다.

"주여, 보시옵소서. 내 소유의 절반을 가난한 자들에게 주겠사오며 만일 누구의 것을 속여 빼앗은 일이 있으면 네 갑절이나 갚겠나이다."(눅 19:8)

오래 전에 중앙극장 앞에 저희 사무실이 있었습니다. 사무실 앞 육교 위에 거지가 하나 있었습니다. 그 거지는 남들하고 다른 거지였습니다. 그는 핸드폰 나왔을 때 제일 먼저 샀습니다. 그에게 왜 핸드폰이 필요하냐고 물었더니 정보가 빨라야 된다고 했습니다.

"집사람하고 같이 하는데 정보가 있어야 해요."

옛날에는 강한 자가 약한 자를 잡아먹는 시대였지만 요즘에는 빠른 자가 느린 자를 잡아먹는 시대인데 그 친구는 그러한 사실을 깨닫고 있었습니다. 그 친구는 여름만 되면 그 자리에서 없어졌다가 나타납니다. 가까이 다가가서 보면 얼굴이 검게 탔습니다.

"어디 갔다 왔어?"

"피서 갔다 왔어요."

그 사람은 아침에 나와서 무릎 꿇고 앉아서 하루에 5만 원 이상은 벌지 않습니다. 5만 원 이상 벌면 욕심이 잉태하여 씨를 낳는다고 말합니다. 철저한 사람입니다. 그리고 밑에서 육교의 계단 올라가는 길목에 '위에 거지가 있습니다.' 라는 팻말을 붙여 놓았습니다. 미리 돈을 준비하라는 것입니다. 제가 보기에 그는 벤처사업을 하고 있는 것 같습니다. 사업 감각도 있고, 마케팅 감각도 있습니다. 그런데 제가 그 거지 앞으로 지나가면서 종종 우스갯소리로 안부를 묻곤 했습니다.

"어이, 장사장, 오늘은 잘 돼?"

어느 날 저희 사무실에 선글라스를 낀 신사가 나타나서 저를 찾으러 왔다고 했습니다. 전혀 모르는 사람이었습니다.

"누구시지요?"

"감독님, 접니다. 저예요, 그 육교 위에…."

저는 깜짝 놀랐습니다. 사람이 말쑥했기 때문입니다.

"오늘 제가 소주 한 잔 사겠습니다."

그가 소주 한 잔을 먹으면서 자기 하소연을 했습니다. 목포에서 올라와 조그만 구멍가게를 했었는데 부도가 나서 정말 거지가 되어, 자살하려고 마음을 먹었답니다. 어느 날 교회 앞을 지나가는데 종이쪽지(전도지)를 주기에 받아 보았더니 이렇게 적혀 있었습니다.

"자살을 생각하지 마십시오. 자살을 거꾸로 하면 '살자, 살자' 가 됩니다."

그 글을 읽고 마음을 고쳐먹었다고 합니다.

"육교를 지나가는 사람들이 모두 저한테 관심을 가져 주지 않았는데 감독님만이 지나가면서 저보고 그래도 웃으면서 대해 주시고 또 저를 사장이라 불러 주셨습니다. 감독님, 어디 사세요?"

"분당에서 살아요."

'왜 집까지 물어보나, 이젠 집까지 쫓아오려고 하나?'

식사를 하고 나오더니 그 친구가 택시 한 대를 잡더니 제 손에 3만 원을 쥐어 주었습니다.

거지한테 술 얻어먹고 삼겹살 얻어먹고, 3만 원을 받았습니다. 그 때 뒤통수로 던지는 대사가 있었습니다.

"감독님, 너무 고맙습니다. 다들 저를 거지로 대하는데 감독님만이 저를 사람으로 대접해 주셨어요."

삭개오도 이름을 불러 주니까 예수님한테 와서 감사를 표시했습니다.

어머니는 저를 위해서 평생 기도를 하셨습니다.

"에로 영화 그만두고 제발 하나님 나라로 돌아와라."

그때는 그 말이 가슴에 와 닿지 않았습니다. 신앙도 부족했지만, 저는 빨리빨리 성공하고 싶었기 때문입니다. 하나님의 법보다도 세상이 바라보는 법이 더 좋았습니다.

어머님이 돌아가실 때 저에게 유언을 하셨습니다.

"너는 꼭 하늘나라의 감독이 되어야 한다."

그러다가 박형렬 목사님을 만나게 되었는데 박 목사님은 저를 만나자 마자 저를 설득하셨습니다.

"김 감독님은 어머님의 기도도 있고 영상 선교를 하셔야지요."

바로 제 어머니가 하시던 이야기였습니다. 어머니가 돌아가신 뒤에야 그 말이 가슴에 와 닿았습니다. 박 목사님이 신학교에 와서 공부하라고 해서 신학 공부를 시작했습니다. 나이 60이 되어서 하루 종일 공부한다는 것이 쉬운 일이 아니었습니다. 그래서 저는 7년 만에 졸업을 했습니다. 2005년 2월 17일에 졸업을 했는데 박 목사님이 저에게 이런 말을 했습니다.

"김 감독님, 집사 시절 때 다르고, 장로일 때 다르고, 전도사일 때 다르고, 목사일 때 다릅니다."

그 말씀이 저는 이해가 안 되었습니다.

"다 똑같은 사람인데 뭐가 다릅니까? 무슨 말씀을 하시려고 그러십니까?"

"김 감독님, 이제 술 마시지 마세요."

"제 친구들이 다 술을 마시는데 술 한 잔 먹으면서 그들에게 따뜻한 말로 전도하고 그들을 위로해야 될 것 아니에요?"

건방지게 이런 질문까지 했습니다.

"목사님은 술 드셔 보신 적 있으세요?"

"없습니다."

"보세요. 술도 드셔 보신 적이 없으시면서 어떻게 술 마시는 사람의 심정을 이해하실 수 있으세요? 술 마시는 사람은 다 이유가 있습니다. 고독하면 고독한 대로, 괴로우면 괴로운 대로 다 이유가 있습니다. 저는 술을 조금 마실 것입니다."

"그러면 조금만 드세요."

그래서 주량을 소주 세 병에서 한 병으로 줄였습니다.

'영상 선교' 사역을 시작할 무렵이었습니다. '내가 기독교 영화 전용관을 대한민국 최초로 세워 보겠다'며 남대문극장에 극장을 빌리기로 계약을 맺었습니다. 그런데 얼마 후에 극장 사장이 불러서 갔더니 제가 에로 영화감독이어서 계약을 했는데 기독교 영화를 상영한다면 빌려줄 수 없다며 계약을 파기했습니다. 더구나 그의 어머니가 93살인데 아침마다 와서 불공를 드린다는 것입니다.

그 무렵 20년만에 뉴욕에서 온 친구를 만났습니다.

"야 너 목사 됐다면서? 그런 의미에서 오늘 한 잔 해야지."

전도사를 이 친구는 목사(pastor)라고 부릅니다.

"그럼, 물론 한 잔 해야지. 자 오늘 축배를 들자."

그래서 룸살롱으로 해서 일곱 군데를 새벽 일곱 시까지 돌았습니다. 양주를 7~8병 정도 마셨습니다.

"주님, 우리 마지막 날입니다. 이제 더 이상 안 마실게요. 그런데 오늘 너무 기분 좋습니다."

그 다음 토요일에 목욕을 하고 주일 예배를 보는데 단상에 있는 목사님 얼굴이 일곱 개로 갈라져 보였습니다. 제가 깜짝 놀랐습니다.

"여보, 내 눈 좀 봐."

"당신, 후크선장 됐네요."

세 번째 뇌신경이 마비가 와서 한쪽 눈이 움직이지를 않았습니다.

"사람이 일곱 사람으로 보여요, 세상이 일곱 개로 보여요."

놀라서 앰뷸런스에 실려 서울대학병원의 김성준 박사를 만났더니 눈에 중풍이 왔다는 진단을 받았습니다. 극장 임대 문제로 신경을 곤두세우다가 결국 스트레스를 못 이겨 중풍을 맞게 된 것입니다. 그 때 눈에 중풍이 온다는 이야기는 처음 들었습니다. 의사가 안대를 해 주면서 말했습니다.

"그래도 감독님은 한쪽이 아직 건강합니다."

황성민이라는 배우가 당뇨로 양쪽 눈을 잃었습니다. '펌프' 라는 술집을 했었는데 술을 같이 먹으면서 저랑 친했었습니다. 그 사람은 앞이 안 보입니다. 그런데 황성민 씨가 때늦은 말을 한 적이 있었습니다.

"다시는 돌아올 수 없어도 다시 시작할 수 있습니다."

주님께서 저에게 경고하면서 한쪽 눈을 주셨습니다. 안대를 하고 다니면서 '애꾸눈 잭' 이었지만 감사한 마음이 들었습니다. 한쪽 눈이 멀쩡하니 얼마나 감사합니까!

눈에 중풍이 왔지만 기독교전문영화상영관을 만들고 싶은 꿈을 접을 수가 없었습니다. 저는 그곳에서 영화도 보고, 예배도 드리는 TV보다도 더 재미있는 교회를 꿈꾸었습니다. 그러던 어느 날 친구 하명중 감독이 운영하는 강남 신사동의 뤼미에르극장이 눈에 들어왔습니다. 그래서 하 감독을 찾아갔습니다. 저는 하 감독에게 기독교전문영화상영관을 만들고 싶은 저의 꿈을 소개하고 제게 영화관을 빌려 달라고 제안했습니다. 제 이야기를 들은 하 감독은 며칠 생각할 시간을 달라고 말했습니다. 며칠 후 소망교회 안수집사였던 하 감독이 하나님을 위해 헌신할 수 있는 기회를 주어서 고맙다며

1개관을 기독교전문영화상영관으로 빌려 주겠다고 했습니다. 이제 보증금을 구하는 문제가 다시 숙제가 되었습니다.

그 때 제 마음속에 아버지가 하신 말이 기억났습니다.

"주인공은 절대로 죽지 않는다."

"아직도 나에게는 라스트 신이 있다."

영화로 말하면 10편짜리면 지금 8편까지 왔다. 마지막 2편이 어떻게 될지 모른다. 그러고 나서 두 달 보름 정도가 됐을 때 집에서 제가 '주님의 뜻을 이루소서' 라는 찬송가를 부르는데 예수님 초상화를 보니까 초점이 맞았습니다. 저는 또 다시 깜짝 놀랐습니다.

"여보 내 눈 봐!"

"당신 눈이 돌아왔네요."

기적이었습니다. 그 다음날 '정경인' 의 모임에 갔습니다. 그 때 제가 영화감독이니까 영화적으로 이야기해야 되지 않겠습니까? 그래서 안대를 차고 가서 말했습니다.

"하나님이 역사하시는 것을 오늘 여러분에게 보여 드리겠습니다."

그 모임에 참석한 사람들이 속으로 그랬을 것입니다.

'하나님이 역사하시는데 눈이 그렇게 됐냐?'

영화로 말하면 '슬로우 모션' 으로 보여 드렸습니다.

"보십시오. 하나님이 역사하시는 것을 보셨으면 오늘 극장 보증금을 해 주십시오."

눈이 돌아갔다가 돌아온 것을 보여 주고 극장 임대보증금이 해결됐습니다.

"너 예수 믿더니 애꾸눈 잭이 되었네. 예수님이 왜 그러냐?"

친구들의 조롱에 할 말이 없었습니다. 그런데 눈이 돌아오니까 할 말이 많아졌습니다.

"너 전번에 우리 예수님 조롱했지? 봐, 내 눈 돌아왔지?"

"어, 진짜네?"

"봐, 그러니까 너 빨리 헌금해."

하나님이 이렇게 공의로우십니다.

제가 대전 교도소에 갔었는데 사형수들이 앞자리에 앉아 있었습니다. 사형수들은 빨간 명찰을 합니다. 제가 위에서 쳐다보니까 그들도 저를 쳐다보았습니다. 사형수들은 눈에 살기가 좀 있는 것 같습니다. 강사는 강단 위에서 양복 입고 폼 잡고 있는 것이 그들의 처지와 대조적이었기 때문입니다. 제가 강단 위에 올라가는 순간, 10년 전에 부도를 내고 밑에 있었던 생각이 났습니다. 그 때 어머니 생각이 났습니다.

"당신들의 어머니는 지금 이 순간에도 당신이 가정으로 돌아와 어머니의 품에 안기기를 원합니다."

막상 어머니 이야기를 하니까 눈물이 쏟아져 나왔습니다. 저의 어머니는 저 때문에 평생을 여의도순복음교회에서 철야를 하셨습니다. 그리고 제가 부도가 나서 쫓기는 상황 속에서도 어머니에게 가면 이렇게 말씀하셨습니다.

"아들아, 미안하다, 내가 돈이 있었으면 내가 너한테 돈을 해 줬을 텐데, 너한테 해 줄 수 있는 것은 오직 기도밖에 없단다. 유일하게 해 줄 수 있는 것이 기도이다. 나와 함께 기도하자. 그러나 기도하는 순간에 나는 늘 골고다에 가시는 주님을 만난단다. 채찍에 맞아 가시는 주님, 옆구리에 창이 찔려 가시는 주님을 만난단다. 아들아 돌아와라. 내가 너에게 원하는 것은 부자가 아니었다. 출세하는 것도 아니었다. 그저 나와 함께 주님을 향해 기도하는 것이란다."

지금 이 순간에도 여러분들의 어머니가 창 밖에서 여러분들이 돌아오기를 바라고 있을 것입니다. 그리고 여러분들이 가정으로 돌아와 어머니의 곁에 있기를 원하실 것입니다."

말할 수 없이 눈물이 흘러 나왔습니다. 그리고 가는데 한 사형수가 제 팔을 딱 잡았습니다.

"감독님, 오늘 저는 감독님 눈에 고인 눈물을 보았습니다. 감독님은 저를 위해서 우리를 위해 울어 주었습니다. 저는 감독님 눈에 고인 눈물 속에서 저의 어머니를 발견했습니다. 저의 어머니는 늘 저를 위해서 기도해 주었습니다. 제가 죽으면 천국에 갈 수 있을까요?"

"물론, 갈 수 있습니다."

"감독님, 다른 사람들은 다 새벽이 오면 즐겁다는데 저는 새벽이 오는 것이 무섭습니다."

그는 사람을 6명이나 죽인 사형수였기 때문입니다. 그런데 이 친구가 너무 난폭해서 간수가 성경책을 던져 주었습니다. 어느 날 성경책을 읽고 이 친구가 은혜를 받았습니다. 그래서 간수에게 뭔가 보답을 해야겠는데 할 방법이 없었습니다. 그래서 필사본을 써서 선사를 했습니다. '창세기부터 요한계시록까지' 였는데 이것을 증정을 하면서 모두 울었습니다. 그 사형수의 마음이 녹여진 것입니다. 그는 작년에 사형이 집행되었습니다.

최근에 제가 책을 썼습니다. 책의 제목은 『하나님은 나의 연출자입니다』(예영커뮤니케이션)입니다. 직접 저의 삶의 감독이 되어 주시는 하나님, 그분의 영화에 캐스팅 되는 것은 오로지 그분의 뜻에 달려 있습니다. 그러나 하나님께 한 번 캐스팅이 되면 이후의 시나리오에 대해서는 걱정할 필요가 없습니다. 그것은 감독의 몫이기 때문입니다.

제 처가 하나님은 짓궂은 하나님이랍니다.

"여보야, 내가 영화 만들 때도 짓궂게 만들었어. 안 되고 안 되다가 마지막에 돼. 아직 드라마가 10분 남아 있어. 걱정하지 마."

"믿습니다. 아멘!"

(2007. 3. 30)

현장에서의 하나님과의 동행 시 121:1~8

손인춘 사장(인성 내추럴 대표, 『행복한 바보 경영자』 저자)

저는 충청남도 서산의 5대 불교 집안에서 태어났습니다. 제가 자라면서 기독교하고는 거리가 너무 멀었고 또 기독교인들을 보면 '얼마나 덜 되었으면 저럴까' 라고 생각했었습니다. 그런데 제가 지금은 하나님께 미쳐서 사업은 다 팽개치고 각 나라를 다니면서 간증을 하고 있습니다. 비즈니스를 하려면 간증부터 먼저 해 달라고 해서 간증을 먼저하고 비즈니스는 나중에 합니다. 그러다 보니까 기업은 하나님께서 책임져 주시는 것을 깨닫게 됐습니다.

사실 간증을 요청 받을 때, '제가 어떻게 거기에 가서 간증을 할 수 있을까?' 망설이곤 합니다. 그 때마다 주님께서 이런 음성을 들려주십니다.

"네가 하니? 내가 하지, 너는 그냥 올라가라."

저희 아버지 댁은 종가집인데 큰 할아버지가 아들이 없으셔서 양자로 가셨습니다. 큰 할머니는 아들을 얻기 위해 매일 새벽마다 절에 가서 부처 앞에서 물을 떠 놓고 지극정성으로 빌었습니다. 옛날의 불교는 유교와 짬뽕이 되고, 무당하고 짬뽕이 되고, 여러 가지가 짬뽕이 되었습니다. 제가 어릴 때 학교에서 돌아오면 어른들이 집에 아무나 출입하지 못하게 하고 고사를 지내는 정경을 종종 보곤 했습니다.

저는 군대 생활을 칠 년간 했습니다. 더구나 저는 골수 불교인이었고, 불교대학도 4회로 졸업했습니다. 저의 아버지는 한의사이십니다. 제가 스물여덟 살에 전역했을 때, 그 때가 지금부터 20년 전이었는데, 피부병 환자, 여드름 환자가 하도 낫지 않으니까 아버지께서 한방 비누를 개발하여 주셨습니다.

"이 비누를 가지고 사업을 한 번 해 봐라."

그러나 그 때는 250원짜리 '다이얼 비누'가 유행했는데, 4,300원짜리 한방 비누는 너무 비싸서 팔 수가 없었습니다. 더구나 저는 나이도 어려서 사업의 '사' 자도 모르니 어떻게 할 수가 없었습니다. 6개월 동안 비누가 한 장도 안 나갔는데도, 사업 자금은 부모님께서 모두 대 주시니까 저는 사업을 계속했습니다. 힘이 들었어도 사업을 하지 말아야겠다는 생각은 한 번도 하지 않았습니다. 그렇게 20년이 넘도록 이 자리까지 왔습니다. 저는 돈을 많이 벌지는 못하지만 열심히 살고 있습니다.

요즘은 기능성 식품이 인정되고 정부에서 여러 가지 허가도 내 주고 또 수출도 잘됩니다. 그러나 옛날에는 우리나라에 기능성 식품이라곤 아무것도 없었습니다. 20년 전에는 인삼, 녹용, 영지 이런 종류가 유행했습니다. 저희 회사에서 영지 과립을 개발하고, 인삼을 엑기스로 개발해서 홍콩, 일본에 많이 수출했습니다. 한번은 영지 과립 만든 것을 가지고 일본 박람회에 갔었는데 제가 29~30살 때였습니다. 그 시절, 용두동의 약재상에서 수입한 영지 과립을 사다가 만드는 과정에서 심각한 문제가 생겼습니다. 옛날에 '영지에 톱밥 넣은 사건'이라고 TV에도 많이 나왔는데 그것이 저하고 연관된 사건이었습니다. 세상물정을 잘 모르던 어린 나이에 이런 사건 저런 사건에 연루되며 종종 홍역을 치렀습니다. 엑기스를 만들기 위해 영지를 빻으면 나무를 빻은 톱밥하고 비슷하게 됩니다. 그런데 그런 현상을 악용하여 저희가 구매한 영지 과립에 영지는 20%만 넣고 나머지는 톱밥을 넣어서 납품한 것입니다. 돈을 많이 주고 사도 그렇게 눈속임을 했습니다. 이것이 바로 인간성의 문제입니다. 그런 것들을 어려서부터 경험하면서 자랐습니다.

또 획기적인 기능성 식품을 개발하거나 원료를 조금씩밖에 살 수 없었을 때, 드럼통으로 사서 제품을 생산해도 알아주는 사람이 없었습니다. 우리가 몇 년씩 고생해서 신제품을 개발하면 그 분야 전문 교수들한테 효용성을 검증받아야 했습니다. 교수들에게 사인을 받으러 가서 우리 노하우를 모두 말해 주면 그 교수가 개발했다고 언론에 보도됩니다. 그 때는 교수들이 사인해야 방송도 할 수 있었습니다.

그러던 중 제게 '갑상선 종양 심부전 부정맥' 이라는 진단 결과가 나왔습니다. 그때 저는 사업을 포기해야 되겠다는 생각을 해 본 적이 없습니다. 이상하게 아버지께서 하시던 말씀이 계속 머릿속에서 맴돌았습니다.

"서양 의학이 아무리 발달해도 앞으로 대체 의학 없이는 절대로 국민 건강을 예방할 수 없다. 병이 이미 카메라에 나타났을 때는 늦은 것이다. 병은 7~8년에 걸쳐서 몸 밖으로 나오기 때문에 일단은 예방을 해야 한다. 오장육부가 고장 났는데 밖에서 침을 놓고 부황 뜨고 음식 관리를 아무리 하면 무엇 하나? 오장육부를 정비하지 않고는 안 된다."

제가 제품들을 팔지 못하면서 돈이 날아가도 부모님이 계속 밀어 주시니까 무슨 사명자처럼 계속 개발하고 있었는데 이런 와중에 병이 찾아온 것입니다.

거기에다 결혼을 했으나 남편 뒷바라지도 제대로 할 수가 없었습니다. 사업을 한답시고 국내외로 쫓아다니기도 바빠서 남편의 밥을 한 끼도 제대로 차려 줄 수 없었습니다. 사업에 매달리다 보니까 아프다고 누워서 당장 회사에 못 나가는 상황은 아니니까 몸이 퉁퉁 붓는데도 또 어쩔 수 없이 나가야 했습니다.

그럴 즈음에 저희 언니는 치과 의사와 결혼을 했는데 시댁이 독실한 크리스천 가정이었습니다. 5대 불교 집안에서 크리스천 집안으로 시집을 가니까 문제도 심각했습니다. 저희 언니가 저를 위해서 20년째 기도한 것으로 알고 있습니다. 아무리 기도해도 저는 끄덕도 안 했는데 형부인 치과원장님이 1992년에 기독교 단체에 저를 추천을 해 주셨습니다. 그 후에도 제 사업에 대해 직간접적으로 조언도 해주고 도움도 주셨습니다. 원장님이 1년 내내 저를 전도하더니 어느 날 저와 점심식사를 한 번 하자고 청하셨습니다.

그 당시 제 삶은 엉망이었습니다. 몸은 몸대로 나빠지지, 남편은 집밖으로 돌며 다른 여자랑 만나기도 했습니다. 그 때는 남편을 원망했는데 지금 생각하니까 모두 제 잘못이었습니다. 돈도 한계가 있었습니다. 나중에는 부모님도 하다하다 안 되니까, 더 이상 돈을 밀어주는 것을 망설이셨습니다. 그래서 제가 부모님에게 돈을 빌리기도 했습니다.

"차라리 저에게 돈을 빌려 주세요. 제가 이자를 쳐서 꼭 갚겠습니다."

"너, 이자가 3부다."

부모님은 돈을 많이 벌어서 다른 사람들의 장학금을 대 주고, 학교 공부를 가르치고, 무료로 진료도 해 주시면서 제가 빌려 달라고 한 날부터 3부 이자로 갚으라고 하셨습니다. 제게는 문제가 점점 심각해졌습니다.

그러던 어느 날 중간에 부도가 났습니다. 아버지한테는 말씀도 못 드리고, 저희 회장으로 계시는 언니가 중간 역할을 했는데 한 달이 걸려도 전화가 안 오는 것이었습니다. 이자도 못 갚고 있었습니다. 몸이 아프고, 부도는 났지만 회사는 계속 돌아가고 있는데 돈줄인 아버지한테서는 전화도 안 왔습니다.

그러는 어느 날 드디어 아버지에게서 전화가 왔습니다. 저는 혼자 생각에 제가 출산한 지 얼마 안 됐고, 아버지가 이 사업을 하라고 하셨는데 이제 부도났으니까 어쨌든 도와주시겠지 하는 생각으로 기대하고 있었습니다.

"나다. 너 내 돈 언제 갚을래?"

그런데 그 말이 도저히 상상을 할 수 없을 정도로 제 정신을 바짝 들게 했습니다.

"시간을 주십시오, 제가 갚겠습니다."

이 말이 자신 있게 나왔습니다. 매일같이 코가 열자는 빠져 있으면서 마음속으로 생각했습니다.

'아, 성공을 못하면 앞으로 집안에서 사람대접도 못 받겠구나! 빨리 잘해서 일어나야지.'

그러던 차에 원장님이 점심 식사를 청하신 것입니다.

'내가 이렇게 아파도 이제는 절대로 전도를 그만 하라고 말해야지.'

마음속으로 생각하고 나갔는데 식당에 자리 잡고 앉자마자 원장님이 말했습니다.

"처제! 하나님만 만나면 병도 다 낫고, 회사 일도 잘 풀리고, 남편도 바람을 안 피우고 돌아올 텐데…, 하나님이 다 해 주시니까. 하나님을 만나자."

"원장님, 그만하세요. 저한테는 아무리 하셔도 안 됩니다."

"하나님께 기도하다가 응답을 받았는데 150명 전도하는 것보다 손 사장 한 명 전도하는 것이 손 사장도 축복 주시고 나도 복 주시겠다고 하셨어."

"정말 그랬어요?"

"정말이라니까. 한 번만 주님을 만나 보자."

"어떻게 하면 되죠?"

"교회에 가면 돼."

"그러면 제가 가 보죠."

저는 남의 일처럼 대답했습니다. 그런데 그 말 한마디 때문에 제 인생이 바뀌었습니다. 지금은 저한테 한 번 걸렸다 하면 남자, 여자, 어린이, 학생 할 것 없이 전도의 표적이 됩니다. 그런데 그날 원장님이 바로 제안을 했습니다.

"내일 아침에 조찬 식사를 하면서 목사님을 만나자."

'제 성깔이 이상한 것을 아시니까 교회에 가서 잘못하면 괜히 분위기 망치기 쉬우니까 그러시는가 보다.'

"그러지요."

다음 날 아침에 원장님과 함께 그 목사님을 만났습니다. 저보다 한 살이 더 드신 목사님이 자리에 앉자마자 다짜고짜 말씀하셨습니다.

"손 사장님, 우리 교회가 언덕 위에 있는 하얀 집인데요. 너무 아름다운 곳이에요. 그러니까 소풍 간다고 생각하고 한 번 나와서 강의를 한 시간만 들어 보세요. 그 강의는 사업도 성공하고, 어떻게 하면 건강이 좋아지고, 남편이 다시 가정으로 돌아오는지 하는 내용인데, 그 강의를 듣고 식사를 하고 가시면 어떻겠어요?"

그러면서 덧붙여서 언덕에 주택가가 있는데 계절마다 아름다운 정원으로 진달래서부터 벚꽃까지 안 피는 꽃이 없다고 했습니다. 제가 감성이 높아서 분위기라면 그냥 넘어갑니다. 그 말을 듣고 뿅 가서 '그렇다면 한 번 가봐야지' 하고 생각했습니다. 후에 교회에 찾아갔더니 언덕 위의 하얀 집이 아니라 빨간 기와집이었습니다. 제가 하얀색을 좋아하니까 하나님이 역사를 하셨나 봅니다. 하얀 집이라고. 금요일에 장로님을 만나고, 토요일 아침에 목사님을 만나고 그날 저녁에 잠을 자면서 꿈을 꾸었습니다.

저희 할머니는 절에 가서 아들 하나 낳고, 딸을 셋 낳기까지 매일같이 빌었습니다. 아들 낳아 달라고 비는 중에 저희 아버지가 큰집으로 양자까지 갔습니다.

저는 어린 시절부터 할머니를 따라 점쟁이한테 월례 행사로 가서 굿도 하고 속리산 산굿도 다니고 안 다닌 곳이 없었습니다. 18~20년 전에는 250만 원이면 굿판치고는 아주 큰 굿판이었습니다. 그런데 제가 그 어린 나이에 250만 원을 내고 굿을 했습니다. 그 때 느꼈던 것은 돈만큼 굿 벌이는 상이 달라진다는 것입니다. 돈이 비싸면 사과도 크고, 배도 크지만, 돈이 싸면 과일도 작고 차리는 것도 적습니다. 그래서 제가 굿을 하려고 올라온 사람을 보면 저건 200만 원짜리다, 저건 100만 원짜리다. 다 압니다.

그런데 어느 날 제가 사업이 안 되어서 점쟁이를 찾아 갔는데 저에 대해 정확하게 맞추었습니다.

"집안에 절에 가서 빌어서 난 아들이 있다."

집에서 그런 말은 들어 본 적이 없었습니다.

"우리는 매일 절에 다녔기 때문에 당연히 빌어서 난 사람이 있겠지요?"
점쟁이가 다시 말을 이었습니다.
"절에 가서 비는 동안에 시루떡에 꽃이 박혔는데 연꽃이다. 그 연꽃을 벗기고 난 아들이 있으니까 집에 가서 엄마한테 꼭 물어봐라."
그래서 집에 돌아와서 엄마에게 물어봤더니 아들 하나, 딸 셋을 낳았는데 남동생이 큰애를 가졌을 때, 할머니가 떡시루에서 연꽃을 퍼왔는데 보니까 연꽃이 박혔다는 것입니다.
점쟁이가 또 한 가지 맞춘 것이 있습니다. 꽃을 보고 나면 초년에 그렇게 아프다는 것입니다. 그런데 그 동생이 어렸을 때, '저 아이가 저러다 죽겠다' 라는 생각이 들 정도로 한 번 사래 들리고 기침하면 끊이질 않았습니다. 아버지가 저 애는 돈 없으면 죽었다고 할 정도였습니다.

제가 토요일 밤에 잠을 자는데 꿈에 그 동생이 나타났습니다. 꿈에 승복을 입고 염주를 땅바닥까지 걸고 제 앞에 가로막고 서 있었습니다. 꿈을 꾸면서 이런 생각을 했습니다.
'저 애가 나를 교회에 못 가게 하려고 지금 막고 있구나.'
"너는 내 성질 알지? 나는 한 번 한다면 하는 거. 네가 아무리 막아도 나는 내일 교회에 가니까 아무리 그래도 소용없어."
그런데도 아무 말도 안 하고 가로막고 서 있었습니다. 그러다가 제가 잠에서 깨어났습니다.
'부처님도 살아 계시나? 하나님은 살아 계시다고 하는데. 진짜 부처가 나를 가로 막나?'
그러다가 다시 잠이 들었습니다. 잠을 자는데 꿈에 '수서교회' 산속이라고 했습니다. 맑은 물이 흘러내려 가는데 교인들이 거기에서 가재도 잡고 놀고 있었습니다. 저는 강남에서 산 지 오래 됐는데도 수서에 가 보지 못해서 계곡에서 물이 흐르는 곳이 있는지도 몰랐습니다.
그런데 장로님이 일요일 아침에 제가 안 갈까봐 차를 가지고 집으로 저를 데리러 오셨습니다. 주택가에서 200미터를 올라가서 산봉우리 바로 밑에 교회가 있었습니다. 밑에다 차를 대놓고 걸어올라 가는데 꿈속에 나타난 그 동네가 정확했습니다.

'야, 이거 정말 하나님이 살아 계신가?'

그런데 물이 흘러내려 가는 것은 안 보였습니다. 제가 교회에 들어갔는데 아주 조용했습니다. 머리 하얀 전도사님이 우리가 들어가는데 가운데 서서 "쉬, 쉬" 하면서 '조용히 하라', '여기에 있는 자리에 가서 앉아라, 저기에 있는 자리에 가서 앉아라' 하는 것이었습니다. 저는 그것을 보고 놀랐습니다. 교회에 가면 재미있고 축복을 주고 한다는데, 들어가자마자 그 양반이 계시니까 숨이 막히는 것이었습니다. 저는 몸도 안 좋은데다가 밤잠까지 설쳐서 마음이 무거웠습니다.

'야, 이래서 내가 어떻게 한 시간 동안 숨도 못 쉬고 앉아 있을까?'

어쨌든 앉았습니다. 앉아서 목사님이 설교 말씀을 전하시는데 전부 저에게 하시는 말씀 같았습니다. 눈물이 나오기 시작했습니다. 옆 사람들이 나중에 이야기하기를 '황소 울듯' 하더라는 것입니다. 제가 그런 식으로 네 주를 계속 다녔습니다. 넷째 주에는 저희 회사의 나이든 여자 직원을 한 명 데려 갔습니다. 제가 기도하고 난 후에 주변을 둘러보니까 여직원이 없어졌습니다. 보통 제가 한번 울면서 기도하기 시작하면 아무도 없어질 때까지 웁니다. 남들이 갔는지, 어쨌는지 찬양 연습하는지 이런 것도 모르는 것이었습니다. 나중에 제가 데리고 간 직원한테 전화를 했더니 저에게 아무리 가자고 해도 들은 척도 안 하고 우는 소리가 너무 커서 창피해서 옆에 있을 수도 없어서 자기 혼자 집으로 갔다는 것입니다. 지금 생각하니까 저도 모르는 사이에 그렇게 울면서 회복이 되었는지 계속 기분이 좋아졌습니다.

'갑상선' 계통의 병은 말로 할 수 없이 피곤합니다. 그래서 한 시간 동안 앉아서 듣는 것은 정말 어려운 문제인데도 피곤한 줄 모르겠고 뭔가 달라지는 것 같은 느낌이 들었습니다. 그런 식으로 지내면서 3개월 동안 교회를 나갔습니다. 그 3개월 안에 제가 피곤한 것이 없어지고 뭔가 모르겠지만 희망이 생기기 시작했습니다. 어떻게 표현할 수 없지만 회사에 빨리 나가게 되고 회사에 나가도 신이 났습니다. 그러면서 주위가 보이는데 회사의 열두 명의 간부들이 열두 개의 다른 종교를 가지고 있었습니다. 남녀호랑개교, 여호와의 증인, 통일교, 대순진리회, 안식일교회, 천주교 등 정말 다양했습니다.

제가 교회에 다닌다고 하니까 동문회 목사님 내외가 와서 끌어안고 울면서 자기네가 개척교회를 시작하는데 '종탑'을 달면 축복을 준다고 했습니다. 그 돈이 얼마나 필요하냐고 물었더니 3천만 원이라고 했습니다. 어느 날, 어떤 장로님이 찾아와서 손 사장은 이미 매스컴을 탄 사람이니까 돈을 내면 국회의원에 내보내 준다고 했습니다. 이상한 사람들, 이상한 크리스천들이 몰려와서 되지도 않는 소리를 했습니다. 제가 그 때 1992년도에 '자랑스런 서울 시민상'을 타서 어려도 매스컴에 많이 소개되었습니다.

그 사람들이 말하는 것은 일절 감동이 안 오고 '하나님과 기도만 해야 되겠다'는 확신이 들었습니다. 그 때 열심히 시간 작정을 하고 그 다음에 금식을 하면 좋다는 말을 들었습니다. 집에 가서 씻고 시간을 보니 밤 12시였습니다. 그래서 제가 12시에 기도드리는 시간 작정을 했고, 두 번째로 금식을 해야 되는데 제가 환자였기 때문에 금식할 엄두가 나지 않았습니다. 그런데도 불구하고 금식을 결정했습니다. 어차피 죽을 몸인데 죽거나 말거나 결판을 내야 했습니다. 빚은 져 있지요? 몸은 아프죠? 남편은 딴 여자하고 놀죠? 그러니 어차피 제 인생은 끝난 것이나 마찬가지였습니다. 어차피 이래 죽나, 저래 죽나 마찬가지인데, 하나님하고 한 번 붙어나 보자. 이러고는 밤 12시에서 낮 12시까지 금식을 했습니다. 제가 오전 강의가 꼭 두 시간씩 있었는데 물도 안 먹고 강의를 했습니다. 나중에는 입에서 냄새가 날 정도였습니다.

'하나님께서 나한테 무엇인가를 보여 주실 때까지, 나의 건강을 고쳐 주실 때까지 하자.'

"하나님이 정말 살아 계시다면 저희 5대 불교 집안에서 제가 하나님께 갔는데 일단 제 병을 좀 낫게 해 주세요. 그런데 제가 만든 약을 가지고 제 병이 좀 낫게 해 주세요."

그 당시는 '프로폴리스'를 캐나다에서 생산해서 들여와서 우리나라에서 상표만 붙여서 팔았습니다. 옛날에는 개인이 수입을 못하니까 '아방약품'이라는 조그만 제약회사를 통해 수입해 왔는데 그 회사가 또 부도를 냈습니다. 결국 그 상품을 제가 다 짊어지고 판매를 해야 되었습니다. 제가 추진했으므로 책임의식을 가져야 했습니다. 그런데 제가 암에 걸렸고 그것은 항암용으로는 최고니까, 이것을 먹고 저를 살려달라고 기도하면서 하나님께 서원을 했습니다.

"하나님이 살려만 주신다면 하나님이 좋아하신다는 전도를 평생 동안 하겠습니다. 그러니 저를 좀 살려 주십시오."

기도 중에 피곤한 것이 없어지고 붓기가 내려갔습니다. 그러자 희망이 생기고, 뭔지는 모르지만 즐거움도 느꼈습니다. 점점 저의 삶이 밝아지고 웃는 일이 많아졌습니다. 기도가 끝나고 나서 제 건강이 좋아지면서 다시 간부들의 열두 종교도 보였습니다. 그래서 이렇게 기도했습니다.

"하나님, 저도 감당이 안 되는데 어떻게 말도 안 되는 열두 가지의 종교를 여기에 보내셨습니까? 하나님께서 알아서 해결해 주세요."

다른 분들은 기도실도 있고 한다는데 제가 뭘 압니까? 씻고 침대에 올라가서 무릎 꿇고 달랑 기도만 했습니다. 기도를 시작한지 3개월 쯤 되었을 때, 기도하다 말고 무심코 제가 "관세음보살, 관세음보살"이라고 중얼거리고 있었습니다. 기도를 하는 중에도 계속 중간에 그러고 있다가 다시 하나님을 찾고 또 돌아왔습니다. 제가 고개를 들었는데 초등학생 어린이 키만한 십자가 모양이 15도 전방에 보였습니다. 그 십자가 모양이 아름다운 광채를 내는데 지금까지 그런 빛을 보지 못했습니다.

그런데 누군가가 말해 주었습니다. 하나님도 그런 것을 보여 주시지만 마귀도 다 한다는 것입니다. 장로님, 권사님들이 그런 것을 잘못 보면 큰일 난다고 이야기해 주셨습니다.

"제가 지금 하나님과 함께 승부를 지으려고 기도하는데, 응답을 보여 주실 때까지 하나님을 붙들고 늘어질 것입니다."

그러나 십자가를 보니까, 이런 생각이 제일 먼저 들었습니다.

'야, 저거 마귀가 보여 준 것 아닌가?'

그래서 제가 하나님께 물었습니다.

"하나님, 저게 무엇입니까? 저것은 하나님이 보여 주시는 겁니까? 누구는 성경 말씀도 주시고, 음성도 들려 주신다는데 왜 저는 십자가입니까? 왜 저 십자가를 저한테 보여 주시는 겁니까?"

아무 느낌이 없었습니다.

"하나님, 저를 어떻게 하시려고 저 십자가를 보여 주십니까? 무엇 때문에?"

다시 고개를 들었는데 그 때까지 그 십자가가 떠 있었습니다. 그러니까 편안한 것이 아니라 겁이 덜컥 났습니다. 겁이 나니까 다시 고개를 숙이고 써 놓았던 기도 제목대로 기도를 했습니다.

첫 번째, 종교가 이상한 사람들을 우리 회사에서 나가게 해 주소서.

두 번째, 저의 건강이 회복되게 해 주소서.

세 번째, 사업이 잘 되어서 돈 벌게 해 주소서.

네 번째, 살려 주신 대가로 전도하게 해 주소서.

기도를 하고 있는데 15도 전방 오른쪽에서 희미한 음성이 들려왔습니다.

"두려워 말라. 내가 너와 함께 하느니라."

이 소리가 들리니까 더 겁이 났습니다. 기도하고 5분도 안 되어서 들려온 음성입니다. 그래서 제가 바들바들 떨면서 물었습니다.

"하나님, 정말 하나님 음성입니까? 하나님 음성이라면 다시 한 번 더 들려주십시오."

똑같은 음성이 다시 들려왔습니다.

"두려워 말라. 내가 너와 함께 하느니라."

그 때 제가 구름 위에 뜨는 것 같고 세상은 모두 제 것 같은 느낌이 들었습니다.

'아, 이제 살았구나.'

하나님이 함께 하신다는 것을 깨닫는 순간, 복잡하고, 골치 아프고, 분노가 치밀어 오르던 것들…, 그리고 제가 상품을 개발했을 때 제 돈을 많이 떼어먹은 연구원들과 학자들에 대해 원망하던 것들이 그 순간부터 변하여 그런 사람들이 모두 불쌍해 보였습니다. 그 때 기도하면서 새롭게 깨닫게 되었습니다.

'회사의 방향을 전환해 보자.'

그 동안은 저희 회사에서 제품을 개발해서 직접 팔지 않고 판매권을 다른 업체에게 모두 주었습니다. 그러니까 더 팔리지도 않을 뿐더러, 제 정신이 거기에 가 있지도 않았습니다. 또 그들이 식품에 대해 아무것도 모르는데 저희가 가르쳐서 하니까 적극적인 프로모션이 되지 않았습니다. 이것이 분명히 사람을 치료하는 효용성이 있었음에도 불구하고 판매되지 못했던 것이었습니다.

'내 정신과 우리 아버지의 혼이 담긴 제품들을 직접 팔아 봐야 되겠다. 그렇게 하려면 사무실을 확장하고 옮겨야 되겠다.'

기도 제목 중에 열두 사람들 중에 불교, 기독교, 천주교 빼놓고 나머지는 빨리 나가게 해 달라는 것이 있었는데 월요일에 출근해 보니 여덟 사람들이 안 나왔습니다. 그런데 각각 전화가 왔습니다.

"남편이 지방으로 출장을 가서 못 나갑니다."

"아이가 다리가 부러져서 병원에 가야 합니다."

"부모님이 치매가 걸려서 간병을 해야 되겠습니다."

"제가 사장님하고 끝까지 같이 가려고 했는데 이런 일이 생겨서 안 되겠습니다." 어찌됐든 모두 전화가 왔습니다. 제가 속으로는 '하나님, 기도에 응답해 주셔서 감사합니다.' 하면서 겉으로는 "집안 일이 중요하죠.", "남편

일을 도와야죠.", "고맙습니다.", "감사합니다." 이렇게 끝냈습니다.

그 때 기도 응답이 두 가지가 된 것입니다.

하나는 제 건강이 회복되어 가는 과정이었고, 다른 하나는 직원들의 종교를 바꾸어 주신 것입니다.

그 다음에 시간이 지나서 보니까, 아픈 사람이 몰려오기 시작했습니다. 회사에서 상담사를 뽑으려고 했더니 멀쩡한 사람은 안 오고 아픈 사람만 왔습니다. 기도를 계속하는 중이었기 때문에 하나님께 다시 아뢰었습니다.

"하나님, 저도 감당을 못하고 있는데 왜 저렇게 아픈 사람들을 저한테 보내 주십니까? 하나님이 책임져 주시고 그것을 없애 주세요. 저 사람들을 나가게 해 주세요."

그런데 이 사람들이 저희 제품을 먹으면서 전부 회복이 되어 가는 것이었습니다. 기도 응답이 모두 세 개가 되었습니다.

그때 저희가 창고에다 쌓아 두었던 물건, 대리점에 판매를 위탁했던 것들을 다 회수하고 상담을 통해서 우리 물건을 직접 판매하는 체제로 바꾸는 과정이었습니다. 판매 체계를 바꾸고 제품을 회수하여 직접 관리를 하게 되니까 창고 비용이 줄고, 파손도 줄어들어 관리 비용도 줄어들고, 운송비용도 줄었습니다. 대리점에 납품했을 때는 돈도 안 주고 나중에 떼어먹히든지, 아니면 어음을 받아서 할인해서 쓰던가 아니면 부도를 맞아야 했습니다. 그 후부터는 그런 일이 모두 없어졌습니다.

그 다음에 저희가 제조공장을 갖고 있었는데 공장을 모두 없애버리고 제약회사에다 위탁생산을 하니까 전혀 신경 쓸 일이 없고 몸이 건강해졌습니다. 모든 것이 1년 안에 다 해결되었습니다. 그러니까 너무너무 살맛이 나고 기업하는 것 같지도 않았습니다.

제가 사업의 체제를 정리해서 1년이 채 못가서 10개월 정도 되었을 때, IMF가 터졌습니다. 제가 그 때 기도 중에 하나님께서 그런 지혜를 주시지 않고 회사의 체제 정비를 안 했으면 저는 그때 끝났을 것입니다. 기업을 할 수도 없었을 것입니다.

저희는 이미 부도가 났었기 때문에 가계수표도 없고, 어음도 없었습니다. 그냥 현금으로만 돌리고 있는데다가 관리 비용을 이미 절감시켜 놓았는데, IMF 사태가 터지니까 오히려 그 때부터 상품이 나가기 시작했습니다. 상담을 해서 물건을 판매하니까 빠른 속도로 회복이 되었습니다. 그래서 하나님께 이렇게 기도했습니다.

"저분들이 회복되었으니까 전도하게 해 주세요."

전도는 기본이 되었습니다. 저희 회사의 목표가 달라졌습니다.

"인성 내추럴의 첫 번째 목표는 전도이다."

지금까지도 매출 계획은 세워 본 적이 없습니다. 사람들이 저희 회사가 어떻게 돌아가는지 궁금해 합니다. 저희는 원자재를 최고로 좋은 것을 씁니다, 거기에다 재료도 10가지에서 20가지까지 다양하게 들어갑니다. 같은 이름이지만 원자재 값은 다른 기업에 비해 12~13배나 차이가 납니다. 더구나 제품을 개발하는데 7~8년이 걸립니다. 기도해서 응답받지 않으면 나오지도 않습니다.

그렇게 해서 3년이 지나니까 미국 수출의 문이 열렸습니다. 저는 도저히 상상도 할 수 없었던 일입니다. 저희 회사가 하나님 안에서 10년이고, 미국에 수출한 지 7년이 지났습니다. 한국에서보다 미국에서 더 인정을 받고 있습니다. 이것은 하나님의 역사가 아니고는 이루어지지 않는 것입니다.

그래서 저희 회사가 또 바꾼 것이 있습니다. 목표 중에 가장 큰 목표가 '전도 목표' 로 바뀌었고, 두 번째는 '목사님들을 모시고 와야 되겠다.' 는 것입니다. 처음에는 각도마다 하나씩 직영 회사를 만들고 상담사를 5~6명씩 두고 지역을 관리하면서 목사님들을 한 분씩 모시니까 그 때만 해도 여덟 분이 계셨습니다. 목사님 여덟 분을 모시고 각자 말씀을 전하시라고 했는데 여덟 명의 목사님이 회사를 어렵게 만들었습니다. 하나님 믿는 사람은 다 똑같은 줄 알았는데, 말씀은 모두 방향이 다르고 '내가 최고다, 네가 최고냐?' 자리다툼까지 생겼습니다. 제가 미국에 나가 여러 도시를 한 달 동안 돌면서 미국에서 들어보니까, 어떤 목사님이 서울 본사의 목사님을 내쫓고 자기가 인성 내추럴의 본사 목사를 하겠다고 싸움이 났다는 것입니다. 그래서 제가 뉴욕에서 기도를 했습니다.

"하나님, 도대체 이럴 수가 있습니까? 제가 병들어 죽게 되었을 때, 살려주신 것은 감사한데 어떻게 목사님이란 분들이 이럴 수가 있습니까?"

그 때 뉴욕 호텔의 침대에서 기도를 하는데 하나님께서 말씀을 주셨습니다.

"내가 목사들을 통해서 너를 높이리라."

"무슨 말씀입니까?"

"너는 그들에게 절대 대적하지 말라. 나에게 맡겨라."

그 때 시편 121편 1-8절까지의 말씀을 주셨습니다.

내가 산을 향하여 눈을 들리라
나의 도움이 어디서 올까
나의 도움은 천지를 지으신 여호와에게서로다
여호와께서 너를 실족하지 아니하게 하시며
너를 지키시는 이가 졸지 아니하시리로다
이스라엘을 지키시는 이는 졸지도 아니하시고
주무시지도 아니하시리로다
여호와는 너를 지키시는 이시라
여호와께서 네 오른쪽에서 네 그늘이 되시나니
낮의 해가 너를 상하게 하지 아니하며
밤의 달도 너를 해치지 아니하리로다
여호와께서 너를 지켜 모든 환난을 면하게 하시며
또 네 영혼을 지키리시로다
여호와께서 너의 출입을 지금부터 영원까지 지키시리로다

이 말씀만 붙들고 기도하라고 하셨습니다. 이 말씀이 저를 걱정거리가 하나도 없게 만들었습니다. 하나님께서 들어가고 나가는 것까지 모두 저를 지키시겠다는데 어려울 것이 없었습니다. 그래서 모든 것을 팽개치고 내려놓았습니다.

저희 회사에는 여자 부사장이 둘이 있습니다. 한 명은 수입, 생산, 수출을 담당하고, 또 한 명은 상담사 전부를 관리하고 있습니다. 제가 수출 담당 부사장하고 미국 출장을 마치고 공항에서 회사로 도착해서 부사장을 먼저 들여보냈습니다.

"일단 들어가 봐라."

제가 목사님을 만나면 이렇게 하라고 했습니다.

"그동안 기도해 주셔서 감사합니다. 그동안에 인성을 하나님 안에 영광 돌릴 수 있도록 해 주셔서 감사합니다. 목사님께 선물을 가져왔는데 좋은 것이니까 가져가서 드세요."

절대로 다른 말은 하지 말라고 했습니다. 제 생각대로 본사로 들어오겠다는 목사님이 보따리를 싸 가지고 가다가 우리 부사장과 맞부딪쳤습니다. 우리 부사장이 제가 시킨 대로 말했습니다.

"목사님, 정말 감사합니다."

열을 내도 시원치 않을 판에 반대로 한 것입니다. 그러니까 그 목사님이 고개도 못 들고 선물을 주니까 받아가지고 가더라는 것입니다. 회사로 돌아와서 보니까 그것으로 끝난 것이 아니었습니다. 일하는 상담사들까지도 전부 불평불만을 하였습니다.

"아니, 여기가 이단이라는데……."

하나같이 이상한 소리를 하는 것이었습니다. 그래서 제가 '광림수도원'에 가서 다시 기도를 드렸습니다.

저는 구제가 한 가지인줄 알았습니다. 돈 주면 구제인줄 알았습니다. 제가 서울시민상을 타게 된 것은 부모님이 하던 일 때문이었습니다. 중 · 고등학생 27명에게 학자금을 지원하여 졸업을 시켜 어린 나이에 탄 것입니다.

그런데 하나님께서 구제가 열두 가지가 있다고 말씀으로 깨닫게 해 주셨습니다. 능력 없는 사람을 개발시키는 것도 구제이고, 돈이 없는 사람을 지원하는 것도 구제이고, 일자리 없는 사람에게 일하게 해 주는 것도 구제지만, 돈을 잃어버리고 도둑을 맞는 것도 구제라는 것입니다. 사람들이 저에게서 돈을 빌려 가면 이상하게 갚지를 않습니다. 제가 군대에서 전역하면서 퇴직금을 받았는데, 후배가 와서 사업을 한다고 돈을 빌려 달라고 했습니다. 20년 전에 5급 공무원의 퇴직금이 몇 푼이나 되었겠습니까? 그 돈에 저희 할머니에게서 1,300만 원에다, 저희 아버지에게까지 빌려서 6~7천만 원을 빌려 주었는데 떼어먹고 도망갔습니다. 어느 날 돈을 받으러 갔더니 후배가 아기를 낳았는데 미역국도 없다고 벌벌 떨고 있었습니다. 그 후배의 젊은 남편은 자기가 도둑질을 해서라도 갚겠다고 말했습니다. 그래서 제가 그 집에 연탄하고 미역까지 사 주고 왔습니다. 사람들이 저한테 돈을 빌려 가면 갚을 생각을 안 합니다. 그런데 하나님께서 빌려가서 안 갚는 것도 구제라고 위로하시는 것입니다.

"너한테서 나간 것은 전부 다 하늘나라에 쌓여 있으니 네가 필요하면 언제라도 갖다 쓸 수 있다."

이렇게 마음속에 깨달음이 왔습니다. 그 때 제가 모두 치유가 되었습니다. 우리 형제간에도 사랑이 있는 집안이지만, 아무리 잘해 주어도 그런 회복은 인간으로서는 쉽게 안 된다는 것을 그때 깨달았습니다. 그런 회복이 있을 수가 없습니다. 온전히 세상이 내 것 같고 날아가는 기분으로 회복이 되었습니다.

그런데 저한테 하나님께서 인성 내추럴을 통해서 그 중에 네 가지를 구제하라는 것입니다. 그래서 장애인, 고아원, 선교, 미혼모도 그 때부터 돕기 시작했습니다. 그래서 제가 그 때부터 『나는 행복한 바보 경영자』라는 책을 쓰기 시작했습니다. 그 책은 출판하자마자 반응이 뜨거워서 14판까지 인쇄하고 방송에도 많이 나가게 되어 '임성훈 토크쇼' 에도 출연했습니다. 그 책을 판매한 수익음을 가지고 전주에 '미혼모의 집' 을 짓고 지금은 회사 안에 교회까지 짓고 인성폭력센터까지 만들어졌습니다.

요즘에는 중 · 고등학생들이 약물 중독에 빠지는 일이 많습니다. 이번에 또 하나 나온 책 『세상을 변화시키는 바보 경영자의 리더십』은 마약 중독자들을 돕는 일에 후원을 하려고 합니다. 하나님께서 구제하라시는데 기업의 이익금만 가지고는 너무 부족했습니다. 사람들이 책을 팔아서 하라는 아이디어를 주어서 책을 출판하게 된 것입니다. 물론 이 책을 쓰게 된 데에는 국민일보에서 '당신 같은 사람은 책을 써서 이것을 알려야 된다' 고 용기를 주시고 도와주셨습니다. 책이 너무 잘 나가고, 그 인세와 판매 수익금을 가지고 지금 잘하고 있습니다. 하나님께서 회사의 돈 가지고 안 되니까 이런 일도 시키셨습니다. 하나님께서 계획하신 대로 일을 주십니다.

시간이 지나면서 제가 가는 곳마다 증거가 되어서 전도는 100%가 되었습니다. 건강 교육을 하고 난 후에 영접 기도를 시켜서 그 다음날 오면 교회까지 선정해 줄 정도로 저희 회사가 바뀌었습니다.

그리고 제 병은 절대 병원 치료를 하지 않고 약도 안 먹고 식품만 갖고 해결했습니다. 치료를 하나도 안 했는데도 갑상선 종양 부정맥 심부전이 모두 없어졌습니다. 지금은 완전히 치유되었습니다. 이것은 절대적으로 하나님의 역사입니다. 왜 그런가 했더니 하나님께서는 간증거리 없는 자는 안 쓰신답니다. 저같이 산전수전 다 겪고 간증거리 있는 자를 쓰신답니다. 그 일을 하시려고 저를 준비시키신 것입니다.

물론 회사도 하나님을 만난 10년 동안에 많은 소비자 인지도를 갖게 되었고, 기도하는 사람들이 계시고 다 도와주셔서 여기까지 왔습니다.

저희 회사가 여덟 목사님의 복잡한 사건 때문에 기도했는데 하나님께서 다 정리해 주시고, 이제는 목사님 두 분, 한 분은 고문 목사님, 한 분은 본사에서 신앙지도를 하고 계십니다. 저희가 어떻게 머리를 썼냐 하면, 화상 시스템을 가지고 아침 9시에 예배를 드립니다. 화상으로 전국에서 같은 시간에 예배드리고, 그것을 외국까지 다 전송합니다. 그래서 복잡하지 않고 통일이 되고 하나님 안에서 온전히 서게 되었습니다.

5대 불교 집안에서 형제들이 하나님한테 가는 것이 쉽지 않았습니다. 하지만 제가 그렇게 회복되는 것을 보면서 저희 식구들이 며느리들까지 모두 하나님의 품으로 돌아왔습니다. 5대 종갓집에서 살아오신 고집쟁이 저희 어머니만은 어떻게 할 수가 없었습니다. 그런데 5년 전에 어머니에게 '자궁암' 이 선고되었습니다. 수술을 하려고 마취를 하는데 심장이 안 좋아서 마취가 안 되었습니다. 그래서 이를 뺄 때도 저희 아버지가 생 이를 빼드렸습니다. 저희 언니는 '수술하면 무조건 된다, 하나님이 살려 주신다' 라고 하고, 저희 오빠는 '절대 안 된다' 라고 하고, 병원에서도 암이 위에까지 번져서 안 된다는 것입니다.

그런데 언니가 어느 날 저녁에 잠을 자는데 요한복음 3장 16절을 하나님께서 계속 외우게 시키셨습니다.

"하나님이 세상을 이처럼 사랑하사 독생자를 주셨으니 이는 그를 믿는 자마다 멸망하지 않고 영생을 얻게 하려 하심이라."

4시경에 일어나서 형부에게 청했습니다.

"내가 알고 있지만 당신 다시 한 번 읽어 봐요."

맞는 말씀이었습니다. 그러니까 새벽에 전화를 했습니다.

"하나님께서 어머니를 살려 주신다고 했으니까 어머니는 정말로 수술해야 된다."

오빠가 의사하고 상담을 했습니다.

"그러면 수술 날자는 수요일에 잡고, 월요일에 하체 마비를 시켜 봅시다. 그래서 풀어지면 수술을 합시다."

언니가 저에게 기도에 동참할 것을 구했습니다.

"무조건 된다. 3일 동안 금식 기도를 하자. 완전히 자궁암이 태운 것처럼 숯검정이가 되어서 지워지게 해 달라고 기도하자."

저는 무조건 언니가 시키는 대로 했습니다. 저희가 얼마나 부모님 속을 썩였습니까? 제가 결정적으로 하나님께 매달리게 된 이유는 아버지가 왕진 갔다 오시다가 교통사고로 한 시간 만에 사망하셨기 때문입니다. 저의 든든한 배경이 돌아가셨으니 저는 끝난 것과도 같았습니다. 그러니까 하나님께 기도로 매달릴 수밖에 없었습니다.

그 다음 수술하는 과정에서 언니가 기도하라고 해서 기도하고 있었는데 의사가 보호자를 찾았습니다.

"보호자분, 들어와 보세요. 30년 의술 동안에 이런 것은 처음 보겠습니다. 수술을 했는데 그대로 숯이에요. 흔들어도 움직이지도 않아요. 새까매서 자궁이 그대로 숯이에요. 도대체 이런 게 어디 있지?"

그 의사 선생님이 연세가 드셨는데 감탄을 하며 말씀하셨습니다.

"아들 딸 형제들이 너무너무 효자라, 하나님께서 축복을 주신 것 같아요."

언니는 때를 놓치지 않았습니다.

'바로 이거다. 하나님이 우리 엄마에게 하나님을 만나게 해 주시려고.'

그 전에 수술 들어갈 때 어머니에게 말했습니다.

"엄마, 이번에 수술하면 분명히 하나님이 살려 주신다고 했으니까, 엄마 교회 가야 돼."

"간다."

"오빠도 꼭 가야 돼?"

"간다."

수술 잘 끝나고 입원실로 옮기고 나서 언니가 말했습니다.

"엄마 가셔야죠?"

"나 간다."

"오빠 가셔야죠?"

"나는 집에서 기도하면 안 되냐?"

수술 잘 했다니까 또 달라지는 것이었습니다. 물론 다른 형제들은 그 과정 안에 다 하나님에게 갔습니다. 퇴원할 때까지 오빠는 꼼짝도 안 하는 것이었습니다. 그런데 나중에 오빠에게 사건이 생겼습니다. 오빠는 군인 출신으로 전역하고 사업을 했는데, 배에 원료를 싣고 오다가 원료에 물이 들어가서 문제가 심각해졌습니다. 엔지니어는 도저히 물이 들어갈 수 없는데 왜 물이 들어갔는지 이유를 모르겠다고 했습니다. 물이 들어가서 원료가 다 못쓰게 되었습니다. 그런 과정을 보면서 오빠가 무릎을 안 꿇을 수가 없었습니다. 물론 주위의 기도도 있었고 형제들의 증거를 통해서 주님을 바라보게 되었습니다.

저 같은 경우, 하나님과 동행하면서 삶이 달라진 이유가 있습니다. 저의 삶의 현장은 종교적으로 문제가 많았고, 돈의 문제도 많은 환자와 같은 상태였습니다. '거룩', '거룩' 하면서 은혜만 받아가지고는 영적 전쟁에서 이길 수 없었습니다. 그래서 하나님께서 증거를 보여 주시고 회복시켜 주셨습니다. 그 후 저희 기업은 매일 아침 9시에 예배를 드리게 되었습니다. 회사는 전도 현장으로 바뀌고, 개인들이 회복이 되고 금전이 회복되니까 각 가정이 회복되었습니다.

이때 비전이 생깁니다. 하나님 안에서 희망이 오는 것입니다. 기업 이윤을 다른 곳에 쓰게 되는 것이고, 쓸 때마다 보람이 있습니다.

어느 날 국세청에서 세무 조사를 나왔습니다.

"놀래셨죠?"

저는 잘못한 것이 없으니까 세무조사가 어떤 것인지도 몰았습니다. 왜냐하면 제품을 개발하는 것에만 신경을 썼지, 판매 같은 것은 잘 몰랐기 때문입니다. 그분들이 너무 우스웠나 봅니다. 일곱 명이 들이닥쳤는데 제가 끄덕도 안 했습니다. 저희가 사무실 하나 내어주어야 한다고 했습니다. 그분들의 말을 들어보니까 저희 회사에서 한 달 동안 있어야 된답니다. 세무조사를 하려면 3개월을 한다는 것입니다.

"아니 우리 같은 조그만 회사를 무슨 3개월을 하십니까?"

그래서 알아서 하시라고 하면서 비상방 하나를 내주었습니다. 그분들이 이틀 동안 왔다 갔다 하더니 본부로 들어간다며 부르면 자료 가지고 들어오라고 했습니다. 그리고 지방의 지사에도 돌겠다는 것입니다. 지방에도 열 개를 다 돈다고 하고 한두 곳에 다녀오더니 저에게 책이랑 공적을 써 가지고 들어오라는 것입니다. 그래서 들어갔더니 윗분한테 보고를 해야 된다고 합니다.

"인성 내추럴만 생각하면 잠이 오지 않습니다."

"그냥 조사하실 것이 있으면 조사하시면 되지, 왜 잠이 안 오십니까?"

"하나님이 개입을 안 하시는지 안타까워서 잠이 안 옵니다."

"사장님은 돈이 어디로 가는지도 모르지 않습니까?"

"저는 잘 모릅니다. 저는 지금까지 현금 결제를 해 본 적도 없고, 현금 출납장에 사인을 해 본 적도 없습니다. 돈은 행정 출납팀이 다합니다."

그러한 사실을 그 사람들도 다 파악하고 있었습니다. 20년 동안 세무조사를 한 번도 안 받았으니까 한 번 국가에 헌납한다 생각하고 세금을 내라는 것입니다. 저는 1~2억 원쯤을 내라는 것인 줄 알았습니다. 그런데 고지서가 왔는데 20억 원이 적혀 있었습니다.

그러기 전에 제가 기도했습니다. 사람들한테 물어보니 보통 세무조사가 아니라며 겁을 주기도 했습니다. 그 부서에서 나온 세무조사는 회사 문을 안 닫으면 안 된다는 것입니다. 생각보다 심각한 것이었습니다. 하나님께 기도했더니 60억 원을 보여 주셨습니다. 국세청에서 우리 기업을 통해 60억 원을 가져가려고 준비하고 왔다는 것입니다.

"20억 원은 내 돈이니까 내가 가져간다."

꿈속에서 하나님이 이렇게 말씀하시고 가져가셨습니다. 그래서 저는 하나님이 가져가시는 것으로 알았습니다. 그런데 문제가 있었습니다.

'제가 무엇을 잘못했는지 알려 주시지도 않고 왜 20억 원을 하나님의 돈이라 하시면서 가져가시나?'

이러한 딜레마에 빠졌습니다. 저희 회장님이 언니인 '손인성' 입니다. 그레이스 필하모닉 오케스트라단 단장인데 그 이야기를 했더니 기절하도록 놀라셨습니다.

"내가 요즘 청계산 산기도를 하는데 너희 회사에 문제가 있다고 너한테 말했더니 너는 고집만 부렸지? '언니는 직접 경영을 안 하니까 그렇지, 내가 현장에 있는데 더 잘 알지.' 하고 고집부리지 않았느냐? 이런 문제가 터질 줄 알고 그랬다."

저한테 기도 응답을 안 듣고 실행을 안 했다고 회장님은 책망을 하셨습니다.

'무엇 때문에 이것을 가져 가나?'

제가 답답해서 기도하는데 3개월이 되도 대답을 주시지 않으셨습니다. 그래서 돈을 다 준비해 놓고 미국으로 출장을 다녀왔습니다. 귀국한 후에 어느 기독 실업인 모임에 초대를 받았습니다. 그 모임에 참석했더니 어떤 기업인이 '기업 십일조'에 대해서 간증을 했습니다. 회사가 다 망한 다음에 기업 십일조를 약속했다가 돈이 없어서 만 원만 냈다고 하시면서 간증을 하는데 제 머리통에 커다란 불덩어리가 와서 완전히 치는 느낌이 들었습니다.

'아 바로 저것이구나.'

모임이 끝나고 나와서 회장님에게 전화를 드렸습니다.

"언니, 우리 기업 십일조를 위해서 기도했잖아?"

"했지."

"그런데 우리 냈어?"

"안 냈지."

제가 기도로 하나님께 구하는 중에 전부 하나님께서 응답해 주셨는데, 제가 약속한 것 중에 안 지킨 것이 있었습니다. 십일조를 드리겠다는 기도를 해 놓고 오랫동안 기업 십일조를 내지 않은 것이었습니다.

그러는 과정에 세무조사가 모두 끝나고 국세청에서 사인을 받으러 왔습니다. 대표이사를 중심으로 해서 이사들한테 추징 세금을 내야 되니까 모두 책임지고 사인을 받으라는 것입니다. 저희 집안 일이기 때문에 오빠, 언니가 다 이사로 들어가 있었습니다. 제 연락을 받고 오빠하고 언니하고 왔습니다. 그런데 오빠가 난리를 쳤습니다.

"너 지금까지 돈 가져다 쓰고 잘한다고 하더니 지금에 와서 20억 원이 뭐냐?"

그런데 세무서 직원들이 보고 안타까웠나 봅니다.

"나라에 헌납한다 생각하시고, 봉사한다고 생각하시죠. 우리가 이 회사를 조사해 보니까 현금과 상품 값까지 해서 복지로 40억 원이 넘는 돈이 나갔습니다. 20년 동안 사업하면서 봉사하신다고 생각하고 내십시오."

결국 오빠가 사인하고 가 버렸습니다. 세금으로 20억 원을 냈더니 다시 3억 원을 돌려주었습니다.

이렇게 살아오면서 하나님께서 진정으로 우리에게 무엇을 원하시는지 하나하나 깨우칠 수 있었습니다. 우리는 기도할 때 하나님하고 수도 없이 많은 약속을 합니다. 그런데 사람들은 자신이 약속한 것을 잘 안 지킵니다. 그러면서도 하나님한테 뭔가를 해 달라고 계속 기도를 합니다. 제가 살아오면서 많은 문제들을 극복해 오면서 이제야 깨달았습니다.

"네 기도를 바꿔라. 그동안에 네가 말하지 않았느냐? 네가 말로 한 것을 지켜라."

작년 겨울에 기도할 때 하나님께서 구제하는 방법을 다른 쪽으로 인도하셨습니다. 그동안에는 네 가지 구제를 하라고 하셔서 그렇게 해 왔습니다. 중국에 두 개, 경기도에 하나의 교회를 지으라는 것입니다. 우리가 세무조사를 받은 지 얼마 되지 않았고, 요즘 불경기라 매출이 많이 떨어져 있습니다. 거기에 우리는 일반 유통을 못하기 때문에 많은 매출을 올리는 기업이 아닙니다.

"하나님, 저는 못합니다. 그것을 어떻게 합니까?"

"네가 하냐? 내가 하지."

그런 음성을 들려주시면서 계속 지금까지 하나님께서 교통정리를 해 주셨습니다. 사원 뽑는 것, 내보내는 것까지도 말입니다. 저희들은 인건비가 비쌉니다. 상담사이기 때문에 월급이 여자들도 몇 백만 원에다 상담 수당까지 주니까 그 자리에 앉았다 하면 웬만해서는 나가지를 않습니다. 그 분들이 모두 권사, 집사입니다. 저는 살면서 얼마 되지는 않았지만 10년 동안에 전도하는데 방해자가 권사, 집사, 장로였습니다. 이것은 심각한 문제입니다. 동료간에 용서도 안 하고, 사랑도 안 하고, 돈 몇 원 가지고도 싸우는 사람이 권사, 집사, 전도사들입니다. 그런 사람들을 볼 때마다 저는 이야기합니다.

"제발 나가 주어라."

요즘에는 함부로 내보낼 수도 없습니다. 업무를 하다가 잘못하면 일단 사유서를 먼저 받습니다. 그래서 세 개를 받으면 무조건 사표를 받습니다. 무조건이 안 되면 집으로 대기발령, 회사로 대기발령을 냅니다. 처음에는 그렇게 하면 안 되는 줄 알았습니다. 하나님 안에서 다 데리고 가야 되는 줄 알았습니다. 그런데 나중에 시간이 지나면서 하나님께서 모든 기업을 경영하고 사람을 뽑고 채용하고 내보내는 데까지도 지혜를 주셨습니다.

세무조사를 받을 때 저희 회사의 직원이 700명이었습니다. 그런데 세무조사 과정에서 국세청에서 몇 개의 지사들의 문을 닫고, 몇몇 사람들을 내보내라는 것입니다.

"이러다가 손 사장은 다 문을 닫아야 됩니다."

세무서 사람들을 통해서 그런 것까지 알려주었습니다.

"우리 회사가 문제가 심각하니까 당신들이 나가 주어야 합니다."

그리고 그때부터 200명을 내보냈습니다. 그 때 국세청에 세무조사 안 받고, 그 인원을 못 내보냈으면 저희 회사는 지금 또 손을 들었어야 합니다. 회사매출액은 떨어져 있는데 인건비가 비싼 사람이 수백 명이 앉아서 일은 안 하고 있는데, 그 사람들을 먹여 살리려면 회사가 문을 닫을 수밖에 없는 것이었습니다. 국세청에서 세무조사를 나오는 바람에 그것을 통해서 그 사람들도 다 긴장하고, 자기들도 깨닫게 되고, 세무서 직원들까지 그런 이야기를 하다 보니까 자기들이 나가야 된다는 것을 그들도 뻔히 알고 있었습니다. 제가 이 기회에 내보내게 된 것입니다. 하나님이 개입하시니까 안 되는 일이 없었습니다.

제가 하나님 안에서 기업 경영을 하니까 실패가 없을뿐더러 괴로운 일도 없고 이 세상에서 손 사장은 돈을 많이 버니까 얼굴이 매일 살아 있다는 이야기를 듣곤 했습니다. 돈을 많이 벌어서 그런 줄 압니다.

크리스천 아닌 비즈니스맨들한테 전도하는 방법이 있습니다. 그들을 만나면 매일같이 사업이 안 된다고 합니다.

"저는 최고 큰 빽이 있습니다."

그럼 그 사람들이 다 그럽니다.

"그래, 손 사장 당신 빽이 있으니까 잘되지."

"당신, 내가 만나게 해 줄게요."

"그래요, 빨리 소개해 주세요."

그 사람들이 소개해 달라고 할 때는 돈 많은 사람, 장관, 이런 사람들인지 압니다. 저도 물론 사회생활 오래하다 보니까 그런 분들을 많이 압니다. 그러나 그런 사람들하고는 한 번도 상대해 본 적도 없고 전화 한 번 해 본 적도 없습니다.

그분들에게서 계속 전화가 옵니다. 금방 전화해도 또 안 됩니다. 그분들이 애가 탑니다. 그러면 기다리라고 합니다. 그러면 그분들이 제게 묻습니다.

"그 사람을 만나면 뭐가 해결됩니까?"

"금전 문제가 해결되고, 문제 생긴 조직들 다 해결되고, 좋은 인재를 확보할 수 있고, 회사 수출문이 모두 열립니다."

'그게 돈인가보다, 돈 많은 사람 소개해 주려고 하나 보다.'

그들은 그렇게 생각합니다. 그러면 제가 어느 날 전화를 합니다.

"그분의 강의를 한 시간만 들으면 돈을 어떻게 벌고, 직원은 어떻게 관리

하고, 개발은 어떻게 하는지 다 나옵니다. 한 시간 강의를 듣고 그분을 만난 다음에 나하고 점심 먹고 헤어집시다."

그분이 유명한 강사인 줄 압니다.

"그곳이 어디요?"

"교회입니다."

처음에는 열을 받습니다.

"약 올리시는 거예요? 내가 지금 교회 가게 생겼냐고!"

"아니 사장님, 돈을 버셔야 된다면서요? 기업을 잘 하셔야 된다면서요? 거기에 열쇠가 있는데 안 가고 어디에 가서 찾으시려고 하십니까? 제 말만 들으십시오. 제가 경험해서 그렇습니다."

기업인들은 그렇게 전도하면 대개 주님께 인도할 수 있습니다.

환자들한테는 먹이면서 회복되면 전도하면 됩니다.

"하나님이 당신의 생명을 살려 주시는데 이때 하나님 안 만나고 어디 가서 누굴 만날 거예요?"

그래서 만나게 됩니다.

돈 많고 명예 있는 분들은 돈뿐이 모릅니다. 정말 안타깝습니다. 그럼 이렇게 말합니다.

"돈 다 놓고 가시는데 마지막으로 가실 곳은 딱 지옥불 하나 남았습니다. 지옥에 가셔서 부글부글 끓는 곳 가셔서 평생 계시겠습니까? 이 돈 하나도 못 쓰고 가셔서 천당에 가셔서 하나님 옆에 가시겠습니까?"

"회장님, 지옥, 천당은 아시죠?" "아유, 알지."

다 그렇습니다. 종교를 하나도 안 가지고 계셔도 지옥, 천당 모르는 분은 없습니다.

"천당 가는 방법은 딱 한 가지입니다. 하나님 만나는 것, 그러니까 교회에 가셔야 됩니다."

그래서 전도합니다.

전도는 사람에 따라서 방향은 틀리지만 전부 그대로만 하니까 다 됩니다. 저희 목표가 '무조건 전도' 입니다. 저의 회사가 열심히 가고 있지만 더더욱 기도도 많이 하고, 전도도 많이 하는 기업이 되고, 좋은 일을 많이 하는 기업이 되고, 많은 사람들이 회복되어서 가정이 회복되고 이 나라가 회복되기를 기도해 주십시오. 여러분에게도 이와 같이 넘치는 하나님의 은혜가 임하시길 기원합니다.

(2006. 3. 10)

말씀

제5장 내가 너를 지명하여 불렀나니

이스라엘아 너를 지으신 이가 말씀하시느니라. 너는 두려워하지 말라
내가 너를 구속하였고 내가 너를 지명하여 불렀나니 너는 내 것이라(사 43:1)

무너지는 성벽을 재건하는 21세기 지도자 사 58:12

김영길(한동대학교 총장)

지난 10여 년 동안 인류의 역사 이래 가장 변화가 많은 시대였습니다. 우리는 시공간 속에서 살고 있습니다. 시공간의 변화가 가장 빨리 일어나는 해가 과거 10여 년입니다. 과학 기술과 교통 기술의 발달로 지구의 공간이 점점 좁아져서 지구촌 시대가 되었습니다. 시간적으로도 점점 빨라지기 때문에 가속화 시대로 들어섰습니다. 인터넷을 통해 전 세계를 네트워크로 엮은 월드 와이드 웹(world, wide, web)이 상용화가 된 해가 바로 1994년입니다. 이제 우리가 시간적으로나, 공간적으로 좁아진 지구촌에 살고 있기 때문에 국제적인 시야를 가진 사람의 안목이 필요하고, 또 미래가 너무 빨리 다가오기 때문에 먼 미래를 볼 수 있는 시야를 가져야 합니다.

또한 새로운 글로벌 경제(global economic) 시대가 되었습니다. 1995년에 GATT(관세와 무역에 관한 일반 협정, General Agreement on Tariffs and Trade) 체제에서 WTO(세계무역기구, World Trade Organization) 시대로 바뀌어졌습니다.

첨단 과학 기술이 발달한 시대에는 복음을 어떻게 전해야 합니까? 복음의 진수는 바뀌지 않았지만, 시간과 공간의 급격한 변화가 일어나고 있습니다. 하나님께서 역사의 무대 21세기에 우리를 등장시키셨습니다. 여러분 한 분 한 분에 대한 하나님의 놀라운 계획과 섭리가 있습니다.

현대 세계 역사에서 30년 만에 가난에 쪼들려 원조를 받던 나라가 원조를 주는 나라로 바뀐 나라는 한국이 유일합니다. 우리가 앞으로 더 추구해야 할 것이 무엇일까요? 물질을 더 많이 갖는 것입니까? GNP를 더 많이 올리는 것입니까? 이러한 것들은 세상 사람들이 추구하는 목표들입니다.

하나님께서 여러분 한 분 한 분을 언론인(KBS)으로 불러 주셨습니다. 어떤 분들은 직장에서 하나님의 특별한 계획과 섭리가 있어서 불러 주셨고, 그중에 소수는 하나님의 특별한 정예부대로 불러 주셨습니다.

저도 마찬가지입니다. 제가 미국으로 유학 갈 때는 전혀 예수를 안 믿다가 미국항공우주국(NASA)에 근무를 할 때, 창조주 하나님을 알게 되었고, 그곳에서 예수님을 영접했습니다. 제가 한국으로 12년 만에 돌아와서 카이스트(KAIST)에서 15년간 교수 생활을 하다가 1994년에 한동대학교 초대 총장으로 오게 되어 지금까지 쓰임 받고 있습니다.

하나님께서는 21세기의 첨단 과학 기술을 바탕으로 하는 국제화 시대에 한동대학을 통하여 '한 손에는 복음을 들고, 또 한 손에는 지식을 들고' 전 세계에 나가서 복음을 전할 수 있는 인재를 양성하는 비전을 저에게 주셨습니다.

사람은 누구나 다 꿈이 있습니다. 야망도 있습니다. 그런데 하나님께서는 우리 기독교인들에게 단순한 야망을 뛰어 넘는 위대한 비전을 주셨습니다. 그러나 하나님께서 주신 비전을 이루어 가는 데에는 고난이 따르기 마련입니다.

"겉치레로 하나 참으로 하나 무슨 방도로 하든지 전파되는 것은 그리스도니 이로써 나는 기뻐하고 또한 기뻐하리라."(빌 1:18)

하나님께서 우리에게 은혜를 주셔서 우리가 믿음을 갖게 되었지만, 은혜와 더불어서 반드시 따라오는 것이 고난입니다. 물질적으로 풍요로워질수록 하나님과의 거리는 점점 더 멀어집니다. 그러나 고난이 없이 하나님의 비전은 이루어지지 않습니다.

지금은 과학 기술이 주도하는 시대입니다. 사실 과학이라는 것은 하나님이 주신 창조 세계, 필요 세계, 법칙과 질서와 어떤 현상을 발견해서 하나님의 존재를 더 확인하고 하나님께 영광 돌리는 것이 본래의 의무인데 요즘은 그 반대가 되었습니다. 과학이 하나님 윗자리에 가 있습니다. 세상 사람들은 과학으로 증명되지 않으면 '사실이 아니다.', '진리가 아니다.' 라고 말합니다. 과학이 하나님이 되고, 돈이 하나님의 자리에 가 있습니다. 그래서 많은 사람들이 보이는 것만 봅니다. 보이는 것만 보는 것이 세상 사람들의 세계관입니다.

우리 기독교인은 '보이는 세계' 와 '보이지 않는 세계' 를 다 보아야 합니다. 보이는 세계는 잠깐입니다. 우리는 잠시 역사의 긴 무대에서 한 번 있다가 사라져가는 과정에 있습니다. 우리의 본향은 여기가 아닙니다. 우리의 본향은 영원한 하나님 앞의 새 나라와 새 땅입니다. 우리는 지금 본향으로 가는 과정에 있습니다. 그런데 많은 사람들이 마치 이곳이 우리의 본향인 줄 알고, 여기에만 관심을 갖고, 여기에만 집중하고, 여기서만 살려고 합니다.

"네게서 날 자들이 오래 황폐된 곳들을 다시 세울 것이며, 너는 역대의 파괴된 기초를 쌓으리니, 너를 일컬어 무너진 데를 수복하는 자라 할 것이며, 길을 수축하여 거할 곳이 되게 하는 자라 하리라."(사 58:12)

이 본문 말씀을 보면, 21세기에 살아가는 기독교인에게 주는 사명처럼 느껴집니다. 지금 이 세계는 무너져 있습니다. 기초가 없습니다. 이 세상에는 보이는 세계와 보이지 않는 세계가 있습니다. 보이는 세계는 하나의 현상 세계이고, 보이지 않는 세계는 본체 세계입니다. 그런데 사람들은 본체 세계를 모르고 보이는 세계만 봅니다. 보이는 세계를 지키는 것이 바로 과학 법칙 아닙니까? 우리가 과학만 배우기 때문에 하나님이 없다고 하는 것입니다.

하나님께서 우주만물을 창조하실 때, 보이는 세계와 보이지 않는 세계를 다 창조하셨는데, 우리는 보이는 세계만 보고 있습니다. 보이지 않는 세계도 하나님께서 창조하실 적에 무질서하게 창조하신 것이 아니고, 보이는 세계를 창조할 때 디자인하셨습니다. 질서와 법칙을 주셨습니다.

보이는 세계의 가장 작은 기본 단위가 원자, 분자의 물질 세계입니다. 원자 분자의 물질 세계를 지배하는 물리 법칙이 있습니다. 전자가 양자 주위를 회전합니다. 그것이 바로 양자 역학(quantum mechanics)입니다. 양자 역학은 전자의 세계를 지배하는 물리 법칙입니다. 우리 눈에 보이는 물질을 지배하는 물리 법칙이 바로 뉴턴의 운동 법칙입니다.

그 다음에 한 단계 더 올라가면 '식물 세계' 입니다. 식물은 씨앗이 근원입니다. 그런데 씨앗은 원자와 분자가 결합되어 있지만 원자, 분자만은 아닙니다. 왜냐하면 살아 있는 씨앗은 옮겨 심으면 썩으면서 새싹이 나서 성장하며 번식합니다. 즉 식물의 법칙은 성장과 번식(multiplication and growth)하는 것입니다.

물질 세계에서 하나 더 올라가면 동물 세계가 있습니다. 동물과 식물의 큰 차이는 동물은 흔적 기능이 있습니다. 인간은 흔적 기능과 지식이 있고 감정과 의지가 있는데, 동물도 제한적이지만 흔적 기능이 있습니다. 집에서 기르는 강아지나 고양이나 개가 집주인을 알아보고 꼬리치고 따라 오는 것도 한 예입니다.

그 다음에 하나 더 올라가게 되면 사람의 세계가 있습니다. 하나님께서 사람을 창조하셨을 때는 단순히 말씀으로만 창조한 것이 아니고 흙이라는 물질(material)을 사용하여 만드셨습니다. 흙을 모아서 거기에 하나님의 영을 불어 넣으니까 사람이 '영' 이 되었다는 것입니다. 사람에게는 영이 있고 혼이 있습니다. 영혼이 우리 몸에 깃들고 있습니다.

하나님의 영혼이 지켜야 할 법칙이 바로 십계명입니다. 십계명을 보면, 1계명부터 4계명까지는 하나님과의 영적 관계의 법칙입니다. 영을 통해서 기도하고 찬양 드리고 예배드리는 것입니다. 영이 하는 또 하나의 중요한 기능은 양심입니다. 동물은 영이 없어서 양심이 없습니다. 동물치고 죄짓고 회개하는 동물은 아무도 못 보았을 것입니다. 동물은 양심이 없으므로 회개할 도리가 없습니다.

인간에게 죄가 들어왔으므로 죄 때문에 영이 죽어 버렸습니다. 영이 죽으니까 보이는 세계만 보게 되는 것입니다. 그 결과 하나님과의 관계가 단절되어 버렸습니다.

십계명의 5계명부터 10계명까지는 '인륜'의 문제를 다루고 있는데, 그것도 역시 다 무너져 버렸습니다. "부모를 공경하라"는 가르침은 인간의 삶의 기본이지만 부모 자식간의 관계가 끊어져 버리고 모두 자기 중심으로 살아가고 있습니다.

그 다음은 사람의 세계를 한 단계 더 뛰어넘어서 양자(quantum) 점프를 합니다. 보이지 않는 영적 세계입니다. 영적 세계에는 영적 세계를 지배하는 영적 법칙이 있습니다. 이것이 최상위의 법칙입니다. 본체 세계의 법칙입니다.

최상위의 법칙은 그 아래서 보면 모두 기적처럼 보입니다. 동물들이 사람의 세계를 보면 아무것도 이해할 수 없을 것입니다. 집에서 기르는 개나 짐승들이 사람을 보면 사람이 신문도 읽고 차도 운전하고 컴퓨터도 하는데 전부 기적으로 보일 것입니다. 그러나 우리 사람한테는 상식입니다.

제가 나사(NASA)에 근무하면서 예수님을 알고 싶어 했을 때 가장 믿기 힘들었던 것이 물이 포도주로 변했다거나 보리떡 다섯 개와 물고기 두 마리로 오천 명을 먹이신 오병이어의 기적이었습니다. 과학의 기본에 안 맞는 것입니다. 하나 더 올라가서 전능하신 하나님이 살아 계시고, 하나님이 개입하신다고 하는 것은 기적이 아닙니다. 동물한테 기적이 사람한테 상식인 것처럼, 전능하신 하나님께서 살아 계시고 하나님께서 우리의 삶에 개입하신다는 것은 사람한테 기적으로 보이지만 하나님 앞에서는 기적이 아닙니다. 그래서 제가 기독교인이 되는 첫 번째 단추가 하나 풀어졌습니다.

기적은 비과학적이 아니고 초과학적입니다. 과학을 뛰어넘는 것입니다.

가장 중요한 것은 우리가 전능하신 창조주 하나님을 받아들이고 이해한다면 기적은 기적이 아닙니다. 그런데 영적 관계의 법칙이 끊어져 버렸습니다. 그래서 지금 우리가 사는 이 세계는 영적인 관계의 법이 끊어져 버리니까, 하나님이 없다는 세계가 되고, 인류 도덕이 다 무너져 버렸습니다.

"네게서 날 자들이 오래 황폐된 곳들을 다시 세울 것이며, 너는 역대의 파괴된 기초를 쌓으리니, 너를 일컬어 무너진 데를 보수하는 자라 할 것이며, 길을 수축하여 거할 곳이 되게 하는 자라 하리라."(사 58:12)

그리스도인들은 길을 수축하여 거할 곳이 되게 하는 자가 되어야 됩니다. 그것이 21세기를 살아가는 그리스도인들의 사명입니다. 그리스도인들이 하나님의 비전을 이루기 위해서는 영적 싸움을 하고, 이 역경을 통과해야 합니다. 우리의 영적 싸움의 상대는 바로 사단입니다. 엄청난 능력을 가진 사단이 우리와 하나님의 관계를 방해하기 때문에 반드시 역경이 있기 마련입니다. 우리가 역경을 만났을 때 지레 겁을 먹고 포기를 하면 우리의 비전은 일장춘몽이 되고 맙니다. 그러므로 역경을 만날 때마다 우리는 도전을 해야 합니다. 말씀으로 도전을 하고 기도로 도전을 하는 것입니다.

우리는 비전을 위하여 모험(adventure)을 할 줄 알아야 합니다. 그 다음에는 도전(challenge)해야 합니다. 마지막으로 희생(sacrifice)을 할 줄 알아야 합니다. 희생이 없이 비전은 이루어지지 않습니다.

우리 인류 역사 이래로 가장 놀라운 사건은 우주 만물을 창조하신 하나님이 이 땅에 사람으로 오신 것입니다. 우리의 눈에 보이지 않고, 공간과 시간의 제한이 없는 하나님이 공간과 시간의 제한을 입고서 이 땅에 사람으로 오셨습니다. 그 사람도 죄인으로 오셨습니다. 그래서 십자가에서 죽으셨습니다.

예수님께서 이 땅에 사람의 모습으로 오신 궁극적인 목적은 죽기 위한 것이었습니다.

"인자가 온 것은 섬김을 받으려 함이 아니라 도리어 섬기려 하고 자기 목숨을 많은 사람들의 대속물로 주려 함이라."(막 10:45)

요즘 우리가 사는 물질의 세계는 어떻게 하면 보이는 것을 많이 가지냐 하는 것이 삶의 목표입니다. 주는 것이 아니라 가지는 것에 초점이 맞추어져 있습니다. 그러나 예수님께서는 목숨까지 주시기 위해 오셨습니다.

그런데 이 우주를 지배하는 힘이 크게 두 가지가 있습니다. 보이는 세계를 지배하는 최상위의 법칙은 중력 법칙입니다. 중력 법칙은 모든 것을 자기 중심으로 끌어 모으는 것입니다. 중력의 힘이 셀수록 더 많이 끌어 모으게 됩니다. 공부는 왜 합니까? 돈을 벌려고 합니다. 왜 사업을 합니까? 돈을 많이 모으려고 합니다. 왜 높이 올라가야 합니까? 자기의 지위, 명성을 쌓으려고 하는 것입니다. 모두 자기 중심으로 끌어 모으는 것입니다. 어떻게 하면 중력장(gravitational field, 重力場)을 더 크게 하느냐가 우리 인생의 목표입니다. 그런데 그것은 우리 인생이 끝나면 다 제로로 되어 버립니다.

이 중력장의 한계를 탈출하는 또 하나의 거대하고 눈에 보이지 않는 영적 법칙이 있습니다. 보이는 세계가 중력 법칙을 조정을 한다면, 보이지 않는 세계는 은혜의 법칙이 조정하는 것입니다. 은혜의 법칙은 받는 것이 아니고 주는 것입니다. 바로 예수님이 표본입니다. 예수님은 주기 위해서 창조주 하나님이 피조물로 와서 십자가에서 죽으셨습니다.

중력의 법칙이 '취한다(take)' 고 하면, 은혜의 법칙은 '선물(gift)로 주는 것' 입니다. 주는 것도 남을 위해서 가장 중요한 것을 주는 것입니다. 가장 중요한 것은 바로 생명입니다.

우리가 무너진 성벽을 쌓는다는 것은 말로는 하기 쉽습니다. 그런데 사실은 우리가 주지 않고, 손해를 보지 않고는 그 꿈은 이루어질 수 없습니다.

중력의 법칙은 물질 세계를 지배하면서 땅을 향합니다. 보이는 세계를 지배하는 가장 중요한 하나의 과학 법칙으로 열역학 제 2법칙이 있습니다. 열역학 제 2법칙은 과학에서 가장 실험적으로 증명된 하나의 중요한 법칙입니다. 제 2법칙은 시간의 흐름에 따라서 계속적으로 이 우주의 질서는 질서에서부터 무질서로 향한다는 것입니다. 무질서를 다른 말로 말하자면 '엔트로피'(entropy)입니다. 엔트로피가 극대화되는 것이 자연계의 자연스러운 현상입니다. 큰 바위가 모래가 되고, 잉크가 물에 퍼지고, 공기가 퍼지고, 녹슬고, 썩고, 어느 것 하나도 무질서에서부터 질서로 저절로 되는 것이 없습니다.

하나님께서 우주 만물을 제일 처음에 창조하실 때, 완전한 명령(perfect order)이었습니다.

하나님이 아담과 이브와 직접적으로 교제를 하셨을 때는 완전한 질서가 잡혀 있었습니다. 그러나 사람들의 죄가 들어와 은혜로운 성벽이 무너져 버리니까, 멸망의 길로 가는 것입니다.

이 세상에서 살기는 참 쉽습니다. 중력의 법칙은 가만히 있어도 흘러갑니다. 남이 가는 길을 그냥 따라가는 것은 쉬운 길입니다. 은혜의 법칙은 열역학 제 2법칙을 따라가는 것이 아니고, 열역학 제 2법칙을 거슬러 올라갑니다. 그런데 거슬러 올라가는 것은 쉽지 않습니다. 물살이 세고, 유혹이 많습니다. 은혜의 법칙은 목표가 땅이 아니고 하늘입니다. 은혜의 법칙은 하늘을 향해서 믿음, 소망, 사랑을 가지는 것입니다. 땅의 법칙은 눈에 보이는 것으로 무엇인가를 크게 하려고 합니다. 그러나 하늘을 향해 올라가려면 주머니가 가벼워야 합니다. 눈에 보이는 것이 많이 있으면 하늘로 올라가기가 힘들어 자꾸 떨어지게 됩니다. 그래서 우리 그리스도인들은 보이지 않는 것을 보는 것입니다.

오늘 저희 대학교의 95학번 학생들이 많이 모였습니다. 95학번인데도 모자라는 것이 많습니다. 95학번이 저희 대학에 첫 번째로 입학했을 때, 한동대학교는 정말 황무지에 있는 학교였습니다. 학생들은 보이는 것을 보고 온 것이 아니라 보이지 않는 것을 보고 왔습니다. 왜냐하면 한동대학교 교수와 학생들은 세상을 변화시키기 위해 모였기 때문입니다. 세상을 변화시키려면 보이는 것을 변화시켜서는 안 됩니다. 세상을 변화시키려면 우리의 속부터 바꾸어야 합니다. 우리가 먼저 변해야 합니다. 우리가 바뀌려면 먼저 손해를 볼 수 있어야 하고 낮아져야 합니다.

저는 학생들에게 종종 '공부해서 남 주자' 는 말을 합니다. 중력 법칙을 극대화하기 위해 하는 것이 공부입니다. 사람은 본체가 물질만이 아닙니다. 사람에게는 육체뿐 아니라 정신(mental), 이성(intelligent), 감정(emotion, heart)을 갖고 있고, 가장 위에 영혼(spirit)이 있습니다. 그렇기 때문에 지식만 쌓는 것이 교육이 아닙니다. 가장 근본이 되는 영혼에 초점을 맞추어야 합니다. 하나님께 대한 믿음이 가장 기초가 되어야 하는데, 그것이 없이 지식만 쌓으니까 결국 다 넘어지게 되고 엉망이 됩니다.

믿음과 인격을 위해서 쌓는 지식이 올바른 지식입니다. 그 지식도 자기만을 위한 것이 아니고, 다른 사람과 나누어야 합니다. 예수님처럼 손해 보고, 수난을 받는 십자가의 고난이 없이는 부활의 영광이 없기 때문입니다.

요즘 우리는 모두 부흥을 부르짖고 있습니다. 하나님께서 창조하신 원래의 상태로 돌아가는 것이 부흥입니다. 부흥은 양적인 성장이 아니라 질적인 변화를 말하는 것입니다. 하나님께서 창조하신 원래 상태로 내가 영을 회복하고, 인격을 회복하고, 건강한 신앙인이 될 때, 우리는 진정한 부흥을 맛볼 수 있습니다. 우리가 21세기의 영적 부흥을 위해서 기도하지 않으면 이 열역학 제 2법칙을 거슬러 올라가는 것이 불가능합니다.

하나님께서는 오늘날 기독 언론인들에게 특별한 사명을 주셨습니다. 근본적으로 무너져가는 성벽을 다시금 쌓기 위해서 우리 한 사람 한 사람을 불러 주셨습니다. 하나님은 여러분을 사랑하십니다. 하나님의 사랑에 힘입어 이 시대를 향한 소명에 헌신하는 여러분이 되시길 기원합니다.

(2006. 4. 21)

언론인 선교사로 가라 마 28:19-20

김태연 목사(한국전문인선교훈련원장, 명지대학 국제대학원 교수)

피터 와그너는 최근에 저술한 저서 『일터 교회가 오고 있다』에서 미국 교회의 최근 성향을 조사한 갤럽조사를 인용하고 있습니다.

1999년에 미국 교회의 성도의 78%가 영적 성장을 원한다고 대답을 했습니다. 이것은 지난 1994년에 비하면 20%가 상승한 것이고, 그들 중의 거의 절반은 일터에서 그들의 신앙을 나누었다고 고백했습니다.

"너희는 사도들과 선지자들의 터 위에 세우심을 입은 자라. 그리스도 예수께서 친히 모퉁이 돌이 되셨느니라."(엡 2:20)

우리는 교회의 터가 사도들과 선지자라는 말을 의미 있게 보아야 합니다. 여기서 사도(apostle)는 타문화권에서 복음을 전하는 선교사(missionary)를 의미하는 것이고, 선지자(prophet)는 현실을 직시하고 미래를 예견하는 사역자를 의미합니다.

이 시대를 살아가는 우리들은 직장의 선교사가 되어야 합니다. 또한 인정을 받는 시스템을 갖추어야 합니다. 그것은 언론인 교회를 세우는 일입니다.

언론인은 선지자입니다. 언론인은 전문인 선교사입니다. 피터 와그너는 글로벌 교회에 대해서 이렇게 말했습니다.

"1980년대는 선지자의 은사와 직분이 인정을 받기 시작하였고, 1990년대는 사도의 은사와 직분이 인정을 받기 시작하였습니다. 그러나 제2의 사도 시대는 실질적으로 2001년부터 시작이 되었습니다."

여기서 제 2의 사도들은 일터에서 교회의 기능을 하는 사역자들을 의미합니다. 저는 이들을 '전문인 선교사' (professional missionary)라고 말합니다. 피터 와그너는 이들을 '일터 사도' (marketplace apostle)라고 말합니다.

여러분들은 언론 전문인으로서 시대적인 사명을 가지고 있습니다. 오늘 우리나라는 참으로 중요한 전환점에 와 있습니다. 지금 여러분들이 어떠한 언론의 힘을 보여 주느냐에 따라서 우리나라가 선진국으로 입성할 수도 있고, 다시 한 번 벼랑으로 떨어지는 위기를 맞이할 수도 있습니다. 따라서 언론인 셀을 조직하여 각 언론사마다 전문인 예언자의 기능을 하는 일터 사역자들이 있어야 하나님 나라 확장 사역을 우리들의 작업을 통하여 이룰 수 있습니다. 이는 지렛대의 역할과 마찬가지로 부강한 나라를 만드는 역할을 하게 될 것입니다.

며칠 전에 성경을 공부하면서 '가서' 라고 하는 의미 있는 구절을 세 군데 발견했습니다. 구약에서 두 군데와 신약에서 한 군데입니다.

첫째로, 아브라함이 갈대아 우르를 떠나 하나님이 지시할 땅으로 가는 사건입니다.

"여호와께서 아브람에게 이르시되 너는 너의 고향과 친척과 아버지의 집을 떠나 내가 네게 보여 줄 땅으로 가라."(창 12:1)

둘째는, 모세가 이스라엘 민족을 이끌고 가나안을 향해 나아가는 사건입니다.

"이제 내가 너를 바로에게 보내어 너에게 내 백성 이스라엘 자손을 애굽에서 인도하여 내게 하리라."(출 3:10)

셋째는, 오늘 본문의 지상 대 명령의 사건입니다.

"그러므로 너희는 가서 모든 민족을 제자로 삼아 아버지와 아들과 성령의 이름으로 세례를 베풀고 내가 너희에게 분부한 모든 것을 가르쳐 지키게 하라. 볼지어다. 내가 세상 끝날까지 너희와 항상 함께 있으리라 하시니라."(마 28:19-20)

먼저, 아브라함이 갈대아 우르를 떠나서 가나안으로 가는 사건은 우상의 도시에서 하나님의 도성으로 간다는 분리의 개념입니다. 여기 히브리어 본문에서 '간다' 라는 개념은 현재진행형으로써 '가면서' 로 해석이 됩니다.

마르틴 루터는 우리가 일터에서 사역해 가면서 만나는 많은 사람들을 통하여 인격적인 종교개혁을 이루어야 한다고 했습니다. 그것은 '십자가의 신학' 을 가르치는 일입니다. 십자가의 신학을 가장 잘 보여 주는 말씀이 빌립보서 3장 10절입니다.

"내가 그리스도와 그 부활의 권능과 그 고난에 참여함을 알고자 하여 그의 죽으심을 본받아"

둘째로, 모세에게 하나님이 '가라!' 고 명령하신 사건은 모세가 하나님의 음성을 듣고 있는 자라는 사실을 우리에게 입증하고 있는 것입니다. 참다운 영성은 기도의 영성입니다. 우리는 기도를 열심히 하는 가운데 일터에서 하나님의 영이 함께 하심을 입증할 수 있습니다.

마르틴 루터는 이렇게 말했습니다.

"열심히 땀 흘리는 노동도 신앙이다."

우리 가운데 진정한 의미의 친교(코이노니아)가 형성되었으면 좋겠습니다. 마음의 벽을 허물고 하나님이 그리스도 안에서 하나 된 우리에게 언론인 교회를 허락하심은 이 시대의 변혁을 위한 하나님의 마음을 이해하고 하나 되어 그리스도의 몸으로서의 교회를 일구는 일입니다. 하나님 중심의 세계관이 온전히 형성이 될 때 우리는 겸손한 마음으로 인내하며 절제하며 언론인으로서 이 일을 하나하나 이루어 나아가게 될 것입니다.

셋째로, 오늘 본문에서의 "너희는 가서"도 현재진행형으로 "너희는 가면서"라는 말입니다. 우리의 가정, 교회, 직장, 그리고 민족 가운데 우리는 모두가 하나님의 복을 받고 축복의 통로가 되는 사역자가 되기를 간절히 원합니다. 이 일을 위해서 가장 중요한 사역은 가르쳐 지키게 하는 일입니다. 그것이 제자 삼는 일입니다. 국내외의 횡적, 종적인 타문화권에서의 제자가 선교사입니다.

세계적인 선교학자인 에즈버리신학교의 하워드 슈나이더는 이러한 교회는 교회 DNA가 있어야 한다고 말합니다. 교회의 DNA는 무엇입니까? 그것은 그리스도의 몸을 발견하는 것입니다. 그것은 한 몸의 의미를 깨닫는 것이며, 세계화 시대에 하나님의 나라를 이루는 것입니다. 그것은 복음의 세계화를 이루는 것이며, 공적인 제자로 부름을 받는 것입니다. 한 마디로 말해서 예수 DNA를 가지고 살아가는 것입니다.

빌립보서 3장 10절이 예수 DNA입니다. 예수 그리스도께서 존귀하게 되고 언론인들이 자신의 사명에 충실하게 되며, 하나님의 뜻이 하늘에서 이룬 것 같이 땅에서도 이루어지는 것입니다.

이 일을 위해서 우리 모두가 부름을 받은 것입니다. 성령님께서 우리 모두에게 성령으로 기름을 부어 주셔야 합니다. 우리가 참 마음과 진정으로 기도할 때, 성령님은 우리를 이 민족을 살리는 언론인 선교사로 사용하시게 될 것입니다.

최근에『CEO 조용기』라는 책을 읽어 보았습니다. 그는 이렇게 말합니다.

"꿈과 열정이 당신의 인생을 바꾼다."

이제는 성취 동기에 의한 자신을 위한 삶을 위해서가 아니라, 팀 다이나믹스로 우리 모두가 힘을 모아서 하나님 나라를 위해서 축복의 통로가 되고자 하는 비전을 같이 받는 것입니다.

"할 수 있다.", "하면 된다.", "해 보자."

이 일을 위해서 우리가 넘어야 할 관문이 한 개 있습니다. 이것을 조용기 목사는 '미디어 금식'이라고 말합니다. 우리가 너무나 잘 아는 미디어에 대한 은사를 잊어버리는 그 순간에 하나님의 음성이 들리기 시작한다는 말입니다. 작은 은사를 버리는 그 순간에 큰 은혜를 체험하게 됩니다. 그 뉴스야

말로 십자가상에 달리신 예수 그리스도의 십자가의 복음을 동서남북 사방에 전하는 예루살렘 통신의 뉴스가 되기 때문입니다.

어제 저는 미리 땅 밟기를 하면서 "믿음은 바라는 것들의 실상"이라는 히브리서의 말씀을 묵상하며 광화문에 나가 보았습니다. 언론의 거리를 걸어 보았습니다. 프레스센터를 지나가 보았습니다. 조선일보 앞에 서 보았습니다. 동아일보의 역사박물관 앞에 서 보았습니다. 문화일보, 경향신문사 옆을 지나가 보았습니다. 그리고 이 모든 신문들 안에 언론인 셀이 세워지게 해 달라고 주님께 기도를 드렸습니다. 이제 말씀을 맺겠습니다.

첫째, 우리는 언론을 통해 세상 속으로 가야 합니다.

이 일을 위해서 세속적 인본주의를 이길 수 있는 영성을 갖추어야 합니다.

둘째, 우리는 언론을 통하여 사람 속으로 가야 합니다.

이 일을 위해서 우리는 모두가 일터 사도요, 전문인 선교사로서의 소명을 받아야 합니다.

셋째, 우리는 언론을 통해서 일터 속으로 가야 합니다.

이 일을 위해서 우리는 직장에서, 해외에서 생활 가운데 전도자로 사역해야 합니다.

(2007. 1. 5)

직장 선교의 사명 막 9:23

주대준 장로(청와대 경호실 차장, 한국기독교공직자선교연합회 회장)

저는 무엇보다도 목사님이나 믿는 분들이 말씀하실 때는 개인이 아니라 하나님의 능력으로 받아들입니다. 저 역시 하나님의 능력을 받고 모든 것을 초월하여 여러분 앞에 섰습니다.

제 고향은 지리산 밑에 있는 '산청' 산골짜기입니다. 지금은 대전에서 통영으로 가는 고속도로가 뚫려서 괜찮아졌습니다. 그 전만 하더라도 거기에 한 번 가려면 7시간, 8시간, 10시간 들여서 갈 정도로 오지였고, 제가 초등학교 2-3학년 다니기 전까지는 버스도 구경하지 못한 첩첩산중 골짜기였습니다.

18년 전에 청와대에 처음 왔을 때, 제가 정말 똑똑하고 잘나서 온 줄로 생각했습니다. 제가 대단한 능력을 가진 사람인 줄 알았습니다. 그런데 나중에 알고 보니까 하나님께서 저를 청와대로 보내기 위해서 철저하게 계획하시고 예비하셨다는 사실을 깨달았습니다.

첫째로 여러분은 국내 최고의 언론사에 근무하고 계십니다. 우리가 왜 언론사(KBS)에 와서 근무하는지를 먼저 깨달아야 '직장 선교의 사명'을 감당할 수 있습니다.

수많은 세상 사람들 중에서 왜 나를 구원하셨고, 우리 하나하나를 택하여 하나님의 자녀로 삼으시고, 이 직장으로 보내 주셨느냐 하는 것입니다. 이것은 우리 자신의 선택과 능력이 아니라 하나님께서 우리를 통하여 우리의 직장에서 하실 일이 있다는 것입니다. 가장 중요한 것은 하나님의 섭리 속에서 우리를 통해서 하시고자 하는 데에 따른 우리의 사명과 소명의식을 깨닫는 것입니다. 제가 그러한 것을 깨달았을 때, 주님께서는 끊임없이 저에게 꿈과 비전을 주셨습니다.

1990년도에는 청와대에 선교회가 없었습니다. 제6공화국 초기에는 '예수 믿는다' 는 말만 해도 그곳에서 근무할 수 없었답니다. 저는 마음속으로 '야, 우리 믿음의 조상들이 목 잘리고 피를 토하면서 선교를 했는데 한 번 잘려 보자. 이런 각오를 갖고 '선교회' 창립에 도전했습니다. 문제는 정보통신을 전공한 사람으로서의 저의 능력이었습니다. 저는 PC가 나오기 전인 70년대 후반부터 프로그래밍을 한 사람입니다. 포트란, 키펀치 등 컴퓨터 프로그램을 운용하다가 6공화국 시절에 청와대에 전산실이 창설되면서 전산실 개발 프로그래밍 팀장으로 들어가서 청와대 내의 정보화와 IT 시스템 구축을 하게 되었습니다. 그곳에서 커 봐야 전산실 프로그램 팀장이나 전산실장으로 부이사관 정도에 오르는 것이 제가 갖고 있는 능력입니다. 제가 만약에 이런 사명을 못 깨닫고 '청와대에 와서 성공을 해 봐야지' 라면서 야심을 가지고 있었다면 지금 이 자리에 있을 수 없다고 생각합니다. 제가 그 사명을 깨달은 뒤에 어찌하면 하나님 복음을 여기에 심을 수 있을까 기도할 수밖에 없었습니다. 제가 다니는 여의도순복음교회 조용기 목사님과 같이 아무리 세계적인 복음 선교사도 청와대에 오시면 선교를 할 수가 없습니다. 그곳에서 근무하는 저를 통하여 한 사람, 한 사람을 통해 하나님께서 뜻을 이루어 가시는 것을 깨닫습니다.

'아! 내가 바로 외형적으로는 프로그램 개발팀장이고, 기술심의관이고, 정보통신처장이고, IT행정본부장일지 모르지만 하나님께서 은밀하게 이곳에 파송한 선교사라는 것입니다. 그래서 저는 지금까지도 청와대 선교사라는 사명을 가지고 근무하고 어디에 가더라도 제 명함 뒤에 십자가를 새겨서 당당하게 복음을 선포합니다. 이것은 저 개인을 나타내려고 했으면 못했을 것이라고 생각합니다.

우리 모두 능력이 있고, 매사에 탁월한 선택을 하면서 살아왔지만, 그 이전에 주님께서 우리 각자에게 달란트를 주시고 철저하게 단련하여 모든 준비를 시키셔서 이곳에 보내 주셨기 때문에 우리는 쓰임을 받는 것입니다. 속된 말로 우리가 속한 직장에서 우리가 맡고 있는 일은 우리 말고 다른 사람이 할 수도 있습니다. 그러나 우리 각자를 그 직장의 그 자리에 세우신 것은 사도행전을 통하여 말씀하신 '땅 끝'이 바로 내 위치라는 것입니다. 내가 선 곳이 바로 주님께서 말하신 땅 끝의 선교 현장이라는 사명감과 소명을 깨닫는 것이 중요합니다. 우리가 그런 사실을 깨달을 때, 우리의 직장에서의 성공을 하나님께서 책임져 주십니다.

물론 우리 스스로 최선을 다 해야 합니다.

"무슨 일을 하든지 마음을 다하여 주께 하듯 하고 사람에게 하듯 하지 말라."(골 3:23)

우리가 맡은 직무에 전문가가 되어 최선을 다할 때, 우리가 주님에게 집중할 때 건강과 능력을 주신다고 하셨습니다. 우리의 일터에서 매사에 올바르게 처신하고 최선을 다해 하나님을 믿고 끊임없이 바라보고 나아가면 직장에서 최고가 될 수 있습니다.

저는 프로그래밍을 공부했지만 전자공학을 전공하지는 못했습니다. 그러나 제 6공화국이 지나고 신한국당을 거쳐 문민 정부가 되어 체신부가 정보통신부로 바뀌었을 때, 청와대는 전산실과 통신처를 합쳐서 '정보통신처'를 신설했습니다. 부서를 통폐합한 후에 전산실 출신인 제가 부이사관으로 승진된다는 것은 상상도 못할 일이었습니다. 그 다음에 또 처장까지 올라간 것도 상상도 못했던 일입니다. 이제 나이도 제일 많고, 청와대 근무도 오래 했고, 후진 양성도 해야 되고, IT도 성공적으로 끝냈으니 짐을 모두 쌌습니다. 연구직에 있으면서 나름대로 책도 쓰고 일 년 정도 근무하다가 퇴직하려고 보직을 내놓았습니다.

그런데 금년도에 IT와 행정이 합쳐졌습니다. 청와대의 골간을 이루는 경호실 직원들 중에 절반이 제 직속 직원입니다. 왜 저를 프로그래밍을 하고, 정보통신을 하게 하고 또 행정까지 맡게 하시는지 저도 알 수가 없습니다. 분명한 것은 제가 잘 되었다는 것을 떠나서 모두 하나님께서 하셨다는 것입니다.

우리가 하나님 중심으로 모든 것을 바치고 최선을 다해 직장 선교의 사명을 짊어지고 나갈 때, 흔히 말하는 축복이라는 세상적인 떡은 하나님께서 책임져 주십니다.

오직 우리가 '무슨 일을 하든지 마음을 다하여 주께 하듯 하고', 매일 '먼저 그 나라와 의를 구하며' 말씀을 붙잡고 나갈 때 모든 일은 하나님께서 책임져 주십니다.

하나님께서 우리에게 주신 일터인 직장에서 '나는 주님께서 주시는 사명을 감당하겠노라'는 말을 떠나는 순간까지 가슴에 새기고 항상 다짐해 보십시오. 그 나머지는 주님께서 감당하실 것입니다.

청와대에서 근무하다 보면 정권이 바뀔 때마다 직원들이 많이 떠나게 됩니다. 특정직은 보장이 될 수도 있지만 관리자가 되면 어쩔 수 없는 경우가 많습니다. 그 때마다 피를 토하는 심정으로 당당히 주님을 바라보자 말해왔습니다. 그러면 저를 아끼고 따르는 후배들이 와서 말합니다.

"회장님, 믿음이 좋은 줄 알지만, 위기 상황에는 입을 좀 다무시면 좋겠습니다."

그런데 그 때 입을 다물고 있으면 다 떠나게 되는 것을 종종 보았습니다. 우리가 일하는 직장에 온 것도 하나님께서 택해서 왔다면, 우리가 나가는 것도 하나님이 책임져 주실 것입니다. 우리의 눈에는 인사권을 대통령이나 사장이 갖고 있는 것으로 보이지만, 우리는 하늘나라의 비밀을 알기 때문에 당당할 수 있습니다.

두 번째로, 우리가 직장 선교의 사명을 깨닫고 감당하려면 어떻게 해야 되겠습니까?

먼저 능력이 있어야 됩니다. 업무에 대한 능력도 필요하지만, 선교에 대한 능력까지 갖추려면 끊임없이 말씀과 기도로 충만하게 무장이 되어야 할 것입니다. 우리가 업무 중에 세상적인 능력인 달란트를 받고, 선교 사명을 감당한다면서도 바른 믿음을 갖는 것이 중요합니다.

그래서 직장에서 동료들과 부하들이 볼 때, 가정에서 배우자와 자녀들이 볼 때, 친지와 친구들이 볼 때 우선 우리 자신이 과거의 모습을 버리고 변화된 삶을 살아야 되고, 이런 변화와 체험과 확신을 통해 영적인 능력으로 충만해져야 합니다.

사도 바울은 빌립보 교회 성도들에게 말했습니다.

"내게 능력 주시는 자 안에서 내가 모든 것을 할 수 있느니라."(빌 4:13)

어느 벙어리 귀신 들린 자에게 주님께서도 말씀하셨습니다.

"할 수 있거든이 무슨 말이냐 믿는 자에게는 능히 하지 못할 일이 없느니라."(막 9:23)

우리가 흔히 하는 말로 코카콜라 회장은 피 속에 콜라가 흐른다고 하지 않습니까? 우리 예수 믿는 사람들은 우리 의식과 생각과 피 속에 예수님의 피가 흘러야 되고 예수님의 말씀이 흘러야 될 것입니다. 우리가 말씀을 듣고 흘리는 것이 아니라 말씀과 기도가 우리의 몸속에 충만하여 우리의 피 속에서 끊임없이 순환하여야 합니다.

예수님은 우리 인생의 운전자이십니다. 삶의 동력원이 될 수 있는 말씀과 기도의 두 바퀴를 가지고 나아갈 때 충만하고 능력 있는 그리스도인이 될 것입니다.

보험왕을 한 번 보십시오. 똑같은 보험 상품을 가지고 세일즈를 하는데 어째서 어떤 사람은 실적이 형편없어서 생계를 걱정해야 하고, 어떤 사람은 보험왕이 되어서 십억 원이 넘는 연봉을 받게 될까요? 마찬가지로 똑같이 예수 믿는 사람인데, 어떤 사람은 눈빛이 반짝이는 성공한 성도가 되고, 어떤 사람은 눈빛이 동태알처럼 되느냐 하는 것입니다.

우리는 당당하게 끊임없이 가야 합니다. 저는 촌놈이고 능력도 없고 아무것도 자랑할 것이 없습니다. 예수 능력 빼고 나면 저는 아무것도 없습니다. 제 아들이 과학고등학교를 졸업하고 카이스트에 다니며 공학을 전공하고 있습니다. 아들이 저에게 말합니다.

"우리 아빠가 어떻게 해서 이제까지 일을 제대로 했는지 모르겠어요."

현대 공학을 배우는 입장에서 아들이 아버지 세대의 모습을 보면 형편없는 것 같습니다.

'저런 사람이 어떻게 여기까지 왔나 도저히 이해 안 간다.'

저 역시 그 사실을 잘 알고 있었습니다. 그래서 아침마다 하나님 앞에 무릎을 꿇을 수밖에 없었습니다.

'제 힘으로는 아무것도 할 수 없습니다. 주님께서 주시는 능력을 안 받으면 아무것도 못합니다.'

정말 제 개인적인 능력으로는 못합니다. 하나님께서 주실 때 충만의 소리가 능치 못함이 없음을 믿습니다. 우리 모두 말씀의 능력으로 무장해야 합니다.

우리가 아무리 사명을 깨닫고 능력으로 충만하더라도 거기서 끝나면 안 됩니다.

"영혼 없는 몸이 죽은 것 같이 행함이 없는 믿음은 죽은 것이니라."(약 2:26)

행함이 없는 믿음은 죽은 믿음입니다. 우리는 예수님의 가르침을 실천할 수 있어야 합니다.

하나님은 과부의 동전 한 닢까지도 기억하십니다. 우리가 돈이 많고 풍부할 때부터 그 한 닢의 전 재산을 기억하십니다. 우리가 풍부한 시간이 있을 때보다, 촌각을 다투는 바쁜 시간을 쪼개서 국가와 민족을 위해 기도하고 선교하는 것을 귀하게 보실 것입니다.

우리 모두 얼마나 바쁜 삶을 살고 있습니까? 그 바쁜 생활 속에서 내가 할 수 있는 믿음의 실천을 해 보십시오. 저는 청와대에서 근무하는 동안 '퇴직할 때까지는 신우회 예배를 한 번도 안 빠지겠다.'를 다짐을 하며 살고 있습니다. 청와대 신우회에서 후배들에게 이렇게 말했습니다.

"너희들이 징그럽게 생각할지 모르지만 나는 퇴직하고도 죽기 전까지는 신우회 예배에 온다."

한 번 두고 보십시오. 저는 퇴직하고도 마지막 죽는 날까지 청와대 선교 예배에 참석하려고 합니다.

여러분도 그런 사명을 가져 보십시오. 마귀나 사탄도 내가 당당하게 바로 서면 꼼짝 못합니다. 정말 일 년간의 다이어리를 놓고 예배드리는 날은 미리 빨간 줄을 다 쳐 놓고 보십시오. 그 다음에는 어떤 유혹에도 흔들리지 않을 것입니다. 어떤 중요한 약속도 사전에 조정하면 그 시간을 맞출 수 있습니다. 우리의 믿음과 삶의 우선순위의 문제입니다.

우리가 직장에서 근무하는 마지막 순간까지 충만한 믿음을 갖고 우리 직장을 통해 맺어지는 심령들을 대상으로 선교하고, 우리 매체의 전파를 타는 방송 프로그램과 콘텐츠 속에 내 기도의 말씀을 심겠다는 각오로 기도해 보십시오. 그러면 아무리 강한 사탄과 마귀도 막을 수가 없습니다. 하나님의 말씀에 의지한 기도에는 강한 능력이 있습니다.

그리스도인으로서 직장에서 믿음의 실천을 하는 길은 먼저 사장님을 위해서 기도해야 합니다. 나라의 지도자도 하나님이 세우셨지만, 그 조직의 지도자도 하나님께서 세워 주셨습니다.

또한 내 직장의 동료를 위해서도 기도해야 합니다.

제가 지금도 안타깝게 생각하는 사람이 있습니다. 제 동료인 그를 위해

17~18년 동안 기도를 해 왔는데도 아직도 교회에 안 나가는 친구가 있습니다. 어떨 때는 솔직한 말로 때려 주고 싶습니다.

'저럴 수가 있나?'

요즘 교회에서 전도하는 것을 보면 고구마 전도, 양파 까는 전도, 물어뜯는 진돗개 전도 등 전도 방법이 다양하게 계발되어 있습니다. 그런데 제가 깨닫는 것은 전도는 아무리 발버둥쳐도 제가 하는 것이 아니라는 것입니다. 성령님의 강권하심으로 되는 것입니다. 제가 이렇게 하나님 앞에서 된 것처럼, 주님이 역사하는 것이지, 우리가 인간적으로 달라고 해서 되는 것이 아닙니다.

12~13년 전 일이 기억납니다. 이명박 장로님이 당시에 종로 중구 국회의원으로 처음 나오실 때 제가 그분을 청와대 신우회 예배로 초빙해서 '궁정교회' 에 가서 예배를 드렸습니다. 그 당시는 청와대에서 예배를 드리지 못했습니다. 그런데 그 시간에 제 밑에 있는 팀장이 제가 알짜배기로 알토란같이 전도한 15명을 술집으로 데리고 가 버렸습니다. 그들이 초저녁부터 혀가 꼬부라져 있는 모습을 보니까 제가 아무리 예수를 믿는다 해도 참을 수가 없었습니다.

그 다음날 박살을 내버렸습니다.

"이럴 수가 있나? 이놈의 자식아!"

이 친구가 나중에 제게 간증을 했습니다.

"그전만 해도 할 수 없이 부장님 눈치를 봐서 교회에 나가고, 또 자기 부인 때문에 교회에 나가서 졸다가 온갖 반성하고 오곤 했었는데 부장님한테 혼이 난 그 다음부터는 교회에 대한 정신이 바짝 들어서 신앙생활을 제대로 하게 되었습니다."

그 친구가 성경을 읽기 시작하니까 말씀이 살아 쑥쑥 빨려 들어 왔습니다.

때에 따라서는 우리가 전도를 하고 정성을 다 쏟아도 정말 안타깝지만 복음에 귀를 기울이지 않는 동료들이 있습니다. 동료의 부인이 뇌출혈로 다 죽어 가게 되었을 때, 새벽 두세 시까지 논문공부하던 저에게 전화가 와서 급히 나가서 병원을 수소문하여 살려 놓고 여러 해 동안 선교회에서 그 자매를 위해 함께 기도해 주었습니다. 그렇게 몇 번을 했는데도 야속하게 신우회에 나오지 않았습니다.

'아! 이렇게 할 수 있나?'

그러나 그런 일에도 하나님의 뜻이 있습니다. 우리가 심어 놓으면 거두는 사람이 따로 있습니다. 우리가 인간적으로 그 영혼을 달라고 해서 되는 것이 아닙니다. 우리는 근무하는 처소에서 믿지 않는 동료들을 위해 한 사람 한 사람 전도하되 먼저 작정을 하고 기도부터 해야 합니다. 동료의 이름을 써 붙여 놓고 기도하기 시작하면, 바로 따는 열매도 있지만, 제 경험처럼 17~18년 동안 해도 열매를 맺지 못하는 경우도 있습니다. 조지 뮬러가 말한 것처럼 우리가 못한 것은 하나님께서 꼭 해 주십니다. 모든 것을 하나님께 맡기고 최선을 다하는 것이 중요합니다.

우리 마음의 결단이 중요합니다. 우리가 결단하면 출장도 막아 주십니다. 그런 것을 우리가 작정해서 하는 것은 절대 금물입니다. 우리가 정말 죽는다는 각오로 해 나가면 됩니다. 우리는 하나님께서 피 값으로 사신 존재인데 우리를 죽이시겠습니까? 하나님께서 우리를 사랑하신다는 것을 깨닫고 우리가 결단하고 나가면 하나님께서 감싸 주시고 막아 주십니다. 환경을 바라보고, 세상을 바라보고 나가면 아무것도 못합니다. 정말 칠흑같이 어둡고 캄캄할지언정, 50센티미터의 철갑이 나를 에워쌈을 당하더라도 숨을 못 쉴망정 주께서 나와 함께 하시고 성령이 나를 지켜 주시면 두려울 것이 없습니다.

정말 하늘이 내려앉고 땅이 꺼지더라도 하나님이 우리와 함께 하신다, 우리가 세상의 부요와 직장을 다 버릴지언정 목숨이 붙어 있어서 하나님께서 함께 하신다면 무엇이 두렵겠습니까. 그러한 필사적인 각오를 가지고, 직장에서 근무하는 마지막 순간까지 기도하며 나아가야 합니다. 이를 통해서 언론과 방송뿐만 아니라 우리나라가 변화되고 여러분들의 삶이 축복받기를 기원합니다.

천국에 갈 때는 거저 가는 것이 아닙니다. 이 세상에서 죽음이라는 터널을 통과하는 순간에 천국 앞에 서는 것입니다. 그때 예수님께서 보좌 위에서 맨발로 뛰어 나오셔서 “내 사랑하는 아들이 왔다”라고 축복하시는 것하고 ‘거저 거저’ 하는 것하고 얼마나 차이가 나겠습니까?

우리는 직장 생활을 하면서 왜 그 직장에 와서 근무하는지, 또한 그 직장으로 주님께서 우리를 불러 주신 소명과 사명이 무엇인지 깨달아야 합니다. 더 나아가 그 소명과 사명을 깨달았으면 거기서 머물지 말고 직장에서 선교의 사명도 감당해야 합니다. 그것을 위하여 말씀과 기도로 우리의 능력을 충만하게 채우고 실천해 나아가야 합니다.

아울러 모이기를 힘써서 우리의 선교 비전을 함께 공유하고 기도를 통해서 우리 공동체가 변화되고 이 변화의 물결이 모든 언론인들과 이 민족을 변화시키는 축복의 통로가 되어야 할 것입니다.

(2006. 6. 9)

생명공동체 행 3:1~10

윤공부 목사(그나라공동체 대표)

우리가 인생을 살아가면서 때때로 힘들고 어려운 일을 당할 때가 있습니다. 연약하기만 한 우리는 그 어려움을 겪으며 하나님을 원망하고 불평하고 지쳐 쓰러지기도 합니다.

"하나님! 하필이면 왜 제게 이렇게 어려운 일을 겪게 하십니까? 왜 이렇게 힘들게 하십니까?"

우리는 하나님의 이름을 부르며 절규합니다. 그러나 그 고난을 겪을 때가 사실은 하나님이 우리에게서 사랑의 고백을 듣기를 원하시는 때입니다. 우리가 힘들고 어려울 때 주님께 사랑한다고 진심으로 뜨겁게 고백하면 모든 문제는 사라집니다. 우리가 주님을 사랑한다고 고백하는 순간 주님과 하나가 되기 때문입니다. 우리가 스스로 문제를 해결하려고 덤벼들면 문제는 더 복잡해지고 힘들어지고 꼬입니다. 문제는 해결하는 것이 아니라 없어지는 것입니다. 문제를 없애려면 내가 나를 초월해야 합니다. 내가 나를 초월한다는 것은 신앙적인 표현입니다. 내가 하나님 안에 들어가서 하나님의 사랑에 녹아져야 합니다. 나만 있어 가지고는 해결되는 것이 없습니다.

바울이 우리에게 가르친 대로 내 안에 있는 것은 악인데 단지 선한 생각을 할 뿐입니다. 그렇지만 그 '선한 생각'은 아무 힘이 없습니다. 우리가 녹아져야 합니다. 그것은 그리스도의 심장 안에 내가 들어가야 하는 것을 말합니다. 그리스도의 심장의 뜨거움 속에서 내가 녹아지는 것입니다.

우리를 향한 주님의 사랑이 얼마나 큽니까? 그 사랑 속에서 주님을 향하여 '사랑합니다' 라고 고백하며 내가 없어져야 합니다. 우리가 주님을 향한 사랑을 고백하면, 지금까지 고민하고 고통하고 못 견디던 문제가 문제가 되지 않습니다.

'내가 이런 것 때문에 고민했던가? 내가 왜 이런 것에 얽매여 가지고 못 견뎌 했던가?'

항상 주님을 향해 '사랑한다' 고 고백하는 것, 그런 뜨거운 심장이 우리에게 필요합니다.

제가 '생명공동체' 라고 말씀의 제목을 붙였습니다. 먼저 우리 개인 한 사람, 한 사람이 나라는 것이 없어져야 공동체가 됩니다. 우리 각자는 모두 다르고, 주장이 다릅니다. 내가 살아 있는 한 모두 자기 주장 밖에 없습니다. 거기에는 싸움밖에 없습니다. 서바이벌 게임입니다. 내가 살아 있는 한 그렇습니다. 내가 살아 있으면 나는 절대 하나님께 '순종' 못합니다. 나는 죄인일 뿐입니다. 우리가 하나님께 가까이 가면 갈수록 내가 얼마나 못된 사람인가 더 분명히 보입니다. 하나님으로부터 멀어지면 멀어질수록 못된 사람이 됩니다. 우리가 하나님께 가까이 가면 갈수록 '아! 정말 못된 사람이 바로 나구나!' 라는 것을 깨닫게 됩니다.

성 프랜시스가 이렇게 고백했습니다.

"이 세상에 죄인이 많지만 그 중에 가장 큰 죄인은 바로 나입니다."

사도 바울도 그랬습니다. 맨 처음에는 '작은 자' 라고 겸손히 살았습니다. 그러나 그분이 마지막 쓴 편지 디모데후서를 보십시오. 자신을 '죄인의 괴수' 라고 고백하고 있습니다.

'나' 라고 하는 것은 자기 주장, 고집입니다. 내가 있는 한은 나는 목이 곧은 백성일 수밖에 없습니다. 하나님이 우리에게 마음에 들게 하시면 "하나님 멋있네요." 하다가, 그렇지 않으면 "언제 우리가 하나님 믿었더냐?"고 말합니다. 한번 가만히 생각해 보십시오. 우리가 편안할 때는 말도 경건하게 잘 하는데 아주 억울한 일, 힘든 일을 당했을 때는 우리 입에서 엄청난 불신의 소리가 나옵니다.

"야, 어떻게 내가 이런 말을 할 수가 있는가?"

"장로가 어떻게 이런 말을 할 수가 있는가?"

"목사 입에서 이런 말이 나와? 그런 말을 하다니 목사 맞아?"

"사모님 입에서 그런 말이 나와?"

그것은 내가 살아서 그렇습니다. 내가 살면 살수록 순종을 안 합니다. 나라는 것은 순종하게 되어 있지 않습니다. 영어로 'I'는 왕입니다. 나는 절대로 순종을 못합니다. '주님, 당신을 사랑합니다.' 라고 고백하며 내가 녹아져야 합니다.

"사랑합니다. 나의 예수님! 사랑합니다. 아주 많이요."

저는 이 찬양이 너무 좋습니다. 더 이상 무엇을 고백을 하겠습니까. 주님을 향한 사랑에 녹아져서 "사랑합니다, 사랑합니다" 고백할 때마다 가슴속에서 주님을 향한 사랑이 뜨겁게 올라옵니다.

우리가 힘들고 어려운 일을 당할 때마다 "왜 힘들지? 왜 어렵지?"하며 한탄을 하곤 하는데 그럴수록 주님을 바라보아야 합니다. 주님을 사랑해야 합니다. 내가 힘들고 어려울수록 이것은 하나님께서 나로 하여금 주님을 사랑하라는, 주님을 바라보라는 사인입니다.

그래서 그 주님을 향한 사랑에 내가 없어지고 내가 녹아져야 합니다. 오직 사랑 안에서만이 내가 죽을 수 있습니다. 우리가 몽둥이로 맞으며 어떤 일을 강요당할 때, 몽둥이가 무서워서 "예, 예" 하지만 속에서는 더 분이 치밀어 오릅니다.

"두고 보자!"

마음속에서 복수심이 일어납니다. 우리는 때로 이 세상을 완력으로 지배하려고 합니다. 겉으로는 순종하는 것 같고, 질서가 잡히는 것 같지만 속으로는 그대로 살아 있습니다. 오히려 더 '어디 두고 보자!' 하고 이를 갈고 있습니다.

오직 사랑만이 하나가 되게 하고 우리를 살립니다. 그러려면 내가 주님을 사랑해야 됩니다. 예수님께서도 베드로에게 "네가 나를 사랑하느냐?"라고 세 번씩이나 물었습니다. 성경학자들이 이렇게 해석합니다.

"예수님을 세 번이나 부인했기 때문이다."

그런데 베드로는 입술로 세 번 부인했지만 우리는 세 번만 부인했겠습니까? 삼만 번도 더 부인할 것입니다. 어떤 분은 삼천 번 물으시면 되는 분도 있을 것입니다. 저는 삼만 번도 안 될 것 같습니다. 삼백만 번? 무슨 죄를 지어서가 아니라 우리가 인생의 무거운 짐에 눌려서 견딜 수 없을 때마다 주님은 말씀하십니다.

"야, 참아. 고지가 저긴데 여기서 그만 두면 안 돼. 그런데 네가 나를 사랑하느냐?"

고난 중에 주님을 사랑한다고 고백하고 성령의 뜨거움 속에 내가 사랑으로 녹아지면 되는데, 내가 살아 있으니까 문제가 됩니다. 내가 나를 붙잡고 있으니까 문제이지, 놓으면 문제가 되지 않습니다.

어느 열대 나라에 원숭이 잡는 법이 있었습니다. 속이 빈 통나무에 옆으로 작은 구멍을 뚫어서 원숭이가 좋아하는 것을 속에 집어 넣어놓는다고 합니다. 원숭이가 손을 뻗쳐서 그것을 움켜잡으면 절대 놓지 않아 손을 뺄 수가 없습니다. 그때 잡는다고 합니다. 우리도 그런 것은 아닙니까? 왜 안 빠집니까? 어렵고, 힘들고, 못 견디면서도 나를 꽉 잡고 있기 때문입니다.

그 때 주님께서 우리에게 물으십니다.

"네가 나를 사랑하느냐?"

그때 나를 놓아야 합니다. 나를 놓으면 빠집니다. 나를 놓으면 삽니다. 고난의 열쇠는 주님을 사랑하는 것입니다. 우리의 기도 제목이 아무리 많을지라도 그저 '내가 주님을 사랑합니다.' 라고 하면 모든 기도 제목이 주님의 제단으로 올라갑니다. 주님을 사랑한다는 것은 단순한 입술의 고백이 아니라,

나 자신이 십자가의 사랑 앞에서 녹아지는 순간, 그와 동시에 나를 괴롭히고 힘들게 했던 모든 문제들이 다 없어지는 순간, 바로 나라는 것이 없어지기 때문에 주님과 하나가 되는 것입니다.

본문에 보면 베드로와 요한이 성전 미문 앞에 앉아 있는 사람을 보고 '우리를 보라' 고 말했습니다. '우리' 에는 베드로도 없고 요한도 없습니다. 성령 강림 이후에는 '나' 라는 것이 없어졌습니다. 그 전에는 '나' 라는 것이 있어서 두려웠습니다.

'내가 다치면 어떻게 해?'

그런데 나라는 것이 없으니까 다칠 내가 없어졌습니다. 걱정과 근심, 불안과 두려움은 나에게 속해 있는 것입니다. 에고(ego)가 녹아 없어지니까, 걱정도 없고 두려움도 없고 불안도 없는 것입니다. 나를 사로잡는 것은 오직 '사랑' 입니다. 그분입니다. 그것을 가리켜서 사도 바울은 '그리스도가 이제 내 안에 산다' 고 고백했습니다. 바울은 또 다른 곳에서 이렇게 말했습니다.

"그리스도의 사랑이 우리를 강권하시는도다."(고후 5:14)

강권한다는 말은 영어 번역을 보면, '조정한다' (control)는 의미입니다. '이것을 봉사해라.', '저기 가서 저 일 해라.', '저리 가라' 는 것이 이전에는 내 뜻이었습니다. 내 감정이고 내 의지였습니다. 이제 그것이 없어지고 그리스도의 사랑의 리모컨에 의해서 움직입니다. 내가 없어지니까, 그냥 '우리' (하나)가 됩니다. 여기에는 엄청난 힘이 있습니다.

하나님께서 소돔과 고모라를 심판하실 때 의인 10명만 있어도 죄악으로 가득 찬 소돔과 고모라성을 구원하시겠다고 하셨습니다. 사회 교육은 엘리트를 양성하는 것입니다. 사회에서 엘리트를 그렇게 존경하고 따르지 않습니다. 머리가 좋다고 엘리트가 되는 것이 아닙니다. 그러나 하나님의 사랑에 콘트롤되어 사는 사람, 하나님의 사랑에 의해서 사는 사람들이 몇 명만 모여 보십시오. 아마 서너 분만 모여도 어떤 역사가 이루어질 것입니다. 하나님의 사랑은 놀라운 힘이 있습니다.

"우리를 보라."(행 3:4)

사도행전 2장에 성령 강림을 증거하고 있습니다. 사도행전 1장에는 예수님을 배신한 가룟 유다 대신에 다른 제자 맛디아를 세우는 이야기가 나옵니다. 사도행전 2장의 '성령 강림' 이후에 달라진 것은 내가 없어지고 사랑으로 하나 된 것입니다. 오순절 성령 사랑의 힘이 전 세계로 퍼지고 오늘날까지 그 불은 꺼지지 않고 있습니다. 우리에게 필요한 것이 바로 이것입니다. 내 입에서 나오는 주님을 향한 사랑의 고백이 입술만의 고백이 아니라 가슴 속에서 우러나오는 뜨거운 고백이 되어야 합니다.

또 두 번째로 드리고 싶은 말씀은 여기 앉은뱅이를 이들이 주목했다는 사실입니다. 성전 미문 앞에 앉은 앉은뱅이는 스스로 걸어올 수도 없습니다. 아마 누군가에 의해서 거기까지 왔다가 저녁 때는 누가 또 그를 데려가야만 했을 것입니다. 성전 안에 들어오지도 않고 밖에 있었습니다. 아무 힘이 없고, 하는 일이 아무것도 없었습니다. 그런데 성령강림절 이후로 하나 된 제자들이 이 앉은뱅이를 주목했습니다.

이 사건이 사도행전 3장에 나오는데 저는 순서에 의미 부여를 합니다. 성령 강림에서 처음 시작한 교회가 주목한 곳이 어디입니까? 성전 건립이 아니었습니다. 성전 건립이 필요 없다는 말이 아닙니다. 아프리카에서 어떤 학생이 장로회신학대학에 교육을 받으러 왔습니다. 학생에게 제가 물어보았습니다.

"아프리카에서는 예배를 어디서 드리지요?"

"아프리카에서는 나무 아래에서 예배드립니다."

깜짝 놀랐습니다. 저는 아프리카에서도 교회 건물에서 예배를 드리는 줄 알았습니다. 춥지도 않고 비가 오지도 않기 때문에 눈이나 비의 걱정을 하지 않아도 된다고 합니다. 우리는 예배를 생각하면 건물부터 먼저 생각합니다. 그리고 음향 시설을 생각합니다. 그래서 교인들이 교회를 선택할 때도 건물과 시설을 선택의 우선순위에 둡니다. 어떤 분은 앉았을 때 쿠션이 더 좋은 교회를 택하기도 합니다.

믿음이 없을 때는 그럴 수 있다고 생각합니다. 그런데 우리가 뜨거운 성령을 심장에 가진 자들은 어디를 보아야 됩니까? 이 세상에서 '가장 낮은 자' 를 보아야 합니다. 저는 이것을 '생명공동체' 라고 생각합니다.

마태복음 25장에 '가장 작은 자' 라고 번역되어 있는데, 표준 새번역성경에서는 '가장 보잘것없는 자' 라고 번역되어 있습니다. 저는 이 번역이 더 마음에 듭니다.

"가장 보잘것없는 자 하나에게 한 것이 곧 내게 한 것이라."(마 25:40)

돈 있는 사람, 힘 있는 사람, 지위 높은 사람에게 주시하면 '생명공동체' 가 아닙니다. 그분들도 하나님의 아들이요, 딸이기 때문에 그분들에게도 하나님의 축복의 임해야 합니다. 공동체가 살고, 교회가 살려면, 우리가 가장 주목해야 할 대상은 가장 낮은 자가 되어야 합니다.

사도행전 2장에 오순절에 성령이 임하신 후에 베드로가 설교하고 예수 믿게 된 사람이 삼천 명이 넘었습니다. 그런데 사도행전 3장에 성전 미문 앞에서 앉은뱅이를 고쳐 준 다음에 4장에 가면 믿는 자의 수가 5천명이 됩니다.

교회와 공동체가 사는 길은 그 길입니다. 우리는 힘 있는 사람을 예수를 믿게 해야 교회가 커지는 줄 아는데 하나님은 가장 낮은 자들을 주시하십니다. 우리도 그들을 보아야 합니다. 그럴 때 교회는 3천명에서 5천명으로 커집니다. 생명력이 커집니다. 생명력 있는 공동체는 바로 그런 것입니다.

저희 그나라공동체에서는 월요일 저녁마다 전체 가족회의를 합니다. 얼마 전부터 두세 명씩 칭찬해 주는 순서를 갖기로 결정을 했습니다. '칭찬은 고래도 춤추게 한다.' 는 말이 있습니다. 보통 모이면 20명 정도 모이니까, 1명에게 19명이 칭찬을 해 주게 됩니다. 몇 주 전에는 '홍승환' 이라고 하는 친구가 칭찬을 받을 순서가 되었습니다. 그 친구는 지능이 좀 낮습니다. 고등학교 검정고시를 6년째 보았는데 아직 합격을 못했습니다. 지난 번 검정고시를 보는데 국어 한 과목을 간신히 합격했습니다. 이제 수학 한 과목이 남았습니다. 수학을 어려워하는 것은 친구가 마이너스 개념을 모르기 때문입니다. 지금부터 수학 합격 작전을 벌이고 있습니다. 그리고 자폐증 증세가 있어서 밤에 자다가 소리를 막 지르고 또 여러 가지 증세가 많습니다. 저에게도 그 아이를 칭찬해야 하는 순서가 되었습니다. 저는 칭찬해 주는 프로그램이 너무 좋습니다. 그 사람을 다시 보게 됩니다. 피상적으로 평가만 했었는데 그 사람을 칭찬해 주려고 하니까 더 깊이 보아집니다. 특별히 칭찬할 것이 없는 사람을 칭찬해 줄려니까, 진면목을 보게 된다고 할까요? 제가 홍승환 군을 정말 새롭게 보게 되었습니다. 저는 그날 너무 감격했습니다. 그 아이를 보는 제 자신에 너무 감격했습니다.

"승환이는 좋은 것도 있고 싫은 것도 있습니다. 그 아이가 좋아하는 것은 먹는 것이거든요. 그렇지만 누구를 판단하고 정죄하지 못합니다. 제가 잘못을 범했을 때 모든 사람이 모두 저에게 돌을 던져도 승환이는 돌을 던지지 않을 것입니다."

그 말을 하는데 제가 얼마나 감격이 되는지 눈물이 나려고 해서 참느라고 혼났습니다.

"승환이는 우리 가운데 있는 천사입니다."

또 우리 집에 돌이 좀 지난 아이가 있습니다.

"그 아이도 천사입니다."

또 유치원 다니는 아이가 있어요.

"이 아이도 천사입니다."

학생 중에 나이가 열여덟 살 먹은 아이가 있는데 힘이 좀 셉니다. 스물여섯 살 먹은 승환이가 이 아이에게 매일같이 얻어터집니다. 동네북입니다. 한 번은 교사회의에서 열여덟 살 먹은 아이를 불러서 경고를 했습니다.

"이렇게 하면 안 된다. 절대로 용서할 수 없다. 한 번만 더 그러면 쫓겨난다."

그런데 이 아이가 머리가 좀 영특합니다. 중학교 졸업을 안 했기 때문에 고검을 봤는데 한 번에 합격했습니다. 평균 점수가 80점이 훨씬 넘는 성적이었습니다. 재능이 있고 굉장한 숨은 저력도 눈에 보입니다. 부모가 이혼을 했는데, 아버지는 아버지대로 다시 재혼하고, 어머니는 어머니대로 재혼해 버렸습니다. 그 아이가 울분이 마음속에서 부글부글 끓고 있습니다. 얼굴에 그것이 나타나 있습니다. 이런 울분을 어디에 풀겠습니까? 만만한 승환이에게 화풀이를 하곤 했습니다. 야단을 치면 좋아지는 것 같다가도 가끔 또 그럽니다. 며칠 전에 또 한 대 때렸는데 승환이의 이가 부러졌습니다. 그래서 그 아이를 내보내려고 마음을 먹었는데 그 아이를 보낼 데가 없습니다.

'아, 내보내는 것이 다는 아니구나.'

그런데 그 아이가 좋아졌습니다. 일단 검정고시를 한 번에 합격하니까 자신감이 생겼고, 다음에 다시 대검도 한 번에 합격하겠다고 합니다. 꿈이 생기니까 얼굴 표정이 달라졌습니다.

그리고 우리 모두가 한 달에 한 번씩 기도문을 쓰는데 그 아이가 이렇게 썼습니다.

"여기 참나무 청소년 배움터에 있는 동안 착하게 살도록 해 주세요."

우리 주위에 소외된 자들, 힘없는 자들, 정말 쓸모없는 자들을 우리는 외면해 왔습니다. 힘없는 자, 쓸모없는 자를 도우면 그 사람이 달라지는 것이 없을지도 모릅니다. 우리가 10년, 20년을 고생해도 그 자리에 그대로 있을지도 모릅니다. 그러나 그를 돌보고 그에게 정성과 관심을 쏟은 내가 변화된다는 사실을 알아야 합니다. 내가 달라집니다.

이 세상의 가난한 자를 우리가 다 구제할 수 있겠습니까? 아닙니다. 그러나 우리 주변에 있는 사람, 나와 함께 더불어 사는 사람 중에서 가장 낮은 자가 누구입니까? 정말 우리의 도움이 필요한 사람, 그 사람을 내가 보고 있느냐 하는 것입니다.

강도 만난 자를 제사장과 레위 사람은 지나쳤습니다. 그러나 예수님은 사마리아 사람의 한일을 이야기하십니다. 사마리아 사람에 대해서는 그 당시 유대인들은 별짓을 해도 무시해 버립니다만 예수님은 달랐습니다.

"영생을 얻으려면 어떻게 해야 합니까?"

이 질문에 대해서 예수님은 사마리아 사람의 비유를 말씀하십니다. 영생을 얻는 조건은 아닐지 몰라도 내가 영생을 얻은 자라면 사마리아 사람처럼 강도 만나서 죽게 된 사람 돌보는 것이 내가 영생을 얻은 증거입니다. 그것이 조건은 아닐 것입니다. 그러나 그것이 증거입니다.

가정이나 회사에서 가장 낮은 사람, 가장 힘없는 사람을 사랑으로 돌보아야 합니다. 저의 경우는 승환이입니다. 제가 항상 생각합니다.

'그래, 내가 레벨을 승환이에게 맞춰야 한다.'

본문을 보면 교회가 시작된 것이 오순절입니다. 오순절이 지나 제일 먼저 한 일은 미문 앞에서 앉은뱅이를 치유하는 일이었습니다.

"은과 금은 내게 없거니와 내게 있는 이것을 네게 주노니 나사렛 예수 그리스도의 이름으로 일어나 걸으라."(행 3:6)

생명공동체는 은과 금으로 인함이 아니라 나사렛 예수 그리스도의 이름으로 세워지는 것입니다. 은과 금이 필요 없다는 것이 아닙니다. 은과 금을 쓰더라도 예수 그리스도의 이름으로 써야 합니다. 예수 그리스도의 이름으로 낮은 자 한 사람, 한 사람을 잡아 일으킬 때 이러한 역사를 통해서 공동체는 성장해 가는 것입니다. 우리가 사는 이 가족이, 우리가 처한 교회가, 우리가 살고 있는 일터가 '생명공동체' 가 되는 것입니다.

우리 한 사람 한 사람이 그리스도의 십자가의 사랑으로 녹아져야 됩니다. 내 노력으로, 내 의지로, 힘으로 되는 것이 아니라 내가 녹아져야 됩니다. 내가 없어져야 됩니다. 그럴 때 그리스도가 사는 것입니다. 그럴 때 우리는 "그리스도의 이름으로 걸어라!"라고 외칠 수 있는 것입니다.

이렇게 하나가 되어서 어디를 보아야 됩니까? 높은 사람은 우리가 찾아가지 않아도 다 대접받고 있습니다. 우리 주위에 소외된 사람들을 찾아가야 합니다. 주변에 가장 낮은 자, 가장 소외된 사람이 어디 있습니까? 저 같은 경우는 청소년입니다. 얼마 전에 여학생 네 명이 한 번에 들어왔습니다. 그런데 열흘 만에 한 번에 나갔습니다. 그 아이들이 들어온 경위와 나가게 된 배후의 이야기를 듣고 저는 깜짝 놀랐습니다. 열일곱 살, 열여덟 살에 원조교제하던 아이들이었습니다. 그 이야기를 듣고 얼마나 가슴이 아팠는지 모릅니다. 지금 제 눈에 보이는 청소년들이 그렇습니다. 가정이 파탄되어서 밖에 나가면 그 아이들이 살기 위해 도둑질을 할 수밖에 없습니다. 그 아이들이 잡히면 힘이 없으니까 소년원에 갑니다. 부모가 있으면 벌금을 물고 데려오면 됩니다. 소년원에 갈 필요가 없습니다. 안타깝게도 그 아이들이 부모가 없으니까 소년원으로 갑니다.

"부모가 없으니까 소년원에서 부모역할을 하겠다."

이것이 소년원의 개념입니다. 소년원에 갔다 온 것은 범죄 사실에 기록이 되지 않습니다. 이런 청소년들이 너무나 많습니다. 제가 이 청소년들을 다 감당하겠다고는 못합니다. 저는 지금 현재 학생 7명과 같이 먹고 자고 공동체 생활을 하고 있습니다. 그들에게 눈높이를 맞추고 그들과 함께 일하고, 함께 사는 것이 제가 할 최선의 일이라고 생각합니다.

(2005. 5. 13)

간증

제6장 내가 주의 영광을 보네

내가 주께 대하여 귀로 듣기만 하였사오나
이제는 눈으로 주를 뵈옵나니다(욥 42:5)

피아노 치는 변호사 출 18:7~12

박지영 변호사(『피아노 치는 변호사』 저자)

KBS와 저는 두 가지 인연이 있습니다.

첫 번째는 초등학교 4학년 때였습니다. 어느 날 KBS에서 카메라를 들고 어떤 선생님이 저희 학교를 방문하셨습니다. 다다음주에 '모이자 노래하자' 대도초등학교 편이 방영된다며 저희 학교를 찍어간다고 했습니다. 그 당시에는 MR녹음은 없었던 것 같습니다. '모이자 노래하자' 노래 반주를 해야 하는데, 대도초등학교에서 그 노래의 반주를 할 수 있는 사람이 그 당시에 저밖에 없었습니다. 악보 없이 그대로 맞춰서, 높게도 낮게도 칠 수 있고, 친구들 소리에 맞춰 높게도, 낮게도 피아노를 칠 수 있는 사람은 저뿐이었습니다. 그래서 운동장으로 풍금을 끌어내어 놓고 반주를 했습니다.

"다음 주에는 KBS로 너희들 모두 와야 한다. 그날 선생님 말씀 잘 듣고 오늘 연습한 대로 녹화해야 돼. 하기 싫은 사람 손들어 봐."

"저요."

제가 손을 들었습니다. 담임선생님이 옆에 서 계시다가 저를 부르셨습니다.

"박지영 이리 와 봐, '모이자 노래하자'에 왜 못 간다는 거야?"

"선생님, 저 전학 온 지 얼마 안 됐는데, 오늘은 오르간 반주가 필요해서 제가 쓰였지만 친구들 녹화하는 날에 저는 노트 필기 좀 베껴야겠어요. '모이자 노래하자' 에는 못 갈 것 같아요."

'모이자 노래하자' 에 철없이 안 가는 바람에 KBS와의 첫 번째 인연을 제가 뿌리쳐 버렸습니다.

두 번째로 몇 년 전부터 다시 KBS와의 인연이 시작되었습니다. 제가 15년 전부터 봉사하고 있는 '한시미션' 이라는 단체에서 매년 8월 둘째 주면, 교회 없는 지역으로 내려가서 봉사도 하고, 말씀도 전하고, 일주일 동안 만났던 꼬맹이들을 겨울에 3박 4일간 서울로 초청을 합니다. 그 학생들이 KBS로 견학을 오면 신우회 회원들이 바쁜 스케줄 중에도 항상 따뜻하게 맞아 주십니다. 학생들의 손을 잡고 스튜디오도 구경시켜 주시고, 데스크에 앉아보게도 하시고, 아이들에게 마이크도 만져 보게 하여 유익한 체험을 하게 해 주십니다. 또한 예수님을 열심히 믿으면서 멋지게 일하는 탤런트들, 가수들, 방송전문가들도 만나게 해 주십니다. 이렇게 소중한 기회들을 주셔서 제가 친구들하고 몇 년 전부터 KBS에 드나들고 있습니다.

출애굽기에 '이드로' 라는 사람이 나옵니다. 이드로가 사위를 하나 맞았는데, 이상한 사위를 맞았습니다. 사위의 직업은 사십년이나 근속한 목동입니다. 그런데 그 사위는 목동을 일찍 시작한 것이 아니고 마흔 살에 처음 목동 생활을 시작했습니다. 그는 평범한 사람이 아니었습니다. 전과자였습니다. 폭행 치사 및 사체 유기 혐의가 있고, 야반도주해서 미디안 광야에서 숨어 살던 낯선 사람이었습니다. 그의 눈빛은 이상하고 용모도 범상치 않게 보이는데 자기는 목동이랍니다. 사십 년을 지켜보니까 그대로 목동입니다. 그는 아무 일도 안 하고 목동일만 하면서 양들의 꽁무니만 쫓아다녔습니다.

사십년이 지난 어느 날, 사위에게 이상한 일이 생겼습니다. 어제의 사위가 아니고, 어제의 모세가 아니었습니다. 자기가 호렙산에서 떨기나무에 불이 붙은 것을 보았다며 신발을 벗어 들고 덜덜 떨고 있었습니다. 그리고 하나님께서 자기를 애굽으로 보내서 이스라엘 백성을 인도하라고 명하셨다고 말했습니다. 공소시효가 지나서 애굽으로 돌아간다면 옥방에 살지는 않더라고 아무래도 죄짓고 도망쳐 나왔기 때문에 두려웠을 것입니다. 막대기 하나만 달랑 짚고 가는 사위의 힘없는 뒷모습을 장인이 잡지도 못하고 지켜보았습니다.

10개월이 지났습니다. 사위가 다시 눈이 더 시뻘개져서 돌아왔습니다.

"지난 10개월 동안 무엇을 했느냐?"

사위가 아주 이상한 말을 했습니다.

"애굽에서 강이 피로 변하고, 개구리 떼가 나오고, 띠끌이 이가 되고, 파리가 가득하고, 소와 양들에게 전염병이 돌고, 우박이 쏟아지고, 흑암이 밀려오고, 장자들이 죽었습니다. 우리는 전광석화 같이 하룻밤만에 뭐를 바르고 해서 화를 면하고 모든 짐을 싸들고 애굽에서 나왔습니다. 그런데 바로가 병사들을 보내 우리를 쫓아왔는데 홍해가 우리 앞을 가로막았습니다. 그때 지팡이를 쳐들었더니 홍해가 갈라졌습니다. 바다를 건너 길을 가다가 물이 떨어졌는데 반석에서 물이 나왔습니다. 그리고 먹을 것이 없었는데 하늘에서 만나가 쏟아졌습니다."

사위의 말을 듣고 장인 이드로가 고백합니다.

"그래서 네가 그렇게 40년 동안 어설픈 목동을 하고, 가슴에 불을 품고 있다가 그것을 하나님께서 불을 피워 주셔서 오래 전부터 계획하셨던 일을 아브라함의 하나님, 이삭의 하나님, 야곱의 하나님께서 너를 10개월 동안에 전광석화와 같이 이끌어 주셔서 이렇게 다시 내 앞에 나타났구나! 이제 내가 알았노다. 여호와는 모든 신보다 크시므로 이스라엘에게 교만하게 행하는 그들을 이기셨도다."(출 18:11)

성경에 여러 사람들이 간증을 하는데, 간증의 의미는 여기 있다고 생각합니다. 이드로가 "야, 우리 사위 진짜 괜찮아!"라고 말하지 않습니다. 이렇게 고백합니다.

"이제야 우리 하나님이 한 분이시라는 것을 알았습니다."

제가 하는 간증이 바로 그런 간증이 되기를 원합니다.

“이제야 내가 똑똑히 알았네. 그의 하나님이 내 하나님이시기도 하고, 내 부모의 하나님이시기도 하고, 그 하나님이 아직 안 믿는 내 남편의, 아직 안 믿는 내 동료의 하나님이시기도 하네.”

이렇게 고백하신다면 저는 제 간증의 의의를 충분히 살릴 수 있을 것입니다. 얼마 전에 제 삶의 간증을 담아 『피아노 치는 변호사』라는 책을 출판했습니다. 실은 제 책은 ‘트로이의 목마’ 와 같습니다. 제 책에는 하나님은 세 번, 예수님은 한 번 나옵니다. 은혜가 넘치는 신앙생활을 하시는 분들은 제 책을 보고 은혜가 없다고 하십니다.

“왜 하나님 말을 그것밖에 안 썼냐?”

트로이 목마가 되려면 밖을 잘 장식을 해야 됩니다.

‘아, 이거 성공담이야, 저자가 암을 이기고, 서울대 음대, 서울대 법대를 나왔대.’

그래서 책을 사들고 보니까 다른 책하고는 다른 것을 알게 됩니다.

‘아 성공담이 아니네? 지금 이대로도 감사해야 된다는 거네? 하루를 더 살든 삼십 년을 더 살든, 피아니스트가 되느냐, 변호사가 되느냐가 중요한 것이 아니라, 지금 이 순간 하나님 앞에 살고 있는 우리 인생의 일 분 일 초가 의미 있다는 그런 얘기네?’

책을 읽고 그러한 것을 깨닫게 되는 방향으로 쓴 책입니다. 그래서 일명 ‘트로이 목마’ 라고 하고, 형식상 제목은 『피아노 치는 변호사, Next』입니다. ‘Next’ 라는 이름을 붙인 것은

『피아노 치는 변호사』라는 책이 나오고, 이번 책이 ‘넥스트’, 즉 두 번째 후속편이 아닙니다. 『피아노 치는 변호사, Next』가 원제이고 이런 책은 다시 쓰지 않을 것 같습니다.

‘피아노 치는 변호사’ 라는 말은 피아노를 안 쳐도 그냥 변호사라는 뜻입니다. 제 변호사 배지의 번호가 ‘7171번’ 입니다. 제 뒤로 변호사가 몇 명 더 나왔다는 것을 생각하면 아직 변호사가 만 명이 되지 않습니다. 대한민국의 변호사가 되었다는 것 자체로도 너무나 큰 특권이요, 감사의 제목입니다.

그런데 대부분 거기서 끝납니다. '백설공주는 그 후로 오랫동안 행복하게 잘 살았대요' 라고 끝을 맺고 맙니다.

그런데 정말 궁금한 것은 자기의 복지와 인권을 억압받는 사람들이 현재에도 여전히 있을 텐데, 백설공주가 여전히 관심을 갖고 있느냐 하는 것입니다. 그녀가 왕자님의 사랑만 계속 받고 살고 있느냐? 저는 그것이 굉장히 궁금합니다. 백설공주가 멋있는 백마 탄 왕자님과 키스 한 번 해서 그 후로 오랫동안 행복하게 잘 사는 동안에 여전히 백설공주가 가장 어려웠던 시점에 함께 했던 광부(난장이)들의 인권과 복지에 대해서 계속 힘쓰고 있느냐? 그 광부들이 진폐증에 시달리는 것에 대해 한 번이라도 다시 생각해 보았느냐? 자기가 독이 든 사과를 먹고 누워 있는 동안에 난장이들이 그 어려움을 지켜 주었는데 백마 타고 온 왕자의 허리를 꼭 껴안고 궁전으로 쏙 들어가고 말지 않았느냐? 저는 그것이 가장 궁금합니다.

그리고 저한테도 혹시 '피아노 치는 변호사, 끝' 하고 말아버릴까 봐, 손털어버릴까 봐, 저 스스로에게 경고하고, 경계하고, 권면합니다. 그래서 제 책은 '피아노 치는 변호사', 그것으로 끝나면 아무 소용이 없다고 생각합니다. 하나님께서 저와 함께 하셨던 그 열심이 허사가 되고 맙니다. 그 이후에 하나님께로부터 받은 그 특권을 어떻게 사명으로 토해 내느냐? 그것이 '고난의 의미' 인 것입니다.

'고난의 의미' 를 말하는 성경의 많은 예가 있습니다. '고난의 의미' 는 우리에게 고난을 허용하신 분, 우리에게 고난이 오는 것을 막지 않고 지켜보신 분, 그분 하나님의 수준이 저 위에 있습니다. 고난을 받는 사람의 수준은 삼 단계가 있는 것 같습니다.

1단계는 '재수 옴 붙었어, 빨리 잊어버려야 돼' 라고 하는 단계입니다. 2단계는 '하나님께서 여태껏 그 고난 중에 함께 하셨어, 그러니까 이제 고난은 끝이야. 눈물 뚝 행복 시작, 이제부터 행복하게 살면 돼.' 라고 하는 단계입니다.

하나 더 높은 단계라면, "적어도 그 '고난의 의미' 는 나의 수준에 따라 결정된다."라고 하는 단계입니다. 하나님의 수준은 워낙 높으시니까 그 수준에는 가지 못하고, 우리가 그 고난을 받고나서 업그레이드가 됐나, 안 됐나를 스스로 점검해야 합니다. 그래서 우리와 동질의 고난을 현재 당하고 있는 사람에게 과거에 주님으로부터 받았던 위로를 다시 전해 줄 수 있어야 합니다. 그래서 과거에 제가 받았던 그 고난의 순간, 그 어둠의 터널을 지나는 순간은, '재수에 옴 붙은 시간'이 아니고, 빨리 잊어버리고 털어버리고 묻어버려야 할 사건도 아닙니다. 하나님께서 특별히 허락하신 특권이요, 보석상자입니다. 그 보석상자를 우리만 갖고 있는 것이 아니라, 보석상자를 열어서 안에 있는 밝은 빛으로 현재 터널 한가운데에 출구도 입구도 찾지 못하는 분들에게 탈출구를 열어 주어야 합니다.

"거기 터널에 앉아서 울고 있지만 마세요. 손을 더듬어 뻗쳐 보세요, 보석상자가 있을 것입니다. 같이 열어 봅시다. 나도 열어 봤더니 너무 좋았어요. 백주 대낮에 고속도로를 달려 왔으면 그 보석상자를 몰랐을 텐데 어둠의 터널을 가다 보니까 짚였어요. 짚인 것조차 은혜입니다. 그 안에서 울고만 있었으면 못 찾았을 것입니다."

"내가 받은 위로로 다른 이를 위로하게 하시는 주시로다."

바로 고난의 순간이 우리에게 위로할 수 있는 자격을 주는 '위로 자격증 부여 기간'이었다는 사실을 후에 고백할 수 있게 되었습니다. 그래서 '피아노 치는 변호사, 회계사, 의사'로 끝나지 않고 '넥스트'를 기대하시는 하나님의 기대에 부응하게 사는 것이 정말 고난을 고난답게 사는 것이고, 고난을 허용하신 분, 어떻게 그것을 통과하나 지켜보신 분에 대한 아주 작은 예의라고 생각합니다.

저는 피아노 연습을 안 하면 살아야 할 존재의 이유가 없었습니다. 피아노 앞에 올라앉아서 초등학교 때부터 치던 모차르트를 20분 동안 치다가 코피를 왈칵 쏟고, 더 이상 피아노를 칠 수 없게 됐다고 느끼게 된 스무 살 어느 봄날까지 저는 15년 동안 단 하루도 빼놓지 않고 피아노를 치면서 살았습니다. 15년 동안 손가락 끝에 굳은살이 배겨서 개구리 왕눈이 같은 손이었는데, 항암 치료를 받으며 피아노를 치지 않은 한 달 동안 굳은살이 다 없어지고 말랑말랑한 손으로 돌아와 버렸습니다.

그 때 스무 살까지 제 삶에는 이 세상이 '피아노'와 '피아노 아닌 것'으로 나누어져 있었습니다. 그 외에 어떤 분류도 저에게는 의미가 없었습니다. 하루도 빼놓지 않고 피아노 연습을 했다는 것은 거짓말입니다. 저희 아버지가 2차 석유 파동으로 1980년도에 부도를 맞으시면서 팔아봤자 20~30만 원밖에 안 되는 중고 피아노를 팔아서 열흘 동안 자금을 융통하셨는데, 그 열흘을 뺀 나머지 15년간 피아노 연습을 했습니다. 그 당시에 예원학교에 들어가는 것은 사치이자 불효였습니다. 예원학교에 시험을 쳤습니다. 저는 항상 예원학교에 '붙었다'로 표현한 적이 없고 '붙여 주셨다'라고 표현을 합니다. 입학 시험에 붙여 주셔서 예원학교를 다녔습니다.

다른 친구들은 각계각층의 고위급 자제들이었습니다. 재벌의 자제들이 다니는 학교였지만, 저는 하나님 앞에 겸손과 성실성 하나로 내 미래를 담보 받으면 된다고 생각하며 6년간 매진해서 레슨을 받았습니다.

'피아노, 네가 이기나 내가 이기나 한 번 해 보자.'

지금 생각하면 향방 없는 열심이었습니다. 왜 피아노를 치려고 하는지도 모르던 열심이었습니다. 좋아서 잘하려는 것인지, 잘해서 좋아하게 된 것인지도 모르는 그 피아노를 15년 동안 쳐왔던 순간들이 지금 생각하면 너무나 필요한 단련의 과정이었습니다.

그 때 저는 하나님을 빼놓은 생활을 했습니다. 하나님을 빼놓았다고 제가 주일성수를 안 했다거나 그런 차원은 전혀 아니었을 것입니다. 교회에 열심히 다니고, 주일학교 예배의 반주도 항상 하고, 지각을 한 적도 없고, 중등부, 고등부 학생회도 임원을 하는 열심이 있었음에도 불구하고, 여전히 제 삶의 목표는 '피아니스트가 되는 것', '피아노 잘 치는 것', '그것을 위해서 공부 잘하는 것'이었습니다. 솔직히 하나님의 영광을 위해서 그렇게 했노라고 말할 상태가 아니었나 싶습니다. 그리고 제가 '하나님의 기쁨과 이웃의 기쁨을 위해서 산다' 라고 하면서 제 변호사 일이나 제가 봉사하는 일의 본말을 전도시켜서 하나님을 양념으로 삼고 있지 않는지, 나아가 이웃까지 양념 삼고 있지는 않은지, 지금까지도 스스로 경계하고 있습니다.

저는 피아노를 너무 잘 쳤습니다. 슈만의 "토카타"를 열심히 쳐서 피아노과에서 2등을 하고, 적어도 제가 하나님 앞에서 뭔가 기대하고 이루어냈다는 소소한 기쁨들을 많이 가졌던 예원중학교, 서울예고 시절이었습니다.

그래서 당연히 '서울대 음대 피아노과' 에 입시 지원을 했었는데 뚝 떨어졌습니다.

'나도 떨어질 수 있구나! 평생 치기로 한 피아노니까 1년 정도 대학생으로 치지 않고 재수생으로 친다 해도 그리 나쁜 일은 아닐 거야. 열 명 중에 두 명이 붙고 여덟 명이 떨어지는데 내가 그 여덟 명에 들었으면 지극히 정상이야.'

스스로 그렇게 생각하며 저 자신을 위로했습니다.

열아홉 살이었던 1989년 5월, 여전히 재수생으로 생활하고 있었습니다. 원래 피아노를 열심히 치면 어깨도 아프고 손가락도 아프고 해서 항상 정형외과를 다니면서 물리 치료를 받아왔습니다. 그런데 통상의 그것보다 더 아프고 기분 나쁜 통증을 느꼈습니다. 심상치가 않아서 병원에 갔는데 '응급 A' 라는 점수를 받았습니다. 곧바로 큰 병원으로 옮겨서 그 병원에 있는 모든 첨단 기계에 제 몸을 통과시켜 보았습니다. 3주 후에 내려진 진단은 '임파선 암' 이었습니다.

너무 보고 싶은 것 많고, 하고 싶은 것 많고, 피아노 치고 싶은 곡 많고, 먹고 싶은 것 많고, 머리를 이렇게도 하고 싶고 저렇게도 하고 싶은 꿈 많은 열아홉 살이었는데, 머리카락이 빠지고, 피아노도 칠 수 없게 손가락의 힘이 빠졌습니다. 피아노고 뭐고, 일상생활이고 뭐고 다 못하고 그냥 젖은 국수처럼 늘어져서 천장의 벽지 무늬만 바라보고 있는 신세가 되었습니다. 사람들이 그 부분에 대해서 저에게 많이 물으셨습니다.

"그 때 기분이 어땠어요? 살 것 같았어요? 죽을 것 같았어요?"

그런 생각을 하는 생각의 속도보다는 육체의 고통의 속도가 빨랐습니다. 하루에 10시간씩 장기가 다 빨려져 나갈 정도로 토해야 했는데, 토하면 고통이 너무 심해서 2미터 정도 제 몸이 튕겨져 나가 뒹굴었습니다. 그래서 어머니가 제 허리를 꼭 붙잡고 토하고, 토한 것이 휴지통에 다 쌓이면 갖다 버리고 다시 새 비닐을 바꾸어 주셔야 했습니다. 이런 일이 수개월 동안 계속 되었습니다.

"어제보다 덜 아픈 오늘 하루가 되게 해 주세요."

이처럼 절박한 기도를 드릴 수밖에 없었습니다. 당연히 피아노에서는 떠나야 했습니다. 피아니스트 같은 것은 상상도 못하는 소박한 꿈을 가진 시간들이었습니다.

'아! 인생이 유한하고 나는 하나님의 피조물에 불과하다는 것을 잊고 살아왔구나. 이제 내 몸이 아프니까 그것을 알게 되었구나. 이제 진정으로 하나님을 믿고, 예수님이 다시 오심을 믿어야겠다.'

많은 분들이 암을 60세, 70세에 노환과 겹쳐 앓으십니다. 그에 비해 젊은 나이에 너무 빨리 앓은 것이 억울하지 않냐고 사람들이 종종 제게 물으십니다. 기왕 깨달을 것이면 빨리 깨닫는 것이 저에게는 행운이었던 것 같습니다. 만약 60세, 70세에 암에 걸려서 그 때부터 하나님의 기쁨과 이웃의 기쁨을 위해 살려 했다면 마음이 너무 조급해질 것 같습니다.

'이제 나에게 시간이 얼마 남지 않았다.'

그 고통의 시간은 저에게 절망감을 심어 주고 인생이 한시적이라는 것을 깨닫게 해 주었지만, 적어도 주님께서 주신 젊음 앞에 마치 천 년, 만 년 살 듯이 꿈꾸고, 오늘 하루를 살듯이 행동하면서 살게 된 아주 소중한 레슨을 받은 기간이었습니다.

너무 아파서 어느 정도 치료를 마치고, 완치도 되지 않은 채 병원에서 도망쳐 나왔습니다. 음식으로 조절을 했고, 기도와 믿음으로 그냥 버텼습니다. 정말 무지하기 짝이 없는 선택이라고 비난하는 사람들도 있었습니다.

무지하다는 말을 듣기 싫어서 자연식으로, 식이요법으로 몸을 추스르는 시간들이 있었고, 어느새 시간이 흘러서 재수도 못 하고 얼떨결에 삼수생이 되어 버렸습니다.

대학은 가야 했습니다. 무엇을 하는지는 중요하지 않지만, 적어도 대학이라는 넓은 세상에 가서 '내가 하나님 앞에서 무엇을 어떻게 할 것인지' 한 번 저를 내던져 보고 싶었습니다. 그래서 서울대 음대 '작곡이론과'에 지원을 했습니다. 제가 그 때 갖고 있었던 실력과 그 당시 소품의 피아노곡과 학력고사와 내신성적을 합쳐서 갈 수 있는 10명만 뽑는 과였습니다. 1991년에 '서울대 음대'에 합격해서 4년을 다녔습니다.

저는 서울대 음대를 '간이역 대합실'이라고 표현합니다. 서울대는 종착역이 될 수 없습니다. 서울대 아니라 그 무엇도 종착역이 되는 것은 없습니다. 제가 어디로 갈지 몰라서 잠깐 간이역에서 내려서 쉬고 있다고 생각하면서 열심히 고민했습니다.

'한 번밖에 살지 않는 삶을, 이쪽 방에서 저쪽 방으로, 삶에서 죽음으로 얼마든지 경계를 넘나들 수 있는데, 나는 우연히 이쪽 삶의 방에 남아 있다. 이유가 무엇일까? 하나님 앞에 꼭 돌려드려야 되는데….'

가슴이 방망이질을 하는데 무엇을 어떻게 해야 할지 몰랐습니다. 감사함과 두려움 때문에 고민하면서 아무 일도 안 하는 어리석음까지 범할 수는 없었습니다. 그것은 이중으로 바보가 되는 것 같았습니다.

그래서 무엇인가는 해야 되겠기에 꼬맹이들과 함께 하는 선교 봉사 활동을 '한시 미션'에서 1991년부터 시작해서 지금까지 15년 동안 하고 있습니다. 우리 꼬맹이 친구들이 KBS에 올 때, KBS분들이 저희를 못 알아보십니다. 호루라기 불어서 45명을 "이리와, 저리와" 하지 않습니다. 1대 1로 아기들 한 명에 저 같은 청년 한 명, 성인 1명, 직장인 한 명이 함께 다닙니다. 삼촌이 조카 직장 구경시켜 주듯이 슬슬 들어옵니다. 그래야 그 아이들이 서울 사람들의 구경거리가 안 되고, 서울을 제대로 구경할 수 있습니다. 이와 같은 섬김의 노하우를 하나씩 하나씩 배워가면서 기회가 되면 저들에게

'하나님의 살아계심' 을 증거 합니다. 그 아이들이 지금 살고 있는 시골은 아무런 교육의 혜택을 못 받는 곳이지만 복음의 혜택에서까지 소외시킬 수는 없기 때문입니다.

'이게 진짜구나! 피아니스트가 진짜가 아니고, 변호사가 진짜가 아니고. 오늘 암에 걸려 죽든, 감사하게 30년을 더 살든, 이 일을 하다 죽으면 후회가 없겠구나!'

그런 생각을 하게 되었습니다. 그렇게 생각을 하고 나니까, 인생의 목표가 분명해고 하늘 색깔이 달라졌습니다.

'내가 이제껏 타고 달려 왔던 기차는 하나님의 기쁨과 이웃의 기쁨을 위한 종착역에 가기 위한 기차였고, 지금 그 기차가 잠깐 고장이 났는데 다른 기차로 갈아타면 된다.'

그런데 아직 기차를 못 찾았습니다. 그래서 계속 방황하고 있었는데 음대를 졸업하던 해에 '한시미션' 에서 지금도 함께 사역하고, 제가 지금 섬기고 있는 '하이 기쁨교회' 의 담임 목사이신 조병호 목사님께서 말씀하셨습니다.

"네가 얼굴은 아니다, 몸매도 아니다. 그런데 머리는 좀 되는 것 같다. 이웃의 기쁨과 하늘의 기쁨을 위해서 정말 예리하고 힘 있는 도구 하나 가져보지 않을래?"

"그거 뭐예요. 저 징말 갖고 싶어요. 제가 건강만 된다면."

"법이라는 것이 있는데 한 번 해 볼래?"

생뚱맞기 짝이 없는 일이었습니다. 180도로 방향을 바꿔야 하는 일이었습니다. 조금만 더 똑똑해서 주판알을 튕겼으면 법을 안 해야 맞습니다. 건강이든, 그 무엇이 되었든, 제 인생 반경 100km 안에 법과 관계된 사람이 한 사람도 없었습니다. 정보의 부재였습니다. 협력해 주거나 조언해 주시는 분들이 주변에 하나도 없었음에도 불구하고 순진한 마음으로 1995년 '서울대 음대' 를 졸업하던 그 해에 신림동 자락의 여자 고시원으로 짐을 싸가지고 들어갔습니다.

법학 서적을 몇 권 샀습니다. 그것은 법학 서적이 아니었습니다. 상형문자 내지 외계인들이 써 놓은 괴문서였습니다. 전혀 읽을 수도 없고, 해독할 수 없었습니다. 그것을 읽고, 이해하고, 암기해서, 다시 제 것으로 바꿔 답안지에 써서 사법고시 채점 위원들에게 제가 바로 알고 있다는 것을 증명할 수 있을까? '미션 임파서블' 이었습니다. 5년 동안 맨땅에 헤딩을 했습니다. 맨땅에 헤딩을 하다가 2000년에 사법시험 최종 합격을 했습니다. 당시 저는 서울대 법대 4학년 재학 중이었고, '서울대 법대 대학원 특차 합격' 통지를 미리 받아 놓은 상태였습니다. 그 상태가 2000년 말에 되어 있었습니다.

제 책 201쪽에 보면 '그 정신병자 방 같은 방이었다' 라고 묘사하고 있습니다. 고시원 방의 모습인데, 환기할 수 있는 틈만 남겨 두고, 방바닥은 자야 되니까 빼고 나머지 다섯 면 전체에 천장까지 포함해서 암기 사항으로 전부 도배가 되어 있었습니다. 시험을 끝내고 와서 그것을 떼어내는데 두 시간이 걸렸습니다. 버리는 쓰레기 처리 비용이 2만원이 들 정도였습니다. 그렇게 암기 사항을 모두 붙여 놓고, 눈을 감는 그 순간까지, 자는 그 순간까지 외웠습니다. 그렇게 하지 않고는 쫓아갈 수가 없었습니다. 몸이 힘들면 자야 했고, 아프면 아파야 했고, 그런 시간들을 보내고 소중한 합격의 결실을 맺었습니다.

대부분의 성공 스토리는 여기서 끝나야 됩니다. 그런데 제 생각에는 바로 이 지점까지는 "저 기차 올라탔어요."라고 말하는 그 순간이 아닌가 싶습니다. 그럼 다시 물어야 합니다.

"그 기차 어디 가는데요? 광주로 가요? 부산으로 가요?"

"하나님의 기쁨과 이웃의 기쁨을 위해 열심히 달려 보려고요."

"그 기차는 좋은 기차야, 아무나 타는 것이 아니야. 기차를 잘 탔으면 그 기차를 타게 해 주신 분께 합당하게 살아야 돼."

그 말씀이 오늘도 제 가슴에 방망이질 치게 하고 있습니다. 음악 공부는 20년 했고, 법학 공부는 올해로 시작한지 딱 10년이 되었습니다. 30년을 그렇게 20년과 10년으로 나누어 살았습니다.

음악은 사회로부터 한참 앞에 있습니다. 사람들이 때로 얼굴을 시커멓게 칠하고 '호주제'가 나쁘다고, 또 어떤 법이 안 좋다고 길거리에서 퍼포먼스를 하면서 사람들의 가슴을 자극합니다.

'어? 이런 제도가 있었어? 이런 제도에는 이런 허점이 있네.'

시대정신을 예술 매체가 반영해서 사람들을 자극합니다.

'저것은 잘못된 거였대, 이것은 이렇게 바꿔야 좋대."

사람들의 의견을 모으고 합의를 도출합니다.

'아! 그러면 이제 법을 바꿔야 되겠구나!'

사회적으로 법이 그것을 정의해 줍니다.

음악이 사회 앞에서 사회를 이끌어 가 준다면, 인간의 행동 양태가 어느 정도 축적되고, 규율된 이후에 정말로 법제도를 고쳐야 될 필요성, 만들어야 될 필요성, 없애야 할 필요성이 생겼을 때, 많은 검토와 합의 도출 과정을 거쳐서 검증을 거친 이후에 법제도를 바꿉니다. 앞의 예술의 모습은 보기 싫으면 안 보고 지나가면 그만이지만, 법은 한 번 적용되면 모든 사람에게 그대로 적용됩니다. 그렇게 사회적으로 법이 따라가게 되어 있습니다.

어쩌면 예술과 법이라는 스펙트럼 안에 그 창조성과 안정성, 실험성과 공정성 등 사회의 속성들이 모두 들어 있는 것 같습니다. 제가 그 모든 것을 알려고 처음부터 피아노 치고 중간에 아팠다가 법 공부를 하게 될지는 몰랐었습니다. 그냥 제 앞에 닥친 것, 제 수준의 얄팍한 믿음으로 하나님과 끙끙대면서 사랑탑을 쌓아가다 보니까 그 스펙트럼이 조금씩 보이기 시작했습니다. 너무나 감사한 일이고, 저에게 주어진 특권이 아닐 수 없습니다.

특권을 먹은 사람은 꼭 사명으로 뱉어내야 합니다. 특권을 먹고 사명으로 뱉어내지 않으면 특권을 먹은 사람은 소화불량이 되고 맙니다. 특권을 먹지 못하고 특권을 먹고 있는 사람을 바라보는 사람은 배가 고픕니다. 그 불균형 때문에 사회에 많은 어려움이 있는 것 같습니다.

제가 이렇게 서 있다는 것만으로도 국내에 있는 35만 명의 암환자들이 큰 위로를 받을 것입니다. 그 일도 제가 책을 쓰게 된 소중한 이유 중에 하나였습니다.

"암에 걸렸다가 나아서 제가 이렇게 걸어다닙니다."

그러면 걸어다닐 수 있는 희망이 생깁니다.

"저 운전면허 땄습니다."

그러면 운전면허 딸 희망이 생깁니다.

"대학교도 갈 수 있습니다."

대학교에 갈 희망도 생깁니다.

"사법시험도 붙었고, 변호사도 할 수 있습니다."

이런 희망에까지 사람들을 끌어올릴 수 있다면, 오늘도 '나에게 주님이 주신 구역은 침대 사각형뿐이로구나!' 하고 누워 계신 그 분들에게 말로 다 할 수 없는 새 소망의 희망이 될 것입니다. 나아가 현재 제가 '피아노 치는 변호사'가 되었다는 이 사실 하나만으로도 시사하는 바가 큽니다.

'응, 그래 됐어. 끝이야. 여기까지 해 주셔야 하나님이 감사한 거야.'

이런 고백에서 벗어나 과연 그렇게 하신 이유가 '내 이후의 삶을 주관하시는 하나님의 더 깊은 뜻이 있다'는 것을 저 스스로 견책하고 권면하면서 그 희망을 다른 사람들에게 법으로든 음악으로든 더 나누어 드리는 것, 그 모습이 제 '넥스트' 안에 있기를 하나님 앞에 간절히 소망합니다.

그리고 현재 어려움을 겪고 계신 많은 분들께서 이렇게 말하시길 바랍니다.

"박지영 변호사도 별거 아니었네. 아팠다가 다 나아서 저렇게 살잖아. 나도 힘내 보자."

아파서 누워 있는 환우들을 위해 병원에 가서 조율이 제대로 되지 못한 기타로라도 반주해서 찬송가를 불러 주세요. 음악을 20년간 했으니까 제 귀가 굉장히 예민합니다. 연주할 때 반음이 떨어지면 못 참습니다. 그런데 환자로 누워 있을 때는 조율이 되지 않은 기타 반주로 찬송을 불러 주는 것이 너무 좋아서 링거병을 들고 나가곤 했습니다. 링거병을 세울 데가 없으면, 링거병을 높이 들 힘이 없어서 밑으로 듭니다. 그러면 피가 링거병으로 들어갑니다. 링거병에 피가 역류하는 것을 알면서도 그 찬송을 들으려고 나가서 듣곤 했습니다.

지금 현대 사회를 살면서 방송의 힘은 특권이라고 생각합니다. 어떻게 하나님을 잘 방송할까? 어떻게 예수님을 잘 광고할까? 함께 고민하고 실천하시기 바랍니다. 우리의 실천이 없으면 다른 사람들이 하나님을 알 수 없습니다. 내가 받은 사랑을 표현하지 않으면 다른 사람들이 알 수 없습니다. 예수님을 가장 잘 피알 하고, 예수님이라는 코드를 어떤 곳에든 집어넣어 '트로이 목마' 를 만드셔서 사람들에게 보여 주시는 분들이 되셨으면 좋겠습니다.

'피아노 치는 변호사' 가 되는 것, 연출가가 되는 것, 작가가 되는 것은 베이스캠프를 친 것에 불과합니다. 베이스캠프를 친 것은 KBS 9시 뉴스 헤드라인에 안 뜹니다. 그런데 우리는 베이스캠프 친 것에 박수치는 시대에 살고 있습니다. 베이스캠프를 친 것은 이제 기초만 다진 것이고, 산봉우리에 올라가서 만나야 합니다. 산봉우리는 하나님의 기쁨과 이웃의 기쁨이 실천되는 곳, 소외되고 어두운 곳, 나의 감정과 나의 시간과 나의 노력을 조금이라도 희생해서 그분들과 나누고, 그곳에서 우리의 착한 행실로 하늘에 계신 아버지께 영광을 돌려야 합니다.

"이제야 똑똑히 알았네, 하나님이 만 천하에 한 분뿐인 하나님이시라는 것을"

그곳에서 저와 여러분 사이에서 흘러나오는 많은 간증을 사람들이 듣고 이처럼 고백할 수 있도록 계속 헌신해야 할 것입니다. 하루를 더 살든, 30년을 더 살든 우리는 끝없이 도전해야 할 것입니다.

(2005. 4. 8)

너의 행사를 여호와께 맡기라 잠 16:3

조성희(방송인, 1995년 월드 미스 유니버시티 아시아 대표, 극동방송 '푸른초장' 진행)

간증해 달라는 요청을 받았을 때, 저는 아직 30대 중반밖에 안 되었고, 간증은 뭔가 죽음의 고비를 맞고 파란만장한 역전의 드라마틱한 것이 있어야 하는데 그런 것도 없고, 분주하기도 해서 사실 많이 망설였습니다. 그 순간에 제가 주님께 "주님, 제가 어떻게 하는 것을 원하십니까?" 기도했을 때 주님께서는 "담대히 내가 너에게 한 일을 선포하라"는 말씀을 주셨습니다.

저는 지금 다른 방송에서 방송을 진행하고 있지만, 방송 선교의 사명을 주신 곳이 이 KBS였습니다. KBS를 통해서 제가 비전을 받았습니다. 저는 지금 현재 극동방송에서 '양육의 시간, 푸른 초장'을 진행하고 있습니다. 저는 말씀을 몸으로 표현하는 '무용 예배'를 합니다. 하나님께서는 제게 무용의 은사를 주셨습니다. 저는 모태 신앙이었고, 저의 어머님은 제가 열두 살 때 직장암으로 돌아가셨습니다. 저의 어머니께서는 친가에 시집 오셔서 친가와 시댁의 영혼을 모두 구원하시고 돌아가셨습니다.

어머니의 죽음이 저에게는 큰 어려움이자 고난이었습니다. 제가 파란만장한 역전의 삶을 살지는 않았지만, 그래도 하나님께서 제가 감당할 만한 고난을 주시고, 그 고난 가운데 주님을 만나게 해 주셔서 피할 길도 허락하셨습니다.

"가는 비에 옷 젖는다."는 속담이 있습니다. 이슬비처럼 내가 비를 맞는지 안 맞는지 느끼지 못하지만 결국 속옷까지 젖어 버립니다. 이슬비처럼 은혜를 내려 주심으로써 지금은 정말 주님이 아니면 저는 살 수가 없을 정도로 은혜의 강으로 인도해 주셨습니다.

어머니가 직장암으로 돌아가신 열두 살 때부터 제가 하나님을 다시금 만나는 스무 살 때까지 저는 밤마다 어머니에 대한 그리움으로 베개를 꾹 누르면 배인 눈물이 나올 정도로 매일 밤을 울다시피 하면서 어둡고 그늘진 아이로 성장했습니다.

스무 살 때 제가 이화여자 대학교 무용과를 입학했습니다. 이화여자대학교 무용과라면 서울대, 연세대, 고려대에 무용과가 없기 때문에 무용과로서는 대단한 자존심을 가지고 있습니다. 저는 고등학교 2학년 12월 21일날 처음으로 발레 학원에 가서 무용을 시작했습니다. 1년 정도 무용을 배우고 이화여자대학교 무용과를 갔는데, 그것은 제 힘이 아니었습니다. 정말 하나님의 능력 때문이었습니다.

제가 91학번인데 1년 동안 무용 연습을 열심히 하기는 했지만, 하나님께서 우리 각자에게 계획하심이 있듯이, 그 전부터 하나님이 저를 향한 무용가로서 계획하심이 있으셨음을 새삼 깨닫습니다.

제가 초등학교 5~6학년 때 저와 가장 친한 친구의 아버지가 발레학원 원장님이셨습니다. 학교 앞에 그 발레학원이 있었습니다. 학교 수업이 끝나면 저는 그 친구와 함께 그 발레 학원에 가서 놀곤 했습니다. 정식으로 배우지는 못했지만 그 학원에 2년 동안을 어깨너머로 여러 동작들을 따라하면서 놀았는데, 그 놀이를 하면서 제 몸이 무용가로서의 몸으로 만들어지고 있었던 것이었습니다. 그리고 중학교, 고등학교 때 무용 선생님께서 무용 수업 시간에 저를 보시고 무용을 하면 어떻겠냐고 권유를 하셨습니다. 저의 아버지께서는 반대를 하셨습니다. 저희 집은 굉장히 보수적인 집안이었고, 할아버지도 국회의원을 지내시면서 예술 계통에 대해서는 '딴따라' 라고 말씀을 하시면서 절대로 그런 생각도 품지 못하도록 단속하셨습니다.

고등학교 1학년 때 무용을 하고 싶어 했던 초등학교 때의 기억들이 되살아났습니다. 무용을 하지 않고 인생을 살아간다면 너무나도 후회할 것 같은 마음을 하나님께서 주셨습니다. 그래서 1년 동안 단식 투쟁도 하고, 금식 기도를 하면서 아버지를 설득시켰습니다. 결국 아버지께서 허락하셔서 고등학교 2학년 12월 21일 발레학원에서 처음으로 정식 슈즈를 신고 타이즈를 입고 무용을 하게 되었습니다.

저는 '이리여고'를 졸업했습니다. 그 때는 이리, 군산, 전주를 통틀어서 무용학원이 단 한 군데밖에 없었습니다. 그때 저를 가르친 분은 국립발레단 단원이었던 선생님이셨는데 처음으로 무용을 하는 저를 보시고 말씀하셨습니다.

"너는 거짓말을 하는 거다. 한 3년 정도 어디서 무용 훈련을 받고 온 것 같은데 어떻게 처음 했다고 하냐?"

그 많은 고등학교 3학년 입시생 언니들이 있었는데 발레 동작을 저에게 시범을 보이라고 할 정도로 하나님께서는 저를 위해 예비해 주셨습니다. 그래서 저는 정말 고등학교 3학년 때 1년 정도 무용을 하고 이화여대 무용과에 입학할 수 있었습니다. 주님께서 허락해 주신 것이기 때문에 사실 저는 굉장히 열심히 연습을 했습니다. 정말 '월경'까지 끊길 정도였습니다. 한의사 선생님이 저의 모든 신체 리듬이 깨졌다고 했습니다. 제가 10의 힘을 쓸 수 있는 힘이 있다면, 20~30의 힘을 써서 모든 리듬이 깨졌다고 했습니다. 주님께서는 그런 힘을 제게 주셨어요.

사실 저는 모태 신앙이었지만, 모태 신앙도 하나님을 다시금 경험하는 거듭남이 필요합니다. 저는 어머니가 돌아가시기 전에 집에서 가정 예배도 드렸었고 너무나도 습관적으로 교회 생활을 했습니다. 그래서 고등학교 3학년 때까지도 오히려 하나님이 누구이신지도 몰랐고, 하나님이 가슴으로 느껴지지 않았었습니다. 그런데 하나님께 기도했던 습관이 있었기 때문에 독서실을 다니면서, 새벽 기도 제단을 쌓으면서, 들리지 않고 느낄 수 없는 하나님께 계속 기도를 했던 것입니다.

"주님, 제가 이화여대 무용과를 가게 해 주세요."

들리지 않고, 보이지 않고, 느낄 수 없는 하나님께서는 저에게 소망을 주셨습니다.

제가 지방인 이리여고를 다녔고 그것도 무용을 1년만 배워서 이화여자대학교 무용과에 들어간다는 것은 불가능한 일이었습니다. 그런데 그때 당시에 91학번이 부정 입학 사건이 일어나 사회적으로 물의를 일으켰습니다. 이화여자대학교에 있는 무용과 교수님들은 다른 대학교의 무용과의 교수님들의 대모와 같습니다. 아무리 실력이 있어도 연줄이 없으면 입학이 불가능하다는 그런 시절에 저는 하나님의 도우심으로 91학번에 입학하게 되었습니다. 저는 이화여대가 미션스쿨이었는지도 몰랐습니다.

어느 날 채플 시간에 들어갔는데 조명이 있고, 무대 세트가 있었습니다. 저는 그때 엄청난 충격을 받았습니다. 바로 무용으로 예배를 드리는 무용예배를 처음 경험하고 은혜를 너무나도 많이 받았습니다. 그 후에 제 발로 '에벤에셀' 이라는 무용 예배 서클에 들어가서 4년 동안 '돌아온 탕자', '욥', '메시아' 를 역할을 맡으며 몸으로 성경 말씀을 선포할 기회를 얻었습니다.

하나님께서는 자기의 주신 은사대로 온몸으로 드리는 찬양을 받기 원하십니다. 저는 4년 동안 무용 예배를 통해서 무용 선교에 대한 비전과 사명을 갖게 되었습니다.

그런데 현대 무용이라는 저의 전공을 저는 놓지 못하고 있었습니다. '무용 선교' 와 '현대 무용' 이라는 갈림길에서 저는 훌륭한 무용수가 되고 싶다는 욕심을 붙잡고 있었습니다.

대학교 4학년이 되었을 때, 하나님께서 제 무릎을 치셨습니다. 무용 동작뿐 아니라 무릎을 구부리는 것조차 안 되었습니다. 너무나 통증이 심했습니다. 걸어다니는 것조차 너무 아팠습니다. 대학교 4학년 때는 5~6개월 동안을 공강마다 침을 맞고 내내 견학만 했습니다. 저는 현대 무용도 굉장히 열심히 했습니다. 저는 어렸을 때부터 무용을 했던 사람이 아니었기 때문에 대학교에 들어가서 싫증이 나거나 질리는 것이 아니라 더욱 좋아했습니다. 무용 예배뿐만 아니라 제 전공인 현대 무용도 너무나도 좋아했는데, 하나님께서 그것을 막으셨습니다. 무용수는 몸이 도구인데, 몸이 안 되었습니다. 그러니까 제가 자연스럽게 그것을 포기하고 본 대학으로 가지 않고 교육대학원으로 진로를 바꾸었습니다.

"주님! 제게 주신 달란트는 무용으로 찬양하는 선교 무용으로만 하겠습니다."

제가 대학원을 본 대학으로 가는 모든 계획을 포기하기로 결단했을 때, 하나님께서 무릎을 낫게 해 주셨습니다. 제가 일 년 동안 집에서 꾀병을 부린 것처럼 하나도 아프지가 않았습니다. 한 시간을 조깅을 해도 끄떡없는 너무나도 강건한 무릎이 되었습니다.

제가 더 이상 현대 무용을 할 수 없었고, 선교 무용에 대해 비전을 가지고 있었지만 아직 길을 찾지 못할 때였습니다. 그 때 마침 '미인 대회' 에 참가할 수 있는 기회가 생겼습니다. 그 때 제가 하나님한테 기도했습니다.

'하나님, 제가 방송이라는 것을 통해서 전도하길 원합니다. 많은 사람들이 방송이라는 것이 얼마나 큰 영향력을 미치는 것을 알잖아요. 때로 정치하시는 분들도 방송을 이용하잖아요. 저는 전도할 때 이 방송을 이용할 게요. 수단으로 저에게 주셔요.'

미인 대회에 나가게 되면서 전도할 수 있는 길이 생겼습니다. 미인 대회에 나가서 한국 대표가 되고, 아시아 대표가 되면서 방송의 문이 열렸습니다.

처음에는 MBC의 "주병진 나이트 쇼"의 오프닝 MC와 같이 자질구레한 것부터 경험을 하게 되었습니다. 육칠 개월 정도 방송을 경험했을 때, 저는 방송에 대해 회의를 느끼기 시작했습니다. 너무 힘들었습니다. 방송이 저하고 너무 안 맞는다는 것을 깨달았습니다. 하나님께 서원했던 것도 까마득하게 잊어버렸습니다. 그 때 결혼 프러포즈를 받았습니다. 마침 배우자를 위한 기도를 대학교 1학년 때부터 하라는 목사님의 말씀에 순종하고 기도해 왔었습니다. 교수님을 통해서 만나게 해 주신 배우자가 하나님께서 응답해 주신 것이라고 저 혼자 착각을 했었습니다. 하나님께 기도했던 방송의 끈을 놓고 제가 결혼하려고 했을 때, 주님께서 저에게 정말 순탄한 길을 주시지 않았습니다. 우울증에 걸릴 정도로 결혼이 성사되지 않았고, 극심한 아픔과 고난 가운데 있었을 때, 기도원에 가서 울부짖었습니다. 밥은 물론이고 물도 안 먹고 주님께 부르짖었습니다. 제가 그렇게 울부짖고 기도원에서 내려와서 집에 있었는데 너무나 견딜 수가 없어서 이대 후문에 있는 교회에 가서 초저녁인 8시부터 다시 기도를 시작했습니다. 하나님께서 그 때 처음이자 마지막으로 세미한 음성을 들려 주셨습니다. 우리가 응답을 받을 때 말씀으로 응답받을 수 있고, 사람을 통해서 응답받을 수 있고, 환영을 통해서 응답받을 수 있지만, 주님의 음성은 저에게는 그 때가 처음이자 마지막이었던 것 같았습니다. 정말 죽기 아니면 살기로 부르짖을 때 주님은 만나 주신다는 것을 알았습니다. 주님이 세미한 음성 가운데 말씀하셨습니다.

"두려워하지 말라, 내가 너와 함께 함이라."

1년 6개월 동안 방송 출연 차단을 저 스스로 했습니다. 유니버시티를 통해서 들어온 섭외도 다 막았습니다.

"저는 결혼할 것입니다. 미국에 갈 것입니다."

핑계를 대면서 모든 방송 섭외를 가로막고 있었습니다. 주님께서 음성을 들려 주셨을 때, 제가 집에 갔더니 전화 자동응답기에 녹음이 되어 있었습니다. '기차 타고 세계 여행' 이라는 KBS 프로그램 담당 프로듀서라고 하면서 저를 일곱 번이나 찾는 전화였습니다. 사실 1년 반 동안 방송 안 한다고 한 저를 기억한다는 것 자체가 기적이었습니다. 그 후 저는 '기차 타고 세계 여행' 을 위해 이태리에 가게 되었습니다. 거기서 제가 객관적으로 제 모습을 보게 보고 마음의 정리를 했습니다. 그리고 슈퍼 탤런트 광고가 TV에 나왔을 때, 연기도 준비되지 않았고, 아무 준비가 되어 있지 않은 사람인 제가 슈퍼 탤런트 공채로 들어가게 되었습니다.

하지만 드라마를 6~7편을 했을 때 또 벽에 부딪쳤습니다. 크리스천으로서 왜 이런 것들을 신앙을 잃어버리면서까지 해야 하는가? 드라마 연기를 하다 보면 때때로 크리스천으로서 소화하기 힘든 부분들이 있습니다. 그런데 하나님께서 저를 교양 프로로 인도해 주셨습니다. '세상의 아침', '좋은 아침입니다.' 해외 리포터를 통해서 제가 단기 선교를 포함해서 제가 방문했던 해외 나라가 30여 나라가 되었습니다. 그곳에 가서야 제가 해외 리포터로 가게 하신 이유를 알게 되었습니다. 정말 희한하게 통역하시는 분이 선교사나 신학생이어서 자메이카, 케냐, 아랍권, 터키 등 그곳의 선교지를 보게 하시고 선교지를 품게 하셨습니다.

저는 터키를 두 번 방문했었습니다. 첫 번째로 갔을 때는 40일 코스에 일곱 개국을 도는 여행 중 첫 번째 나라가 터키였습니다. 그 때 그리스에서 하얀색의 옷을 준비해 달라는 요청이 있었기 때문에 하얀 워십복 비슷한 옷을 입었고, 제가 들으려고 워십 찬양 CD도 가지고 갔습니다. 여행 통역 코디네이터가 터키의 신학교를 다니는 학생이었는데 월요일에 여행을 시작하면서 인사를 나누었습니다.

"저는 신학생이고 교회에서 전도사로 섬기고 있어요."

"저는 예배 무용가로 워십을 인도하는 사람입니다."

그러고 삼사 일이 지났습니다. 금요일 아침에 제가 새벽부터 화장을 하며 준비를 하고 있었는데 마음속에 하나님께서 워십을 하라는 마음을 주셨습니다. 이상한 일이었습니다. 원래 저는 누가 먼저 다가와서 부탁하기 전에 나서서 무엇을 하겠다고 나서는 성격이 아닙니다.

그런데 그날 아침에 통역 코디네이터가 다니는 신학교 출신의 지역장이 와서 제가 너무도 조심스럽게 말했습니다.

"저기요, 제가 워십을 하는 사람인데요. 혹시 원하시면 제가 그 교회에서 워십을 하고 싶어요."

뜻밖에도 제 말을 듣자마자 그분이 눈물을 글썽글썽해졌습니다. 월요일에 처음 만나서 제가 예배 무용하고 워십을 하는 사람이라는 것을 들었을 때부터 교회에서 합심을 하여 기도를 했답니다. 성령이 한 성령이시기 때문입니다. 그 기도를 하나님은 들어 주셨고, 거기에서 워십 사역을 하면서 3개 국어로 통역이 되었습니다. 중국 사람들도 있고, 싱가포르 사람들도 있고, 터키 현지인들도 있었습니다. 많은 교인들이 있는 교회는 아니었지만, 아랍권이자 이슬람권에서 워십으로 하나님을 찬양하면서 은혜의 눈물을 경험하게 해 주셨습니다.

제 남편은 성형외과 의사입니다. 남편을 만나고 두 달 만에 저는 결혼을 했습니다. 저도 사실 이해를 못합니다. 몇 달 만에 결혼했다는 사람 이야기를 들으면 '봄, 여름, 가을, 겨울은 겪어봐야지 어떻게 몇 달 만에 사람을 알아?' 이렇게 말했던 사람이었습니다. 저는 12년 동안 배우자 기도를 해 왔는데 하나님의 은혜 가운데 지금의 남편을 소개받게 되었습니다. 남편도 그때 당시에 예수님을 몰랐지만, 교회를 6개월 정도 다니고 있었던 상태였습니다.

그런데 저는 고민이 되었습니다. 하나님을 잘 믿는 분도 아니고, 하나님을 6개월 정도 믿었다고 하지만 너무 초신자였습니다. 병원에서 제 남편을 전도하기 위해 어떤 분이 새벽 기도 제단을 3년이나 쌓았다고 합니다. 그래서 남편의 마음이 뭔가 하나님이라는 존재에 대해서 귀를 열게 되고, 하나님이라는 존재가 있다면 내가 뭔가 표현을 해야 되겠다 하는 감사의 신앙에서 교회를 다녔을 뿐이지, 전혀 예수 그리스도의 부활이 믿어진 것도 아니고, 예수님이 우리의 죄 때문에 십자가를 짊어지셨다는 확고한 믿음을 선물로 받지 못한 상태에서 만났습니다.

소개팅을 해서 만나자마자 서너 시간을 신앙 이야기만 했습니다. 둘이 함께 이렇게 기도했습니다.

"주님, 제가 저 사람의 구습을 감당하지 못할 지도 모릅니다."

저는 불안했습니다. 그런데 남편 또한 그 때 예수님을 잘 모르지만 기도

했다고 합니다. 고난주간을 맞으면서 제가 새벽 기도를 같이 다니자고 제안을 했습니다. 그 새벽 기간을 통해서 하나님께서 남편에게 은혜를 부어 주시고 부활주일날 성령을 체험하게 해 주셨습니다. 성령 체험을 통해서 눈물 한 방울 없었던 남편이 눈물 콧물 다 쏟으며 우리의 죄 때문에 십자가 못 박혀 죽으신 예수님을 만나게 되었습니다.

"누구든지 그리스도 안에 있으면 새로운 피조물이라. 이전 것은 지나갔으니 보라 새 것이 되었도다."(고후 5:17)

저는 '하나님이 하실 일들을 바라보라' 는 그 음성 하나에 의지하여 너무나도 용감하게 두 달 만에 결혼을 했습니다.

남편이 하나님에 대한 열정이 굉장히 뜨거웠지만 아직 초신자이고 영이 아직 어렸습니다. 그런데 멘토와 마찬가지로 영적으로 영향력을 미쳤던 어느 분이 굉장한 실수의 말을 했습니다.

"하나님이 성형 수술과 같은 미용 수술을 굉장히 싫어하십니다."

그 말을 듣고 남편이 결심을 했습니다.

"그러면 앞으로 오는 환자는 받지 않겠습니다."

결혼을 하고 두 달 만에 시련이 찾아왔습니다. 남편은 제 말은 신뢰를 하지 않았습니다. 제가 무슨 말을 하면 무시하고 다른 사람의 말에 더 귀를 기울였습니다.

"환난 날에 여호와께서 네게 응답하시고 야곱의 하나님의 이름이 너를 높이 드시며 성소에서 너를 도와주시고 시온에서 너를 붙드시며 네 모든 소제를 기억하시며 네 번제를 받아 주시기를 원하노라(셀라) 네 마음의 소원대로 허락하시고 네 모든 계획을 이루어 주시기를 원하노라. 우리가 너의 승리로 말미암아 개가를 부르며 우리 하나님의 이름으로 우리의 깃발을 세우리니 여로와께서 네 모든 기도를 이루어 주시기를 원하노라."

(시 20:1-5)

'환난 날에 여호와께서 네게 응답해 주시고 도와주시겠다.'

제가 이 말씀을 붙들고 기도했을 때 하나님께서 너무나도 감사하게 만남의 축복을 주셨습니다. 혹시 김동환 목사님의 『다니엘 학습법』이라는 책을 읽어 보셨는지 모르겠습니다. 그분의 어머니 박삼순 전도사님의 딸이 어머니의 교통사고의 흉터를 제거하기 위해 모시고 왔습니다. 안 간다고 안 간다고 하는 것을 "엄마 소원이다" 하면서 모시고 왔습니다. 그분과의 만남의 축복을 하나님께서 주셨습니다. 김동환 전도사님이 우리 병원에서 예배를 드려 주시면서 말씀을 전해 주셨습니다.

"미용 성형, 하나님이 좋아하시지 않으니까 떠나야 된다."

이런 말들을 기드온에게 응답하셨던 설교 말씀을 통해서 말씀으로 정립해 주셨습니다. 정말 하나님은 질서의 하나님이셨습니다. 하나님께서 그 일을 원하신다면 어떤 예언을 통해 확증하게 해 주셨습니다. 그 주일날 목사님의 설교는 하나님께 기도의 응답을 받는 법을 알게 해 주셨습니다. 그래서 남편이 누구의 말이나 예언이 아닌 말씀으로 들어가기 시작했습니다. 처음 된 자가 나중 되고, 나중 된 자가 처음 된다는 말씀처럼 남편이 말씀을 읽어가는데 실을 꿰는 것 같았습니다.

2004년도에 병원을 삼성동에서 압구정동으로 이전을 하면서 예배를 드렸습니다. 그리고 기도 수첩에 기도 제목을 적었습니다.

"주님, 성형을 하려고 오는 많은 분들 중에는 마음이 공허하고 마음에 상처가 있는 분들이 많은데, 제 남편이 외모를 아름답게 하는 것에 그치지 않고 그 영혼까지도 구원하게 해 주시고 그 영혼의 아름다움을 고쳐 주는 의사가 되게 해 주세요."

너무나 감사한 것은 남편의 입술을 통해서 환자들이 마음을 잘 열었습니다. 환자들은 의사의 말을 들을 수밖에 없잖습니까. 남편이 복음을 전하고 환자들이 주님을 영접하게 되면서 병원에서 이러한 사역들이 이어졌습니다.

한 달 전쯤 극동방송에서 갑자기 '해피 패밀리' 라는 프로그램에 나와 간증을 해 달라는 요청을 받았습니다. 그래서 제가 스케줄을 정하고 가서 남편에게 꾸지람을 들었습니다.

"아니, 전도는 누구나 다 하는 것인데, 자칫 잘못하다가는 병원 홍보하는 것도 아니고, 조심스러운 것을 왜 하려고 하오?"

그래서 제가 다시 기도했습니다.

"하나님, 전도하는 것은 누구나 다 하는 것이고 이것이 특별할 것이 없다면 무엇을 원하십니까?"

너무나도 희한한 기적이 일어났습니다. 그 스케줄을 잡은 뒤에 두 주에 걸쳐서 환자들에게 특별한 일들이 벌어졌습니다. 두 주 동안 일어난 일들 중에 두 분의 사례만 소개합니다.

어떤 분이 부산에서 수술을 받으러 오셨습니다. 저희가 직원 예배 때 그 분에게 간증을 부탁해서 직접 들었던 이야기입니다. 그분은 예수님의 '예' 자도 잘 모를 정도로 하나님에 대해 전혀 몰랐던 사람입니다. 누가 권유해서 교회에 딱 다섯 번을 가셨던 분입니다. 그분이 수술을 하게 되어 마취를 하였습니다. 전신마취를 하면 칼로 째도 모르고 망치로 두드려도 모릅니다. 영혼이 너무 눌려 있거나, 마음의 상처가 있는 분들은 마취 중에 영적인 현상이 나타나시는 분들이 있습니다. 교회에서 통성기도하는 것에 대해 너무 거부감을 느껴서 '나는 교회 체질이 아닌가 봐' 라고 했던 그분에게 하나님께서 수술대 위에서 천국을 경험하게 해 주셨습니다. 그분에게 남에게 말못하는 여러 가지 십자가가 있었나 봅니다. 자녀에게 자폐 증세가 조금 있었다고 합니다. 병원에 가서 진단을 받아보면 자폐증은 아닌데, 어머니가 그 아이를 사랑으로 감싸 주지 못하는 것이 아이에게 항상 불만이었나 봅니다. 보통 수술에서 깨어나면 4~5시간 수술을 받기 때문에 힘이 없어서 비실거립니다. 그분은 수술에서 깨어나자마자 눈에서 빛이 났습니다. 안 믿는 간호사들한테 이렇게 말씀하셨습니다.

"예수님을 믿어야 해요. 천국은 확실히 있어요."

그분이 간증을 들어보았더니, 전신마취를 한 다음에 수술대에 자기의 육신이 있었고 영혼이 입신을 했습니다. 영혼이 보니 수술대 위에 자기 몸이 있는 것을 보고 자기가 의료사고가 나서 죽은 줄 알았답니다. 그런데 그가 본 천국은 말로 표현할 수 없을 정도로 너무너무 아름다웠다고 합니다. 하나님께서 세포 하나하나에 깨달음을 주시는데 초신자로서는 할 수 없는 말씀을 하셨습니다.

"네 아이에게 십자가를 허락한 것은 내가 너로 하여금 축복을 주기 위함이다. 네가 진심으로 기도하면 내가 그 아이를 낫게 해 주겠다."

이런 약속을 받았답니다. 그분이 수술을 받고 난 후 180도로 틀려졌습니다. 잠도 자지 않고 먹지도 않고 한 시간, 두 시간, 일주일 내내 성경 말씀만 읽었습니다.

또 어떤 분은 자신의 경험이 너무나도 귀한 경험이기 때문에 나중에 잊지 않기 위해서 글로 써 주셨습니다. 그분들의 글 몇 부분만 말씀드리겠습니다.

'정현숙' 이라는 분입니다. 이 분은 2005년 8월에 이물질 제거 수술을 하러 와서 2006년 2월에 수술 날짜를 잡고 가셨습니다. 2005년도에 제 남편이 성경책을 드리면서 교회에 나가라고 전도를 했었고, 2006년도 2월에 수술을 받기 위해 오셨는데 교회를 나가셨냐고 물었더니 교회에 나가지 못했다고 대답을 했다고 합니다. 그런데 그날 그분의 컨디션이 안 좋으셨나 봅니다. 수술 전에 사진을 찍는데 어지럼증을 보였습니다.

"오늘 수술은 불가능하니까 집에서 요한복음을 읽어 오시면 좋겠습니다."

그분이 집에 가서 요한복음을 읽었을 때 계속 재잘재잘 귓가에 이상한 소리가 들렸답니다. 요한복음에는 예수님께서 말씀하신 부분이 많습니다. 계속 강의하는 소리들이 들려서 이웃집의 언니에게 말했더니, 그럴 때는 예수 그리스도의 이름으로 쫓으라고 가르쳐 주었다고 합니다. 그날 밤에 잠을 잘 때 그분의 하반신을 시커먼 것들이 짓누르고 자기 안에 있는 흑암의 세력들을 보게 되었습니다. 너무나도 두려워서 남편을 깨울 수도 없었다고 합니다.

"예수 이름으로 물러갈지어다."

이웃집 믿는 언니의 말대로 세 번을 외쳤답니다. 그랬더니 하반신에서 시커먼 것들이 빠져나가는 것이 느껴지면서 그 다음부터는 요한복음을 읽는데 소리가 안 들렸다고 합니다.

그러면서 수술할 때 그 분도 천국을 경험했습니다. 그분이 쓴 글입니다.

"나는 수술을 하기로 결정했다. 수술대 위에 올라가서 마취가 되는 것을 느끼자마자 하나님 나라를 다녀왔다. 하나님 나라에서도 나는 생각과 느낌을 신기하게도 따로 알 수 있었고, 지금 내가 수술대 위에 누워 있다는 것도 순간순간 생각하고 있었으며, 하늘나라와 수술대 위를 몇 번씩 왔다 갔다 하고 있었다. 그 때마다 놀랍도록 황홀한 빛의 통로를 통과하는 것이었다. 십자가 밑에서 검은 머리 외국인이 올라타는 첫 모습, 뒷모습이 첫 장면이었다. 내 나이 서른일곱 살인데 영화롭고 거룩하다는 것이 무엇인지 아직까지 몰랐었다. 이제야 '영화롭고 찬란하고 거룩하다는 단어의 느낌들이 이런 것이로구나.' 하고 처음으로 느꼈고 이런 말을 내 입으로 사용하고 있는 것이었다. 신비 그 자체이다."

그분은 말로 표현할 수 없다는 말을 하면서 천국에 대해서 자기가 경험한 것들을 이야기했습니다. 몇 달이 지난 뒤 며칠 전에 병원에 오셔서 후일담을 들려주셨습니다. 정말 믿지 않는 이 가정이 남동생이 믿고, 올케가 믿고 가족들이 모두 구원을 받게 되었다고 합니다. 그것도 하나님이 하셨다고 고백했습니다. 올케한테 성경책을 주었는데 올케가 성경책을 거들떠보지도 않다가 올케에게 교통사고가 나서 꼼짝없이 두 달 동안 병원에서 할 일이 없으니까 그 성경책을 보게 되면서 교회에 나가게 되었다고 합니다. 이렇게 그 가족을 향한 하나님의 구원이 이루어지고 있다는 소식을 들었을 때 너무나 기뻤습니다. 그 분은 정말 그 전과 이후에 얼굴 빛이 틀려졌습니다. 너무나도 평화로워졌고, 주님 때문에 자신이 구원받았다는 것이 너무나도 감사해서 주님을 위해서 무엇을 할까 기도 중에 있다고 합니다.

하나님께서는 남편의 병원을 통하여 너무나 많은 영혼들을 구원의 세계로 부르시고 계십니다. 저 또한 하나님께서 주신 달란트로 무용 선교와 워십으로, 또한 방송 선교를 통하여 하나님을 찬양하는 삶을 살아가고 있습니다. 우리는 때를 얻든지 못 얻든지 땅 끝까지 이르러 복음을 전해야 할 것입니다. 하나님께서는 말씀과 기도로 다가오는 사랑하는 자녀들을 넓은 가슴으로 품어 주십니다. 제가 지금까지 하나님으로부터 받은 크고 놀라운 은혜와 사랑이 동일하게 여러분의 삶 속에서도 차고 넘치시길 기원합니다.

(2006. 7. 14)

경영의 성취자 하나님 잠 16:1~13

석금호 대표(산돌커뮤니케이션 대표, 상명여대 겸임교수)

저는 일찍이 초등학교 때부터 인생이 허무해서 깊은 고민에 빠져 세월을 보냈습니다. 군대에 가서 결정적으로 자살을 하려다가 자살하기 직전에 주님의 음성을 듣게 되었습니다. 전혀 예수님을 모르다가 충격적인 주님의 음성을 듣고, 죽음에서 살아나서 주님을 알게 되었고 주님을 너무 사랑하게 된 사람입니다.

그래서 이제 하나님으로부터 받은 사랑을 어떻게 갚을까 하고 고민하며 세월을 보냈습니다. 제가 어린 시절부터 26살에 군대에서 자살하기 직전까지 인생의 허무에 대해서 너무 처절하게 빠졌었기 때문에 방황하는 대학생들을 보면 견딜 수가 없습니다. 그래서 대학생들을 데려다가 일대일 성경공부 시키는 일을 18년간 해 왔습니다. 그 사람들 중에 많은 사람들이 회심을 하고 주님의 제자가 됐습니다.

그 일을 하기 전에 저는 《리더스 다이제스트》라는 잡지사에 다녔습니다. 그런데 직장 생활은 잘 나가는데, 도저히 직장 생활만 하는 것을 견딜 수가 없어서 저는 일생일대의 결단을 했습니다. 저는 미술을 전공했는데 제 전공과 직장과 모든 생활을 포기하고 주님께서 부르시는 젊은 사람들을 주님께로 인도하는 일에 투신하게 되었습니다. 결국 아무 대책 없이 1984년에 직장을 그만두었습니다.

그러고 나서 그 일에 몰두하고 동시에 제가 입에 풀칠은 해야 되니까 한글 디자인을 하게 되었습니다. 한글 디자인을 하게 된 동기는 제가 잡지사에 있으면서 편집 디자인 책임을 맡았는데, 그 당시에 인쇄 활자의 역사가 주조활자에서 사진식자라는 기계로 모든 인쇄물이 만들어졌습니다. 그런데 문제는 모든 사진식자 기계가 일본에서 100% 수입을 해 와야 했고, 기계를 수입하는 것까지는 크게 문제 삼을 일은 없었는데, 거기에 더 중요한 소프트웨어에 해당하는 한글 자판까지도 일본에서 전량 수입이 되어 왔습니다. 쉽게 말하면 약 30년간을 일본에서 한글을 수입해 오지 않으면 한글을 쓸 수 없었던 시기가 있었습니다. 디자이너로서 직장에서 근무하다가 그 현실이 눈에 들어오게 되었고, 그 현실이 정확하게 인식되는 순간에 큰 충격을 받게 되었습니다.

어떻게 우리 국가의 가장 핵심적인 콘텐츠이기도 하고 우리 모든 역사와 정신을 담고 있는 유일한 가치인 한국의 얼굴이자 심장이라고 해도 부족할 것이 없는 한글이 일본에서 100% 수입하지 않으면 쓸 수 없게 되었는가? 그 생각을 하니까 밥을 못 먹겠고, 잠도 오지 않고, 그렇게 며칠을 보냈습니다. 그 때 제가 느꼈던 감정은 억울하기도 하고, 한국인으로서 너무 부끄러움을 느꼈습니다. 어떻게 한글을 이렇게 일본에 빼앗기고 살 수 있을까? 그 충격이 저한테 너무 커서 과연 어떻게 해야 되나 고민했습니다. 그리고 문제가 있으면 고민만 해서는 안 된다는 것을 깨달았습니다.

'내 후손들에게는 다시 이런 수치스런 과거를 남겨 줄 수는 없다.'

이런 생각이 들었습니다. '누가 이 일을 하지 않는다면 내가 해야겠다.'는 마음이 들어서 그 때 모든 것 결심하고 직장을 그만두고 한글 서체 개발하는 일에 뛰어들었습니다. 그 당시에는 컴퓨터가 없었던 시절이었기 때문에 한글을 개발한다는 것 자체가 먹고 살 수 있는 일이 아니었습니다. 그렇지만 저는 한글의 가치에 대해 알고 있었기 때문에 이 한글 때문에 국가적인 수치를 당하는 것을 견딜 수가 없었습니다.

제가 대학생들의 성경 공부를 계속 주도하면서 한글 서체 개발에 뛰어들어 3년 동안 한글 서체를 개발했는데 그것 가지고 수입이 안 되어서 3년 내내 라면만 먹고 살았습니다. 한 번도 라면을 먹는 것이 부끄럽다거나 내가 왜 이렇게 살아야 되나 하는 생각이 들지 않았습니다. 라면이 맛있었습니다. 몸은 너무너무 망가졌지만 라면 먹는 그 시간이 그렇게 행복할 수가 없었습니다. 한 번도 안 질리고…. 지금도 라면을 제일 좋아합니다. 한글 서체를 개발하는 인원이 나중에는 엄청 불어서 때로는 라면도 부족했습니다. 성경 공부 가르치는 대학생들까지 같이 먹으려니까 일부러 불려가지고, 거기다 쌀을 미리 끓여서 죽을 만들어서 라면과 죽을 섞어서 돼지죽처럼 만들어서 먹기도 했습니다. 배는 불려야 했으니까요.

대학생들 하고 18년을 그렇게 했습니다. 물론 그 안에 제게 역사하신 하나님은 너무 강력하고 놀라와서 완전히 버림받은 생활을 하던 대학생들이 성경을 놓고 대화하고 말씀을 같이 읽으면 불과 5분도 안 되어 통곡을 하고 앉아 있지도 못하고 바닥을 구르며 흐느끼면서 돌이키는 일들이 일어났습니다. 공부하는 중에 깨어지는 일이 수도 없이 벌어졌습니다. 그 젊은 사람들 속에서 성령님이 아주 강력하게 역사하셨습니다. 그 중에 알코올 중독자, 완전히 망가진 정신적인 결함이 있는 친구들, 심지어는 정신병자, 이런 친구들이 너무나 불쌍해서 데리고 살았는데 나중에는 대학생들까지 합쳐서 50명을 데리고 살았습니다. 지금도 대학로에 그 현장이 있습니다. 150평이 넘는 넓은 집을 전세내서 거기서 저희 가족하고 같이 사오십 명이 먹고 자고 했습니다.

제가 이제 '산돌' 이라는 회사를 시작해 놓고, 그 회사는 직원들에게 맡기고 저는 주로 대학생들을 돕는 일에만 전념하였습니다. 그러면서 역사는 계속 일어나서 큰일들이 벌어지고, 정신분열증 환자 등이 기적적으로 치유되고 회복되었습니다. 저는 회사에서 버는 돈을 그 사람들을 위해 안 쓸 수가 없었습니다. 모두가 함께 먹고 자고 해야 했으므로 들어가는 돈이 너무 많았습니다.

18년 동안 산돌커뮤니케이션에서 번 돈은 저는 아주 작은 월급만 받고

100%를 모두 거기에 썼습니다. 그렇게 쓴 돈이 어머어마합니다. 그리고 중국으로 가서 북한으로 밀가루를 몇 차씩 사서 보냈습니다. 어쨌든 그런 많은 일들이 벌어지는 과정에 저는 회사에 신경을 안 썼습니다. 저는 일주일에 한 번 정도 회사에서 회의만 주도하고, 나머지는 모두 직원들에게 맡기고 결정적인 일만 제가 결정했습니다. 18년 동안 젊은이들을 위해서 시간을 쓰는 것 외에는 잠도 제대로 못 잘 정도로 바빴습니다. 제가 홍대를 나와서 전공 분야에서는 선후배들이 거의 다 잡고 있는데 얼굴 한 번 비칠 마음이 없었고, 또 시간 여유도 없었습니다. 너무 놀랍게 18년 동안 저는 숨어서 살았습니다. 절대로 저는 얼굴을 비치지도 않았고 저 자신을 어디 가서 소개하지도 않았는데 18년 동안 제가 제 분야에 가장 유명한 사람이 되어 있었습니다.

'세상 참 희한하다. 어떻게 이런 일이 가능할까?'

이렇게 생각했습니다. 저는 한 것이 아무것도 없습니다. 단지 젊은 사람들을 위해서 그들의 영혼을 위해서 나를 완전히 희생하고 바친 것밖에 없었는데 한국의 디자이너들이 제 이름을 모르면 간첩이랍니다. 저는 그것을 원하지도 않았고 그런 삶을 기대하지도 않았고 그렇게 애쓴 적도 없었습니다.

회사도 18년 동안 항상 월급이 모자랐지만 월급을 하루라도 늦게 준 적이 없습니다. 기적적으로 매출이 일어났고, 일들이 벌어져서 직원들이 먹고 사는데 지장이 없었습니다. 저는 디자이너이기 때문에 경영에 대해서 공부를 나중에 했습니다. 경영에 대한 지식이 없이는, 리더십이 없이는 이 회사를 온전히 하나님께 바칠 수 없겠다고 생각해서 나중에 경영을 공부했습니다. 그전까지는 경영에 대한 능력이 저한테 없었기 때문에 많은 어려움을 겪었습니다.

그런데 제가 회사를 경영하면서 한두 가지 포기하지 않는 것이 있었습니다. 첫 번째는 절대로 뇌물 주지 않는다는 것입니다. 어떤 경우에도 일 원도 안 준다는 것입니다. 두 번째는 정직하게 대한다는 것입니다. 어떤 클라이

언트도 조금도 가감하지 않고 깨끗한 마음으로 대하고, 우리 자신도 정직하게 드러낸다는 것입니다. 한 가지가 더 있다면, 모든 경쟁사들 가운데서 옳지 않은 방법을 쓰지 않고 실력으로만 대결한다는 것입니다. 이 세 가지만 가지고 회사를 섬겼습니다.

사실은 저희보다 더 앞서 나갔던 경쟁사들이 있었습니다. 그런데 지난 4~5년 동안 일들이 벌어지는데요, 큰 사건마다 경쟁 프레젠테이션을 했는데 아주 피 튀기게 치열했습니다. 제일 먼저 '조선일보의 서체' 를 개발하는 일이었습니다. 기간도 2년이었고 금액도 어마어마했습니다. 그런데 결국은 경쟁을 끝내고 '산돌' 로 결정을 해 주었는데, 저는 직원들하고 어떤 느낌을 받았냐면, 하나님의 임하심, 어떤 강한 힘이 우리 가운데 임하는 것을 경험했습니다.

또 경쟁사인 중앙일보가 저희 회사와 여러 회사에 제안을 했는데, 저희는 영업하는 사람이 부지런하지 못해서 그쪽에서 연락이 왔습니다. 저희는 영업이 미리 가서 손쓰는 것이 아니라 그쪽에서 와 달라고 연락이 옵니다. 그런데 중앙일보는 우리가 절대적으로 불리했던 이유가 두 가지 있었습니다. 첫째는 '중앙일보가 자존심 있는 언론사인데 그 민감한 경쟁 관계에 있는 조선일보의 서체를 개발한 회사에 일을 맡기겠느냐?' 라는 것이었습니다. 그렇다고 서체를 개발하는 회사가 저희만 있는 것도 아니었고, 그래서 저희한테 올 가능성이 희박했습니다. 그 다음에 알고 보니까 저희보다 먼저 5년 동안 중앙일보를 로비한 회사가 있었습니다. 금전적으로나 여러 가지로 거의 불가능했습니다. 이미 내부적으로 결정된 사실이었습니다. 큰 프레젠테이션은 항상 제가 하는데, 두 번째, 세 번째 프레젠테이션을 하고 결과를 기다렸는데, 거의 불가능했던 이 프로젝트도 저희한테 맡기겠다고 결정을 해 주었습니다. 그때도 동일하게 하나님의 강력한 움직임이 우리 모두에게 임하는 것을 느꼈습니다. 정말 놀라웠습니다. 그 후 중앙일보 편집부장이랑 국장이랑 계약을 체결하기 위해서 저희를 불러서 식사를 하자며 식당에 갔습니다. 식사를 나누면서 제가 자초지종을 물었습니다.

"무슨 이유로 산돌을 결정을 했습니까? 분명히 결정하기 어려운 조건이었을 텐데요."

"이상하게 당신들을 볼 때마다 안심이 되고 믿고 맡기면 될 것같이 신뢰가 갔습니다. 그런 느낌을 저버릴 수가 없었습니다. 아무리 조선일보의 일을 하긴 했지만, 우리 것도 잘해 줄 것 같은 느낌을 받았습니다."

지금도 연결이 되어서 1차 2년 동안 끝내고, 이어서 또 3년짜리 프로젝트를 또 하고 있습니다. 그것도 상당히 큰 대형 프로젝트입니다.

그 다음에 진행된 일이 마이크로소프트사와 한글 서체 파트너가 되는 것이었습니다. 중앙일보 2007년 2월 1일자 신문 2면에 크게 기사가 실렸습니다.

"13년 만에 컴퓨터의 기본 서체인 '굴림체'가 '맑은 고딕'으로 바뀌게 되었다. 그것을 산돌커뮤니케이션에서 개발했다."

언론에서 크게 다루어 준 것은 그만한 이유가 있습니다. 왜냐하면 컴퓨터를 쓰는 전 국민이 쓰는 메인 서체가 될 것이기 때문입니다. 그것도 저희가 개발을 하게 됐는데 마이크로소프트사에서 상당히 치열하게 경쟁을 했습니다. 상당히 까다로웠습니다. 여러 회사가 프레젠테이션에 참여해서 경쟁을 했는데, 저희가 경쟁사하고 마지막 남은 두 회사가 되었습니다. 그런데 그때 마침 제가 가족들 때문에 미국에 가 있었는데 미국 본사에서 저에게 마이크로소프트사를 방문했으면 좋겠다고 초청을 했습니다. 제가 펜실베이니아 주에 있다가 즉시 워싱턴 주로 가서 3박 4일을 있었습니다. 그 회사의 전문팀들하고 세 번에 걸쳐서 프레젠테이션을 가지고 미팅을 가졌습니다. 그 회사에 있는 세 팀이 모두 저하고 시간을 가지면서 확신을 가지는 것이었습니다.

'이 정도면 여기에 맡기면 아무 걱정이 없겠다.'

그래서 결국 마이크로소프트사도 저희에게 오게 되었습니다.

그 이후로 삼성그룹에서 프레젠테이션을 했는데 이 회사는 파트너 회사를 결정하기까지 6개월이라는 시간을 가지면서 경영 상태를 파악하는 것은 기본이고, 6개월 동안 계속 왔다 갔다하면서 출장도 같이 일본으로 데리고 다니면서 6개월 동안 사원들의 표정까지 다 점수를 매겼습니다. 그런데도 결정을 안 했습니다. 정말 지독했습니다. 물론 큰일이긴 했습니다. 삼성의 이미지를 바꿀 여덟 가지 서체를 개발하는 일이었고, 그것도 이건희 회장이 직접 지시하는 일이었기 때문에 팀을 따로 구성하여 추진했었습니다. 그 과정 속에서도 결국 하나님께서는 '산돌' 에게 그 일을 주셨습니다.

그러니까 한국에서 시작된 대형 프로젝트들은 한 개도 빠짐없이 다 저희에게 주셨습니다. 경쟁사들에게 너무 절망을 주어서 이런 이야기도 들었습니다.

'한 개라도 좀 주어야 하는 것 아니냐?'

이 몇 건의 사건들을 통해서 브랜드 가치가 엄청나게 차이가 나버렸습니다.

저는 올해의 시무식 때, 직원들에게 시편 23편 1절 말씀을 읽어 주면서 말했습니다.

"우리는 크리스천이 아닌 사람들을 뽑는 것이 1차 목표입니다."

저희 회사에는 크리스천이 아닌 사람들이 와야 합니다. 왜냐하면 오면 전부 교회 다니고 다 크리스천이 되기 때문입니다. 비율이 안 맞습니다. 제가 목표로 하는 것은 50%, 50%입니다. 안 믿는 친구들을 뽑아서 들어오면 자꾸만 교회에 가니까 비율이 자꾸 틀려집니다. 그렇다고 우리 회사에서 "예수 믿어라"라는 말을 하지 않습니다. 있는 것은 딱 두 가지입니다. 하나는 골방 지붕 밑에 기도실을 하나 만들어 놓았습니다. 그 방에는 늘 등하고 글자 큰 성경이 하나 펴져 있는데 아무도 안 들어갑니다. 그 다음이 월요일 아침 미팅할 때 복음성가 딱 한 번 부르는 것입니다. 직원으로 입사를 할 때 분명히 묻습니다.

'그것을 견딜 수 있겠냐? 그 대신 다른 것은 없고 누구도 강요하자 않고 누구도 그런 분위기 안 풍긴다. 그래도 괜찮겠냐?'

안 믿는 사람을 우선으로 뽑습니다. 어쨌든 안 믿는 사람을 뽑는데 이 사람들이 와서 거부감을 전혀 안 느끼고 있다 보면 이상하게 교회를 가고 싶다고 합니다. 저는 노골적으로 말합니다.

"어떻게 더 뒤에서 말이 많고, 더 불만이 많고 빈축거리는 사람들 중에 크리스천이 더 많냐? 참 이상하다. 나는 '넌-크리스천(non-Christian)' 들이 더 좋다."

그래서 저는 실제로 '넌-크리스천들' 을 더 좋아합니다. 넌-크리스천들이 사랑이 생겨서 기도도 해 주고, 어떨 때는 직원들이 모두 있는데서 30분 이상 안수 기도도 해 줍니다. 예수 안 믿는 친구들이 너무 예쁩니다. 마음이 너무 정직하고 너무 깨끗하고 너무 겸손합니다. 그 다음에 자기가 "2년 동안 매출을 못 올리면 제가 나가겠습니다."하니 안 예쁩니까?

그런데 우리 크리스천들은 이렇게 말합니다.

"하나님이 여기 보냈는데 누가 감히 나를 내보내?"

그러니까 넌-크리스천들이 순수하고 순진하고 너무 예쁩니다. 크리스천들은 발랑 까져서 하나님 핑계대고 요령피우고 뒤에 가서 분위기 흐리고, 그런 사람 보면 거의 크리스천들입니다. 그래서 제가 결심을 했습니다.

'제발 우리 회사에 넌-크리스천들 숫자 좀 늘려라.'

이것이 제 목표가 되었습니다.

젊은 사람들을 돕는 것을 통해서 제가 경험했던 하나님은 너무 강력하게 역사하셨던 권능의 하나님이셨고, 망가진 인생들을 한순간에 치료하시는 '치유의 하나님' 이셨습니다. 또한 제가 회사를 경영하면서 '중심이 똑바른 사람에게 하나님은 정말 기대 이상의 것을 주시는 분이시다.' 라는 것을 확실히 경험했습니다.

"마음의 경영은 사람에게 있어도 말의 응답은 여호와께로부터 나오느니라."(잠 16:1)

마음의 경영은 사람에게 속해 있습니다. 마음(heart)의 계획(plan)은 사람이 하는데 이것은 어쩔 수 없습니다. 하나님도 어떻게 못하십니다. 그런데 문제는 그것으로 끝나지 않는다는 것입니다. 그 말을 성취하시는 것은 하나님께서 응답하시지 않으면 불가능하다는 것입니다. 그러면 그 성취의 핵심이 무엇이고 어떨 때 그 말을 성취해 주실까요?

"사람의 행위가 자기 보기에는 모두 깨끗하여도 여호와는 심령을 감찰하시느니라."(잠 16:2)

'심령을 감찰하신다'는 말을 영어에서는 '동기를 재보고 평가하신다'(motives are weighed)라고 말합니다. 동기가 옳은지, 동기가 정말 순수한지, 그것으로 여호와께서는 분별하십니다. 제가 회사를 18년간 경영하면서 처절하게 경험한 사실입니다. 그래서 결국 오늘 묵상하면서 큰 은혜를 받았습니다.

"너의 행사를 여호와께 맡기라. 그리하면 네가 경영하는 것이 이루어지리라."(잠 16:3)

영어로 보면 아주 너무나 선명하게 표현되어 있습니다.

"Commit to the Lord whatever you do, and your plan will succeed."

'네가 무엇을 하든지 여호와께 완전히 위탁하라. 그러면 너의 계획은 성공하리라.'

무슨 행동, 무슨 일을 하든지, 하고 싶은 모든 것을 여호와께 위탁해 버리십시오. 욕심이 있으니까 로비도 하고 옳지 않은 방법으로 일하게 되는 것입니다. 그런데 이것을 여호와께 완전히 맡겨 버리면 그렇게 전전긍긍하면서 할 일이 아니라는 것입니다. 그러면 크리스천의 자존심은 자존심대로 지키고 그 다음에 이루어지는 것은 이루어지는 대로 잘 이루어진다는 것입니다. 이것이 바로 성공의 법칙입니다.

우리 모두가 다 직장이나 삶속에서 성공하길 바랍니다. 그 성공의 비결이 우리가 일을 하는 동기에 있다는 것을 하나님께서는 말씀을 통해서 우리에게 분명히 가르쳐 주십니다. 우리가 말씀 위에 바로 서서 하나님의 나라와 의를 구하는 가운데 깨끗하고 선한 비전을 하나님께 의뢰하고 세상 속으로 나아간다면 하나님은 우리를 지켜 주실 뿐만 아니라 풍성한 성공의 길로 인도해 주실 것입니다.

(2007. 2. 2)

깊은 데로 가서 그물을 내려라 눅 5:1~ 11

안혜성(작가, 소망교회 권사, 『베로니카의 노래』, 『불꽃 춤』등 장편소설 출간)

나치에 항거했던 독일 신학자 디트리히 본회퍼는 『신도의 공동 생활』(Life Together)이라는 책에서 이렇게 이야기합니다.

"기독교란 커뮤니티다. 공동체다."

이것은 예수 안에서, 예수를 통해서, 예수에 의해서(in christ, through christ, by the christ) 이루어진다고 합니다. 제가 하나 덧붙인다면 '예수를 위하여' (for the christ)가 될 것입니다.

예수 그리스도 안에서, 예수 그리스도를 통하여, 예수 그리스도에 의해서, 예수 그리스도를 위하여 이 만남이 있기 때문에 그는 그렇게 이야기합니다. 그가 감옥 속에서 죽음을 앞두고 있었기 때문에 그의 글은 진실일 수밖에 없었을 것입니나. 그는 이렇게 이야기합니다.

"우리는 서로의 그리스도인들을 필요로 합니다. 그래서 육체적인 존재(physical presence)를 필요로 합니다. 왜냐하면 각각의 그리스도인들이 그리스도의 메시지를 가지고 오기 때문입니다."

그래서 우리는 서로간의 만남이 필요합니다.

저희 집에서 차를 타고 올림픽 도로로 들어서는데 사인보드가 하나 있습니다.

'대화 플러스 만남, 100% 주선'

그 사인보드에서 저는 두 가지의 메시지를 발견했습니다. 하나는 '아, 인간은 하나님을 믿든, 믿지 않든 외로운 존재들이구나, 대화하고 싶어하는구나, 만나고 싶어하는구나!' 그러면서 무소부재하시고 전지전능하신 하나님은 얼마나 우리와 만나고 싶어하시며 기도를 통하여 우리와 얼마나 대화하고 싶어하시는가? 전능하신 하나님께서는 100% 이상으로 우리를 만나 주실 것입니다.

저는 항상 사람들의 모습 속에서 제 모습을 봅니다. 제가 신문방송학을 전공하였고, 대학교 4학년 때는 MBC에 PD를 하려고 실습을 나갔었습니다. 그랬더니 그때 지금 외대 교수이신 김응룡 선배가 저한테 말씀하셨습니다.

"여기서 뭐 하러 좇아 다니냐? 빨리 여기 집어치우고 영어 공부해서 신문기자 돼라."

1970년대 때만 해도 여자 프로듀서가 발붙일 곳이 없었습니다. 어렵게 방송국에 발을 들여놓았던 여자 PD들도 결국 유학가거나 그만두었습니다. 그래서 저는 그분의 말씀을 따라 신문사로 들어갔습니다. 그래서 결국은 또 다시 하나님의 인도하심을 받았습니다.

여러분의 가슴을 들뜨게 하는 의미가 어떤 것이 있는지 한 번 생각해 보십시오. 그리스도가 우리의 주인이기 때문에 예수님, 사랑, 십자가, 인내, 인권, 자유, 빛, 이런 것들이 여러분을 들뜨게 하시겠지요? 저 역시도 1980년 5월 《코리아 헤럴드》 문화부 차장으로 일할 때 민주주의 인권, 생명, 가치, 이런 것들에 대해 생각했고 들떠 있었습니다.

제가 대학에 다닐 때 전도를 받았습니다. 그러나 신문사에 가기 위해 영어 공부를 하면서 외국인 영어 클럽에는 열심히 다녔지만, 그리스도를 얼굴과 얼굴로 대면하여 만나지 못했고, 교회의 역할, 혹은 성직자의 역할을 전혀 불신했었습니다. 그러면서 저는 동료들에게 만족했습니다. 특히 후배들이 저를 잘 따랐습니다. 그 당시에 서울신문사, KBS, 코리아헤럴드는 친정부 언론이었기 때문에 항상 모든 사람들이 들어와서 비판 정신을 발휘할 수 없었습니다.

나는 기자인가? 나는 관료인가? 그것도 아닌가? 이 속에서 엉거주춤하는 후배들에게 저는 제가 발견했던 하나의 타협점을 말해 주며 위로해 주었습니다.

"우리 모두는 하나의 외교관이다. 우리 대한민국을 전 세계에 존재한다는 것을 우리가 영어를 통하여 만국의 언어를 통하여 전해 준다. 기다려라. 언론 자유가 있을 때가 올 것이요. 민주주의가 올 때가 있을 것이다."

1980년 5월에 제 인생의 가장 중요한 일이 일어났습니다. 처음으로 제 자신을 돌아보았고 제 이웃을 돌아봤던 사건이 여러분이 잘 아시는 1980년 5월의 광주 민주화 운동이었습니다. 모든 언론들이 검열 상태 때문에 보도하지 못했을 때 저는 AP라든가 로이터(Reuter) 통신을 통해 진실의 단편을 접하면서 너무나 저의 무력감, 무능력에 괴로워했습니다. 사회부에 있는 후배가 옥석을 구분하여 선배에게 연락해서 저 역시 그 모임에 들어가지 않으면 안 되었습니다. 왜냐하면 원래 제가 그들을 위해서 지원 선배를 자처하였기 때문에 위험한 순간에 뒤로 빠질 수가 없어서 하나의 올무가 되었던 것입니다. 그래서 그 모임에 가기 직전에 나라 상태가 너무 무서웠습니다. 그리고 '친정부 기관지'에, 영어신문사니까 기자들도 약하고 힘이 적었습니다. 그래서 이것이 문제가 될 경우 서의 직업과 미래가 불안할 수도 있다는 고민이 생겨서 난생 처음으로 하나님께 기도를 드렸습니다.

"하나님 아버지, 참 무섭습니다. 그러나 제가 훗날 오늘 한 말과 행동에 대해서 부끄러워하지 않도록, 그리고 제가 오늘 해야 될 말에 대해서 책임지는 인간이 되게 해 주십시오."

저희가 명동에서 비밀 모임에 참가했습니다. 기라성 같은 선배들은 모두 청와대와 경제기획원 출입을 하는데, 오신 분들도 사태가 사태이니 만큼 군부 계엄 하에서 그분들은 대충 입을 다물었습니다. 결국 하다 보니까 문화부 차장인 제가 처음 오프닝을 주도하게 되었습니다. 저는 그때 이렇게 이야기했습니다.

"군부 독재는 옳지 않습니다. 그리고 전쟁이 터지지 않는 바에야 동족들의 목숨을 끊는 것은 옳지 않습니다. 그러나 여러분 후배들이 이야기하는 신문 편집 거부와 제작 거부는 전혀 효과가 없습니다. 왜냐하면 로이터, AP 통신 등이 24시간 외신을 토해 내는데, 여러분들이 편집 거부나 제작 거부를 한다 하더라도 신문 16면은 다 외신으로 메꾸어 버리면 되고 부장들이 몇 가지 헤드라인 톱뉴스만 쓰면 되기 때문입니다."

그렇게 말하고 자리에서 물러났습니다만, 그 어둠 속에서 저희 모든 말을 지켜보고 감시하고 하는 사람들이 언론의 자유에 관심이 있었던 그 모임 속에 있었다는 것은 상상하지 못했습니다.

그 다음날 저희 모임을 주도했던 그 후배는 바로 목이 잘렸고, 유난히 그 자리에서 목청을 높였던 사람은 이미 연구원으로 들어가게 되어 있어서 바로 스스로 사표를 냈고, 또 제가 타깃이 되어서 국장님께 불려가서 야단을 맞았습니다.

"우리는 사내 커뮤니케이션을 했고 의사소통을 했습니다. 그리고 제작 거부에 들어가지 않기로 했습니다."

그것으로 제 역할을 삼았지만 이미 시국이 너무나 나빴기 때문에 저는 그때부터 보이지 않는 경영진의 견제를 받기 시작했습니다. 취재 기회는 점점 사라지고 동료들이 저와 만나기를 두려워했습니다. 제가 왕따를 당했기 때문이었습니다. 그래서 나중에 밥을 같이 먹을 사람이 없어서 저 혼자 밥을 먹었고, 그러면서 너무 두려워하고 있을 때 개봉동 전철역에서 계단을 내려오는데 너무너무 어둡고 두려워서 옆에 있는 어린 소년의 아주 가는 팔을 잡았습니다. 그 소년과 몇 마디 대화를 하며 걸었는데 대화를 통해서 제가 지식인인 것을 알고 소년이 물었습니다.

"교회에 다니세요?"

"예수님은 좋아하는데 교회는 다니지 않는다."

"듣고 보니까 지식인이신 것 같은데 교회를 다니셨으면 좋겠어요."

그때 저는 해직이 임박했다는 소식이 계속 들려왔기 때문에, '영자의 전성시대' 에서 나락으로 빠지게 되니 정말 하나님 앞에 무릎을 꿇지 않을 수 없었습니다. 그래서 교회에 갔는데도 떼밀려서 들어왔기 때문에 심통이 사나와서 십자가를 결코 바라보지 못하고 제 마음에 감격이 없었습니다. 그러면서 동시에 편집부장 사모님이 정동교회 권사님이셨고 그분이 저를 위해서 기도해 주셨기 때문에 제가 주님을 영접하고 처음으로 기독교인이 되었습니다.

제가 무릎을 꿇고 기독교인이 된 후에 7월 말부터 교회에 다니기 시작했습니다. 8월 초에 전 신문사마다 수십 명씩 직원들을 해직시켰습니다. 제가 알기로는 KBS는 111명이었고, 전국적으로 900명에서 1000명, 나중에는 900명에서 1700명 사이가 되었습니다.

제가 해직 통보를 받고 짐 보따리를 싸려고 하는데 손이 떨렸습니다. 그때의 상처 때문에 두 번째 직장을 갔을 때는 짐 보따리를 가장 싸기 쉽게 영어사전 하나, 한영사전 하나, 성경책 하나 이것만 두고 미국문화원에서 10년을 근무했습니다.

해직당한 날, 항상 밤늦게 퇴근하던 기자가 일찍 집에 돌아오니까 모든 사람이 구경하는 것 같았습니다.

'아! 내가 지난 십 년 세월에 너무 많이 직장여인화 되어 있었구나.'

그날 집에 들어가서 조금 울었습니다.

'에그, 노처녀가 무슨 비리를 저질러서 잘렸나?'

이런 식으로까지 농담들을 했기 때문에 어디에다 대고 말할 데도 없었습니다. 학계, 공무원 등 모든 분야에서 잘렸기 때문에 하소연할 데가 없었습니다. 그때 저는 하나님께 이런 기도를 드렸던 것 같습니다.

"하나님, 이 날에 제가 겪었던 고통을 지붕 위에서 외칠 날을 주십시오."

그 때 제 자신이 가장 괴로웠던 것은 제가 추구할 인생의 목적을 잃어버린 것입니다.

"지금 하고 있는 일을 갑자기 그만두면 무엇을 하시겠습니까?"

곰곰이 생각해 보시기 바랍니다.

십 년간 문화부 차장, 문화부 부장, 문화 논설 담당, 그러저러 하면서 대충 인생을 살아갈 생각이었습니다. 제가 일했던 《코리아 헤럴드》는 문이 너무 좁았고 그러면서도 외부와 노출되는 언론계였기 때문에 대단한 일도 아니었습니다.

"동족이 동족을 죽이는 것은 옳지 않습니다. 군인은 나라를 지키는 것이 본분입니다. 민주주의를 원하는 사람을 감옥에다 가두어 두면 되지 왜 죽여 버립니까?"

진실 된 말 한 마디 한 것에 대해서 실직이라는 것을 당한 것에 대해 당황스러웠고, 그 다음에 해야 할 일을 단 한 번도 생각하지 못한 우매함 때문에 너무나 화가 났습니다.

그 때 저는 너무나 절망한 나머지 대학교 때부터 저를 전도했던 철학과 다니는 여학생을 만나게 되었습니다. 그 친구가 제게 이런 말을 했습니다.

"하나님께서 너에게 집어넣으신 것(input)을 언젠가 너에게서 다시 꺼내실 것(out put)이다."

"내게 집어넣은 것이 뭐가 더 있겠냐? 너보다 몇 개 더 알고 있는 영어 단어 몇 개가 전부가 아니겠냐?"

친구의 말에 반신반의하고 돌아왔습니다. 집으로 돌아오는 길에 전철에서 신문을 샀습니다. 지금은 연민 밖에 안 느껴지지만 당시에는 전두환 대통령이 너무 싫어서 신문 구독을 모두 끊었었습니다. 신문을 통해 동아일보에서 장편 소설을 공모하는 것을 보았습니다. 그것이 눈에 꽂히는 순간 미친 듯이 '바로 이거다.' 라는 생각이 났습니다. 글을 써서 한 번 복수해 보고 상금도 받고 이름도 알려 보자. 저는 그날 저녁부터 미친 듯이 소설을 쓰기 시작했습니다.

'서론, 서론 다음에 서론을 지속시키기 위한 본론, 본론 다음에 결론.

A와 B가 만나고, B와 C가 만나고, A와 C가 만나고 이렇게 하면 되겠지'

그러면서 난생 처음 '창작법'을 한 번에 읽었는데, 다른 것은 기억이 잘 나지 않고 기억나는 한 문장이 있습니다.

'오늘 저녁에 비가 오는데 애인하고 무드가 있으려면 아침에 비가 오는 것을 암시를 줘라. 그래서 하늘을 보니 회색빛이었다.'

그래서 그것에 대해 미친 듯이 써서 냈습니다. 물론 당선은 되지 않았습니다. 그래서 또 절망을 했습니다.

'내가 아마 잠자다가 봉창을 뚫었나보다. 이게 미쳤나 보다.'

아쉬웠지만 잠시 넋두리를 하고 잊어버렸습니다.

그러던 차에 어느 분이 작가라고 하면서 저에게 연락을 하셨습니다. 어느 분이 제 작품을 심사했었는데 별표를 써 놓았답니다.

"그것을 가지고 《여성동아》 장편 소설에 한 번 보내 보세요."

제가 3년을 응모했었는데 계속 낙방했습니다. 그런데 하나님께서는 항상 모든 문을 닫으시는 것이 아니었습니다. 실직한 2년 동안에 제가 너무나 많은 일을 했습니다. 우리나라 최초의 소프라노 가수이자 최규남 박사의 부인이셨던 최성옥 씨의 이야기를 동아일보에 연재했고, 모윤숙 씨의 라이프 스토리를 요약하는 아르바이트도 했습니다.

바로 그 때 하나님께서 제가 너무나 쇠진해 있었기 때문에 미국문화원 입사 시험에 합격하게 해 주셨습니다. 제가 3년을 계속해도 떨어졌었기 때문에 하나님께 '웬 일인가?' 기도를 드렸을 때, 하나님께서 시편 말씀을 통해서 서원을 갚아 주셨습니다.

"감사로 하나님께 제사를 드리며 지존하신 이에게 네 서원을 갚으며 환난 날에 나를 부르라. 내가 너를 건지리니 네가 나를 영화롭게 하리로다."(시 50:14-15)

그런데 제가 시편을 읽어갈수록 이 '서원'이라는 것, '너의 서원을 갚으라', '너의 약속을 갚으라'는 말이 기억이 났습니다. 실직으로 너무나 고생했기 때문에 월급이 보통돈이 아니었습니다. 그래서 십일조는 했습니다. 그것은 걸리지 않는데, 그 다음에 제가 서원을 갚지 않았던 것이 있습니다. 왜냐하면 제가 미국문화원에 들어가기 전에 해직기자요, 저의 아버지는 지식인으로서 6 · 25에서 좌우익으로 분쟁할 때 행방불명이 되셨기 때문에 제가 기피 인물이었습니다. 너무 두려워서 하나님께 미국문화원에 붙여 주시기만 하면 주일 봉사를 하겠다는 서원을 했었습니다. 그 서원을 하고 합격하자마자 제가 한 일은 소설을 다시 쓰는 일이었습니다. 그리고 또 떨어졌습니다. 그래서 제가 너무 싫지만 서원을 지키기 위해서 소망교회에서 1984년 1월부터 교사가 되었습니다. 기쁨으로 교사가 된 것이 아니라 이번에도 꿈을 이루려고 또 떠밀려서 시작했습니다. 끊임없이 제가 보는 것은 예수님을 이용하려고 하는 제 자신의 이기적인 모습이었습니다. 일단 예수님을 요술방망이 정도로 생각했었으니까요. 제가 그 서원을 갚으면서 소설가로서의 꿈, 결혼에 대한 꿈, 사랑에 대한 꿈 등 모든 것들을 버렸던 것 같습니다.

그러고 나서 제가 동아일보 기자를 통해서 돌려 주지 않는다는 원고를 창고에서 어렵사리 받아서 다시 《여성동아》에 낸 것이 1984년 '베로니카의 노래'로 당선되었습니다. 드디어 등단이 되었는데 더 위험한 것은 작은 성공이 가져다 주는 위험이었습니다. 제가 조금 유명해지고, 다른 곳에 가서 간증도 하다 보니까 더 유명해지고 싶어서 미치는 겁니다. 명사하고 권력 있는 사람들을 만나다 보니까 저 자신도 그런 류의 사람인 줄 착각을 했습니다. 그러고 나서 권력과 유명한 것과 그 끊임없는 명예를 미친 듯이 찾아가는 모습이 제 안에 있었습니다. 그래서 아마 언론인들이 이 분야를 떠나서 다른 사업을 하다 보면 열이면 열 대부분 망하는 이유가 바로 자기가 아닌 것을 자기 모습인 줄 알고 맞추지 못하기 때문인 것 같습니다.

그때 제가 소설을 쓰면서 다시 일어났을 때 랄프 에머슨(Ralph Waldo Emerson)이라는 미국의 신학자이고 목회자이고 수필가였던 분의 글을 읽었습니다.

"A라는 상태에서 B라는 상태로 변화할 때 거기에 힘이 존재한다."

지금 여기서 어떤 일을 하다가 안 될 때는 식당, 주방닦이로 들어갈 수 있는 힘을 놓고 우리는 기도해야 합니다. 저는 그래서 혼신의 힘을 가지고 아르바이트 세 개를 하면서 결국은 글을 썼습니다.

토마스 머튼(Thomas Merton)이라는 가톨릭 수사는 이야기합니다.

"하나님을 절대적으로 사랑하기 전까지는 그 모든 것이 여러분에게 위험합니다."

까마귀는 번쩍이는 그 모든 것을 자기 둥지에 갖다 놓고 나중에 본인이 쓰는데 괴로워합니다. 결국은 본인의 진실이 있어야 하는 성령님께서 함께 하심을 볼 수 있을 것입니다.

그런데 하나님의 은혜는 우리가 망하기 전에 항상 말씀으로 먼저 들려 주십니다. 그것이 바로 은혜이고 복음입니다. 제가 유명해지고 싶어서 소설을 쓰면서 가장 하기 싫었던 것은 1984년 6월 1일부터 시작했던 새벽 기도였고, 두 번째는 고등부 교사 직분이었습니다. 그 때 하나님께서 고등부 담당 목사님의 열왕기상 말씀을 통해서 솔로몬이 천 번의 제사를 지낼 적에 우리가 그렇게 헌신하고 싶은 열정을 하나님은 사신다는 것을 깨닫게 해 주셨습니다. 솔로몬이 첫 날에 기도했을 때 여호와께서 꿈에 나타나서 "내가 네게 무엇을 줄꼬? 너는 구하라."(왕상 3:5)라고 물으셨을 때에 "종은 작은 아이라, 출입할 줄을 알지 못하고, ……주의 백성을 재판하여 선악을 분별하게 하옵소서,"(왕상 3:7-9)라고 대답했습니다. 하나님께서 솔로몬이 구한 대로 지혜롭고 총명한 마음과 부귀와 영화를 주셨습니다.

저는 솔로몬의 첫날에 대한 기도를 생각하면서 또다시 광주에 대해 여기자가 느꼈던 그런 좌절, 무력감을 느꼈습니다. 이 모든 것들을 위해 제가 기도하면서 새벽 예배를 시작했습니다. 그러면서 하나님이 첫날의 기도 뒤끝에 주시는 선물을 너무나 기대하고 기도했던 것입니다. 그 첫날을 기대하고 썼던 중편이 180매짜리였는데, 그 글을 읽은 선배들이 말했습니다.

"이 글이 아주 멋지다."

그래서 저는 또다시 원고를 신문사에 보냈습니다. 광주 문제를 다룬 최초의 해직 여기자라면서 대서특필의 성공을 확신하면서 기다리고 있었습니다. 3년 기도가 다 끝나가는 5월 말에 미국문화원 제 사무실에서 신문을 보다가 너무나 질겁을 했습니다. 왜냐하면 모든 문호들의 얼굴과 작품과 소개가 다 나왔는데, 중편을 쓴 제 얼굴과 제 이름과 제 사진만 누락이 되어 있었습니다. 저는 그 순간 3년의 기도가 수포로 돌아가는 듯한 절망감으로 너무나 큰 충격을 받아서 쓰러질 지경이었습니다. 그러나 그 순간 한 번도 들어보지 못한 성령의 천둥번개 같은 내리침, 그것은 언어같기도 하고, 언어보다도 더 지독한 문자같기도 한 그런 말씀이 저에게 들렸습니다.

"안혜성, 너는 죄인이다. 너는 이웃의 피를 딛고서 너의 필명을 날리고자 했더냐?"

저는 그 말씀을 듣고 그 사실에 완전히 죽는 것처럼, 옛날에 왕들이 비리를 저지르다 하나님의 말씀을 듣고 죽을 것 같았던 것처럼 너무나 절망해서 주저앉았습니다.

"너는 어떻게 기도했느냐? 이 글로 인하여 아홉 명의 글이 판금당하지 않기를 기도하지 않았느냐? 이 글은 나왔지 않느냐?"

이런 말씀을 주셔서 제가 그 당시에 반은 죽어서 집에 왔습니다.

그때 이사야서 53장에 "앞으로 나타나실 그가 친히 네 죄를 담당하실 것이라."고 하셨는데 하나님께서는 항상 우리가 환난을 당하기 전에 미리 말씀을 주십니다.

5월 스승의 주일이었습니다. 저는 소망교회에서 고등학교 3학년 영어성경반을 맡고 있었습니다. 장미꽃다발을 몇 개씩 안고 가다가 고등부 목사님이셨다가 지금은 소망교회 수석 부목사가 되신 김태수 목사님이 가셔서 스승의 날이니까 제가 받은 것 중에서 가장 좋은 것은 제가 갖고 덜 좋은 것을 목사님께 드렸습니다. 지금 생각하면 괘씸한 일입니다, 가장 좋은 것을 드려야 했는데 믿음이 없었습니다.

"안 선생, 집에 책이 뭐가 있는지 보고 싶소."

그러니까 제가 또 방정을 떨었습니다.

"목사님으로 오시지 마시고 친척으로 와 주십시오."

저는 성공했고 강해졌습니다. 저는 자신있습니다. 제가 월요일에 완전히 지옥 속에서 헤맨 얼굴로 목사님을 만났는데, 저희 언니, 엄마, 셋이 사는 집에 목사님이 오셨습니다. 그 때 제가 '친척으로 와 주십시오. 예배 같은 것은 나는 안 드리겠습니다.' 라고 했는데 그날 주셨던 말씀이 바로 누가복음 5장의 말씀입니다. 그 말씀을 읽어 주시고, 제 삶에 어떤 변화가 있었는지 목사님은 전혀 모르셨습니다. 그 때 이런 말씀을 하셨습니다.

"갈릴리 바다는 너무나 맑아서 주로 밤에 고기를 잡습니다. 얼굴이 비치기 때문에 고기가 도망가기 때문이죠. 어부들이 밤이 새도록 고기를 잡았는데 아무것도 잡지 못한 것을 아시고, 예수님이 그 배에 왜 타셨냐 하면, 해변에서 말씀을 나누려면 옛날에는 마이크가 없었으니까 해변에 배를 좀 띠우시고 더 많은 사람을 전도하시기 위해서 가셨습니다. 빈 배니까 올라탈 수가 있었겠죠? 네가 하는 방식으로 네가 잡을 것이 있냐? 깊은 데로 가서 그물을 던져라. 어부들이 묻지도 않았지만 예수님은 빈 배를 이미 보셨습니다."

그러면서 목사님께서 일생일대의 한 마디를 하셨습니다. 그 때 저는 서른아홉 살의 노처녀였습니다.

"안 선생, 정말 이 베드로에게 썩어 없어질 고기가 잡혀서는 안 되기 때문에 하나님 아버지께서 일부러 고기를 쫓으시는 모습을 생각할 때마다 나는 은혜를 받는답니다."

저는 그 한 마디에 무엇엔가 한 대 맞는 것처럼 순간 멍했습니다.

'제가 소설을 쓴다고 쓰기도 했고, 첫날에 기도까지 했는데, 내 손에 아무것도 쥐어지지 않는가 하며 너무 슬펐습니다만 하나님 아버지께서 목사님의 말씀을 통해서 지금 세상의 명예, 세상의 돈, 그것들이 손에 쥐어진다면 예수 그리스도를 만날 수 없기 때문에 예수님께서 먼저 그 배에 오르셨다.'

왜 제 안에 있는 수많은 고통과 분단의 고통과 좌우익의 고통과 질고의 고통과 여자로서의 고통과 실직의 고통과 의를 아는 자의 핍박을 아는지 그

제서야 제가 해석이 됐던 것입니다. 그러면서 그로부터 한 달 간의 회개를 제가 하기 시작했습니다. 진정한 회심의 기회를 맞게 된 것입니다.

그런데 하나님은 무소부재하시고 예전에도 계셨고 오늘도 계시고 내일에도 계시기 때문에, 때로 절대적인 과거가 오늘로 들어오기도 합니다. 회개 뒤끝에 그것을 장편소설로 바꿔 써서 제가 1988년도에 KBS에서 '올해를 빛낸 여성들' 5명 중에 한 명으로 선정되어 제 라이프 스토리가 30분 동안 TV에 방영되었습니다. 그 때 우연히 공영방송인 KBS에서 군인들이 시민을 향해서 총을 겨누는 사진을 방영한 것은 제 프로그램을 통해서 처음이었다는 이야기를 들었습니다. 지금은 국회의원으로 나가 있는 이계진 선배와 함께 그 때의 상처, 그날의 충격에 대하여 이야기를 나눈 적이 있습니다.

우리가 항상 교만할 때 하나님은 먼저 우리를 낮추시고 회개하게 하신 다음에 축복을 주십니다. 제가 9년차 인기 교사인데 저한테 새로 바뀐 교육제도에 따라 다시 일 년 동안 교사 교육을 받으라는 요청을 받았습니다. 그래서 저는 감히 이 유명한 스타 교사를 교회에서 몰라보다니 하며 분개를 했습니다. 한참 분개하다 보니까 이게 잘 믿는 사람이 보일 본이 아니었습니다. 그래서 교사 대학에 제 제자들과 함께 강의를 들었습니다. 소망교회는 워낙 사람이 많아서 1년에 600명씩 교사 교육을 받습니다. 거기에서 구릅을 편성했는데, 안 씨와 양 씨 조에서 한 청년을 만나게 되었습니다. 그는 청소년 선교부 재수생 파트의 교사였습니다. 제가 그 재수생들을 위해서 '실패 경력이 많을수록 성공한다' 는 내용으로 글도 썼기 때문에 그 젊은이를 알고 있었는데 그 분에게 제가 조장을 맡아 달라고 부탁했습니다.

"우리 조의 조장을 맡아 주면 제가 식사를 사겠습니다."

그렇게 이야기를 했는데 그 조장이 나중에 저의 남편이 되었습니다. 그래서 기도와 함께 다시 한 번 하나님께 영광을 드리게 되었습니다. 그리고 기도했던 그대로 제가 바랐던 사람과 만나게 되었습니다.

그리고 제가 마지막으로 드릴 간증은 IMF를 미국에서 당하게 될 때였습니다. 저의 남편이 삼성전자의 장학생으로 뽑혀서 유학을 갔을 때 그때가 1997년이었습니다. 제가 마흔다섯 살에 결혼했고, 마흔다섯 살에 아이를 출산했고, 해직을 당했고, 고난을 당했습니다. 저는 이제는 교회를 다니면서 간증할 일만 남아 있다고 생각했습니다. 그러나 그 해 8월부터 미국신문에서 한국의 경제 위기(economic crisis)에 대해서 많은 보도가 있었지만, 우리나라 정부는 계속 문제가 없다는 식으로 이야기를 했었습니다. 그러고 나서 나라가 결국은 IMF 위기가 오게 된 것입니다. 그 사실 앞에 너무나 절망했을 때 하나님께서는 아모스 5장을 통해서 제게 말씀해 주셨습니다.

"너희는 나를 찾으라. 그리하면 살리라. 벧엘을 찾지 말며 길갈로 들어가지 말며… 오직 정의를 물 같이, 공의를 마르지 않는 강 같이 흐르게 할지어다."(암 5:4-5, 24)

하나님께서는 우상 섬기는 도시에 있는 이스라엘 백성들이 다시 하나님께 돌아와서 기도하고 회개하기를 바랐습니다. 민족의 죄와 제 자신의 죄와 우리나라가 발전할 줄로 착각했던 죄를 자백한 가운데 12월 12일에 빌립보서 1장 20-21절의 바울 사도의 고백을 읽고 큰 위로와 은혜를 느꼈습니다.

"나의 간절한 기대와 소망을 따라 아무 일에든지 부끄러워하지 아니하고 지금도 전과 같이 온전히 담대하여 살든지 죽든지 내 몸에서 그리스도가 존귀하게 되게 하려 하나니 이는 내게 사는 것이 그리스도니 죽는 것도 유익함이라."

'사는 것 자체가 예수 그리스도요, 죽는 것도 유익이라.' 그 말씀에 은혜를 받고 6개월 만에 돌아왔습니다. 2년 뒤에 경제가 다시 회복이 되어서 저의 남편과 함께 정확하게 2년 뒤에 제가 간증을 드리면서 이 자리에 서게 되었습니다.

결론적으로 하나님께서 말씀해 주시고자 하는 것은 우리의 인생의 배의 주인공은 예수님이시라는 사실입니다. 예수님이 우리의 배에 타실 때 깊으신 뜻을 이미 가슴에 품고 계십니다.

"내가 네 갈 길을 가르쳐 보이고 너를 주목하여 훈계하리로다."(시 32:8)

"여호와께서 너희 앞에서 행하시며 이스라엘의 하나님이 너희 뒤에서 호위하시리니 너희가 황급히 나오지 아니하며 도망하듯 다니지 아니하리라."(사 52:12)

예수님께서 우리의 앞길이 되어 주시는 것을 볼 수 있고, 그리스도가 우리 마음에 있을 때만이 평강이 찾아옵니다.

예수 그리스도를 다시 한 번 여러분의 인생의 배에 초청하시기 바랍니다. 여러분은 지금 여러 기도 제목을 가지고 있을 것입니다. 거절당한 기도, 응답되지 않은 기도들도 있을 것입니다. 그러나 그 속에서 예수님과 만나 함께 기도하면 세상에 있다가 없어질 명예나 어차피 떠나야 할 자리에 머물게 하시는 것이 아닙니다. 하나님이 우리를 축복하시기 위해 숨겨 놓은 천국의 보화들은 우리가 상상할 수 없는 놀라운 것들입니다.

"하나님의 뜻은 이것이니 너희의 거룩함이라."(살전 4:3)

"하나님의 말씀과 기도로 거룩하여짐이라."(딤전 4:5)

하나님의 관심은 우리의 성품입니다. 어떤 역경에서도 절대적인 기쁨을 발견하는 것, 어떤 고난에서 절대적인 평강을 발견하는 것, 그것은 모든 사람들이 흔들릴 때 우리가 중심의 추가 되어 주는 것입니다. 그래서 "깊은 곳에 그물을 내리라"는 예수님의 말씀은 우리가 하는 일, 연기하는 일이건, 엔지니어이건, 섭외하는 일이건, 일 그 자체로 끝나는 것이 아니고 그것은 바로 고기를 잡아서 수없이 많은 영혼들에게 그리스도의 빛과 그리스도의 사랑을 나타내며 그분들을 그리스도께 인도하라는 것입니다. 그래서 우리들의 작업이 그리스도의 생명과 연관되게 하시는 작업인 것입니다.

엔도슈사크(遠藤周作)의 글에서 아주 아름다운 말을 발견했습니다.

"예수님이 돌아가신 후 사도 바울과 베드로마저 죽자 너무나 괴로워해서 사람들은 그제서야 예수님의 말씀과 시편의 말씀과 모세오경의 말씀을 바라보며 예수님을 찾기 시작했다. 그런데 어느 순간 예수님이 그들을 잡고 놓아 주시지 않으셨다. 그래서 그들은 예수님 없이 하루도 살 수 없게 되었다. 그들의 마음속에, 영혼 속에 그리스도께서 완전히 부활해 계셨기 때문이다."

우리가 그리스도와 함께 있는 한 우리 영혼 속에 그리스도가 부활하고 계십니다. 그리스도를 배에 모시고 다시 한 번 "깊은 곳에 그물을 내리라"는 말씀이 생명의 작업과 연관됩니다. 우리가 이곳저곳에서 사람 낚는 어부로서, 전도인으로서, 그리스도의 빛을 나누어 주는 사람으로서 날마다 승리하는 삶을 살아야 할 것입니다.

(2006. 4. 7)

그리스도의 남은 고난 골 1:24

문성 선교사(파푸아 뉴기니아)

15년간의 선교사의 삶과 코라 부족을 통해서 하나님께서 저에게 가르쳐 주신 것은 욥의 간증이 저의 간증이 되게 하신 것입니다. 욥이 처절한 고난을 통과한 다음에 이렇게 말합니다.

“내가 주께 대하여 귀로 듣기만 하였사오나 이제는 눈으로 주를 뵈옵나이다.”(욥 42:5)

욥은 하나님이 가슴속에 체험이 되었다고 고백했습니다.

우리가 왜 신앙생활에서 자주 넘어지는지 아십니까? 그것은 예수 그리스도와 하나님을 모르기 때문입니다. 왜 우리의 기도가 응답되지 않는 줄 아십니까? 그것은 기도를 통한 하나님의 주권적 섭리를 모르기 때문입니다. 왜 우리가 말씀 안에서 진리에 감동하지 못하는 줄 아십니까? 그것은 말씀 속에 들어 있는 주권자 하나님을 만나지 못하기 때문입니다. 하나님은 우리에게 의지와 신념과 전통과 신비주의를 요구하는 것이 아니라 바로 우리가 죄가 없는 죄인이라는 사실을, 소망 없는 죄인이라는 사실을 고백하라고 말씀하고 계십니다. 그것이 복음의 진리입니다.

처음에 저는 그들이 사람인 것으로 알았습니다. 제가 처음 정글을 3개월 동안 헤매면서 찾은 ‘코라 부족’ 사람들은 결코 옷을 입은 사람도 없었고,

소금을 먹어 본 적도 없었고, 외부의 사람을 만나 본 적도 없었습니다. 지금도 제가 헬기를 타고 들어가서 그들을 만나는 것 이외에 그들이 4년 동안 땅을 깎아서 400미터의 활주로를 만들어 놓았기 때문에 경비행기가 드나드는 것뿐 자기 나라가 '파푸아뉴기니' 인 줄도 모릅니다. 그 사람들은 고구마만 먹고, 말라리아와 장티푸스를 앓고, 여인의 80%가 성병에 걸려 있고, 태어난 아이의 60%가 죽어갑니다. 부족 전쟁으로 30명, 40명이 죽었는데 그들이 저에게 물었습니다.

"달과 별과 해를 누가 만들었는지 알아요?"

제가 그들과 함께 지내면서 5년 동안 끊임없이 언어를 분석해 보았는데 그들이 갖고 있지 않는 단어가 두 개가 있었습니다. 하나는 죄라는 것이 무엇인지 모르고, 용서라는 단어를 가지고 있지 않았습니다. 죄를 나쁘다고 말하고, 용서를 잊어버린다고 말할 뿐, 그들은 죄의식이 없습니다. 다만 여자들은 남자들이 사냥하여 포획해 온 멧돼지를 던져 주면 자기의 가슴으로 젖을 먹여 키웁니다. 한쪽 가슴으로 자기 아이에게 젖을 먹여 키우고, 다른 쪽 가슴으로 멧돼지에게 젖을 먹여 3년 동안 키워서 무게가 70Kg 정도가 되면 잡아먹습니다. 그 남자는 멧돼지를 같이 키우지만 그 여자에 관해서는 아내라는 생각을 갖지 않습니다. 그들을 바라보면서 우리가 이 시대에 믿지 않는 사람도 그들이 결혼만 하면 가정을 이룬다는 사실은 하나님의 일반 은총 속에 있는 축복이라는 사실을 고백하지 않을 수 없습니다.

그들의 삶을 어디를 들여다봐도 사람이라는 생각이 들지 않습니다. 남자들은 남자집을 만들어 놓고 그 안에서 하는 행위는 소돔과 고모라도 그것보다는 더 나았을 것이라고 생각합니다. 그렇기 때문에 동성연애라든가, 일부다처제라고 하는 것은 문화가 만들어 놓은 사치일 뿐 그들은 단순한 동물적 근성밖에 없습니다. 그들은 먹는 것 외에는 다른 생각은 하지 않습니다.

그리고 무당이 그들을 지배합니다. 그들의 말을 듣지 않으면 독사를 집어 던져 죽이거나, 아니면 '상구마' 라 하는 무당이 대나무를 흔들어서 "네 여자를 훔쳐간 사람이 누구냐?" 해서 찾으면 그들은 단 한 번의 변론할 기회도 주지 않고 죽입니다.

지금도 사람을 죽여도 경찰이 오지 않습니다. 그들은 그들 나름대로의 법을 가지고 관리하는데 돼지 두 마리를 주고 서로 손을 들고 화해하면 그만입니다.

여러분이 언론 분야에서 일하기 때문에 세계 모든 나라에 대한 정보를 가지고 있겠지만, 저런 사람들, 잃어버린 영혼들이 아직도 이 지구에 있다는 것을 생각해 본 적이 있습니까? 파푸아뉴기니만 해도 875개의 언어 중에 400여 개의 언어권에는 아직 외부 사람들과 접촉해 본 적이 없는 사람들이 존재하고 있습니다. 저 사람들은 오늘도 죽음의 공포 속에 있습니다.

그들이 가진 궁금증은 해와 달과 별을 누가 만들었냐 하는 것입니다. 제가 통역자에게 이야기하기를 그것을 만든 분이 나의 아버지라고 말했더니 그가 깜짝 놀라며 말했습니다.

"만일 그 사실을 저쪽 산에 있는 사람들이 알기만 한다면 전부 다 기절할 것입니다. 왜냐하면 해와 달과 별을 누가 만들었나 하는 것에 대한 궁금증을 가지고 있었는데, 그것을 만든 분의 아들을 만나니 얼마나 감격스럽겠습니까?"

저는 그들의 그 반응을 바라보면서 하나의 확신을 갖게 되었습니다. 죄인인 우리는 하나님의 창조의 섭리에 대한 궁금증을 가질 능력이 없다는 것입니다. 결코 그런 생각을 할 방법이 없습니다. 그러나 성령께서 그들을 택하고 그들을 구원하시겠다는 그 역사를 제 눈으로 보았습니다. 그들의 그 궁금증 때문에, 제가 그들에게 복음을 전하는 접촉점이 되었습니다. 그래서 창조주 하나님에 대해서 가르쳤습니다.

아담과 하와가 죄를 짓기 이전에 에덴동산에 인간의 모습과 본질이 어떠했는지 그들에게 가르쳤습니다. 그랬더니 자기들은 왜 이렇게 다르냐고 물었습니다. 그들은 자신들이 끊임없이 죽음의 공포 속에 있고, 질병으로 죽고, 사냥에 들어가면 뱀에 물려 죽고, 아니면 독버섯을 먹고 죽는데, 왜 이렇게 살아야 되냐는 것입니다. 그들이 가진 본질적 양심으로 인하여 그들이 다르다는 것을 알기 시작한 것입니다.

그들에게 복음을 전하고 십계명을 가르칠 때, '살인하지 말라' 고 선포했습니다. '살인하지 말라' 는 것을 강제적으로 가르치지 않았습니다. '살인하지 말라' 는 가르침에 대한 그들의 공포심은 대단합니다. 두려움 때문에 온통 얼굴에 흑칠을 하고 집으로 숨어 버렸습니다. 사람이 죽으면 악령이 자기에게 달려들어 죽인다고 생각해서 온몸에 흑칠을 하고 있던 사람들인데 그동안은 죄의식을 모르다가 하나님께서 분명 죄를 심판하실 것이며 '그는 정녕 죽으리라' 는 말씀을 듣는 순간에 그 공의의 하나님의 말씀이 바로 자기에게 한 것이라는 사실을 깨달았습니다.

말씀은 그들에게 거울이 되어서 그들이 죄인이라는 사실을 알게 하였습니다. '간음하지 말라' 는 사실을 이야기하면 간음을 안 해 본 사람이 없기 때문에 그들은 다시 두려움 속에서 지냅니다. 우리가 살아가는 동안에 저 자신도 죽음에 관해서 지식적으로는 알았지만 죽음의 공포심을 느낄 만큼 경험해 본 적이 없습니다.

자신이 죽는 죽음의 공포에 대해서 생각해 보셨습니까? 지금 예배드리는 순간에 나가자마자 죽는다는 생각을 해 보셨습니까? 우리는 죽는다는 것을 생각하지 않습니다. 암에 걸려도 산다는 생각밖에 하지 않으며, 죽는 것은 우리와는 관계없는 것이라고 생각합니다. 물에 빠져서 살려달라고 허덕여 보지 않고는 죽음의 공포를 모릅니다.

죽음의 한계가 무엇인지 아십니까? 폭우가 쏟아지는 캄캄한 밤에 부족을 조사(survey)하기 위해 흔들리는 외줄다리를 건너게 되었습니다. 앞에 미국 선교사를 세우고, 중간에 통역자를 세우고, 다음에 다른 선교사를 세우고 제가 뒤에 서서 그 다리를 건너갔습니다. 다리를 한 발, 두 발 내딛는데 온몸이 굳어오고 '살려 주세요' 하는 생각뿐이었습니다. 하나님께 기도하는 것조차 잊어버렸습니다. 죽음의 공포는 인간의 신념의 한계를 느끼게 합니다. 영화에서 순교하며 기도하는 것은 그냥 영화일 뿐이라는 것을 경험하게 해 주셨습니다. 그것은 영화에서나 가능하지, 죽음에 육박하게 되니까 아무

것도 생각나지 않았습니다.

이민아 선교사도 외줄다리를 건너다가 공포심 때문에 울어 버렸습니다. 밑의 제자들이 옮기려 하는데 다리를 뗄 수가 없었습니다. 간신히 구해 낸 다음에 이 선교사가 말했습니다.

"아무 생각이 없었어요. 살아야 된다는 공포심밖에는…."

이것이 우리가 죄인이라는 것에 대한 증거입니다. 우리가 조금이라도 여유가 있기 때문에 "주여!"라고 부를 수 있는 감각이 있는 것이지, 죽음의 공포에 이르게 되면 모든 생각이 없어집니다. 죽음의 공포를 모르고는 하나님의 지엄한 말씀인 '정녕 죽으리라'는 말씀이나 '영원한 불 못에 들어간다.'는 말씀의 의미를 결코 이해할 수 없습니다. 바로 부족 사람들은 죽음의 공포를 알고 있었습니다.

제가 이런 말씀을 전할 때마다 많은 사람들이 말합니다.

"그 사람들이 순진하기 때문에 복음을 잘 받아들이는 것 아닙니까?"

천만의 말씀입니다. 그들은 순진하지 않습니다. 그들은 순진하지는 않지만 단순합니다. 그러나 단순한 것 가지고는 복음을 받아들일 수 없습니다. 그들이 가지고 있던 창조주 하나님에 대한 궁금증은 그들이 복음을 받는 것의 열쇠가 되었습니다. 구약 성경을 보니 하나님께서 천지를 창조하시며 피조물을 있게 하신 것은 우리로 하여금 창조주 하나님을 부인하지 못하게 하려고 하신 것입니다. 저 자신도 아름다운 꽃이나 산을 바라보면서 아름답고 좋다고 생각했지, 그 속에 숨겨진 창조주 하나님의 놀라운 섭리에 대해 생각해 본 적이 거의 없었습니다.

욥이 비가 내리는 것을 어떻게 알겠느냐고 말했습니다. 우리는 적어도 비가 오는 것은 미리 알고 있다고 생각합니다. 제가 궁금해서 과학서적을 찾아보았습니다. 우리가 21세기를 살고 있지만 비가 어떻게 땅에 떨어지는지 아직 그 이유를 정확히 모른다는 사실을 아십니까? 오늘 바라본 하늘의 태양이 지구의 130만 배라는 사실을 아십니까? 지구가 있는 은하수(Galaxy)

안에 있는 또 다른 태양이 우리 태양의 100만 배라는 사실을 아십니까? 밤에 보는 별이 무려 2,000억 개나 된다는 사실을 아십니까? 빛으로 우리가 있는 은하수를 한 바퀴 도는 데만 십만 광년이 걸리는 이 엄청난 크기 속에 있는 은하수가 우주 공간 속에 무려 백만 개가 있다는 것이 과학자들의 증언입니다. 창조주 하나님이 그 피조물보다 크기가 같거나 조금만 크다고만 생각을 해도 우리의 상식으로는 생각할 수 없는 하나님의 영광의 풍성함을 고백하지 않을 수 없습니다.

그들이 창조주 하나님을 알고 십계명을 배우고 자신들이 온전한 죄인인 것을 깨달았습니다. 어린양으로 상징되는 예수 그리스도가 이 땅에 오셨다는 사실은 그들에게 유일한 희망이 되었습니다. 그리고 예수님께서 십자가에 못 박혀 돌아가셨다는 사실을 가르쳐 주니까 한 부족 형제가 쫓아와서 말했습니다.

"나의 유일한 희망인 그 주님을 누가 죽였습니까? 내가 활로 쏴 버리겠습니다."

그런 분노를 느껴 본 적이 있습니까? 통곡하면서 나의 유일한 희망인 그 분을 누가 죽였느냐?

"하나님께서 당신들을 위하여 그리스도를 통하여 이룬 이 역사적 사실을 믿기만 하면 성령이 임하여 당신들을 구원에 인도하실 것입니다."

저는 마음속으로 죽음에 대한 공포심을 갖고 있었는데 제 말을 듣고 부족 형제들이 전부 일어나서 춤을 추며 간증하기 시작했습니다.

"주 예수 그리스도로 인하여 우리는 구원을 받고 이제는 기쁨을 누립니다."

어느 날, 저의 제자가 말했습니다.

"선교사님, 제가 부족 전쟁을 하다가 상대방에게 잡혔었습니다. 상대방이 저를 향해 활을 쏘려고 했을 때 제가 이렇게 말을 했습니다."

"나는 하나님의 아들인데 오늘 하나님께서 나를 당신 손에 의탁하였으니 나를 너의 뜻대로 하여라."

저는 그 소리를 듣는 순간 가슴이 무너지는 것을 느꼈습니다. 왜냐하면, 그가 창조주 하나님과 피조물의 관계를 분명히 알고, 죽음과 삶이 하나님께 속했다는 엄청난 고백을 하고 있었기 때문입니다. 그의 고백은 바로 성경에 말씀하신 사도 바울이 평생 동안 죽고 사는 것이 주 예수의 그리스도 십자가 안에서 동일하다고 고백하는 것과 같습니다. 하나님을 모르는 적이 그를 살려 보냈습니다.

제가 그들에게 아브라함과 이삭의 사건을 가르쳤을 때였습니다. 그들이 와서 제게 질문을 했습니다.

"선교사님을 통해서 배운 하나님은 절대로 한 입으로 두 말 하는 분이 아니고 거짓말하는 분이 아닌데 왜 이삭을 죽이라고 했습니까? 이삭을 죽게 하면 그 언약은 어떻게 됩니까? 아브라함을 보니 신실하고 말씀을 잘 지키는 사람인데 그가 이삭을 죽이면 어떻게 합니까? 그 때는 양이 많고 지금은 돼지가 많다고 했으니 양으로 대신 죽이면 안 됩니까?"

그들은 자신들의 글자가 없기 때문에 한 번도 성경을 읽어 본 적이 없고, 자기 이름도 눈으로 본 적이 없는 사람들입니다. 그들에게는 기록 문화가 전혀 없고, 나이도 모르고, 생각을 할 수 있는 아무런 지적 능력이 없습니다. 다음날 제가 하나님께서 숫양을 예비하셨다는 사실을 가르치자 그들은 흥분하기 시작했습니다.

"그러면 그렇지. 하나님은 결코 말씀을 바꾸시는 분이 아니야."

그들은 주권자 하나님이 누구인지를 알게 되었고, 자신들이 죄인인 줄 알고 주권자 하나님을 만나는 감격 속에서 놀라운 신앙 간증을 하기 시작했습니다.

처음에는 사람 같지 않고 단순한 동물처럼만 보였던 그들의 삶이 변하기 시작했습니다. 아내를 돌보기 시작했습니다. 여자의 일을 하면 자기들이 죽는 줄 알았던 남자들이 아내를 돕기 시작했습니다. 그리고 결코 부부간에 사랑도 없고, 자녀를 돌보지 않고, 서로 돕지 않던 사람들이 협력해서 일을 하기 시작하고 제자들이 아침 일찍 모여 기도를 했습니다.

“아버지 하나님, 멧돼지를 잡을 수 있게 해 주십시오.”

어느 날 한 친구가 멧돼지를 잡게 해 달라고 기도한 후에 새를 잡는 화살을 들고 정글 속으로 내려가는 것을 보았습니다. 기도는 하나님께 거창하게 해 놓고, 그것을 싹 잊어버리고 내 의지로 조그만 화살 들고 움직이는 내 모습과 똑같은 것이었습니다.

그들이 사는 곳은 무려 해발 2,450미터의 고온정글입니다. 그런데 정글에서 그 친구가 멧돼지 두 마리를 발견했습니다. 멧돼지를 발견한다는 것은 거의 불가능합니다. 왜냐하면 멧돼지는 냄새를 잘 맡기 때문에 200미터 앞에서 도망가 버립니다. 그래서 개를 풀어서 잡는 것이지 결코 사람이 쫓아가서 잡을 수 있는 것이 아닙니다. 멧돼지 두 마리를 발견하고 그 새를 잡는 화살로 쏘고 혹시나 해서 찾아보았더니 멧돼지가 죽어 있었습니다. 죽은 멧돼지를 놓고 대나무를 문질러서 불을 피워 구워 먹으려고 했습니다. 옆에 있는 제자가 제안을 했습니다.

“잠깐만, 우리 기도하고 먹자.”

그 모습을 보았는데, 그들의 기도가 달랐습니다. 기도 안에 주권자 하나님의 놀라운 능력에 대한 믿음이 스며있었습니다. 하나님께서 왜 우리의 기도에 응답하시는지에 대한 숨겨진 비밀을 그들의 기도를 통해서 발견하게 되었습니다. 그들의 기도가 이렇습니다.

“오늘 아침에 아버지께서 같이 계셨군요. 오늘 아침에 아버지께서 우리의 기도를 들으셨군요. 우리는 기도해 놓고도 잊어버려서 작은 화살을 들고 내려가는 죄인인데 아버지께서는 우리와 함께 계셔서 우리의 기도를 들으시고 우리에게 돼지를 보내셨군요.”

그들의 기도의 초점이 자기들이 받은 돼지에 있는 것이 아니고, 돼지를 통하여 하나님이 그들과 함께 동행하신다는 주권자 하나님을 바라보고 있었습니다.

여러분의 삶속에 기도의 응답이 있습니까? 왜 하나님께서 우리 같은 죄인의 기도에 응답하십니까? 우리가 하늘의 뜻이 땅에 이루어지도록 기도할 수 있는 존재라고 생각하는 자체가 반역입니다. 그것은 있을 수 없는 것입니다. 그런데 우리가 무엇이라고 우리의 기도에 응답한다는 것입니까? 하나님은 우리의 기도에 응답해 주심으로써 우리에게 하나님이 어떤 분인가를 깨닫게 해 주시는 것입니다. 우리가 진리를 안다는 것은 곧 하나님을 아는 것입니다.

사마리아 여인을 만난 주님께서 말씀하셨습니다.

"네가 내가 누구인지 알면 내게 생수를 구했을 것이다."

우리가 하나님을 모르기 때문에 생수를 구할 수 없고, 계속 넘어지는 것입니다. 제가 그들의 기도를 듣다보면 종종 감격합니다. 주일날이면 제가 그들에게 감사할 일이 있는지 묻곤 합니다. 감사할 일을 다 나누고 난 뒤에 기도 제목이 있냐고 물었습니다.

"선교사님, 모든 감사 제목을 나누고 나니까 기도 제목이 없어졌어요. 그렇다면 하나님 앞에 경배와 찬양을 드리는 기도를 해요."

벌거벗은 부족 사람들의 말입니다. 그들의 눈빛이 변하고 그들의 인격이 변화되었습니다. 말씀으로 말미암아 말씀의 진리에 감격하는 삶으로 변화되었습니다.

저는 세 차례나 죽어야 되는 사람이었습니다.

첫 번째는 말라리아로 죽어야 했습니다. 만약에 문 선교사가 일어나면 기적이라고 미국인 선교사 부인이 말했습니다. 그러나 하나님이 고쳐 주셨습니다.

두 번째는 제 몸에 인공동맥이 있습니다. 대동맥이 4cm로만 부풀어 올라도 죽습니다. 그런데 무려 8.5cm까지 부풀어 올랐는데 인공동맥을 끼워서 하나님이 살려 주셨습니다. 제가 서 있는 것 자체가 의사 선생님들의 모든 관심거리였습니다. 사진을 찍어보자고 종합병원 의사로부터 연락이 왔습니다.

세 번째는 인공동맥에 벌레가 들어가서 염증이 생겼습니다. 인공동맥의 염증을 재수술해서 산 사람이 없다고 합니다. 하나님은 저를 지켜 주셨습니다.

하나님을 만나서 세 번의 기적을 경험해 봤는데도, 기적만 생각하면 그 애절함이 사라졌습니다. 우리 삶속에서 물질에 대한 감사만 가지고 있으면 결코 역동적인 삶을 살 수 없습니다. 하나님은 그것을 통해서 하나님을 만나라는 것입니다. 바로 그것이 하나님의 섭리입니다.

제가 아픈 다리를 가지고 그들에게 갔더니 부족 형제들이 하는 말이 "선교사님! 왜 핏줄이 안 튀었는지 알겠습니다"라고 말했습니다.

"하나님께서 당신의 핏줄을 두 손으로 쥐고 계셨나 봅니다."

저는 수많은 병문안 오는 사람들을 만났지만 그 진리의 이야기를 벌거벗은 부족의 형제를 통해서 들었습니다. 그리고 형제가 부르기에 올라갔더니 저에게 말했습니다.

"우리 아버지가 죽으면서 유언을 했는데 선교사님이 돌아오면 하나님의 집을 지을 수 있도록 땅에 있는 모든 나무를 문 선교사님에게 주라고 하셨어요."

이 부족은 결코 유언을 하지 않습니다. 왜냐하면 물욕이 많기 때문에 죽어도 놓지를 않습니다. 다른 친구가 와서 말했습니다.

"나에게 잣나무가 다섯 그루가 있는데 두 개를 드리겠습니다. 그 두 개를 하나님의 집을 짓는 기둥으로 쓰시오."

그들이 준다는 것 자체가 기적입니다. 저의 앞에서 유언을 남긴 노인은 죽으면서 말했습다.

"우리 모든 가족들은 하나님 말씀 밑에만 있어라."

어떤 가족은 오더니 이렇게 말했습니다.

"나도 선교사님처럼 하나님의 선교사가 되고 싶어요. 그래서 저 산으로 가고 싶어요."

"왜요?"

"저들이 이 깊은 마음을 모르잖아요."

저는 그들에게 제자 훈련을 시킨 적이 없었습니다. 성령님이 하신 것입니다. 하나님의 말씀이 그렇게 하신 것입니다. 진리의 말씀이 그들을 변화시킨 것입니다.

제 아이가 정신박약자가 되었습니다. 정글에서 문화의 충격으로 정신박약자가 되어서 온몸을 뒤흔들었습니다. 저희 부부는 그 아이를 끌어안고 계속 울었습니다. 그러면서 기도했습니다.

"아버지, 이 홍해를 갈라 주십시오, 이 홍해를 치워 주십시오."

한참을 기도하는데, 제 책상 위에 있는 종이 한 장을 발견했습니다. 종이 속에는 기도 제목이 적혀 있었습니다. 기도 제목이 응답되면 "아버지, 감사합니다"라고 적고, 기도가 응답되지 않으면 "그리 아니하실지라도"라고 적었습니다.

주권자 하나님을 향한 죽음과 삶에 대한 고백을 저의 감성의 합리화로 사용하고 있었으며, 한 장의 종이 속에 그 전능하신 하나님을 하나님이 도대체 누구인지도 모르면서 제한하고 있다는 사실을 알게 해 주셨습니다. 그동안의 모든 지식과 경험과 생각 속에 하나님을 가두어 놓고, 그것에 대한 변화가 있으면 그 속에서 신앙이 있는 줄 알았습니다. 하나님의 전능이 거기에만 있는 줄 알고 하나님을 제한하는 죄인이었습니다. 바로 그 하나님을 알고 난 다음에 기도가 바뀌었습니다.

제 아내 이민아 선교사와 함께 울면서 기도했습니다.

"하나님 아버지, '그리 아니 하실지라도'가 아니라 어떻게 하실지라도 아버지의 뜻대로 하옵소서. 우리 아이가 낫든지, 저를 이 부족에서 한국으로 돌려보내든지 아버지의 뜻대로 하옵소서."

주권자 하나님을 만나 감격하는 순간에 제 아이는 고침을 받았습니다. 이제 제 아이는 건장한 청년으로 성장하고 있습니다. 왜 하나님께서 그렇게 하셨을까요? 그 고난을 통하여 오늘 사도 바울이 나누고자 하는 말씀이 이 말씀입니다.

"나는 이제 너희를 위하여 받는 괴로움을 기뻐하고 그리스도의 남은 고난을 그의 몸된 교회를 위하여 내 육체에 채우노라."(골 1:24)

사도 바울이 괴로움을 기뻐한다고 말했습니다. 우리의 삶 속에서 괴로움을 기뻐할 수만 있다면 우리의 삶은 성공한 삶입니다. 그런데 괴로움을 기뻐한다는 사도 바울의 놀라운 심정을 헤아려 보아야 합니다. 바로 그 능력이 아브라함이 이삭을 제물로 바칠 수 있었던 능력이었고, 바로 스데반 집사가 설교를 하고 돌에 맞아 죽으면서도 그의 얼굴에 광채가 났다고 쓰여진 비밀입니다.

제가 그 비밀을 나누려고 합니다. 비밀을 공유하고자 합니다. 말씀 속에서 '괴로움을 기뻐하고'란 말에 대해 마르틴 루터가 이렇게 말했습니다.

"나는 내 안이 완고한 것, 내가 죄악된 것이 얼마나 감사한지…."

그가 감사한 이유는 마음속에서 죄가 일어날 때마다 주 예수 그리스도 앞에서 기도하여서 주님을 만나는 감격을 누렸기 때문이라는 것입니다. 그래서 자신이 죄가 있어서 감사하다는 것입니다. 저는 죄가 있어서 회개는 해 보았어도, 죄를 가지고 감사하다는 생각은 해 보지 않았습니다. 그리고 마르틴 루터는 말했습니다.

"내가 내 의지 안에서 고난을 당한다."

우리는 그리스도인입니다. 그러나 우리는 죄악 속에 있을 수밖에 없는 새까만 죄 덩어리입니다. 제가 아무리 그럴듯하게 신앙 행위를 한다고 해도 그 의지가 하나님의 의가 아니라면 그것은 이미 죄악된 것밖에 없는 것입니다. 아무리 손을 흔들어 기도를 해 봐야 그 기도는 모두 새까만 것의 흔들림일 뿐입니다. 주 예수 그리스도의 십자가의 보혈이 없이는 우리의 몸부림으로는 아무것도 되지 않는 것입니다. 의지와 신념과 전통과 신비주의는 바로 그 죄악된 것들의 열매입니다.

젊은 사람들에게 제가 물었습니다.

"너희는 수치심을 느끼느냐? 부끄러움을 느끼느냐? 그것이 죄악이냐?"

아니랍니다. 요즘의 시대는 부끄러움이 죄악의 열매인지도 모르고 살아가는 시대라는 사실을 아십니까? 많은 사람들이 자신의 죄를 모르고 살아가고 있습니다.

"제가 용서할 수 있게 해 주세요. 사랑할 수 없으니 사랑할 수 있게 해 주세요."

이것이 기도인 줄 알고 그렇게 기도하고 있습니다. 부족 형제들을 계속 끌어안았더니 제 몸에 옴이 옮겼습니다. 온몸이 가려워서 견딜 수가 없었습니다. 그것이 온몸을 파먹으면 죽습니다. 그것 때문에 계속 긁다가 욥이 기왓장으로 긁던 생각이 났습니다. 손톱 밑에 피가 벌겋게 끼었습니다.

그 다음날 저는 부족 사람들을 안을 수가 없어서 도망갔습니다. 그런데 그날 저녁에 성경 말씀을 읽었습니다.

"네가 사랑할 만한 사람만 사랑하면 그것이 사랑하는 것이냐?"

그래서 다시 무릎 꿇고 기도했습니다.

"아버지, 저들을 사랑할 수 있게 해 주세요."

기도하는 순간에 제 마음속에 새로운 것을 깨닫게 해 주셨습니다.

'너는 사랑할 수 없는 죄인인 것을 고백하라. 사랑할 수 있다고 나에게 계속 도와달라고 하지 마라. 너는 사랑할 수 없다는 의지의 한계와 죄악된 것의 한계와 신념의 한계가 있다는 것이 왜 죄인 것을 모르느냐?'

그래서 주님 앞에 다시 고백했습니다.

"아버지, 제가 죄인인 것을 몰랐습니다."

그제야 제가 죄인인 것을 깨닫고 기도했습니다. 죄인인 저를 십자가의 보혈로 씻어 주시고, 그 보혈로 인해 주님을 만나서 기쁨이 넘쳐 마음이 편안해졌습니다. 그 다음날 아침에 문을 열었더니 한 청년이 다가와 저를 덥석 껴안았습니다. 평상시의 마음 같았으면 싫었는데 이게 웬 일입니까? 그들을 끌어안으면 균이 저에게 또 옮아올 것이고, 저녁이 되면 또 긁겠지만 아무 망설임도 없이 그들을 끌어안았습니다. 그것은 이전의 저의 의지가 아니었습니다. 바로 십자가 보혈의 진리의 능력이었던 것입니다.

진리는 바로 말씀이며 말씀은 우리로 하여금 죄를 드러내게 하는 거울과 같습니다. 진리는 우리로 하여금 소망이 없는 죄인임을 깨닫게 하여 하나님께 의지하지(depend on God) 않으면 살 수 없도록 만드는 원동력입니다. 하나님을 믿는 것이 곧 믿음입니다. 바로 그 믿음에 의해 온전한 아브라함의 삶을 살 수 있습니다. 믿음에 의하면 바로 스데반 집사처럼 살 수 있습니다. 하나님을 의지하려면 내가 죄인인 것을 깨달아야 합니다. 그 죄인인 것을 알려면 말씀 속에 감추어진 하나님을 만나야 합니다.

저의 어머님이 돌아가셨는데 의지로 감사하라고 하니까 정말 감사했습니다. 이민아 선교사의 남동생이 죽었는데 감사만 했습니다. 집에 오려고 보니까 80불 밖에 없으니 올 수가 없었습니다. 그래도 감사하라고 명령하셨잖습니까?

"감사합니다. 감사합니다."

저의 어머님이 오래 살지 못하고 일찍 죽게 되어서 천국갈 수 있게 해 주셔서 감사합니다. 그런데 제 마음속에는 마음의 불평만 있지 감사가 안 일어났습니다. 감사하려는데, 마음속으로는 한국에 가고 싶어 죽겠다는 생각이 들었습니다. 가족이 바로 앞에서 죽었는데 감사가 일어납니까? 감사가 일어나지 않는 것이 죄 덩어리의 본질입니다.

그런데 그 다음에 숨겨진 말씀의 비밀이 있었습니다.

"너는 감사할 수 없는 죄 덩어리라는 것을 고백하라."

그것이 숨겨져 있었다는 것입니다. 항상 기도하라는 말씀을 항상 따르려고 했는데 우리가 의지로 떠들어보아야 소용없습니다. 저에게 항상 기도할 수 없는 죄악의 한계점이 있다는 것을 고백하라는 것입니다. 그것을 고백하고 하나님께 죄인인줄 알고 다가갔더니 그 안에는 놀라운 능력이 있었습니다. 바로 그 진리의 말씀을 끌어안고 나니까 하나님은 우리의 필요를 미리 알고 채우시는 분이며 말씀이 응답된 것이 있었습니다.

하나님께서 저에게 필요(need)와 원하시는 것(want)의 차이를 가르쳐 주셨습니다. 원하시는 것은 하나님께 속한 것이고, 필요는 우리의 것인데, 하나님께서 우리의 기도에 대해 어떻게 응답하시냐 하면, 하나님께서 원하시는 것을 위하여 우리의 필요를 채우신다는 것입니다. 저는 항상 제가 원하는 것만을 위해 기도했지, 제가 원하는 것을 하나님께서 원하시는 것인지를 여쭈어본 적이 없었습니다. 그런데 하나님이 원하는 것을 여쭈어보니까 이렇게 답해 주셨습니다.

"네가 원하는 것은 내가 판단할 것이고, 너에게 내가 원하는 너의 필요를 주겠다."

그것은 말라리아에 걸리는 것이었고, 저희 아이가 정신박약아가 되는 것이었고, 제가 병원에서 수술해야 되는 것이었고, 제가 어려움을 당하는 것이었습니다. 고난과 눈물과 절망을 주권자 하나님께서 저에게 필요로 주셨습니다. 그 필요로 의해서 하나님을 만나는 감격을 누리는 것입니다. 그것이 바로 "괴로움을 기뻐하고"라는 말씀의 진리의 능력입니다. 그렇기 때문에 사도 바울은 그 기쁨 속에 있었던 것입니다.

하나님이 우리의 필요를 아시고 미리 채우시는 분임을 경험하게 되면 인격이 바뀝니다. 다른 사람이 "아니야, 하나님이 그렇게 응답하시는 것이 아니야"라고 말을 하면 우리는 인격이 변화되어서 아니라고 말할 것입니다. 그것은 우리의 인격이 바뀌었다는 것을 말합니다. 진리의 능력은 우리의 인격을 변화시킵니다. 인격이 변화된 부분이 점점 더 많아지면 진리를 소유하게 됩니다.

"누가 뭐라고 해도 이것은 분명히 진리야."

경험한 것을 끌어안으니까, 그 동안에 제가 소중하게 생각했던 가족, 그 동안에 제가 소중하게 생각했던 모든 것들에 대한 가치가 상대적으로 내려가게 되었습니다. 소중했던 것들의 가치가 뚝 떨어지고 나서 제 자신을 다시 돌이켜 보았더니 이미 저는 좁은 자리에 들어가 있었습니다. 저는 이미 산 제사의 예배에 들어가 있고, 이미 십자가를 지고 있고, 이미 순교의 자리에 들어가 있었습니다. 기도하지 않고는 견딜 수 없는 자리에 들어가 있고, '하나님은 하나님이십니다'(God is God)라고 고백하지 않으면 안 되는 역동적인 삶 속에 들어가 있었습니다. 이것이 복음의 능력입니다.

우리는 구원 받았습니다. 그러나 구원받은 것으로 만족해서는 안 됩니다. 하나님께서 왜 우리에게 이 땅에서의 생명을 연장시켜 주셨습니까? 주님의 수난(The passion of christ) 때문입니다. 그 수난은 고난(suffering)을 당하겠다는 열정을 갖고 있는 것입니다. 주님의 심정은 사랑하는 우리를 위하여 고난을 당하겠다는 것입니다. 기꺼이 내가 고난을 선택해서 당하겠다는 열정, 그 열정이 우리가 구원자가 되는 순간 가슴속에 있는 것입니다. 그런데 구원을 마치 하나의 티켓처럼 생각한다면, 우리는 능력의 삶을 살 수 없습니다.

우리는 진리의 능력을 가져야 합니다. 우리가 진리를 소유하면 소유할수록 어떤 단계가 되어서 정금같이 일어난다고 합니다. 정금같이 일어난다는 것은 금을 보고 우리의 얼굴이 잘 드러나는 것처럼 우리가 얼마만큼 더 많은 죄인인지를 드러나게 하는 것입니다.

저 자신도 1계명은 어기지 않은 줄 알았었습니다. 그러나 언제나 우리는 1계명을 어기지 않고는 견딜 수 없는 의지 속에 있습니다. 제가 제 의지를 따르는 순간 저는 1계명을 어기고 있고, 우리가 선교를 한다면서 예산을 바라보고 있으면 1계명을 어기고 있고, 우리 자신도 모르는 사이에 별자리나 아니면 토정비결을 보고 우리의 심정에 조금이라도 변화가 있다면, 그것은 이미 혼합주의(syncretism)에 걸려 1계명을 어기고 있는 죄인이라는 사실을 회개하지 않을 수 없는 것입니다.

우리 자신이 죄인이라는 것을 알게 하는 것은 말씀밖에 없습니다. 그 말씀이야말로 우리를 살리는 말씀이 될 것입니다. 주님의 열정으로 우리의 삶을 능동적이고 적극적으로 나아가게 합니다. 바로 사도 바울이 고백한 것처럼, 그리스도의 남은 고난을 육체에 채우는 삶을 살아야 합니다. 그리스도의 남은 고난이라는 것은 우리가 속한 사회에, 우리가 다니는 직장에, 다른 나라에 주님이 모르는 사람이 있다는 뜻입니다. 그들에게 "어느 교회로 가십시오."라고 말하는 것이 아니고 "당신은 주 예수 그리스도가 누구인지 아십니까?"라고 직접적으로 주님을 소개하지 않고는 견딜 수 없는 심정을 갖는 것입니다. 마음속에서 구령의 열정이 타올라 옆의 사람과 말만 나누면 그 입을 멈출 수가 없어야 합니다.

제가 온누리교회에 가서 무려 7시간을 설교를 한 것을 아십니까? 하나님에 대한 열정은 우리가 사랑하는 이웃을 바라보게 합니다. 우리의 어머니나 아버지, 그리고 형제가 구원을 받았는지 궁금해지는 것입니다. 그래서 한 영혼에 대한 열정이 나로부터 오는 것이 아니라 바로 진리의 능력으로부터 오는 것입니다.

진리를 알기를 소망하십시오. 금식하는 심정으로 애통해야 합니다. 그래서 하나님을 알고 진리를 알면 우리의 삶은 송두리째 변화될 것입니다. 우리의 육체는 물론 우리가 다니는 직장의 모든 사람들이 우리가 지식으로 말씀을 전하지 않더라도 우리의 삶을 통하여 구원받을 것입니다. 이것이 성령의 능력입니다. 그래서 그리스도인으로서의 감격한 삶을 살아가고, 우리의 삶 속에 '그리스도의 남은 고난'을 채우는 삶을 영위하시기를 주 예수 그리스도의 이름으로 축원합니다.

(2006. 1. 13)